【本書を手にされた皆さんへ】

1139 人の受験者データ＆詳細かつ正確な解説

令和２年司法試験予備試験短答式試験に関しては，受験者10608 人のうち，**1139 人**にも及ぶ受験者の解答データ（短答出口調査）が辰已法律研究所に寄せられました。辰已法律研究所にこれだけの受験者の解答データが集まったのは，辰已法律研究所に対する受験者の皆様の信頼と当研究所の実績に基づくものと自負しております。大変ありがとうございました。

当研究所では，このデータを基礎として緻密な検討を加え，詳細かつ正確な令和２年司法試験予備試験短答式試験問題についての解説書を作成しました。

第 10 回司法試験予備試験が行われた令和２年の試験では，昨年同様に受験者が１万人台を突破しています。ただ，コロナの影響で試験日が延期された，予備試験は司法試験と違い回数制限はないなどいろいろな事情のため，受験率（出願者に占める受験者の割合）は昨年の 81.3％から，69.3％に下がっています。このことから，令和３年の受験者数は増加されると予想されます。

司法試験予備試験においては，短答式試験の合格なくして論文式試験を受験することはできないという意味で，短答式試験が第１の関門です。本書のデータ編と解説編を十分活用して，短答式試験合格の栄冠を掴み取ってください。

肢別解答率・問題選択率データつき

解説編の本文では，必要十分な分量の解説，参考文献情報を掲載しました。解説冒頭には，出口調査中の「全体・短答合格者・短答不合格者三者の肢別解答率」を，また，一般教養問題については，「全体・短答合格者・短答不合格者三者の問題選択率」を掲載しました。

なお，一般教養科目については，著作権の関係で，問題の一部を省略したもの，そのため，解説を省略したものがあります。

誤答行動分析，正答率一覧等各種データも充実

予備試験短答合格者と同不合格者の誤答行動が著しく異なる肢又は記述が含まれる問題（正答率格差25%以上の肢又は記述が含まれる問題）——公法系4問，民事系14問，刑事系5問）について「誤答行動分析」を掲載しました。これらの誤答行動を分析することにより，短答合格のために必要とされる思考過程を身に付けることができます。

また，正答率格差25%以上の肢又は記述が含まれる問題について，合否を分けたと思われる肢又は記述（危険肢）には，!!!**マーク**をつけました。

また，法律基本科目について肢別解答率における全体正答率40%以下の問題の中で，多くの人が間違えたであろう肢又は記述（間違えても問題のないと思われる肢）には，**★マーク**をつけました。

本書冒頭には，データ編（全体分析，出題分野・条文判例度分析，正解一覧，正答率一覧，司法試験と予備試験の共通問題対応表）を掲載しています。ぜひご活用ください。

平成29年・30年民法等改正に対応

債権法分野を中心とした，120年ぶりとなる民法大改正法が，2017年（平成29年）5月に成立し，6月2日に公布されました。それに伴い，会社法，商法，民事訴訟法も改正されました（平成29年6月2日公布）。施行日については，民法は，原則として，2020年（令和2年）4月1日，会社法，商法，民事訴訟法も，原則として，2020（令和2年）年4月1日です。

また，2018年（平成30年）7月に，**相続法の改正**も行われ，7月13日に公布されています。改正法の施行日は，原則として，2019年（令和元年）7月1日です。

令和2年予備試験の民法では，上記の民法改正に関する問題が多く出題されました。

なお，令和元年12月11日には，株主提案権の濫用的な行使を制限するための規定の整備や取締役に対する報酬の付与や費用の補償等に関する規定の整備等に関する改正会社法が公布され，2021年（令和3年）3月1日施行（原則）予定とされています。

本書では，これらの改正法に対応させています。

読者の皆様が，本書を有効に活用し，令和3年以降の司法試験予備試験短答本試験を無事突破されんことを心よりお祈り申し上げます。

令和2年10月
辰已法律研究所

目　次

■問題編■

■解説編■

公法系

憲法

刑事系

刑法

刑訴

一般教養

＊太字は，「短答不合格者の誤答行動分析」のある問題

主要参考文献略記表

〈公法系〉

［憲法］

●テキスト●

芦部信喜（高橋和之補訂）「憲法［第７版］」（岩波書店）………………芦部（憲法）

野中・中村・高橋・高見「憲法Ⅰ・Ⅱ［第５版］」（有斐閣）……有斐閣憲法Ⅰ・Ⅱ

渡辺・宍戸他「憲法Ⅰ」（日本評論社）…………………………………………憲法Ⅰ

●判例集●

長谷部・石川・宍戸編「憲法判例百選Ⅰ・Ⅱ［第７版］」別冊ジュリスト（有斐閣）
………百選Ⅰ・Ⅱ

［行政法］

●テキスト●

宇賀克也「行政法概説Ⅰ［第７版］・Ⅱ［第６版］・Ⅲ［第５版］」（有斐閣）
……宇賀Ⅰ・Ⅱ・Ⅲ

櫻井敬子・橋本博之「行政法［第６版］」（弘文堂）……………………櫻井・橋本

稲葉・人見・村上・前田「リーガルクエスト行政法［第４版］」（有斐閣）
……………リークエ

中原茂樹「基本行政法］［第３版］」（日本評論社）………………………………中原

●判例集●

宇賀・交告・山本編「行政判例百選Ⅰ・Ⅱ［第７版］」別冊ジュリスト（有斐閣）
…………百選Ⅰ・Ⅱ

〈民事系〉

［民法］

●テキスト●

内田貴「民法Ⅰ総則・物権総論［第４版］，Ⅱ債権各論［第３版］，Ⅲ債権総論・担保物権［第４版］，Ⅳ親族・相続［補訂版］」（東京大学出版会）
………内田Ⅰ・Ⅱ・Ⅲ・Ⅳ

佐久間毅「民法の基礎１　総則［第５版］，２　物権［第２版］」（有斐閣）
…………………佐久間１・２

松井宏興「担保物権法［第２版］」（成文堂）………………………………………松井

潮見佳男「プラクティス民法 債権総論［第５版補訂］」（信山社）………潮見（債

総）
中田裕康「契約法」（有斐閣）……………………………………………………中田
潮見佳男「基本講義債権各論Ⅰ・Ⅱ（ライブラリ法学基本講義）」（新世社）
Ⅰ　契約法・事務管理・不当利得［第３版］……………………潮見（債各）Ⅰ
Ⅱ　不法行為法［第３版］…………………………………………潮見（債各）Ⅱ
前田・本山・浦野「民法 VI 親族・相続（LEGAL QUEST）［第５版］」（有斐閣）
………リークエⅥ

●判例集●
潮見・道垣内編「民法判例百選Ⅰ［第８版］」別冊ジュリスト（有斐閣）…百選Ⅰ
中田・窪田編「民法判例百選Ⅱ［第８版］」別冊ジュリスト（有斐閣）……百選Ⅱ
水野・大村編「民法判例百選Ⅲ［第２版］」別冊ジュリスト（有斐閣）……百選Ⅲ

［要件事実］
●テキスト●
司法研修所編「改訂・紛争類型別の要件事実」（法曹会）………………紛争類型別

［商法］
●テキスト●
田中亘「会社法［第２版］」（東京大学出版会）……………………………………田中
伊藤・大杉・田中・松井「リーガルクエスト会社法［第４版］」（有斐閣）
……………リークエ
近藤光男「商法総則・商行為法［第８版］」有斐閣法律学叢書（有斐閣）……近藤
川村正幸「手形・小切手法［第４版］」（新世社）………………………………川村
弥永真生「リーガルマインド手形法・小切手法［第３版］」（有斐閣）
……………………弥永（手）

●判例集●
岩原・神作・藤田編「会社法判例百選［第３版］」別冊ジュリスト（有斐閣）
…………会社法百選
神作・藤田編「商法判例百選」別冊ジュリスト（有斐閣）………………商法百選
神田・神作編「手形小切手判例百選［第７版］」別冊ジュリスト（有斐閣）
……手形小切手百選

［民事訴訟法］
●テキスト●
三木・笠井・垣内・菱田「リーガルクエスト民事訴訟法［第３版］」（有斐閣）
……………リークエ
和田吉弘「基礎からわかる民事訴訟法」（商事法務）…………………………和田

裁判所職員総合研修所監修「民事訴訟法講義案［3訂版］」（司法協会）
…………民事訴訟法講義案

●判例集●
高橋・高田・畑編「民事訴訟法判例百選［第5版］」別冊ジュリスト（有斐閣）
……………百選

〈刑事系〉

●テキスト●
大塚・十河・塩谷・豊田「基本刑法Ⅰ―総論［第3版］」（日本評論社）……基本Ⅰ
大塚・十河・塩谷・豊田「基本刑法Ⅱ―各論［第2版］」（日本評論社）……基本Ⅱ
山口厚「刑法［第3版］」（有斐閣）……………………………………………山口
西田典之（橋爪隆補訂）「刑法各論［第7版］」法律学講座双書（弘文堂）
………西田（各）

●判例集●
山口・佐伯編「刑法判例百選Ⅰ・Ⅱ［第7版］」別冊ジュリスト（有斐閣）
………百選Ⅰ・Ⅱ

［刑事訴訟法］
●テキスト●
池田修・前田雅英「刑事訴訟法講義［第6版］」（東京大学出版会）……池田・前田
宇藤・松田・堀江「リーガルクエスト刑事訴訟法［第2版］」（有斐閣）
………リークエ
酒巻匡『刑事訴訟法［第2版］』（有斐閣）…………………………………酒巻
●判例集●
井上・大澤・川出編「刑事訴訟法判例百選［第10版］」別冊ジュリスト（有斐閣）
……………百選

「平成（昭和）○年度重要判例解説」ジュリスト臨時増刊（有斐閣）……重判平○

本書におけるマークの説明

＜法律基本科目＞

!!!

司法試験短答合格者と同不合格者の正答率格差 25%以上の肢又は記述が含まれる問題について，合否を分けたと思われる肢又は記述（危険肢）

★

肢別解答率における全体正答率 40%以下の問題の中で，多くの人が間違えたであろう肢又は記述（間違えても問題のないと思われる肢）

＜一般教養科目＞

■

全体の問題選択率 50%を超え，かつ，全体正答率 50%を超えるもの（ここが狙い目）

※肢別解答率，正答率，問題選択率に関する数字は，小数点以下を四捨五入した%です。

解説における条文・判例表示

問題ごとに，解説部分における問題番号の右横に，条文・判例表示（条文・判例・学説）を掲載しました。これにより，当該問題がどの点を重視しているかが分かります。学習の指針にしてください。

【データ編】

全体分析
出題分野・条文判例度分析
正解一覧
正答率一覧
司法試験と予備試験の
共通問題対応表

全 体 分 析（令和2年）

●出願者，受験者，合格点，短答合格率等

	R2 年	R1 年	30 年	29 年
出願者	15318 人	14494 人	13746 人	13178 人
受験者	10608 人	11780 人	11136 人	10743 人
受験率（受験者/出願者）	69.3 %	81.3 %	81 %	82 %
合格点（270 点満点）	156 点	162 点	160 点	160 点
短答合格者	2529 人	2696 人	2661 人	2299 人
短答合格率（合格者/受験者）	23.8%	22.8 %	23.9 %	21.4 %
合格者の平均点	173.7 点	177.0 点	177.7 点	174.9 点
最高点	244 点	233 点	233 点	225 点

●出題問数，予備独自問数，司法試験との共通問数等

		出題問数（問数）			予備独自問（問数）			共通問（問数）		
		R2	R1	H30	R2	R1	H30	R2	R1	H30
公法系	憲法	12	12	12	4	4	4	8	8	8
	行政	12	12	12	12	12	12	—	—	—
民事系	民法	15	15	15	3	3	3	12	12	12
	商法	15	15	15	15	15	15	—	—	—
	民訴	15	15	15	15	15	15	—	—	—
刑事系	刑法	13	13	13	3	3	3	10	10	10
	刑訴	13	13	13	13	13	13	—	—	—

一般教養	20 /45	20 /42	20 /42	20 /45	20 /42	20 /42	—	—	—
合計	115	115	115	85	85	85	30	30	30

※一般教養は，問題選択制（20 問選択）

H23～R２の配点については，法律科目各 30 点，一般教養科目 60 点，合計 270 点。

●問題ページ数

	R2 年	R1 年	30 年	29 年	28 年	27 年
憲法	5	7	6	6	5	4
行政	9	8	8	6	7	8
民法	8	5	6	7	6	7
商法	7	8	7	8	7	6
民訴	8	6	8	7	6	7
刑法	9	8	8	7	8	8
刑訴	9	7	6	8	7	5
一般教養	25	22	21	20	20	21

出題分野・条文判例度分析（令和２年）

出題分野度分析

※円グラフについては，Ｒ２の試験の配点をグラフ化しています。

●公法系

科目	細分類	出題問数（問）					配点（点）				
		R2	R1	H30	H29	H28	R2	R1	H30	H29	H28
憲法	総　論	2	1	1	2	1	5	2	2	5	2
	人　権	6	6	7	6	6	15	15	18	15	15
	統　治	4	5	4	4	5	10	13	10	10	13
	計）	12	12	12	12	12	30	30	30	30	30
行政法	総　論	5	6	7	6	6	13	14	17	14	15
	救済法	6	5	5	5	5	15	13	13	14	12
	組織法	1	1	0	1	1	2	3	0	2	3
	計）	12	12	12	12	12	30	30	30	30	30
合　計		24	24	24	24	24	60	60	60	60	60

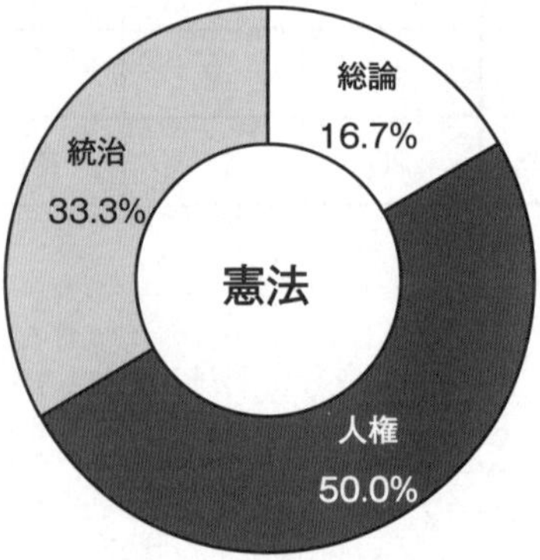

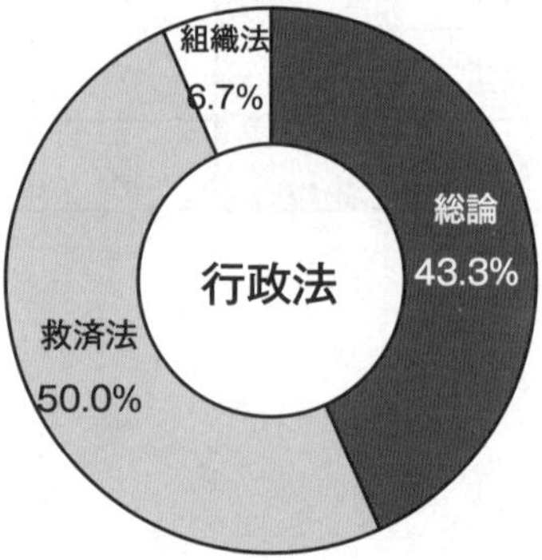

●民事系

科目	細分類	出題問数（問）					配点（点）				
		R2	R1	H30	H29	H28	R2	R1	H30	H29	H28
民法	総　則	2	2	2	3	3	4	4	4	6	6
	物　権	2	2	2	1	2	4	4	4	2	4
	担　物	2	2	2	2	2	4	4	4	4	4
	債　総	3	3	3	3	3	6	6	6	6	6
	債　各	3	3	3	4	2	6	6	6	8	4
	親　族	2	2	1	1	2	4	4	2	2	4
	相　続	1	1	2	1	1	2	2	4	2	2
	計）	15	15	15	15	15	30	30	30	30	30
商法	総則・商行為	2	2	2	2	2	4	4	4	4	4
	会社法	11	11	11	11	11	22	22	22	22	22
	有価証券	2	2	2	2	2	4	4	4	4	4
	計）	15	15	15	15	15	30	30	30	30	30
民訴	総論・訴え	5	4	6	7	7	10	8	12	14	14
	訴訟の審理	8	10	5	3	4	16	20	10	6	8
	訴訟の終了以降	2	1	4	5	4	4	2	8	10	8
	計）	15	15	15	15	15	30	30	30	30	30
合　計		45	45	45	45	45	90	90	90	90	90

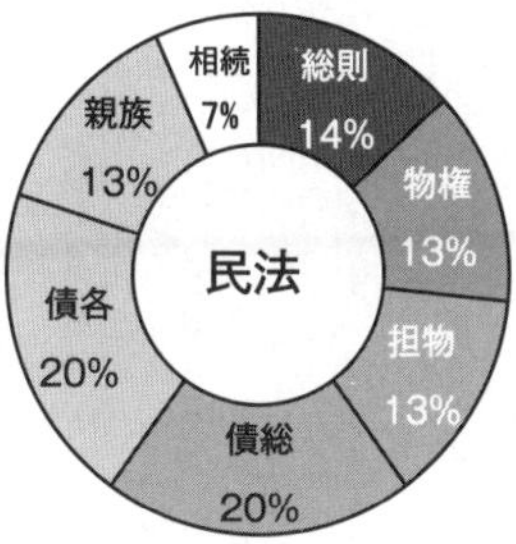

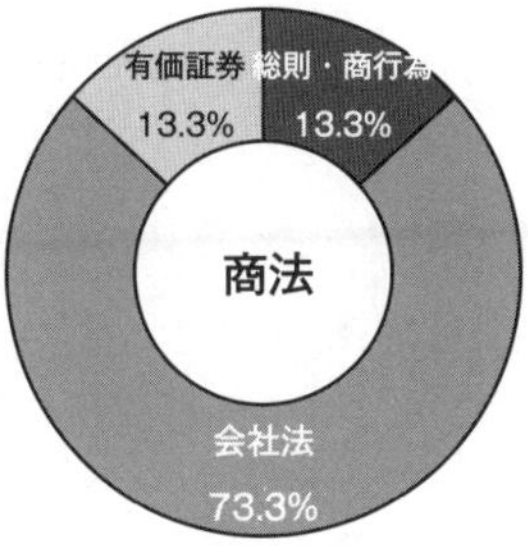

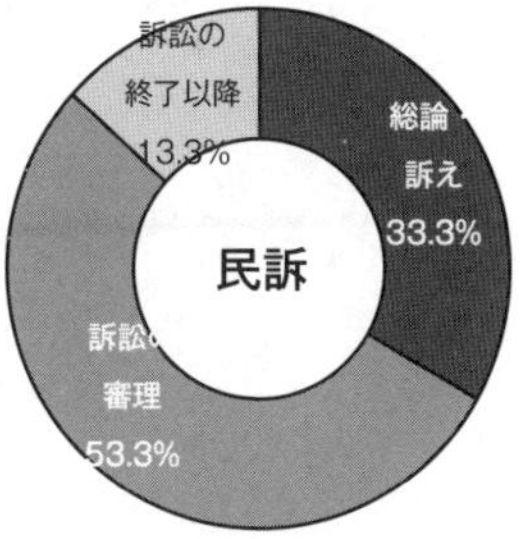

●刑事系

科目	細分類	出題問数（問）					配点（点）				
		R2	R1	H30	H29	H28	R2	R1	H30	H29	H28
刑法	総　論	6	5	6	6	7	13	13	14	15	15
	各　論	7	8	7	7	6	17	17	16	15	15
	計）	13	13	13	13	13	30	30	30	30	30
刑訴	捜　査	6	5	7	4	5	14	11	13	10	12
	公　判	7	8	6	9	8	16	19	17	20	18
	計）	13	13	13	13	13	30	30	30	30	30
合　計		26	26	26	26	26	60	60	60	60	60

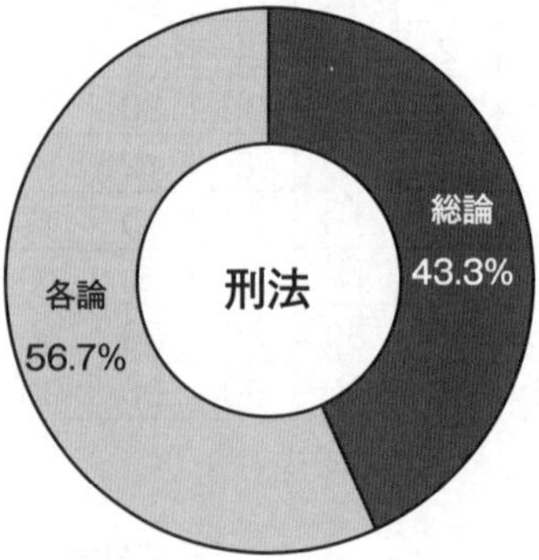

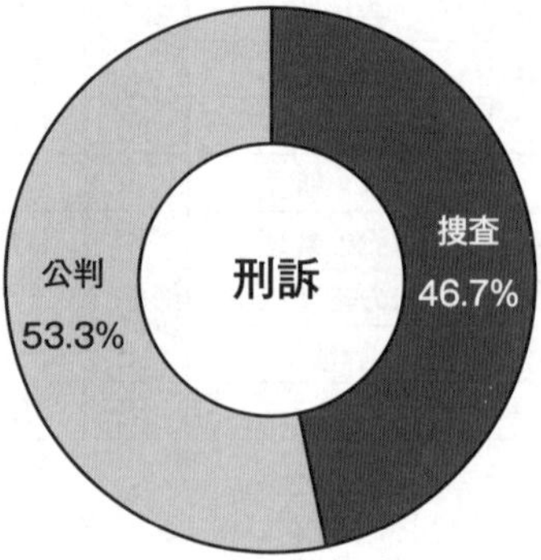

●一般教養

科目	細分類	出題問数（問）					配点（点）				
		R2	R1	H30	H29	H28	R2	R1	H30	H29	H28
一般教養	社　会	8	8	7	7	7	24	24	21	21	21
	人　文	13	10	11	11	11	39	30	33	33	33
	自　然	18	18	18	18	18	54	54	54	54	54
	英　語	6	6	6	6	6	18	18	18	18	18
	合　　計	45	42	42	42	42	135	126	126	126	126

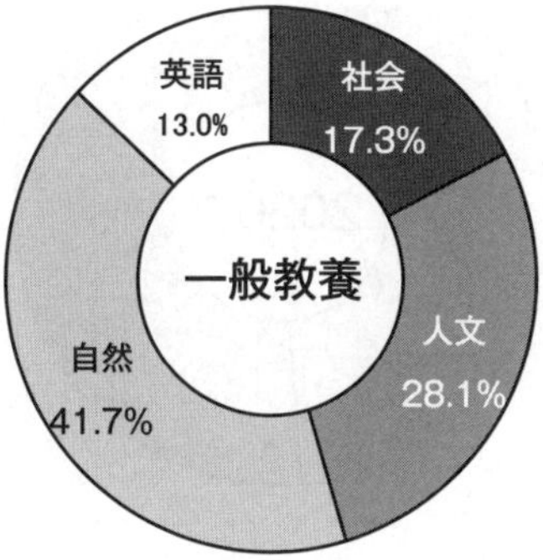

令和２年条文判例度（全科目総合）分析と推移

	条　文	判　例	学　説	事　務	論　理	条文判例度
2016年	35.1%	26.3%	11.0%	14.0%	13.5%	61.4%
2017年	29.7%	25.1%	18.2%	12.8%	14.3%	54.8%
2018年	30.8%	23.9%	16.8%	13.6%	14.8%	54.7%
2019年	32.4%	20.0%	18.6%	13.9%	15.2%	52.4%
2020年	34.7%	16.5%	15.4%	17.2%	16.2%	51.2%

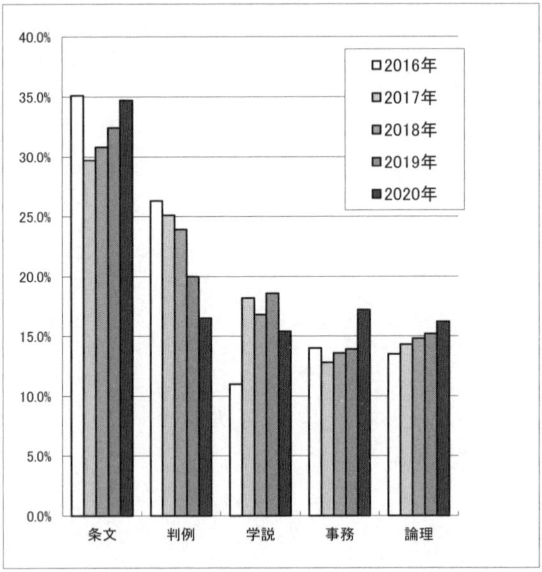

2020 年第 10 回予備試験は，司法試験と同様に，条文・判例中心に回帰したといえる。ただ，憲法，行政法，刑法においては相対的に学説問題が多いといえる。実務家登用試験である司法試験，その受験資格を得るための予備試験において，条文・判例の重要性は，どんなに強調してもしすぎることはない。試験対策としては，学説の比率が高い憲法，行政法，刑法については，答練・模試等で学説を押さえ，他の科目は従来と同様条文・判例を中心に学習することが短答式試験合格の早道であろう。

【ポイントのつけ方】

辰已法律研究所では，短答式試験の分析について，独自のポイント制度を導入しています。これは，短答問題の解答に必要な要素を５つ抽出し，各問題につき要素毎のポイントを付するという，辰已オリジナルの短答式問題の分析手法です。その要素とは，①条文の理解（「条文」と表記），②判例の理解（「判例」と表記），③学説の理解（「学説」と表記），④事務処理能力（「事務」と表記），⑤論理操作能力（「論理」と表記）の５つです。

仮に「A」という問題があったとします。この問題について，左記の５つの要素ごとにポイントを付していきます。各要素のポイントは，最高値を「５」ポイント，最低値を「０」ポイントとして判定します。たとえば，Aという問題が，条文の知識だけで正解に達することができる問題であったとすると，この問題の条文ポイントは最高値の５と判定されます。さらに，この問題が判例の知識に少し絡んでいた場合には判例ポイントが２，学説の知識がまったく不要なら学説ポイントは０，さらに多少の事務処理が必要であった場合には事務処理ポイントは１，論理操作が不要なら論理ポイントは０，というように判定していきます。したがって，問題に盛り込まれている要素が多ければ多いほど，その問題の総ポイントは増していくという構造になっています。

そして，以下のような計算式で，第 10 回予備試験短答本試験問題の「条文」度，「判例」度を算出しました。①各問題のポイントをすべて合計して本試験の問題全体の総ポイントを計算，②各問題の要素毎のポイント数をすべて合計して本試験の要素毎の総ポイント数を計算，③各要素の総ポイント数÷問題全体の総ポイント数により，各要素のポイント合計の総ポイントに対する割合（%）を算出します。①②③により，すべての本試験問題の「条文」度，「判例」度を分析することが可能となります。

令和２年条文判例度（科目別）分析

●公法系

	条　文	判　例	学　説	事　務	論　理
憲　法	23.3%	15.6%	24.4%	16.7%	20.0%
行政法	27.6%	15.3%	29.6%	15.3%	12.2%

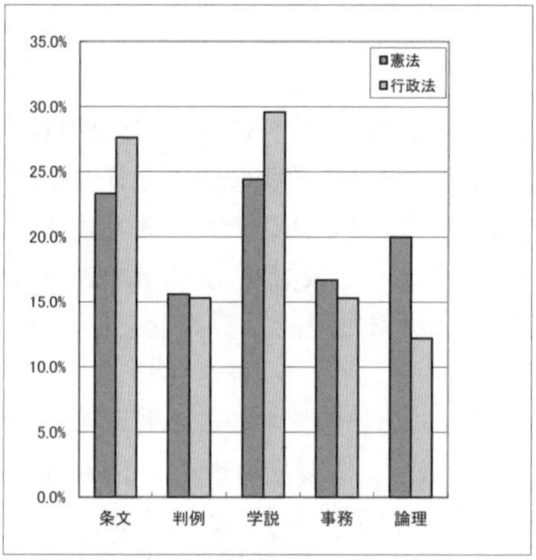

●民事系

	条　文	判　例	学　説	事　務	論　理
民　法	44.7%	11.3%	20.6%	12.8%	10.6%
商　法	54.5%	8.1%	8.9%	14.6%	13.8%
民　訴	43.0%	20.7%	8.3%	15.7%	12.4%

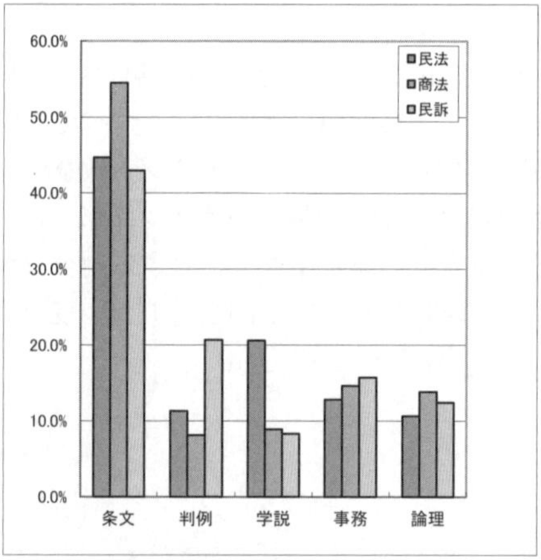

●刑事系

	条　文	判　例	学　説	事　務	論　理
刑　法	16.5%	31.4%	12.4%	22.3%	17.4%
刑　訴	27.5%	13.7%	8.4%	22.9%	27.5%

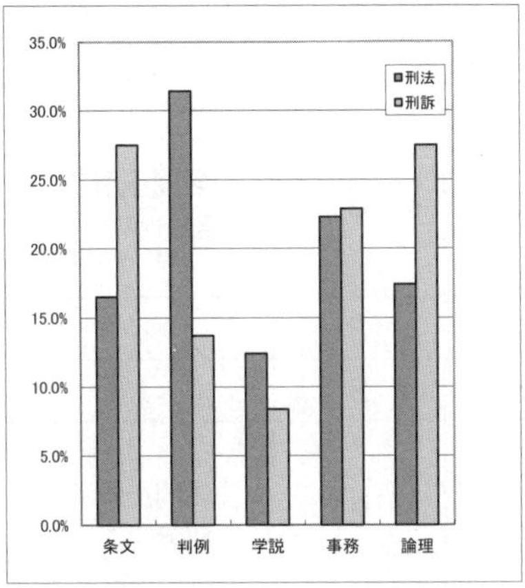

●一般教養

	基　本	総　合	読　解	計　算	論　理
一般教養	32.6%	29.3%	19.3%	6.0%	12.8%

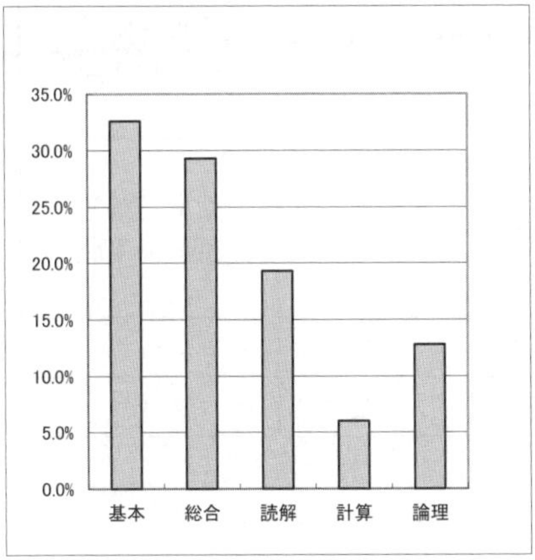

【正解一覧】（令和２年）

正解一覧（令和２年）				
【憲法・行政法の正解及び配点】				
問	No	正解	配点	備考
1	1	2	3	２問正解で部分点１点
	2	2		
	3	1		
2	4	5	2	
3	5	2	2	
4	6	2	3	２問正解で部分点１点
	7	2		
	8	1		
5	9	2	3	２問正解で部分点１点
	10	1		
	11	2		
6	12	3	2	
7	13	5	2	
8	14	2	3	２問正解で部分点１点
	15	2		
	16	1		
9	17	1	3	２問正解で部分点１点
	18	2		
	19	1		
10	20	2	2	
11	21	6	2	

12	22	2	3	２問正解で部分点１点
	23	1		
	24	1		
13	25	2	3	３問正解で部分点２点
	26	2		
	27	2		
	28	1		
14	29	2	3	３問正解で部分点２点
	30	1		
	31	1		
	32	2		
15	33	7	2	
16	34	3	2	
17	35	1	3	３問正解で部分点２点
	36	2		
	37	1		
	38	2		
18	39	1	3	３問正解で部分点２点
	40	2		
	41	2		
	42	2		
19	43	1	3	３問正解で部分点２点
	44	2		
	45	2		
	46	2		
20	47	8	2	
21	48	4	2	
22	49	6	2	

23	50	2	3	3問正解で部分点2点
	51	1		
	52	2		
	53	2		
24	54	2	2	

正解一覧（令和2年）

【民法・商法・民訴の正解及び配点】

問	No	正解	配点	備考
1	1	4	2	
2	2	3	2	
3	3	3	2	
4	4	1	2	
5	5	3	2	
6	6	4	2	
7	7	5	2	
8	8	4	2	
9	9	2	2	
10	10	3	2	
11	11	3	2	
12	12	4	2	
13	13	1	2	
14	14	2	2	
15	15	2	2	
16	16	2	2	
17	17	3	2	
18	18	3	2	順不同（部分点1点）
	19	4		
19	20	1	2	

20	21	5	2	
21	22	4	2	
22	23	4	2	
23	24	5	2	
24	25	1	2	
25	26	1	2	
26	27	2	2	
27	28	3	2	
28	29	2	2	
29	30	5	2	
30	31	3	2	
31	32	3	2	順不同（部分点１点）
	33	4		
32	34	1	2	順不同（部分点１点）
	35	2		
33	36	1	2	順不同（部分点１点）
	37	5		
34	38	2	2	順不同（部分点１点）
	39	4		
35	40	4	2	
36	41	4	2	
37	42	2	2	順不同（部分点１点）
	43	5		
38	44	2	2	
39	45	1	2	順不同（部分点１点）
	46	3		
40	47	5	2	
41	48	5	2	
42	49	4	2	

43	50	4	2	
44	51	3	2	順不同（部分点１点）
	52	4		
45	53	3	2	

正解一覧（令和２年）

【刑法・刑訴の正解及び配点】

問	No	正解	配点	備考
1	1	4	2	
2	2	2	3	順不同（部分点なし）
	3	4		
3	4	2	2	
4	5	4	2	
5	6	4	2	
6	7	2	2	
7	8	2	3	順不同（部分点なし）
	9	3		
8	10	1	3	順不同（部分点なし）
	11	2		
9	12	3	2	
10	13	2	3	３問正解で部分点２点
	14	2		
	15	1		
	16	2		
11	17	5	2	
12	18	3	2	
13	19	1	2	
14	20	3	2	
15	21	2	3	

16	22	5	2	
17	23	1	3	４問正解で 部分点２点
	24	2		
	25	2		
	26	2		
	27	2		
18	28	4	2	
19	29	4	2	
20	30	3	2	
21	31	3	2	
22	32	2	2	
23	33	3	2	
24	34	1	3	４問正解で 部分点２点
	35	1		
	36	2		
	37	2		
	38	1		
25	39	5	3	
26	40	2	2	

正解一覧（令和２年）

【一般教養科目の正解及び配点】

問	No	正解	配点	備考
1	1	4	3	
2	2	5	3	
3	3	4	3	
4	4	2	3	
5	5	1	3	
6	6	4	3	

7	7	4	3	
8	8	1	3	
9	9	4	3	
10	10	3	3	
11	11	3	3	
12	12	3	3	
13	13	5	3	
14	14	4	3	
15	15	2	3	
16	16	4	3	
17	17	4	3	
18	18	4	3	
19	19	4	3	
20	20	5	3	
21	21	4	3	
22	22	2	3	
23	23	5	3	
24	24	5	3	
25	25	3	3	
26	26	2	3	
27	27	4	3	
28	28	4	3	
29	29	3	3	
30	30	5	3	
31	31	1	3	
32	32	4	3	
33	33	1	3	
34	34	1	3	
35	35	3	3	

36	36	2	3	
37	37	3	3	
38	38	1	3	
39	39	5	3	
40	40	3	3	
41	41	3	3	
42	42	2	3	
43	43	3	3	
44	44	5	3	
45	45	1	3	

※　４５題中，２０題選択

正答率一覧（令和２年）

●憲法・行政法

	問題番号	テーマ	全体正答率	解答欄	合格者正答率	不合格者正答率	正答率格差
憲法	1	投票価値の平等	93%	No.1	99%	90%	9%
				No.2	99%	98%	1%
				No.3	98%	95%	3%
	2	思想・良心の自由	79%	No.4	87%	68%	19%
	3	表現の自由	90%	No.5	93%	86%	7%
	4	知る権利	74%	No.6	97%	89%	8%
				No.7	98%	93%	5%
				No.8	84%	72%	12%
	5	憲法 23 条	92%	No.9	99%	95%	4%
				No.10	99%	95%	4%
				No.11	96%	94%	2%
	6	労働基本権	70%	No.12	76%	61%	15%
	7	主権	94%	No.13	97%	90%	7%
	8	「おことば」の憲法上の位置付け	68%	No.14	86%	71%	15%
				No.15	91%	80%	11%
				No.16	99%	92%	7%
	9	衆議院解散権	63%	No.17	95%	89%	6%
				No.18	81%	58%	23%
				No.19	89%	84%	5%
	10	裁判官の職権の独立	71%	No.20	75%	65%	10%
	11	条約	56%	No.21	62%	46%	16%
	12	憲法改正	82%	No.22	96%	90%	6%
				No.23	97%	95%	2%
				No.24	93%	83%	10%
	13	処分基準と審査基準	75%	No.25	98%	90%	8%

行政法				№26	99%	91%	8%
				№27	95%	76%	19%
				№28	93%	89%	4%
	14	行政裁量	35%	№29	80%	74%	6%
				№30	93%	88%	5%
				№31	99%	95%	4%
				№32	64%	37%	27%
	15	行政指導	47%	№33	52%	39%	13%
	16	医師法７条の３第１項に基づく立入検査	72%	№34	78%	62%	16%
	17	条例による定め	35%	№35	76%	55%	21%
				№36	92%	75%	17%
				№37	96%	90%	6%
				№38	70%	44%	26%
	18	処分性	51%	№39	84%	73%	11%
				№40	95%	75%	20%
				№41	91%	71%	20%
				№42	84%	54%	30%
	19	抗告訴訟の審理	66%	№43	96%	76%	20%
				№44	94%	75%	19%
				№45	92%	87%	5%
				№46	95%	79%	16%
	20	申請型義務付け訴訟	52%	№47	67%	31%	36%
	21	処分の執行停止及び仮の差止め	29%	№48	35%	21%	14%
	22	国家賠償	80%	№49	89%	66%	23%
	23	不服申立て	11%	№50	36%	29%	7%
				№51	72%	67%	5%
				№52	91%	78%	13%
				№53	57%	35%	22%
	24	行政組織法	36%	№54	42%	27%	15%

※網掛け部分は，全体正答率 50%以上のものと正答率格差 25%以上のもの

●民法・商法・民訴

	問題番号	テーマ	全体正答率	解答欄	合格者正答率	不合格者正答率	正答率格差
民法	1	錯誤	46%	No.1	51%	38%	13%
	2	消滅時効	60%	No.2	69%	46%	23%
	3	登記	85%	No.3	94%	71%	23%
	4	即時取得	81%	No.4	91%	65%	26%
	5	抵当権の消滅	45%	No.5	53%	33%	20%
	6	譲渡担保	66%	No.6	77%	50%	27%
	7	詐害行為取消権	29%	No.7	34%	22%	12%
	8	連帯債務	61%	No.8	75%	40%	35%
	9	金銭債権についての譲渡制限の意思表示	57%	No.9	69%	41%	28%
	10	契約の解除	61%	No.10	73%	44%	29%
	11	賃貸借	62%	No.11	69%	51%	18%
	12	組合	58%	No.12	61%	54%	7%
	13	普通養子縁組	29%	No.13	34%	22%	12%
	14	後見	18%	No.14	22%	13%	9%
	15	相続と贈与	38%	No.15	43%	31%	12%
商法	16	株式会社の設立	59%	No.16	68%	45%	23%
	17	株主の権利及び単元株制度	84%	No.17	89%	76%	13%
	18	新株予約権	22%	No.18	55%	29%	26%
				No.19	34%	34%	0%
	19	株主総会	69%	No.20	82%	49%	33%
	20	取締役	62%	No.21	73%	45%	28%

	21	監査役会設置会社及び監査等委員会設置会社	31%	№22	31%	30%	1%
	22	指名委員会設置会社	58%	№23	66%	47%	19%
	23	資本金の額及び発行済株式の総数	79%	№24	86%	69%	17%
	24	持分会社	63%	№25	76%	45%	31%
	25	組織再編行為	18%	№26	19%	16%	3%
	26	株主総会決議取消しの訴え	17%	№27	19%	14%	5%
	27	個人商人	87%	№28	92%	78%	14%
	28	運送人の責任	18%	№29	22%	12%	10%
	29	手形の支払及び手形保証	32%	№30	38%	23%	15%
	30	為替手形及び小切手	50%	№31	58%	37%	21%
民訴	31	訴訟能力	20%	№32	27%	17%	10%
				№33	68%	47%	21%
	32	共同訴訟	73%	№34	96%	82%	14%
				№35	86%	54%	32%
	33	訴訟引受け	51%	№36	75%	66%	9%
				№37	82%	58%	24%
	34	裁判上の和解	69%	№38	79%	72%	7%
				№39	87%	76%	11%
	35	訴訟記録の閲覧・謄写請求	29%	№40	36%	20%	16%
	36	送達	76%	№41	84%	65%	19%
	37	確定判決の既判力	36%	№42	53%	28%	25%
				№43	89%	67%	22%

	38	訴え提起前にされた合意の訴訟上の効果	50%	№44	59%	38%	21%
	39	弁論主義	45%	№45	79%	54%	25%
				№46	59%	36%	23%
	40	相殺	59%	№47	75%	37%	38%
	41	釈明	69%	№48	74%	61%	13%
	42	弁論準備手続と書面による準備手続	43%	№49	52%	30%	22%
	43	証拠調べ	63%	№50	72%	51%	21%
	44	訴え取り下げの効果	36%	№51	47%	30%	17%
				№52	72%	51%	21%
	45	当事者の同意・異議・不服申立て	48%	№53	60%	32%	28%

※網掛け部分は，全体正答率 50%以上のものと正答率格差 25%以上のもの

●刑法・刑訴

	問題番号	テーマ	全体正答率	解答欄	合格者正答率	不合格者正答率	正答率格差
刑法	1	緊急避難	75%	№1	83%	62%	21%
	2	放火罪	44%	№2	53%	38%	15%
				№3	72%	56%	16%
	3	共犯と錯誤	43%	№4	49%	35%	14%
	4	名誉毀損罪及び侮辱罪	77%	№5	86%	65%	21%
	5	結果的加重犯	68%	№6	79%	51%	28%
	6	住居侵入等罪	97%	№7	99%	95%	4%
	7	罪数	57%	№8	72%	48%	24%
				№9	74%	51%	23%
	8	横領罪	31%	№10	84%	61%	23%
				№11	39%	20%	19%
	9	原因において自由な行為	61%	№12	72%	45%	27%

	10	盗品等に関する罪	37%	No.13	80%	65%	15%
				No.14	78%	73%	5%
				No.15	63%	48%	15%
				No.16	99%	88%	11%
	11	間接正犯	82%	No.17	91%	68%	23%
	12	文書偽造罪	36%	No.18	44%	25%	19%
	13	犯罪の成否	69%	No.19	80%	52%	28%
刑訴	14	捜査の端緒	70%	No.20	81%	53%	28%
	15	GPS 捜査	72%	No.21	81%	58%	23%
	16	捜索・押収	88%	No.22	95%	76%	19%
	17	逮捕・勾留の手続き	22%	No.23	96%	85%	11%
				No.24	63%	46%	17%
				No.25	95%	82%	13%
				No.26	94%	70%	24%
				No.27	50%	29%	21%
	18	強制採血	74%	No.28	86%	57%	29%
	19	別件逮捕・勾留	48%	No.29	58%	34%	24%
	20	検察官の権限	92%	No.30	98%	83%	15%
	21	第一審の被告人質問	75%	No.31	84%	60%	24%
	22	被害者，被害者参加人	22%	No.32	22%	23%	-1%
	23	訴因変更	53%	No.33	55%	51%	4%
	24	証拠と憲法の諸規定	13%	No.34	90%	85%	5%
				No.35	97%	90%	7%
				No.36	78%	65%	13%
				No.37	76%	80%	-4%
				No.38	27%	22%	5%
	25	伝聞証拠	26%	No.39	34%	15%	19%
	26	択一的認定	66%	No.40	74%	55%	19%

※網掛け部分は，全体正答率 50%以上のものと正答率格差 25%以上のもの

●一般教養科目

問題番号	テーマ	分野	全体正答率	合格者正答率	不合格者正答率	正答率格差	問題選択率（全体）	問題選択率（合格者）	問題選択率（不合格者）
1	イングランドの議会政治	人文	23%	26%	19%	7%	47%	47%	48%
2	エルサレム	人文	40%	42%	36%	6%	60%	60%	60%
3	江戸・東京	人文	58%	62%	52%	10%	83%	83%	84%
4	朝鮮と日本	人文	39%	44%	32%	12%	73%	74%	72%
5	農産物の生産量と輸出量	人文	30%	29%	30%	-1%	62%	58%	67%
6	中東の国々	人文	45%	45%	43%	2%	67%	66%	68%
7	地球温暖化とエネルギー	人文	17%	18%	15%	3%	86%	85%	87%
8	『朱子学と陽明学』	人文	69%	73%	64%	9%	98%	98%	97%
9	『西鶴名残の友』	人文	21%	22%	20%	2%	91%	91%	90%
10	『宇治拾遺物語』	人文	51%	53%	48%	5%	89%	90%	88%
11	大岡信『紀貫之』	人文	57%	60%	51%	9%	80%	81%	78%
12	哲学用語	人文	52%	58%	43%	15%	47%	47%	47%
13	推論の前提	人文	45%	52%	33%	19%	86%	89%	83%
14	議会制と立法過程	社会	78%	83%	71%	12%	67%	66%	68%
15	世論とメディア	社会	27%	27%	26%	1%	48%	46%	50%
16	貧困と格差	社会	56%	58%	52%	6%	37%	38%	37%
17	社会調査法	社会	66%	73%	57%	16%	66%	67%	66%
18	独　占	社会	58%	60%	55%	5%	49%	51%	47%
19	負の外部性	社会	31%	36%	24%	12%	43%	43%	43%
20	物品税	社会	15%	14%	16%	-2%	18%	19%	18%
21	貨幣錯覚	社会	52%	58%	43%	15%	12%	12%	12%
22	剛体の運動	自然	43%	43%	42%	1%	19%	21%	17%
23	静電場中の導体	自然	34%	42%	25%	17%	10%	9%	11%
24	太陽の質量	自然	28%	35%	19%	16%	8%	8%	8%
25	ドップラー効果	自然	59%	63%	51%	12%	10%	11%	8%
26	細胞分裂	自然	70%	73%	61%	12%	12%	14%	9%
27	古細菌と細菌	自然	38%	46%	26%	20%	14%	13%	15%

28	遺伝情報	自然	40%	41%	38%	3%	37%	34%	41%
29	細胞小器官	自然	23%	26%	20%	6%	48%	47%	50%
30	潜　熱	自然	35%	44%	15%	29%	10%	11%	7%
31	成層圏	自然	49%	57%	37%	20%	26%	26%	27%
32	ハザードマップ	自然	58%	64%	50%	14%	71%	70%	72%
33	沿岸部の地形の形成	自然	34%	37%	28%	9%	63%	63%	63%
34	ルシャトリエの法則	自然	34%	43%	21%	22%	12%	12%	13%
35	物質の燃焼	自然	31%	31%	30%	1%	12%	12%	12%
36	原子の電子配置	自然	17%	21%	12%	9%	9%	8%	11%
37	固体炭素材料	自然	19%	21%	16%	5%	29%	27%	32%
38	３次正方行列	自然	46%	47%	44%	3%	3%	3%	4%
39	数　列	自然	80%	82%	75%	7%	20%	25%	14%
40	文学作品に接する態度①	英語	18%	21%	13%	8%	47%	47%	47%
41	文学作品に接する態度②	英語	43%	51%	30%	21%	46%	46%	45%
42	古代国家の成立①	英語	45%	48%	41%	7%	46%	47%	45%
43	古代国家の成立②	英語	17%	18%	17%	1%	48%	48%	48%
44	デジタルプロダクト①	英語	7%	8%	4%	4%	48%	48%	48%
45	デジタルプロダクト②	英語	35%	37%	32%	5%	55%	57%	53%

※正答率に関する網掛け部分は，全体正答率 50%を超えるもの，問題選択率に関する網掛け部分は全体の問題選択率 50%を超えるもの

テーマに関する網掛け部分については，全体の問題選択率 50%を超え，かつ，全体正答率 50%を超えるもの（ここが狙い目）

司法試験と予備試験の共通問題対応表（令和２年）

●公法系

問題番号			試験問題テーマ
司法	予備 （憲法・行政法）	予備独自問題	
1			外国人の人権
2			プライバシーの侵害
3	1		投票価値の平等
4	2		思想・良心の自由
5			政教分離原則
		3	表現の自由
6	4		知る権利
7	5		憲法 23 条
8			財産権
9			生存権と法制度
		6	労働基本権
10			裁判を受ける権利
11	7		主権
12	8		「おことば」の憲法上の位置付け
13			選挙権及び選挙制度
14			憲法 41 条
		9	衆議院解散権
15			内閣総理大臣による国務大臣の任命及び罷免
16			違憲判断の方法
		10	裁判官の職権の独立
17			地方自治
18	11		条約
19	12		憲法改正
20			憲法の法源
		13	処分基準と審査基準
		14	行政裁量
		15	行政指導

		16	医師法７条の３第１項に基づく立入検査
		17	条例による定め
		18	処分性
		19	抗告訴訟の審理
		20	申請型義務付け訴訟
		21	処分の執行停止及び仮の差止め
		22	国家賠償
		23	不服申立て
		24	行政組織法

●民事系

問題番号			試験問題テーマ
司法	予備 （民法・商法・民訴法）	予備独自問題	
1			補助
2			法人
3	1		錯誤
4			無権代理
5	2		消滅時効
6			物権的請求権
7			不動産の物権変動
		3	登記
8	4		即時取得
9			占有の訴え
10			地上権
11			先取特権
12	5		抵当権の消滅
13			根抵当権
14	6		譲渡担保
15			売買契約
16	7		詐害行為取消権
17	8		連帯債務

18			銀行への金銭預け入れ
		9	金銭債権についての譲渡制限の意思表示
19			弁済による代位
20			安全配慮義務
21			法定利率及び約定利率
22			契約の成立
23			売買契約
		10	契約の解除
24			他人の権利の売買
25	11		賃貸借
26			委任
27	12		組合
28			不当利得
29			不法行為
30	13		普通養子縁組
31			親権
32	14		後見
33			遺贈
34			遺言の執行
35	15		相続と贈与
36			承継人
37			撤回
		16	株式会社の設立
		17	株主の権利及び単元株制度
		18	新株予約権
		19	株主総会
		20	取締役
		21	監査役会設置会社及び監査等委員会設置会社
		22	指名委員会設置会社
		23	資本金の額及び発行済株式の総数

		24	持分会社
		25	組織再編行為
		26	株主総会決議取消しの訴え
		27	個人商人
		28	運送人の責任
		29	手形の支払及び手形保証
		30	為替手形及び小切手
		31	訴訟能力
		32	共同訴訟
		33	訴訟引受け
		34	裁判上の和解
		35	訴訟記録の閲覧・謄写請求
		36	送達
		37	確定判決の既判力
		38	訴え提起前にされた合意の訴訟上の効果
		39	弁論主義
		40	相殺
		41	釈明
		42	弁論準備手続と書面による準備手続
		43	証拠調べ
		44	訴え取り下げの効果
		45	当事者の同意・異議・不服申立て

●刑事系

問題番号			試験問題テーマ
司法	予備 （刑法・刑訴法）	予備独自問題	
1	11		間接正犯
2	8		横領罪
3			過剰防衛
4			遺棄罪

5	3		共犯と錯誤
6	12		文書偽造罪
7			刑罰の根拠
8			公務執行妨害罪
		6	住居侵入等罪
9	9		原因において自由な行為
10			親族間の犯罪
11			実行の着手
12			業務妨害罪
		10	盗品等に関する罪
13			幇助犯
14	2		放火罪
15	7		罪数
16	4		名誉毀損罪及び侮辱罪
17	1		緊急避難
18			詐欺罪
19			故意
		5	結果的加重犯
20	13		犯罪の成否
		14	捜査の端緒
		15	GPS 捜査
		16	捜索・押収
		17	逮捕・勾留の手続き
		18	強制採血
		19	別件逮捕・勾留
		20	検察官の権限
		21	第一審の被告人質問
		22	被害者，被害者参加人
		23	訴因変更
		24	証拠と憲法の諸規定
		25	伝聞証拠
		26	判決の言渡し

問 題 編

公法系

民事系

刑事系

一般教養

憲　法

〔第１問〕（配点：３）

選挙人の投票価値の平等に関する次のアからウまでの各記述について，ｂの見解がａの見解の根拠となっている場合には１を，そうでない場合には２を選びなさい。（解答欄は，アからウの順に［No.１］から［No.３］）

ア．ａ．衆議院議員選挙においては，各選挙区間の議員１人当たりの有権者数の比率の較差が１対１を超えることは，憲法上正当化されない。

ｂ．投票価値の平等は，国民の意思を公正かつ効果的に代表するために国会が正当に考慮することのできる他の政策的な目的との関連において，調和的に実現されるべきである。［No.１］

イ．ａ．参議院議員選挙においては，二院制の下，地域代表の性質を有するという参議院の特殊性により，投票価値の平等の要請が後退するのもやむを得ない。

ｂ．参議院は，国権の最高機関として適切に民意を国政に反映する義務を負っており，衆参両院の選挙制度は同質的とされるべきである。［No.２］

ウ．ａ．地方議会議員選挙においては，当該地方公共団体の住民が，選挙権行使の資格だけでなく，投票価値においても平等に取り扱われるべきである。

ｂ．憲法第１４条第１項に定める法の下の平等は，選挙権に関しては，国民は全て政治的価値において平等であるべきとする徹底した平等化を志向するものである。［No.３］

〔第２問〕（配点：２）

思想・良心の自由に関する次のアからウまでの各記述について，最高裁判所の判例の趣旨に照らして，正しいものには○，誤っているものには×を付した場合の組合せを，後記１から８までの中から選びなさい。（解答欄は，［No.４］）

ア．企業内においても労働者の思想，信条等の精神的自由は十分尊重されるべきであることに鑑みると，企業がその労働者に対して特定政党への所属の有無を確認するだけでなく，当該政党に所属しない旨の書面を要求する行為は，それが企業秘密の漏えいという企業秩序違反行為に関する調査の一環として行われたとしても，労働者の思想・信条の自由に対する直接的制約であるから，その経緯や調査方法の相当性にかかわらず，違法性が認められる。

イ．公立学校の卒業式等の式典においてその教員に国旗掲揚の下での国歌斉唱の際に起立斉唱を求めることは，慣例上の儀礼的な所作を求めるものではあるが，自らの歴史観ないし世界観との関係で国歌や国旗に対する敬意の表明には応じ難いと考える者がこれらに対する敬意の表明の要素を含む行為を求められることは，その者の歴史観ないし世界観に由来する行動とは異なる外部的行動を求められることになり，その限りにおいて思想及び良心の自由についての間接的な制約となる面がある。

ウ．政治団体への寄付が強制加入団体である税理士会の目的の範囲内かどうかを判断するに当たっては，会員の思想・信条の自由との関係で，その会員には様々の思想・信条及び主義・主張を有する者が存在することが当然に予定されていること，政治団体に寄付するかどうかは選挙における投票の自由と表裏をなすものとして会員各人が個人的な政治的思想，見解，判断等に基づいて自主的に決定すべき事柄であることなどを考慮することが必要である。

１．ア○　イ○　ウ○　　２．ア○　イ○　ウ×　　３．ア○　イ×　ウ○
４．ア○　イ×　ウ×　　５．ア×　イ○　ウ○　　６．ア×　イ○　ウ×
７．ア×　イ×　ウ○　　８．ア×　イ×　ウ×

〔第３問〕（配点：２）

表現の自由に関する次のアからウまでの各記述について，最高裁判所の判例の趣旨に照らして，正しいものには○，誤っているものには×を付した場合の組合せを，後記１から８までの中から選びなさい。（解答欄は，［No.５］）

ア．自己の政治的意見を記載したビラを配布することは表現の自由の行使ということができるが，居住者が私的生活を営む場所である集合住宅の共用部分や敷地内に管理権者の承諾なく立ち入り，集合郵便受けや各室玄関ドアの郵便受けに当該ビラを投かんする行為は，管理権者の管理権を侵害するのみならず，そこで生活する者の私生活の平穏を侵害するものであるから，このような立入り行為をもって邸宅侵入の罪に問うことは許される。

イ．表現の自由も絶対無制限に保障されるものではなく，公共の福祉のため必要かつ合理的な制限は是認されるものであって，たとえ思想を外部に発表するための手段であっても，その手段が他人の財産権，管理権を不当に害するごときものは許されないといわなければならないから，私鉄の駅構内において，同駅管理者の許諾を受けずにビラ配布や拡声器による演説を行い，駅構内からの退去要求を受けながらそれを無視して約２０分間同駅構内に滞留した行為を不退去罪等により処罰することは許される。

ウ．公共の福祉のため，表現の自由に対し必要かつ合理的な制限をすることは許されるが，政治的表現の自由は，民主政に資する価値を有する特に重要な権利であるから，政党の演説会開催の告知宣伝を内容とする立て看板を街路樹にくくりつける行為について，美観風致の維持及び公衆に対する危害防止の目的のために屋外広告物の表示の場所・方法等を規制する屋外広告物条例を適用して処罰することは，許されない。

１．ア○　イ○　ウ○　　２．ア○　イ○　ウ×　　３．ア○　イ×　ウ○
４．ア○　イ×　ウ×　　５．ア×　イ○　ウ○　　６．ア×　イ○　ウ×
７．ア×　イ×　ウ○　　８．ア×　イ×　ウ×

〔第４問〕（配点：３）

知る権利に関する次のアからウまでの各記述について，ｂの見解がａの見解の根拠となっている場合には１を，そうでない場合には２を選びなさい。（解答欄は，アからウの順に［No.６］から［No.８］）

ア．ａ．マス・メディアの報道に対して反論記事の掲載等を求める権利は，憲法第２１条第１項が保障する表現の自由に含まれる知る権利の一局面であり，同項を直接の根拠として認められる。

ｂ．インターネットの普及によって双方向的な情報流通が可能となり，誰もが自ら情報の発信者となることが容易になった。［No.６］

イ．ａ．日本放送協会の放送を受信することのできる受信設備を設置した者に受信契約の締結を強制する放送法の規定は，憲法第２１条第１項の保障する情報摂取の自由を制限するものであり，その合憲性は厳格に審査される必要がある。

　　ｂ．国民の知る権利を実現するためにいかなる放送制度を採用するかは立法裁量の問題である。［No.７］

ウ．ａ．児童買春その他の犯罪から児童を保護すること等の目的のため，電子掲示板の運営者に届出義務を課した上，一定の書き込みに関する削除義務を課すことは，憲法第２１条第１項に違反する。

　　ｂ．インターネット上において表現の場を提供する行為は知る権利に資するものとして，憲法第２１条第１項の保障を受ける。［No.８］

〔第５問〕（配点：３）

憲法第２３条に関する次のアからウまでの各記述について，それぞれ正しい場合には１を，誤っている場合には２を選びなさい。（解答欄は，アからウの順に［No.９］から［No.11］）

ア．憲法第２３条は，学問研究に関する外部からの干渉を許さない趣旨であるから，先端技術分野においても，研究活動の内容や方法等に対する制限は学会の自主規制等に委ねるべきであり，法律によって制約することは許されない。［No.９］

イ．判例によれば，普通教育においては，児童生徒には大学の学生のような批判能力がなく，学校や教師を選択する余地も乏しいことなどから，憲法第２３条によっても，普通教育における教師に完全な教授の自由は認められない。［No.10］

ウ．大学の自治は，大学における研究教育の自由を制度的に保障するために憲法第２３条によって保障されていると解されるから，教授の任免や施設の管理等，研究教育の内容に直接関係しない事項については，大学の自治権は及ばない。［No.11］

〔第6問〕（配点：2）

労働基本権に関する次のアからウまでの各記述について，正しいものには○，誤っているものには×を付した場合の組合せを，後記1から8までの中から選びなさい。（解答欄は，［No.12］）

ア．労働基本権の社会権的性格から，国は労働基本権の保障を確実にするため積極的な措置を採るべきであり，労働組合法は不当労働行為の救済のため労働委員会を設置している。

イ．争議権は憲法で保障されるが，正当な争議行為に対する民事免責は，使用者と労働者の間の契約により排除することができる。

ウ．判例は，団結権を確保するために労働組合の統制権を認めるが，公職選挙に当たり労働組合が統一候補を決定し，それ以外の立候補した組合員に対し，これを統制違反者として処分することは違法としている。

1．ア○　イ○　ウ○　　2．ア○　イ○　ウ×　　3．ア○　イ×　ウ○
4．ア○　イ×　ウ×　　5．ア×　イ○　ウ○　　6．ア×　イ○　ウ×
7．ア×　イ×　ウ○　　8．ア×　イ×　ウ×

〔第7問〕（配点：2）

主権に関する次のアからエまでの各記述について，国政に関する最高の決定権という意味で主権の概念を用いたものの組合せを，後記1から6までの中から選びなさい。（解答欄は，［No.13］）

ア．「日本国ノ主権ハ本州，北海道，九州及四国並ニ吾等ノ決定スル諸小島ニ局限セラルベシ」（ポツダム宣言第8項）というときの「主権」

イ．「日本国民は，（中略）ここに主権が国民に存することを宣言し，この憲法を確定する。」（憲法前文第1項）というときの「主権」

ウ．「政治道徳の法則は，普遍的なものであり，この法則に従ふことは，自国の主権を維持し，他国と対等関係に立たうとする各国の責務であると信ずる。」（憲法前文第3項）というときの「主権」

エ．「天皇は，日本国の象徴であり日本国民統合の象徴であつて，この地位は，主権の存する日本国民の総意に基く。」（憲法第1条）というときの「主権」

1．アとイ　　2．アとウ　　3．アとエ　　4．イとウ　　5．イとエ
6．ウとエ

〔第8問〕（配点：３）

天皇が国会の開会式に出席して述べる「おことば」の憲法上の位置付けに関する次のアからウまでの各記述について，ｂの見解がａの見解の根拠となっている場合には1を，そうでない場合には2を選びなさい。（解答欄は，アからウの順に［No.14］から［No.16］）

ア．ａ．天皇は象徴であり，「おことば」を述べることは象徴としての行為である。

ｂ．象徴という言葉は社会心理的な意味を有するものであり，天皇を象徴と定めた憲法の規定から法的効果を導くことはできない。［No.14］

イ．ａ．天皇は公人であり，「おことば」を述べることは公人としての行為である。

ｂ．天皇の行為は限定するべきであり，天皇の行為には，憲法が定める国事行為と私的行為の二つしかないと考えるべきである。［No.15］

ウ．ａ．天皇は憲法が列挙する国事行為を行い，「おことば」を述べることは「儀式を行ふこと」（憲法第７条第１０号）に含まれる。

ｂ．天皇が自ら儀式を主宰する場合だけでなく，式に参列して儀式的・儀礼的行為を行うことも「儀式を行ふこと」と解釈することができる。［No.16］

〔第9問〕（配点：３）

衆議院解散権に関する次のアからウまでの各記述について，それぞれ正しい場合には1を，誤っている場合には2を選びなさい。（解答欄は，アからウの順に［No.17］から［No.19］）

ア．天皇の国事行為は元来政治的なものであるが，天皇は拒否権を持たないため，国事行為について「助言と承認」を行う内閣に実質的決定権があるという見解によれば，憲法第７条により内閣の衆議院解散権が基礎付けられる。［No.17］

イ．内閣が衆議院を解散できるのは憲法第６９条所定の場合に限られるという見解によっても，新たな政治的課題が生じ，国民の意思を問う高度の必要性があるときには，内閣による解散が認められる。［No.18］

ウ．内閣の衆議院解散権の根拠を議院内閣制自体に求める見解は，政府が議会の解散権を有し，政府と議会が均衡していることが，日本国憲法が採用する議院内閣制の本質的要素であるとの考えに基づいている。［No.19］

〔第10問〕（配点：２）

裁判官の職権の独立に関する次のアからウまでの各記述について，正しいものには○，誤っているものには×を付した場合の組合せを，後記１から８までの中から選びなさい。（解答欄は，［No.20］）

ア．裁判官の職権の独立は，最高裁判所による裁判所の内部規律及び司法事務処理に関する規則制定権，下級裁判所裁判官の指名権等の司法の自主性を保障する制度によって担保されている。

イ．裁判官の職権の独立は，裁判に不当な影響を与えるおそれのある外部的行為の排除を要求するから，議院は，国政調査として，係属中の具体的事件の事実認定や量刑の判断が適切かどうかを調査・批判することはできない。

ウ．裁判官の職権の独立は，外部からの干渉のみならず裁判所内部における干渉の排除も要求するから，裁判官は，どのような訴訟指揮をしたとしても，そのことを理由に裁判所内部で懲戒処分を受けることはない。

１．ア○　イ○　ウ○　　２．ア○　イ○　ウ×　　３．ア○　イ×　ウ○
４．ア○　イ×　ウ×　　５．ア×　イ○　ウ○　　６．ア×　イ○　ウ×
７．ア×　イ×　ウ○　　８．ア×　イ×　ウ×

〔第11問〕（配点：２）

条約に関する次のアからウまでの各記述について，正しいものには○，誤っているものには×を付した場合の組合せを，後記１から８までの中から選びなさい。（解答欄は，［No.21］）

ア．条約締結の国会承認については，衆議院の優越が認められており，条約承認の議案は，先に衆議院に提出しなければならない。

イ．条約を締結する権限は内閣にあるが，批准を要する条約についての批准書の認証は天皇の国事行為である。

ウ．条約は，国会による承認及び内閣による締結の後，天皇が国事行為としてこれを公布することによって有効に成立する。

１．ア○　イ○　ウ○　　２．ア○　イ○　ウ×　　３．ア○　イ×　ウ○
４．ア○　イ×　ウ×　　５．ア×　イ○　ウ○　　６．ア×　イ○　ウ×
７．ア×　イ×　ウ○　　８．ア×　イ×　ウ×

〔第12問〕（配点：３）

次の対話は，憲法改正に関する教授と学生の対話である。教授の各質問に対する次のアからウまでの学生の各回答について，それぞれ正しい場合には１を，誤っている場合には２を選びなさい。（解答欄は，アからウの順に［No.22］から［No.24］）

教授．憲法第９６条第１項は，「この憲法の改正は，各議院の総議員の３分の２以上の賛成で，国会が，これを発議し，国民に提案してその承認を経なければならない。」と規定しているが，この「総議員」の意味には争いがあって，①法定議員数と解する説と，②現に各議院に在職する議員数の総数とする説があるね。②説の根拠として考えられるものは何かな。

ア．定足数が一定になり「総議員」の数を巡る争いを避けられること，憲法改正の発議要件を厳格にして議決を慎重にさせるのが憲法の趣旨に合致することなどがあります。［No.22］

教授．それから，改正案を国会に提案する権限を内閣が有するか否かについても，肯定説と否定説とが対立しているね。肯定説に対しては，否定説の立場から，内閣の発案権を認めると国会の自主的審議権が害されるとの批判がされているが，この批判に対する肯定説の立場からの反論として，どのようなものが考えられるだろうか。

イ．内閣に発案権を認めたとしても，各議院は内閣の改正案に対する修正権を持つので，国会の自主的審議権を害するおそれはないとの反論が可能だと思います。［No.23］

教授．憲法改正は，改正案が国民に提案され，国民投票が行われ，その過半数の賛成で承認されるのでなければ成立しないね。「過半数」の意味については，①有権者総数の過半数か，②無効投票を含めた投票総数の過半数か，③有効投票総数の過半数か，を巡り議論があるところだが，①説に対する批判として考えられるものを挙げてみよう。

ウ．①説に対しては，棄権者が全て改正案に反対の意思と評価されてしまう点で妥当ではないとの批判が考えられます。［No.24］

行政法

〔第13問〕（配点：３）

処分基準と審査基準に関する次のアからエまでの各記述について，行政手続法に照らし，それぞれ正しい場合には１を，誤っている場合には２を選びなさい。（解答欄は，アからエの順に［No.25］から［No.28］）

ア．処分基準と審査基準は，いずれも，不利益処分に関する基準である。［No.25］

イ．処分基準と審査基準のいずれについても，これらを公表することは行政庁の努力義務にとどまる。［No.26］

ウ．行政庁が，処分基準を定める場合には，意見公募手続が必要であるが，審査基準を定める場合には，意見公募手続は必要ではない。［No.27］

エ．行政庁は，処分基準と審査基準のいずれを定めるに当たっても，できる限り具体的なものとしなければならない。［No.28］

〔第14問〕（配点：３）

行政裁量に関する次のアからエまでの各記述について，最高裁判所の判例に照らし，それぞれ正しい場合には１を，誤っている場合には２を選びなさい。（解答欄は，アからエの順に［No.29］から［No.32］）

ア．車両制限令における道路管理者の特殊な車両の特例の認定は，同令所定の車両についての制限に関する基準に適合しないことが，車両の構造又は車両に積載する貨物が特殊であるためやむを得ないものであるかどうかの認定にすぎず，基本的には裁量の余地のない確認的行為の性格を有するものであるから，具体的事案に応じ道路行政上比較衡量的判断を含む行政裁量を行使することは，許されない。［No.29］

イ．地方公共団体が，公共工事の契約に関する指名競争入札に参加させようとする者を指名するに当たり，工事現場等への距離が近く現場に関する知識等を有していることから契約の確実な履行が期待できることや，地元の経済の活性化にも寄与することなどを考慮し，地元企業を優先する指名を行うことは，その合理性を肯定することができる。［No.30］

ウ．廃棄物の処理及び清掃に関する法律において，一般廃棄物処理業は，専ら自由競争に委ねられるべき性格の事業とは位置付けられていないものであり，一般廃棄物処理業の許可をするか否かの判断に当たっては，その申請者の能力だけではなく，一定の区域における一般廃棄物の処理がその発生量に応じた需給状況の下において，当該区域の全体にわたって適正に行われることが確保されるか否かを審査することが求められていることから，行政庁には一定の裁量が与えられていると解される。［No.31］

エ．毒物及び劇物取締法に基づく毒物及び劇物の輸入業や販売業の登録は，登録を受けようとする者の設備の面から規制を加えるものであるが，行政庁には，専門技術的な裁量が認められていることから，設備だけではなく，登録の対象となる製品の用途や目的を考慮し，当該製品による人の生命身体への危険が予測できる場合には，登録を拒否することができる。[No.32]

〔第15問〕（配点：２）

行政指導に関する次のアからウまでの各記述について，行政手続法に照らし，正しいものに○，誤っているものに×を付した場合の組合せを，後記１から８までの中から選びなさい。（解答欄は，[No.33]）

ア．行政指導に携わる者は，当該行政指導をする際に，行政機関が許認可等をする権限又は許認可等に基づく処分をする権限を行使し得る旨を示すときは，その相手方に対して，当該権限を行使し得る根拠となる法令の条項及び当該条項に規定する要件を示さなければならないが，当該権限の行使が当該条項に規定する要件に適合する理由を示す必要はない。

イ．法令に違反する行為の是正を求める行政指導を受けた者が，当該行政指導をした行政機関に対し，当該行政指導がその根拠となる法律の規定する要件に適合しない旨を申し出て，当該行政指導の中止その他必要な措置をとることを求めたときは，当該行政機関は，当該行政指導が当該法律に規定する要件に適合することを確認するまでの間，当該行政指導を一時中止しなければならない。

ウ．行政指導の内容はあくまでも相手方の任意の協力によってのみ実現されるものでなければならないから，許認可等に基づく処分をする権限を有する行政機関が当該権限を行使する意思がない場合においてする行政指導にあっては，当該行政指導に携わる者は，当該権限を行使し得る旨を殊更に示すことにより相手方に当該行政指導に従うことを余儀なくさせるようなことをしてはならない。

１．ア○　イ○　ウ○　　２．ア○　イ○　ウ×　　３．ア○　イ×　ウ○
４．ア○　イ×　ウ×　　５．ア×　イ○　ウ○　　６．ア×　イ○　ウ×
７．ア×　イ×　ウ○　　８．ア×　イ×　ウ×

〔第16問〕（配点：２）

医師法第７条の３第１項に基づく立入検査に関する教員と学生による以下の対話中の次のアからウまでの【　】内の各記述について，正しいものに○，誤っているものに×を付した場合の組合せを，後記１から８までの中から選びなさい。（解答欄は，［No.34］）

教員：医師法第７条の３第１項に基づく立入検査の強制力について，どのようなことがいえますか。

学生：（ア）【医師法第３３条の２第３号により，立入検査の拒否に罰則が定められていることからすると，同法は，間接的心理的に立入検査の受忍を強制しようとするものといえます。】

教員：それでは，ある医師について，医師法第７条第１項の規定による処分をすべきか否かを調査するため，同法第７条の３第１項に基づく当該医師の開設する病院の立入検査が行われようとしているにもかかわらず，当該医師が立入検査を拒否しているという事例を想定してください。立入検査に関しては，医師法上，第７条の３以外の規定はありませんが，立入検査をしようとする行政庁の職員はどのようなことができますか。

学生：（イ）【立入検査をしようとする職員は，必要最小限の実力を行使して当該医師を排除した上で，立入検査を行うことができます。】

教員：税務調査に関する最高裁判所の判例に照らすと，立入検査が医師法第７条の３第３項の規定に反するのは，どのような場合であるといえますか。

学生：（ウ）【立入検査の権限を犯罪捜査のための手段として行使したような場合には，その立入検査は医師法第７条の３第３項に違反します。】

（参照条文）医師法

第４条　次の各号のいずれかに該当する者には，免許を与えないことがある。

一　心身の障害により医師の業務を適正に行うことができない者として厚生労働省令で定めるもの

二　麻薬，大麻又はあへんの中毒者

三　罰金以上の刑に処せられた者

四　前号に該当する者を除くほか，医事に関し犯罪又は不正の行為のあつた者

第７条　医師が第４条各号のいずれかに該当し，又は医師としての品位を損するような行為のあつたときは，厚生労働大臣は，次に掲げる処分をすることができる。

一　戒告

二　３年以内の医業の停止

三　免許の取消し

２～１７　（略）

第７条の３　厚生労働大臣は，医師について第７条第１項の規定による処分をすべきか否かを調査する必要があると認めるときは，当該事案に関係する者若しくは参考人から意見若しくは報告を徴し，診療録その他の物件の所有者に対し，当該物件の提出を命じ，又は当該職員をして当該事案に関係のある病院その他の場所に立ち入り，診療録その他の物件を検査させることができる。

２　前項の規定により立入検査をしようとする職員は，その身分を示す証明書を携帯し，関係人の請求があつたときは，これを提示しなければならない。

３　第１項の規定による立入検査の権限は，犯罪捜査のために認められたものと解してはならない。

第３３条の２　次の各号のいずれかに該当する者は，５０万円以下の罰金に処する。

一，二　（略）

三　第７条の３第１項の規定による陳述をせず，報告をせず，若しくは虚偽の陳述若しくは報告をし，物件を提出せず，又は検査を拒み，妨げ，若しくは忌避した者

１．ア○　イ○　ウ○　　２．ア○　イ○　ウ×　　３．ア○　イ×　ウ○
４．ア○　イ×　ウ×　　５．ア×　イ○　ウ○　　６．ア×　イ○　ウ×
７．ア×　イ×　ウ○　　８．ア×　イ×　ウ×

〔第17問〕（配点：３）

甲市では，市内の住宅において，物の堆積又は放置あるいは雑草の繁茂等により，不良な生活環境が生じている例が見られ，行政の対応が求められていた。そこで，甲市は新たな条例（以下「本件条例」という。）を定めることにより，住宅における不良な生活環境に対処することを検討している。本件条例を所掌する部門の部長と職員による以下の対話中の次のアからエまでの【　】内の各記述について，それぞれ正しい場合には１を，誤っている場合には２を選びなさい。（解答欄は，アからエの順に［No.35］から［No.38］）

部長：本件条例では，住宅に不良な生活環境が生じている場合には，当該住宅の所有者に堆積した物の撤去等の適切な措置をとることを命令することができると定めます。しかし，命令の相手方が従うとは限りませんから，命令の実効性を確保する仕組みを条例に定める必要があります。どのような仕組みが考えられますか。

職員：（ア）【命令に従わない場合には，行政刑罰を科すことが考えられます。行政刑罰は刑事罰の一種で，原則として刑事訴訟法が適用されます。】［No.35］

部長：他にどのような仕組みが考えられますか。

職員：（イ）【執行罰が考えられます。執行罰は命令による義務の不履行に対して一定額の過料を科すこととし，不履行があった場合には強制的にこれを徴収するというものです。ただし，１回の不履行に対して１回しか徴収することはできず，義務が履行されるまで何度も徴収することはできないとされています。】［No.36］

部長：次に，行政代執行について考えてみましょう。行政代執行法が，独自に定められた条例に適用されるかについては，消極的な見解も見られますが，ここでは，本件条例に基づく命令について，行政代執行法が適用されるとの前提で考えてみましょう。例えば，住宅に生じている不良な生活環境がこれ以上悪化しないように，条例に基づく当該住宅の使用禁止命令を発することができる場合，その実効性を確保するために，行政代執行法に基づいて，当該住宅の封鎖を行うことは可能でしょうか。

職員：（ウ）【使用禁止命令は，行政代執行法における「他人が代つてなすことのできる行為」に関するものではないので，行政代執行を行うことはできません。】しかし，堆積した物の撤去を命じる命令であれば，行政代執行によって行うことができます。［No.37］

部長：行政代執行法によると，代執行に要した費用は義務者から徴収することとされています。仮に，義務者が費用を支払わない場合，義務者から代執行に要した費用を強制的に徴収することはできますか。

職員：（エ）【行政代執行法には明文の定めはありませんが，このような権力的な行政活動に基づく債権については，国税滞納処分の例によって徴収することができると考えられています。】［No.38］

〔第18問〕（配点：３）

処分性に関する教員と学生による以下の対話中の次のアからエまでの【　】内の各記述について，最高裁判所の判例に照らし，それぞれ正しい場合には１を，誤っている場合には２を選びなさい。（解答欄は，アからエの順に［No.39］から［No.42］）

教員：まず，行政庁と相手方との基本的な関係が私法上の契約関係である場合に，行政庁が相手方に対してする行為に処分性が認められることがありますか。

学生：例えば，（ア）【弁済供託は，民法上の寄託契約の性質を有するものですが，供託官が弁済者から供託物の取戻しの請求を受けた場合において，これを理由がないと認めて却下する行為は，処分性が認められます。】［No.39］

教員：行政庁が相手方に対して一定の事項を通知する行為につき，処分性が認められることがありますか。

学生：例えば，（イ）【道路交通法に基づく反則金の納付の通告は，これに従わない場合には刑事手続が開始され，実際上反則金の納付を余儀なくされることから，処分性が認められます。】［No.40］

教員：行政計画の処分性についてはどのように考えますか。類型に分けて説明してください。

学生：まず，当該計画に基づき将来具体的な事業が施行されることが予定されている，いわゆる非完結型の計画につき，（ウ）【土地区画整理事業の事業計画の決定は，後続の仮換地指定や換地処分の取消訴訟によって権利救済の目的が十分達成でき，事件の成熟性が欠けることから，処分性は認められません。】次に，当該計画に基づき将来具体的な事業が施行されることが予定されていない，いわゆる完結型の計画につき，（エ）【都市計画法に基づく用途地域の指定は，当該地域内の土地所有者等に建築制限等の制約を課し，その法的地位に変動をもたらすものであることから，処分性が認められます。】［No.41 及びNo.42］

〔第19問〕（配点：3）

抗告訴訟の審理に関する次のアからエまでの各記述について，行政事件訴訟法又は最高裁判所の判例に照らし，それぞれ正しい場合には1を，誤っている場合には2を選びなさい。（解答欄は，アからエの順に［No.43］から［No.46］）

ア．原処分の取消訴訟と原処分についての審査請求を棄却した裁決の取消訴訟とを提起することができる場合，裁決の取消訴訟においては，原処分の違法を理由として取消しを求めることができない。［No.43］

イ．取消訴訟の違法判断の基準時は処分時であるから，原子炉施設の安全性に関する判断の適否が争われる原子炉設置許可処分の取消訴訟において，裁判所の審理，判断は，当該処分当時の科学技術水準に照らして行われるべきである。［No.44］

ウ．取消訴訟においては職権証拠調べが認められているから，裁判所は，必要があると認めるときは，当事者の申立てを待たずに証人尋問を行うことができ，尋問の結果について当事者の意見をきく必要はない。［No.45］

エ．処分が無効であることを主張する原告は，当該処分に重大かつ明白な瑕疵がある旨を抽象的に主張すれば足り，当該処分が有効であることを主張する被告が，当該処分が有効であることを基礎付ける具体的な事実を主張立証する必要がある。［No.46］

〔第20問〕（配点：2）

申請拒否処分がなされた場合における義務付けの訴えに関する次のアからウまでの各記述について，行政事件訴訟法に照らし，正しいものに○，誤っているものに×を付した場合の組合せを，後記1から8までの中から選びなさい。（解答欄は，［No.47］）

ア．この場合の義務付けの訴えは，その申請をした者だけではなく，申請された処分をすべき旨を命ずることを求めるにつき法律上の利益を有する者も提起することができる。

イ．この場合の義務付けの訴えは，原則として申請拒否処分に対する取消訴訟と併合して提起しなければならないが，申請拒否処分が無効である場合には，義務付けの訴えを単独で提起することができる。

ウ．この場合の義務付けの訴えは，申請された処分がなされないことにより重大な損害を生ずるおそれがあり，かつ，その損害を避けるため他に適当な方法がないときに限り，提起することができる。

1．ア○　イ○　ウ○　　2．ア○　イ○　ウ×　　3．ア○　イ×　ウ○
4．ア○　イ×　ウ×　　5．ア×　イ○　ウ○　　6．ア×　イ○　ウ×
7．ア×　イ×　ウ○　　8．ア×　イ×　ウ×

〔第21問〕（配点：２）

処分の執行停止及び仮の差止めに関する次のアからウまでの各記述について，行政事件訴訟法に照らし，正しいものに○，誤っているものに×を付した場合の組合せを，後記１から８までの中から選びなさい。（解答欄は，［No.48］）

ア．執行停止は，処分の執行等により生ずる重大な損害を避けるため緊急の必要があることが要件となっているが，仮の差止めは，処分がされることにより生ずる償うことのできない損害を避けるため緊急の必要があることが要件となっている。

イ．執行停止及び仮の差止めのいずれについても，本案について理由があるとみえるときでなければ，裁判所はその決定をすることができない。

ウ．執行停止は，あらかじめ当事者の意見をきかなければ，裁判所はその決定をすることができないが，仮の差止めは，あらかじめ当事者の意見をきかなくても，裁判所はその決定をすることができる。

１．ア○　イ○　ウ○　　２．ア○　イ○　ウ×　　３．ア○　イ×　ウ○
４．ア○　イ×　ウ×　　５．ア×　イ○　ウ○　　６．ア×　イ○　ウ×
７．ア×　イ×　ウ○　　８．ア×　イ×　ウ×

〔第22問〕（配点：２）

国家賠償に関する次のアからウまでの各記述について，最高裁判所の判例に照らし，正しいものに○，誤っているものに×を付した場合の組合せを，後記１から８までの中から選びなさい。（解答欄は，［No.49］）

ア．警察官が，交通法規等に違反して車両で逃走する者をパトカーで追跡する職務の執行中に，逃走車両の走行により第三者が損害を被った場合，当該警察官の職務執行は，当該追跡が職務目的を遂行する上で必要なものであり，かつ，追跡の開始・継続及び追跡の方法が相当であったとしても，当該第三者に対する関係では違法なものとなる。

イ．国の公権力の行使に当たる公務員が，その職務を行うについて，故意により違法に他人に損害を与えた場合であっても，国は被害者に対し賠償責任を負うが，当該公務員個人は被害者に対し直接に賠償責任を負わない。

ウ．裁判官による争訟の裁判に事実認定や法律解釈の誤りがあった場合には，上訴等の訴訟法上の救済方法によって是正することが予定されているから，当該裁判官が違法又は不当な目的をもって上記のような誤った裁判をした場合であっても，国の賠償責任を生ずることはない。

１．ア○　イ○　ウ○　　２．ア○　イ○　ウ×　　３．ア○　イ×　ウ○
４．ア○　イ×　ウ×　　５．ア×　イ○　ウ○　　６．ア×　イ○　ウ×
７．ア×　イ×　ウ○　　８．ア×　イ×　ウ×

〔第23問〕（配点：３）

不服申立てに関する次のアからエまでの各記述について，行政不服審査法に照らし，それぞれ正しい場合には１を，誤っている場合には２を選びなさい。（解答欄は，アからエの順に［No.50］から［No.53］）

ア．申請に対する不作為についての審査請求に理由があるときは，審査庁は裁決で当該不作為が違法又は不当であることを宣言するほか，審査庁が不作為庁の上級行政庁である場合には，審査庁は当該不作為庁に対して申請された処分をすべき旨を命じなければならず，審査庁が不作為庁である場合には，審査庁は当該処分をしなければならない。[No.50]

イ．処分の取消しを求める審査請求が適法にされた場合において，処分庁の上級行政庁又は処分庁である審査庁は，必要があると認める場合には，当該処分の効力，処分の執行又は手続の続行の全部又は一部の停止その他の措置をとることができる。ただし，処分の効力の停止は，それ以外の措置によって目的を達することができるときは，することができない。[No.51]

ウ．処分庁の上級行政庁である審査庁が，申請を却下し，又は棄却する処分を取り消す裁決をする場合に，当該審査庁は，当該申請に対して一定の処分をすべきものと認めるときは，処分庁に対し，当該処分をすべきことを命じなければならないが，この命令が発せられない場合に当該申請に対してどのような処分をするかについては，裁決の内容にかかわらず処分庁の判断に委ねられる。[No.52]

エ．再調査の請求をすることができる処分について，処分庁が誤って再調査の請求をすることができる旨を教示しなかった場合に，当該処分についての審査請求がされたときは，審査庁は，審査請求人からの申立てがなくとも，速やかに審査請求書又は審査請求録取書を処分庁に送付しなければならず，これらの送付がされたときは，初めから処分庁に再調査の請求がされたものとみなされる。[No.53]

〔第24問〕（配点：２）

行政組織法に関する次のアからウまでの各記述について，正しいものに○，誤っているものに×を付した場合の組合せを，後記１から８までの中から選びなさい。（解答欄は，［No.54］）

ア．対等な行政機関間で権限について疑義が生じたときは，上級行政機関がこれを決することになるところ，主任の大臣の間における権限についての疑義は，内閣総理大臣が，閣議にかけて，これを裁定する。

イ．上級行政機関は，下級行政機関に対する指揮監督権を有するが，法律の特別の授権がない場合には，下級行政機関の権限を当該下級行政機関に代わって自ら行使することはできない。

ウ．上級行政機関から下級行政機関に対して，法律の規定に基づいて権限の委任が行われた場合には，当該権限の行使に関する限り，当該上級行政機関の当該下級行政機関に対する指揮監督関係は失われるが，専決が行われた場合にも，当該上級行政機関の当該下級行政機関に対する指揮監督関係は同様に失われる。

１．ア○　イ○　ウ○　　２．ア○　イ○　ウ×　　３．ア○　イ×　ウ○
４．ア○　イ×　ウ×　　５．ア×　イ○　ウ○　　６．ア×　イ○　ウ×
７．ア×　イ×　ウ○　　８．ア×　イ×　ウ×

民　法

〔第１問〕（配点：２）

錯誤に関する次のアからオまでの各記述のうち，正しいものを組み合わせたものは，後記１から５までのうちどれか。（解答欄は，［No.１］）

ア．錯誤を理由とする意思表示の取消しの可否について，錯誤の重要性は，表意者を基準として判断される。

イ．ＡのＢに対する意思表示がＡの錯誤を理由として取り消すことができるものである場合，Ｂも，Ａの錯誤を理由としてＡの意思表示を取り消すことができる。

ウ．負担のない贈与について贈与者であるＡの錯誤を理由とする取消しがされたが，受贈者であるＢが既に当該贈与契約に基づいて給付を受けていた場合，Ｂは，給付を受けた時に当該贈与契約が取り消すことができるものであることを知らなかったときは，現に利益を受けている限度において返還の義務を負う。

エ．ＡのＢに対する意思表示が錯誤を理由として取り消された場合，Ａは，その取消し前に利害関係を有するに至った善意無過失のＣに，その取消しを対抗することができない。

オ．ＡのＢに対する意思表示が錯誤に基づくものであって，その錯誤がＡの重大な過失によるものであった場合，Ａは，ＢがＡに錯誤があることを知り，又は重大な過失によって知らなかったときを除いて，錯誤を理由としてその意思表示を取り消すことができない。

１．ア　イ　　２．ア　オ　　３．イ　ウ　　４．ウ　エ　　５．エ　オ

〔第２問〕（配点：２）

消滅時効に関する次のアからオまでの各記述のうち，誤っているものを組み合わせたものは，後記１から５までのうちどれか。（解答欄は，［No.２］）

ア．債務不履行に基づく損害賠償請求権は，債権者が権利を行使することができることを知った時から５年間行使しない場合，時効によって消滅する。

イ．詐欺を理由とする取消権は，その行為の時から５年間行使しない場合，時効によって消滅する。

ウ．不法行為に基づく損害賠償請求権は，不法行為の時から２０年間行使しない場合，時効によって消滅する。

エ．１０年より短い時効期間の定めのある権利が確定判決によって確定した場合，その時効期間は，短い時効期間の定めによる。

オ．定期金の債権は，債権者が定期金の債権から生ずる金銭その他の物の給付を目的とする各債権を行使することができることを知った時から１０年間行使しない場合，時効によって消滅する。

1．ア　ウ　　2．ア　オ　　3．イ　エ　　4．イ　オ　　5．ウ　エ

〔第３問〕（配点：２）

登記に関する次のアからオまでの各記述のうち，判例の趣旨に照らし誤っているものを組み合わせたものは，後記1から5までのうちどれか。（解答欄は，［No.３］）

ア．Aが所有する甲土地上に，Bが無権原で乙建物を所有している。Bは，自ら乙建物の所有権保存登記をした後，乙建物をCに売却してその所有権を移転した。この場合において，BからCへの乙建物の所有権移転登記がされていないときは，Aは，Bに対し，所有権に基づき乙建物の収去及び甲土地の明渡しを請求することができる。

イ．Aが所有する甲土地をAから賃借したBは，甲土地上に建築した自己所有建物につき，Bの妻C名義で所有権保存登記をした。この場合において，Aが甲土地をDに売却してAからDへの所有権移転登記がされたときは，Bは，甲土地の賃借権をDに対抗することができる。

ウ．Aは，所有する甲土地のために，Bが所有する乙土地上に地役権の設定を受け，その旨の登記がされた。この場合において，Aが甲土地をCに売却してAからCへの所有権移転登記がされたときは，Cは，甲土地のための地役権をBに対抗することができる。

エ．Aは，Bが所有する甲建物を賃借してその引渡しを受けた。この場合，Aは，Bに対し，当然に賃借権の設定登記を請求することができる。

オ．Aは，所有する甲土地につき，Bを第一順位とする抵当権及び，Cを第二順位とする抵当権をそれぞれ設定し，その旨の登記がされた。この場合において，甲土地のBの抵当権の被担保債権が消滅したときは，Cは，Bに対し，自己の抵当権に基づきBの抵当権設定登記の抹消を請求することができる。

1．ア　イ　　2．ア　オ　　3．イ　エ　　4．ウ　エ　　5．ウ　オ

〔第４問〕（配点：２）

即時取得に関する次のアからオまでの各記述のうち，判例の趣旨に照らし誤っているものを組み合わせたものは，後記１から５までのうちどれか。（解答欄は，［No.４］）

ア．Ａは，自己所有の宝石をＢに売却して現実の引渡しをした。その後，Ｂは，宝石をＣに売却して現実の引渡しをした。さらに，その後，Ａは，ＡＢ間の売買契約をＢの強迫を理由として取り消した。この場合，Ｃは，即時取得により宝石の所有権を取得することはない。

イ．未成年者Ａは，自己所有の宝石をＢに売却して現実の引渡しをした。その後，Ａは，ＡＢ間の売買契約を未成年であることを理由として取り消した。この場合，Ｂが即時取得により宝石の所有権を取得することはない。

ウ．Ａは，Ｂ所有の宝石をＢから賃借して引渡しを受けた上，宝石をＣに預けていたが，宝石をＤに売却し，Ｃに対し，宝石を今後Ｄのために占有するよう命じ，Ｄがこれを承諾した。この場合，Ｄは，宝石がＡ所有であると信じ，かつ，そのことに過失がなかったとしても，即時取得により宝石の所有権を取得することはない。

エ．Ａは，Ｂが置き忘れた宝石を，自己所有物であると過失なく信じて持ち帰った。この場合，Ａが即時取得により宝石の所有権を取得することはない。

オ．Ａは，ＢがＣから賃借していた宝石を盗み，Ｄに贈与した。Ｄが宝石をＡの所有物であると過失なく信じて現実の引渡しを受けた場合，Ｂは，宝石の盗難時から２年間は，Ｄに宝石の回復を請求することができる。

１．ア　ウ　　２．ア　エ　　３．イ　ウ　　４．イ　オ　　５．エ　オ

〔第５問〕（配点：２）

債務者Ａは債権者ＢのためにＡの所有する不動産甲に抵当権を設定し，その旨の登記がされた。この場合における抵当権の消滅に関する次のアからオまでの各記述のうち，判例の趣旨に照らし正しいものを組み合わせたものは，後記１から５までのうちどれか。（解答欄は，［No.５］）

ア．Ａは，抵当権を実行することができる時から２０年が経過すれば，被担保債権が消滅していなくても，抵当権が時効により消滅したと主張することができる。

イ．甲について，その後，ＡがＣのために抵当権を設定し，その旨の登記がされた場合において，ＢがＡから甲を買い受けたときは，Ｂの抵当権は消滅しない。

ウ．Ａの一般債権者が甲につき強制競売の申立てをし，当該強制競売手続において甲が売却されたときは，Ｂの抵当権は消滅する。

エ．甲について，その後，Aから譲渡担保権の設定を受けたDは，譲渡担保権の実行前であっても，抵当権消滅請求をすることにより，Bの抵当権を消滅させることができる。

オ．甲が建物である場合において，Aが故意に甲を焼失させたときは，Bの抵当権は消滅しない。

1．ア　エ　　2．ア　オ　　3．イ　ウ　　4．イ　オ　　5．ウ　エ

〔第6問〕（配点：2）

譲渡担保に関する次のアからオまでの各記述のうち，判例の趣旨に照らし正しいものを組み合わせたものは，後記1から5までのうちどれか。（解答欄は，［No.6］）

ア．所有する土地に譲渡担保権を設定した債務者は，債務の弁済期が経過した後は，債権者が担保権の実行を完了する前であっても，債務の全額を弁済して目的物を受け戻すことはできない。

イ．所有する機械に譲渡担保権を設定して譲渡担保権者に現実の引渡しをした債務者Aは，その債務の弁済をする場合，債務の弁済と譲渡担保権者のAに対する目的物の引渡しとの同時履行を主張することはできない。

ウ．債務者Aが所有する構成部分の変動する在庫商品に債権者Bのために譲渡担保権が設定された後，商品が滅失し，その損害をてん補するための損害保険金請求権をAが取得したときは，Aが営業を継続しているか否かにかかわらず，Bは，当該保険金請求権に対して物上代位権を行使することができる。

エ．土地の賃借人が借地上に所有する建物に譲渡担保権を設定した場合，その効力が土地の賃借権に及ぶことはない。

オ．譲渡担保権によって担保されるべき債権の範囲は，強行法規や公序良俗に反しない限り，設定契約の当事者間において元本，利息及び遅延損害金について自由に定めることができる。

1．ア　ウ　　2．ア　エ　　3．イ　エ　　4．イ　オ　　5．ウ　オ

〔第７問〕（配点：２）

Ａは，その債権者を害することを知りながら，所有する骨董品甲をＢに贈与し，その際，Ｂも甲の贈与がＡの債権者を害することを知っていた。この事例におけるＡの債権者Ｃによる詐害行為取消権行使に関する次のアからオまでの各記述のうち，正しいものを組み合わせたものは，後記１から５までのうちどれか。（解答欄は，［No.７］）

ア．Ｃが詐害行為取消訴訟を提起する場合，Ａを被告としなければならない。

イ．Ｂが，甲の贈与がＡの債権者を害することを知っていたＤに甲を売却し，引き渡した場合，Ｃは，Ｄに対し，ＢＤ間の甲の売買の取消しを請求することができる。

ウ．Ｂが，甲の贈与がＡの債権者を害することを知っていたＤに甲を売却し，引き渡した場合，Ｃは，Ｂに対し，ＡＢ間の甲の贈与の取消しを請求することができる。

エ．Ｃによる詐害行為取消請求を認容する確定判決の効力は，Ａの全ての債権者に対してもその効力を有する。

オ．Ｂが，甲の贈与がＡの債権者を害することを知っていたＤに甲を売却し，引き渡した場合において，ＣのＤに対する詐害行為取消請求を認容する判決が確定したときは，Ｄは，Ｂに対し，代金の返還を請求することができる。

１．ア　エ　　２．ア　オ　　３．イ　ウ　　４．イ　オ　　５．ウ　エ

〔第８問〕（配点：２）

ＡＢＣは，Ｄに対して，６０万円の借入金債務（以下「甲債務」という。）を連帯して負担し，負担部分は均等とする合意をしていた。この事例に関する次のアからオまでの各記述のうち，正しいものを組み合わせたものは，後記１から５までのうちどれか。（解答欄は，［No.８］）

ア．ＤがＡに対して甲債務の支払請求訴訟を提起し，請求を認容する判決が確定した場合において，Ｄ及びＢが別段の意思を表示していないときは，甲債務の消滅時効は，Ｂについても判決確定の時から新たにその進行を始める。

イ．ＤがＣに対して甲債務を免除する意思表示をした場合において，Ｄ及びＡが別段の意思を表示していないときは，ＤがＡの債務を免除する意思を有していなかったとしても，Ｄは，Ａに対して６０万円の支払を請求することはできない。

ウ．甲債務と相殺適状にある３０万円の乙債務をＤがＣに対して負担している場合において，Ｃが乙債務につき相殺を援用しない間に，ＤがＡに６０万円の支払を請求したときは，Ａは，２０万円についてその支払を拒むことができる。

エ．Ｂは，甲債務の履行期にＤに対して１８万円を支払った場合，Ａ及びＣに求償することはできない。

オ．甲債務と相殺適状にある２０万円の乙債務をDがCに対して負担している場合において，Aが，Cが甲債務の連帯債務者であることを知りながら，Cに通知せずにDに６０万円を支払ってCに求償し，Cが乙債務との相殺をもってAに対抗したときは，Aは，Dに対し，相殺によって消滅すべきであった乙債務２０万円の支払を請求することができる。

1．ア　イ　　2．ア　ウ　　3．イ　エ　　4．ウ　オ　　5．エ　オ

〔第９問〕（配点：２）

預貯金債権以外の金銭債権についての譲渡制限の意思表示に関する次のアからオまでの各記述のうち，誤っているものを組み合わせたものは，後記１から５までのうちどれか。（解答欄は，［No.９］）

ア．譲渡制限の意思表示がされた債権が譲渡された場合において，その後に債務者が当該譲渡を承諾したときは，当該債権の譲渡は譲渡の時に遡って有効になる。

イ．譲渡制限の意思表示がされた債権の差押えがされた場合，当該債権の債務者は，差押債権者に対し，譲渡制限の意思表示がされたことを理由としてその債務の履行を拒むことはできない。

ウ．譲渡制限の意思表示がされていることを知りながら債権を譲り受けた譲受人は，債務者が譲受人に対して任意に弁済をしようとしても，これを直接受けることができない。

エ．譲渡制限の意思表示がされた債権が譲渡された場合，譲受人が譲渡制限の意思表示がされたことを過失なく知らなかったときであっても，債務者は，弁済の責任を免れるために，その債権の全額に相当する金銭を供託することができる。

オ．譲渡制限の意思表示がされた債権の全額が譲渡された場合において，譲渡人について破産手続開始の決定があったときは，債権譲渡について第三者対抗要件を備えた譲受人は，債務者にその債権の全額に相当する金銭の供託をするよう請求することができる。

1．ア　イ　　2．ア　ウ　　3．イ　エ　　4．ウ　オ　　5．エ　オ

〔第10問〕（配点：２）

契約の解除に関する次のアからオまでの各記述のうち，誤っているものを組み合わせたものは，後記１から５までのうちどれか。（解答欄は，［No.10］）

ア．解除権の行使について期間の定めがない場合において，相手方が，解除権を有する者に対し，相当の期間を定めて，その期間内に解除をするかどうかを確答すべき旨の催告をしたにもかかわらず，当該期間内に解除の通知を受けないときは，解除権は消滅する。

イ．契約の性質又は当事者の意思表示により，特定の日時又は一定の期間内に履行をしなければ契約の目的を達成することができない債務について，債務者が履行をしないでその時期を経過したときは，契約の解除がされたものとみなされ，当該債務は当然に消滅する。

ウ．債務の一部の履行が不能である場合において，残存する部分のみでは契約をした目的を達することができないときは，債権者は，催告をすることなく，直ちに契約の全部の解除をすることができる。

エ．解除権を有する債権者が，過失によって契約の目的物を著しく損傷した場合には，その債権者が解除権を有することを知らなかったとしても，解除権は消滅する。

オ．解除権が行使された場合の原状回復において，金銭以外の物を返還するときは，その物を受領した時以後に生じた果実をも返還する義務がある。

１．ア　イ　　２．ア　ウ　　３．イ　エ　　４．ウ　オ　　５．エ　オ

〔第11問〕（配点：２）

賃貸借に関する次のアからオまでの各記述のうち，誤っているものを組み合わせたものは，後記１から５までのうちどれか。（解答欄は，［No.11］）

ア．賃貸不動産が譲渡され，その不動産の賃貸人たる地位がその譲受人に移転したときは，譲渡人が負っていた賃借人に対する費用の償還に係る債務は，譲受人が承継する。

イ．賃貸人は，賃借人の責めに帰すべき事由によって賃貸物の使用及び収益のために修繕が必要となったときであっても，その修繕をする義務を負う。

ウ．賃借物の一部が滅失その他の事由により使用及び収益をすることができなくなった場合において，それが賃借人の責めに帰することができない事由によるものであるときは，賃料は，その使用及び収益をすることができなくなった部分の割合に応じて，減額される。

エ．賃借人が適法に賃借物を転貸し，その後，賃貸人が賃借人との間の賃貸借を合意により解除した場合，賃貸人は，その解除の当時，賃借人の債務不履行による解除権を有していたときであっても，その合意解除をもって転借人に対抗することはできない。

オ．賃貸借が終了した場合，賃借人は，通常の使用及び収益によって生じた賃借物の損耗については，原状に復する義務を負わない。

1．ア　ウ　　2．ア　エ　　3．イ　エ　　4．イ　オ　　5．ウ　オ

〔第12問〕（配点：２）

組合に関する次のアからオまでの各記述のうち，正しいものを組み合わせたものは，後記１から５までのうちどれか。（解答欄は，［No.12］）

ア．組合員は，組合財産に属する金銭債権につき，その持分に応じて単独で権利を行使することができる。

イ．組合の業務の決定は，業務執行者があるときであっても，組合員の過半数をもってする。

ウ．組合の存続期間を定めた場合であっても，各組合員は，やむを得ない事由があるときは，脱退することができる。

エ．組合の成立後に新たに加入した組合員は，その加入前に生じた組合の債務について弁済する責任を負わない。

オ．組合員は，組合員の過半数の同意がある場合には，清算前に組合財産の分割を求めることができる。

1．ア　イ　　2．ア　オ　　3．イ　ウ　　4．ウ　エ　　5．エ　オ

〔第13問〕（配点：２）

普通養子縁組に関する次のアからオまでの各記述のうち，誤っているものを組み合わせたものは，後記１から５までのうちどれか。（解答欄は，［No.13］）

ア．１７歳の者が縁組をして養子となるには，その法定代理人の同意を得なければならない。

イ．後見人が被後見人を養子とするには，家庭裁判所の許可を得なければならない。

ウ．配偶者のある者が配偶者の嫡出子を養子とする場合には，配偶者の同意を得ることを要しない。

エ．自己の孫を養子とする場合には，その孫が未成年者であっても，家庭裁判所の許可を得ることを要しない。

オ．縁組の当事者の一方が死亡した場合には，他方の当事者は，家庭裁判所の許可を得なければ離縁をすることができない。

1．ア　ウ　　2．ア　オ　　3．イ　ウ　　4．イ　エ　　5．エ　オ

〔第14問〕（配点：２）

後見に関する次のアからオまでの各記述のうち，誤っているものを組み合わせたものは，後記１から５までのうちどれか。（解答欄は，［No.14］）

ア．未成年後見人が数人ある場合，身上の監護に関する権限については，家庭裁判所は，職権で，各未成年後見人が単独で又は数人の未成年後見人が職務を分掌して，その権限を行使すべきことを定めることができる。

イ．成年後見人が成年被後見人を代理してその居住している建物を売却する場合には，家庭裁判所の許可を得なければならない。

ウ．未成年被後見人Ａが成年に達した後後見の計算の終了前にＡと未成年後見人との間で契約を締結した場合，Ａは，その契約を取り消すことができる。

エ．成年後見人が成年被後見人を代理して預金の払戻しを受けるには，後見監督人があるときは，その同意を得なければならない。

オ．任意後見契約が登記されている場合に家庭裁判所が後見開始の審判をするには，本人の利益のため特に必要があると認めるときでなければならない。

１．ア　ウ　　２．ア　エ　　３．イ　ウ　　４．イ　オ　　５．エ　オ

〔第15問〕（配点：２）

相続と贈与に関する次のアからオまでの各記述のうち，判例の趣旨に照らし誤っているものを組み合わせたものは，後記１から５までのうちどれか。（解答欄は，［No.15］）

ア．特別受益に当たる贈与の価額がその受贈者である相続人の具体的相続分の価額を超える場合，その相続人は，超過した価額に相当する財産を他の共同相続人に返還しなければならない。

イ．Ａが，婚姻後２１年が経過した時点で，Ａとその配偶者Ｂが居住するＡ所有のマンション甲をＢに贈与し，その後に死亡した場合，当該贈与については，その財産の価額を相続財産に算入することを要しない旨の意思表示（持戻し免除の意思表示）がされたものと推定される。

ウ．特別受益に当たる贈与は，地震により目的物が滅失した場合であっても，相続開始の時においてなお原状のままであるものとみなしてその価額を定める。

エ．不動産の死因贈与の受贈者Ａが贈与者Ｂの相続人である場合において，限定承認がされたときは，死因贈与に基づくＢからＡへの所有権移転登記が相続債権者Ｃによる差押登記よりも先にされたとしても，Ａは，Ｃに対し，その不動産の所有権の取得を対抗することができない。

オ．特別受益に当たる贈与は，当事者双方が遺留分権利者に損害を加えることを知ってしたものでない場合，相続開始前の１０年間にしたものに限り，遺留分を算定するための財産の価額に算入される。

１．ア　イ　　２．ア　ウ　　３．イ　オ　　４．ウ　エ　　５．エ　オ

商　法

〔第16問〕（配点：2）

株式会社の設立に関する次のアからオまでの各記述のうち，正しいものを組み合わせたものは，後記1から5までのうちどれか。（解答欄は，［No.16］）

ア．各発起人は，設立時発行株式を1株以上引き受けなければならない。

イ．設立時募集株式の引受人が払込期日又は払込期間内に設立時募集株式の払込金額の全額の払込みをしていないときは，発起人は，当該払込みをしていない設立時募集株式の引受人に対して，期日を定め，その期日までに当該払込みをしなければならない旨を通知しなければならない。

ウ．発起人がその出資に係る金銭の払込みを仮装することに関与した設立時取締役が，株式会社に対し，払込みを仮装した出資に係る金銭の全額の支払をしたときは，出資に係る金銭の払込みを仮装した設立時発行株式について，設立時株主及び株主の権利を行使することができる。

エ．設立時募集株式の引受人が設立時募集株式の払込金額の払込みを仮装した場合において，当該引受人が株式会社に対して負う払込みを仮装した払込金額の全額の支払をする義務は，総株主の同意によっても，免除することができない。

オ．判例の趣旨によれば，株式会社の設立の際，発起人による出資の履行がいわゆる見せ金によって仮装されたものであったにもかかわらず，出資の履行が完了したとして商業登記簿の原本である電磁的記録に資本金の額の記録をさせた行為は，電磁的公正証書原本不実記録罪に当たる。

1．ア　イ　　2．ア　オ　　3．イ　エ　　4．ウ　エ　　5．ウ　オ

〔第17問〕（配点：２）

株主の権利及び単元株制度に関する次の１から５までの各記述のうち，誤っているものはどれか。（解答欄は，［No.17］）

1．株式会社は，株主に剰余金の配当を受ける権利及び残余財産の分配を受ける権利の全部を与えない旨を定款で定めることができない。

2．Ａ種株式を１０万株，Ｂ種株式を１０万株発行している種類株式発行会社は，Ａ種株式については単元株式数を１００株，Ｂ種株式については単元株式数を１０００株とする旨を定款で定めることができる。

3．株式が２以上の者の共有に属する場合において，共有者が，株式会社に対し，当該株式会社が株主に対してする通知又は催告を受領する者１人の氏名又は名称を通知していないときは，当該株式会社が株主に対してする通知又は催告は，当該共有者の全員に対してしなければならない。

4．株式会社は，単元未満株主が当該株式会社に対して単元未満株式の買取りの請求をすることができない旨を定款で定めることができない。

5．株式会社が株主に対してする通知又は催告が５年以上継続して到達しない場合において，当該株主に対する通知又は催告をすることを要しないときは，当該株主に対する当該株式会社の義務の履行を行う場所は，当該株式会社の住所地である。

〔第18問〕（配点：２）

新株予約権に関する次の１から５までの各記述のうち，正しいものを２個選びなさい。（解答欄は，［No.18］，［No.19］順不同）

1．株式会社は，取得条項付新株予約権をその取得条項に基づき取得する場合を除き，自己の新株予約権を取得することができない。

2．株式会社が募集事項として募集新株予約権の払込金額及び払込期日を定めたときは，募集新株予約権の割当てを受けた申込者は，払込期日に，払込みをした募集新株予約権の新株予約権者となる。

3．株式会社は，その有する自己の新株予約権を行使することができない。

4．新株予約権を行使した新株予約権者は，当該新株予約権を行使した日に，当該新株予約権の目的である株式の株主となる。

5．新株予約権者は，新株予約権の発行の無効の訴えを提起することができない。

〔第19問〕（配点：２）

株主総会に関する次の１から５までの各記述のうち，正しいものはどれか。（解答欄は，［No.20］）

１．株式会社は，株主が他人のために株式を有する者でないときは，当該株主が株主総会においてその有する議決権を統一しないで行使することを拒むことができる。

２．取締役は，株主総会において，株主から特定の事項について説明を求められた場合には，当該事項が株主総会の目的である事項に関しないものであるときであっても，当該事項について必要な説明をしなければならない。

３．役員を選任し，又は解任する株主総会の決議の定足数は，定款の定めによって排除することができる。

４．判例の趣旨によれば，株主は，株主総会の決議の日から３か月以内に株主総会決議取消しの訴えを提起した場合には，当該期間経過後であっても，新たな取消事由を追加主張することができる。

５．定足数を満たしていないのに，定足数を満たしたものとして，株式会社が株主総会の決議が成立したものとしたときは，当該決議は，無効である。

〔第20問〕（配点：２）

株式会社の取締役に関する次の１から５までの各記述のうち，誤っているものはどれか。（解答欄は，［No.21］）

１．会社法上の公開会社は，取締役が株主でなければならない旨を定款で定めることができない。

２．指名委員会等設置会社の取締役は，当該指名委員会等設置会社の使用人を兼ねることができない。

３．正当な理由がないのに株主総会の決議によって取締役を解任された者は，株式会社に対し，解任によって生じた損害の賠償を請求することができる。

４．株式会社の取締役の解任の訴えについては，当該株式会社及び当該取締役の双方を被告としなければならない。

５．判例の趣旨によれば，株式会社の代表取締役の解職は，取締役会の解職決議が当該代表取締役に告知されることによって，その効力を生ずる。

〔第21問〕（配点：２）

監査役会設置会社及び監査等委員会設置会社に関する次のアからオまでの各記述のうち，正しいものを組み合わせたものは，後記１から５までのうちどれか。（解答欄は，［No.22］）

ア．監査役会設置会社においては，各監査役は，監査報告を作成することを要しない。

イ．監査等委員会設置会社において，監査等委員会が選定する監査等委員は，株主総会において，監査等委員である取締役以外の取締役の報酬について監査等委員会の意見を述べることができる。

ウ．監査役会設置会社において，監査役の報酬について，株主総会の決議によって，監査役の全員の報酬の総額のみを定めたときは，各監査役の個人別の報酬の額は，当該総額の範囲内において，監査役の過半数をもって行う監査役会の決議によって定めなければならない。

エ．監査等委員会設置会社は，取締役会の決議によって重要な財産の処分及び譲受けの決定を取締役に委任することができる旨を定款で定めることができる。

オ．監査役会設置会社は，監査役会を招集する監査役を特定の監査役に限定する旨を定款で定めることができる。

１．ア　エ　　２．ア　オ　　３．イ　ウ　　４．イ　エ　　５．ウ　オ

〔第22問〕（配点：２）

指名委員会等設置会社に関する次のアからオまでの各記述のうち，誤っているものを組み合わせたものは，後記１から５までのうちどれか。（解答欄は，［No.23］）

ア．指名委員会，監査委員会又は報酬委員会の各委員会の委員の過半数は，社外取締役でなければならない。

イ．執行役は，取締役会の決議によって，選任され，又は解任される。

ウ．指名委員会は，株主総会に提出する会計監査人の選任及び解任並びに会計監査人を再任しないことに関する議案の内容を決定する。

エ．報酬委員会は，その決議によって，執行役の個人別の報酬の内容の決定を執行役に委任することができる。

オ．監査委員は，執行役又は取締役が不正の行為をするおそれがあると認めるときは，遅滞なく，その旨を取締役会に報告しなければならない。

１．ア　イ　　２．ア　エ　　３．イ　オ　　４．ウ　エ　　５．ウ　オ

〔第23問〕（配点：２）

株式会社の資本金の額及び発行済株式の総数に関する次のアからオまでの各記述のうち，誤っているものを組み合わせたものは，後記１から５までのうちどれか。（解答欄は，［No.24］）

ア．株式会社が自己株式を消却することにより，発行済株式の総数は減少するが，資本金の額は減少しない。

イ．株式会社が株式の併合をすることにより，発行済株式の総数は減少するが，資本金の額は減少しない。

ウ．株式会社がその処分する自己株式を引き受ける者の募集をし，自己株式を処分することにより，発行済株式の総数は増加しないが，資本金の額は増加する。

エ．資本金の額は，株式会社の業績と連動して増加し，又は減少する。

オ．発行済株式の総数が増加し，又は減少した場合には，変更の登記をしなければならない。

１．ア　エ　　２．ア　オ　　３．イ　ウ　　４．イ　オ　　５．ウ　エ

〔第24問〕（配点：２）

持分会社に関する次のアからオまでの各記述のうち，誤っているものを組み合わせたものは，後記１から５までのうちどれか。（解答欄は，［No.25］）

ア．合名会社を設立する場合には，当該合名会社の社員になろうとする者は，定款の作成後，合名会社の設立の登記をする時までに，その出資の全部を履行しなければならない。

イ．合資会社の有限責任社員が無限責任社員となった場合には，当該無限責任社員となった者は，その者が無限責任社員となる前に生じた当該合資会社の債務については，無限責任社員としてこれを弁済する責任を負わない。

ウ．債権者が合資会社の社員の持分を差し押さえたときは，その差押えは，持分の払戻しを請求する権利に対しても，その効力を有する。

エ．合名会社は，会計帳簿及び各事業年度に係る計算書類を作成し，会社法所定の期間保存しなければならない。

オ．合同会社は，その社員の全部を無限責任社員とする定款の変更をすることにより，合名会社となる。

１．ア　イ　　２．ア　ウ　　３．イ　オ　　４．ウ　エ　　５．エ　オ

〔第25問〕（配点：２）

株式会社を各当事会社とする組織再編行為に関する次の１から５までの各記述のうち，正しいものはどれか。（解答欄は，［No.26］）

１．解散したことにより清算をする株式会社は，当該株式会社を存続会社とする吸収合併をすることができない。

２．吸収分割承継会社が吸収分割会社の特別支配会社である場合において，吸収分割承継会社が吸収分割に際して吸収分割会社に対して譲渡制限株式を交付するときであって，吸収分割会社が公開会社であり，かつ，種類株式発行会社でないときは，吸収分割会社は，株主総会の決議によって，吸収分割契約の承認を受けなければならない。

３．判例の趣旨によれば，株式交換に係る反対株主がした株式買取請求に係る「公正な価格」を定める基準日は，株式交換がその効力を生ずる日である。

４．甲株式会社と乙株式会社が新設合併により丙株式会社を設立する場合において，甲株式会社が乙株式会社の特別支配会社であるときは，乙株式会社は，株主総会の決議によって，新設合併契約の承認を受けることを要しない。

５．新設分割会社が株主総会の決議によって新設分割計画の承認を受けなければならないときは，当該株主総会において議決権を行使することができない株主は，反対株主として，当該新設分割会社に対し，自己の有する株式を公正な価格で買い取ることを請求することができない。

〔第26問〕（配点：２）

最高裁判所平成２８年３月４日第二小法廷判決（民集７０巻３号８２７頁）は，ある議案を否決する株主総会の決議の取消しを請求する訴えは不適法であるとする。次のアからオまでの各記述のうち，この判決の論拠としてふさわしいものを組み合わせたものは，後記１から５までのうちどれか。（解答欄は，［No.27］）

ア．会社法は，取消事由のある株主総会の決議について，その決議の日から３か月以内に限って訴えをもって取消しを請求することができる旨を定め，法律関係の早期安定を図っている。

イ．会社法は，株主は，原則として，株主総会において総株主の議決権の１０分の１以上の賛成を得られなかった日から３年を経過していない議案と実質的に同一の議案を提出することができない旨を定めている。

ウ．株主総会の決議は，定足数を満たし，かつ，議案に対する法定多数の賛成があることによって成立するから，議案が否決され，決議が成立しなかったときは，当該議案を否決する株主総会の決議の取消しを請求する訴えは，特段の事情が認められない限り，訴えの利益を欠く。

エ．会社法は，役員の職務の執行に関し不正の行為又は法令若しくは定款に違反する重大な事実があったにもかかわらず，当該役員を解任する旨の議案が株主総会において否決されたときは，会社法所定の株主は，訴えをもって当該役員の解任を請求することができる旨を定めている。

オ．会社法は，会社の組織に関する訴えに係る請求を認容する確定判決は，第三者に対してもその効力を有する旨を定めており，株主総会の決議によって新たな法律関係が生ずることを前提としている。

1．ア　エ　　2．ア　オ　　3．イ　ウ　　4．イ　オ　　5．ウ　エ

〔第27問〕（配点：２）

個人商人（小商人に当たる者を除く。）に関する次のアからオまでの各記述のうち，正しいものを組み合わせたものは，後記１から５までのうちどれか。（解答欄は，［No.28］）

ア．個人商人の商号は，その個人商人の氏又は名のいずれかを含まなければならない。

イ．個人商人は，その商号の登記をしないこともできる。

ウ．支配人は，個人商人に代わって，その営業に関し，裁判外の行為をする権限は有するが，裁判上の行為をする権限は有しない。

エ．個人商人は，貸借対照表を作成しなければならないが，それを公告することは要しない。

オ．代理商の留置権の目的物は，個人商人の所有する物又は有価証券であることを要する。

1．ア　イ　　2．ア　オ　　3．イ　エ　　4．ウ　エ　　5．ウ　オ

〔第28問〕（配点：２）

商法の規定の適用がある物品運送を引き受けた運送人の責任に関する次の１から５までの各記述のうち，誤っているものはどれか。なお，条約及び特別法の規定の適用はないものとする。（解答欄は，［No.29］）

1．運送人の過失によって運送品が延着したときは，当該運送人がその延着について賠償の責任を負う額は，債務不履行責任に関する民法の規定により定められる。

2．運送品が滅失し，又は損傷した場合において，送り状に当該運送品の価額が記載されていたときは，運送人がその滅失又は損傷について賠償の責任を負う額は，当該運送人の故意又は重大な過失によってその滅失又は損傷が生じたときを除き，その価額を限度とする。

3．高価品である運送品が滅失し，又は損傷した場合において，荷送人が運送を委託するに当たりその種類及び価額を通知しなかったときは，運送人は，物品運送契約の締結の当時，当該運送品が高価品であることを知っていたとき又は運送人の故意若しくは重大な過失によってその滅失若しくは損傷が生じたときを除き，その滅失又は損傷について損害賠償の責任を負わない。

4．運送人の過失によって運送品の全部が滅失したときは，当該運送人は，荷受人に対しても，これによって生じた損害を賠償する責任を負う。

5．運送品に直ちに発見することができる損傷又は一部滅失があった場合には，運送人がその損傷又は一部滅失について負う損害賠償責任は，荷受人が異議をとどめないで当該運送品を受け取ったときは，当該運送品の引渡しの当時，当該運送人が当該運送品にその損傷又は一部滅失があることを知っていたときを除き，消滅する。

〔第29問〕（配点：２）

手形の支払及び手形保証に関する次の１から５までの各記述のうち，誤っているものはどれか。（解答欄は，［No.30］）

１．手形債務者が手形の満期前に期限の利益を放棄して手形金の支払をしようとするときは，手形所持人は，その支払を受けることを要しない。

２．判例の趣旨によれば，約束手形の補箋の表面にした単なる署名は，保証その他これと同一の意義を有する文字の表示がなくても，保証とみなされる。

３．裏書の連続がある手形の手形債務者は，単に所持人が無権利者であることを知っているだけではなく，所持人が無権利者であることを容易かつ確実に立証し得る証拠方法があることを知っていながら手形金の支払を拒まなかった場合に，悪意があると認められ，支払免責を受けることができない。

４．約束手形の受取人が振出人に対して手形上の債務の履行を請求した場合には，手形保証人に対しては時効の中断の効力が生じない。

５．手形の支払免責は，手形債務者ではなく，支払担当者が支払をした場合には，適用されない。

〔第30問〕（配点：２）

為替手形及び小切手に関する次のアからオまでの各記述のうち，誤っているものを組み合わせたものは，後記１から５までのうちどれか。（解答欄は，［No.31］）

ア．為替手形の振出人及び小切手の振出人は，いずれも，第一次的な支払義務者ではなく，遡求義務者である。

イ．為替手形の支払人及び小切手の支払人は，いずれも，銀行又は銀行と同視される人若しくは施設に限られる。

ウ．為替手形については持参人払式のものが認められないが，小切手については持参人払式のものが認められる。

エ．為替手形及び小切手については，いずれも，利息文句を記載することにより，手形金額及び小切手金額に利息を付すことができる。

オ．為替手形の支払人は裏書をすることができるが，小切手の支払人は裏書をすることができない。

１．ア　イ　　２．ア　ウ　　３．イ　エ　　４．ウ　オ　　５．エ　オ

民事訴訟法

〔第31問〕（配点：２）

訴訟能力に関する次の１から５までの各記述のうち，判例の趣旨に照らし正しいものを２個選びなさい。（解答欄は，［No.32］，［No.33］順不同）

１．訴訟能力を欠く者の法定代理人は，本人がした訴訟行為を取り消すことができる。

２．訴訟能力を欠く者であっても，訴訟委任をすることができる。

３．訴訟が第一審裁判所に係属中に，訴訟能力を欠く者が訴訟行為をしたことが明らかになったときは，法定代理人による追認は，それまでに行われた全ての訴訟行為に対し行わなければならない。

４．当事者が訴訟能力を欠くことを理由として訴えを却下した判決に対しては，当該当事者は，上訴をすることができる。

５．第一審において当事者が訴訟能力を欠くことを看過して本案の判決がされ，控訴審においてその事実が明らかとなったときは，控訴裁判所は，第一審判決を取り消して，訴えを却下しなければならない。

〔第32問〕（配点：２）

共同訴訟に関する次の１から５までの各記述のうち，判例の趣旨に照らし正しいものを２個選びなさい。（解答欄は，［No.34］，［No.35］順不同）

１．土地共有者の一部の者が隣地の所有者に対して筆界（境界）確定の訴えを提起することに同調しない場合には，その他の共有者は，訴えの提起に同調しない者を隣地の所有者と共に被告として訴えることができる。

２．ある財産が共同相続人による遺産分割前の共有関係にあることの確認を求める訴えにおいては，遺産分割審判の申立てをすることができる共同相続人全員を原告又は被告としなければならない。

３．必要的共同訴訟において，共同訴訟人のうち一人について上訴期間が経過したときは，判決が確定する。

４．共同被告の一方に対する訴訟の目的である権利と共同被告の他方に対する訴訟の目的である権利とが法律上併存し得ない関係にある場合において，原告が同時審判の申出をしたときは，裁判所は，原告と一方の被告との間で裁判上の自白が成立した事実については，他方の被告との間でも判決の基礎としなければならない。

５．同時審判の申出は，第一審の口頭弁論の終結の時までにしなければならない。

〔第33問〕（配点：２）

訴訟引受けに関する次の１から５までの各記述のうち，判例の趣旨に照らし誤っているものを２個選びなさい。（解答欄は，［No.36］，［No.37］順不同）

１．ＸのＹに対する訴訟の係属中にＺがＹから訴訟の目的である義務の全部を承継した場合において，裁判所がＺに訴訟を引き受けさせる決定をしたときは，Ｚがした訴訟行為は，Ｙの利益においてのみその効力を生ずる。

２．ＸのＹに対する訴訟の係属中にＺがＸから訴訟の目的である権利の全部を譲り受けた場合において，裁判所は，Ｙの訴訟の引受けの申立てにより，Ｚに訴訟を引き受けさせることができる。

３．ＸのＹに対する訴訟が上告裁判所に係属中にＺがＹから訴訟の目的である義務の全部を承継した場合において，Ｘは，上告裁判所に対し，訴訟の引受けの申立てをすることはできない。

４．ＸのＹに対する土地の賃貸借契約の終了に基づく建物収去土地明渡請求訴訟の係属中にＺがＹからその建物の全部を借り受けてその土地を占有する場合において，裁判所は，Ｚに対して所有権に基づき建物退去土地明渡しを求めるとしてされたＸの訴訟の引受けの申立てにより，Ｚに訴訟を引き受けさせることができる。

５．ＸのＹに対する訴訟の係属中にＺがＹから訴訟の目的である義務の全部を承継した場合において，裁判所がＺに訴訟を引き受けさせる決定をし，ＹがＸの承諾を得て訴訟から脱退したときは，その確定判決の効力は，Ｙに対しては及ばない。

〔第34問〕（配点：２）

裁判上の和解に関する次の１から５までの各記述のうち，正しいものを２個選びなさい。（解答欄は，［No.38］，［No.39］順不同）

１．受訴裁判所は，和解の試みを受命裁判官にさせることができるが，受託裁判官にさせることはできない。

２．当事者が裁判所において和解をした場合に，訴訟費用の負担について定めなかったときは，各当事者が自己の支出した訴訟費用を負担することになる。

３．簡易裁判所が和解に代わる決定をした場合に，当事者は，その決定に対して異議を申し立てることができない。

４．貸金返還請求訴訟において和解が成立した結果，原告の被告に対する貸金返還請求権が確定した場合には，消滅時効が更新される。

５．上告裁判所は，和解を試みることを相当と認める場合には，原審に事件を差し戻さなければならない。

〔第35問〕（配点：２）

訴訟記録の閲覧・謄写請求に関する次のアからオまでの各記述のうち，正しいものを組み合わせたものは，後記１から５までのうちどれか。（解答欄は，［No.40］）

ア．何人も，裁判所書記官に対し，訴訟記録の謄写を請求することができる。

イ．訴訟記録の謄写の請求は，裁判所の執務に支障があるときは，することができない。

ウ．裁判所は，訴訟記録中当事者の私生活についての重大な秘密が記載された部分の閲覧の請求をすることができる者を当事者に限ることができない。

エ．訴訟記録中に当事者の私生活についての重大な秘密が記載された部分があり，当該部分が謄写されることにより当該当事者が社会生活を営むのに著しい支障を生ずるおそれがあるときは，裁判所は，当該当事者の申立てにより，当該部分について，相手方当事者の謄写の請求を制限することができる。

オ．訴訟記録中当事者の私生活についての重大な秘密が記載された部分につき，第三者の謄写請求を制限する旨の決定がされた場合であっても，その後に当該部分が秘密でなくなったときは，第三者は，その決定の取消しの申立てをすることができる。

１．ア　ウ　　２．ア　エ　　３．イ　エ　　４．イ　オ　　５．ウ　オ

〔第36問〕（配点：２）

送達に関する次のアからオまでの各記述のうち，判例の趣旨に照らし正しいものを組み合わせたものは，後記１から５までのうちどれか。（解答欄は，［No.41］）

ア．訴訟代理人がある間は，当事者本人に対してした訴訟関係書類の送達は無効である。

イ．不適法なことが明らかな訴えであって，当事者のその後の訴訟活動により適法とすることが全く期待することができないものを，口頭弁論を経ずに判決で却下する場合には，被告に対し訴状を送達することを要しない。

ウ．訴訟代理人がない場合には，当事者は，送達を受けるべき場所を受訴裁判所に届け出ることを要しない。

エ．訴状及び第１回口頭弁論期日の呼出状の公示送達がされた場合には，被告が口頭弁論の期日に出頭せず訴状に記載された請求原因事実を争うことを明らかにしないときであっても，被告がその事実を自白したものとはみなされない。

オ．書類の受領について相当のわきまえのある同居者が受送達者宛ての訴訟関係書類の交付を受けた場合において，当該同居者と受送達者との間に，その訴訟に関して事実上の利害関係の対立があるときは，受送達者に対する送達の効力が生じない。

１．ア　エ　　２．ア　オ　　３．イ　ウ　　４．イ　エ　　５．ウ　オ

〔第37問〕（配点：２）

確定判決の既判力に関する次の１から５までの各記述のうち，判例の趣旨に照らし正しいものを２個選びなさい。（解答欄は，［No.42］，［No.43］順不同）

１．XがYに対して所有権に基づき建物の明渡しを求める訴えを提起し，Xの建物の所有権の取得が認められないとして請求を棄却する判決が確定した後，XがYに対して当該建物について同一の取得原因を主張して所有権の確認を求める訴えを提起した場合において，後訴裁判所がXの請求を認容する判決をすることは，前訴の確定判決の既判力に反し許されない。

２．XがYに対して売買契約の詐欺取消しを理由として売買代金相当額の不当利得の返還を求める訴えを提起し，詐欺の事実が認められないとして請求を棄却する判決が確定した後，XがYに対して当該売買契約について通謀虚偽表示による無効を理由として売買代金相当額の不当利得の返還を求める訴えを提起した場合において，後訴裁判所がXの請求を認容する判決をすることは，前訴の確定判決の既判力に反し許されない。

３．XがYに対して消費貸借契約に基づき貸金の返還を求める訴えを提起し，YのXに対する金員の支払が弁済に当たるとして請求を棄却する判決が確定した後，YがXに対して当該消費貸借契約に基づく貸金債務についてその金員の支払の前に債務免除があったとして，支払った金員の額の不当利得の返還を求める訴えを提起した場合において，後訴裁判所がYの請求を認容する判決をすることは，前訴の確定判決の既判力に反し許されない。

４．XがYに対して土地の所有権の確認を求める訴えを提起し，請求を認容する判決が確定した後，YがXに対して当該土地の所有権の確認を求める訴えを提起した場合において，後訴裁判所が，当該土地について前訴の口頭弁論の終結後にXから所有権を取得したとのYの主張を認めてYの請求を認容する判決をすることは，前訴の確定判決の既判力に反し許されない。

５．XがYに対して消費貸借契約に基づき貸金の返還を求める訴えを提起し，請求を認容する判決が確定した後，Yが，当該消費貸借契約に基づく貸金債務についてその訴訟の口頭弁論の終結前に時効期間が経過していたとして消滅時効を援用し，Xに対して債務の不存在確認を求める訴えを提起した場合において，後訴裁判所が当該貸金債務の時効消滅を理由にYの請求を認容する判決をすることは，前訴の確定判決の既判力に反し許されない。

〔第38問〕（配点：２）

企業間の商取引契約（以下「本件契約」という。）について訴え提起前に書面によってされた合意の訴訟上の効果に関する次のアからオまでの各記述のうち，正しいものを組み合わせたものは，後記１から５までのうちどれか。（解答欄は，［No.44］）

ア．一定の文書を証拠として用いないとの合意がされた場合に，裁判所は，請求の理由の有無を判断するためにその文書を証拠として取り調べることはできない。

イ．本件契約の下で生ずる紛争を仲裁により解決するとの合意がされたにもかかわらず，その当事者の一方が当該紛争の解決のために相手方当事者を被告として訴えを提起した場合には，当該合意に基づき被告が訴えの却下を求めたときであっても，裁判所は，その裁量により，訴えを却下せず，本案の判決をすることができる。

ウ．証拠調べの手続について，特定の外国の民事訴訟法における規律に服するとの合意がされた場合には，我が国の裁判所は，我が国の国内で証拠調べを行うときであっても，その外国の民事訴訟法における規律に従って証拠調べの手続を行わなければならない。

エ．訴えが提起された場合には一定の主要事実の存在を認めるとの合意がされたときは，裁判所は，その事実が存在するものとしなければならない。

オ．本件契約の下で生ずる紛争について，特定の地方裁判所を第一審の専属管轄裁判所とするとの合意がされた場合であっても，本件契約の下で実際に生じた紛争に係る訴訟の目的の価額が１４０万円を超えないときは，その訴訟は，当該地方裁判所の管轄区域内の簡易裁判所の管轄に属する。

１．ア　イ　　２．ア　エ　　３．イ　ウ　　４．ウ　オ　　５．エ　オ

〔第39問〕（配点：２）

弁論主義に関する次の１から５までの各記述のうち，判例の趣旨に照らし誤っているものを２個選びなさい。（解答欄は，［No.45］，［No.46］順不同）

１．所有権に基づく動産引渡請求訴訟において，被告が留置権の発生の原因となる事実を主張した場合には，被告が留置権を行使する意思を表明していないときであっても，裁判所は，被告が留置権を有することを判決の基礎とすることができる。

２．所有権に基づく建物明渡請求訴訟において，「原告は，被告に対してその建物を無償で使用させていた。」との事実を原告が陳述した場合には，被告がその援用をしないときであっても，裁判所は，原告と被告との間でその建物の使用貸借契約が成立したことを判決の基礎とすることができる。

３．所有権に基づく土地の所有権移転登記手続請求訴訟において，被告が原告の土地の所有を否認している場合には，「原告がＡからその土地を買い受けた後に被告がＡからその土地を買い受け，これに基づき所有権移転登記がされた。」との事実を当事者が主張していないときであっても，裁判所は，その事実を判決の基礎とすることができる。

４．保証債務履行請求訴訟において，被告が主張した弁済の事実を原告が否認している場合には，当事者が原告の被告に対する別の債権の存在を主張していないときであっても，裁判所は，その別の債権に対して被告による弁済がされたものであるとして，「請求債権に対する弁済はない。」との事実を判決の基礎とすることができる。

５．不法行為に基づく損害賠償請求訴訟において，被告が原告に損害の発生に関する過失があることの根拠となる事実を主張した場合には，被告が過失相殺を主張していないときであっても，裁判所は，過失相殺の結果を判決の基礎とすることができる。

〔第40問〕（配点：２）

Ｘは，Ｙに対し，金銭債権である甲債権を，Ｙは，Ｘに対し，金銭債権である乙債権をそれぞれ有しており，甲債権と乙債権とは，相殺適状にあるところ，ＸがＹに対して甲債権に基づく金銭の支払を求める訴え（以下「本件訴え」といい，本件訴えに係る訴訟を「本件訴訟」という。）を提起した。この場合における相殺に関する次のアからオまでの各記述のうち，判例の趣旨に照らし正しいものを組み合わせたものは，後記１から５までのうちどれか。（解答欄は，［No.47］）

ア．Ｙが本件訴訟の口頭弁論の終結時までに相殺の意思表示をせず，Ｘの請求を全部認容する判決が確定した場合において，Ｙが，その後に乙債権を自働債権とし，甲債権を受働債権とする相殺の意思表示をし，Ｘに対して提起した請求異議の訴えに係る訴訟において，甲債権の消滅を主張することは，この判決の既判力に抵触し，許されない。

イ．Ｙが本件訴えの反訴として乙債権に基づく金銭の支払を求める訴えを提起した場合において，Ｘが，甲債権の全部又は一部が時効により消滅したと判断されることを条件として，甲債権のうち時効により消滅した部分を自働債権とし，乙債権を受働債権とする相殺の抗弁を主張することは，許されない。

ウ．Ｙが本件訴訟において乙債権を自働債権とし，甲債権を受働債権とする訴訟上の相殺の抗弁を主張した場合において，Ｘが，甲債権と異なる他のＹに対する債権を自働債権とし，乙債権を受働債権とする訴訟上の相殺の再抗弁を主張することは，許されない。

エ．Ｙが本件訴えの反訴として乙債権に基づく金銭の支払を求める訴えを提起した場合において，Ｙが，Ｘの請求に対し，乙債権を自働債権とし，甲債権を受働債権とする相殺の抗弁を主張することは，許されない。

オ．本件訴訟とＹのＸに対する乙債権に基づく金銭の支払を求める訴えに係る訴訟とがそれぞれ係属している場合に，Ｙが，本件訴訟において乙債権を自働債権とし，甲債権を受働債権とする相殺の抗弁を主張することは，許されない。

１．ア　ウ　　２．ア　エ　　３．イ　エ　　４．イ　オ　　５．ウ　オ

〔第41問〕（配点：２）

釈明に関する次の１から５までの各記述のうち，判例の趣旨に照らし正しいものはどれか。（解答欄は，［No.48］）

１．陪席裁判官は，裁判長の許可を得なければ，当事者に対して問いを発することができない。

２．当事者は，口頭弁論の期日外において，裁判長に対して発問を求めることができない。

３．裁判所の釈明義務違反は，上告受理申立ての理由にはならない。

4．裁判長が事実上の事項に関し当事者に立証を促したことに対し，相手方当事者が異議を述べた場合には，裁判所は，その異議について裁判をする必要はない。

5．裁判所は，訴訟関係を明瞭にするため，当事者本人に対し，口頭弁論の期日に出頭することを命ずることができる。

〔第42問〕（配点：２）

弁論準備手続と書面による準備手続との比較に関する次のアからオまでの各記述のうち，正しいものを組み合わせたものは，後記１から５までのうちどれか。（解答欄は，［No.49］）

ア．地方裁判所においては，弁論準備手続及び書面による準備手続のいずれであっても，受命裁判官が手続を主宰することができる。

イ．音声の送受信により同時に通話をすることができる方法（以下「電話会議」という。）により手続を行う場合に，弁論準備手続の期日においては必ず当事者の一方が裁判所に出頭しなければならないが，書面による準備手続の協議においてはいずれの当事者も裁判所に出頭しなくともよい。

ウ．弁論準備手続の期日及び書面による準備手続のいずれにおいても，裁判所は，文書の証拠調べをすることができない。

エ．裁判長は，弁論準備手続及び書面による準備手続のいずれにおいても，準備書面の提出をすべき期間を定めなければならない。

オ．電話会議により手続が行われる場合に，弁論準備手続期日においては当事者双方が口頭により訴訟上の和解をすることができるが，書面による準備手続の協議においてはすることができない。

１．ア　ウ　　２．ア　エ　　３．イ　ウ　　４．イ　オ　　５．エ　オ

〔第43問〕（配点：２）

証拠調べに関する次の１から５までの各記述のうち，正しいものはどれか。（解答欄は，［No.50］）

１．裁判所は，裁判所外において証拠調べをすることができない。

２．証人及び当事者本人を尋問するときは，まず当事者本人を尋問しなければならない。

３．証人尋問の申出を却下する決定に対しては，即時抗告をすることができる。

４．当事者本人を尋問するときは，宣誓をさせずに尋問することができる。

５．尋問をした証人について，裁判所は，再度尋問をすることはできない。

〔第44問〕（配点：２）

適法に訴えが取り下げられた場合の効果に関する次の１から５までの各記述のうち，判例の趣旨に照らし誤っているものを２個選びなさい。（解答欄は，［No.51］，［No.52］順不同）

１．訴訟は，訴えの一部の取下げがあった場合には，その部分についてのみ初めから係属していなかったものとみなされる。

２．第一審裁判所は，当事者の申立てにより，訴えの取下げまでに生じた訴訟費用の負担を命じなければならない。

３．請求を全部認容した第一審判決が控訴裁判所により取り消されて，事件が第一審に差し戻された場合において，原告が差戻し後の第一審において訴えを取り下げたときは，原告は，同一の訴えを提起することができない。

４．訴えを却下する判決がされた後に訴えを取り下げた原告は，同一の訴えを提起することができない。

５．金銭債務の不存在確認を求める訴訟において請求を棄却する判決がされた後に，原告が訴えを取り下げた場合であっても，被告は，当該金銭債務の履行を求める訴えを提起することができる。

〔第45問〕（配点：２）

当事者の同意・異議・不服申立てに関する次の１から５までの各記述のうち，判例の趣旨に照らし誤っているものはどれか。（解答欄は，［No.53］）

１．一方当事者が補助参加について異議を述べ，補助参加を許さない裁判が確定した場合においても，相手方当事者が援用したときは，補助参加人の訴訟行為は，その効力を有する。

２．当事者が自ら控訴をしない場合であっても，第三者は，独立当事者参加の申出と共に控訴をすることができる。

３．裁判所が当事者尋問の期日に専門委員を手続に関与させる場合において，裁判長は，当事者の同意を得なくとも，専門委員に，尋問を受ける当事者本人に対し直接に問いを発することを許すことができる。

４．裁判所は，当事者が異議を述べたときは，証人の尋問に代え，書面の提出をさせることはできない。

５．当事者は，第三者に対してされた文書提出命令に対して，即時抗告をすることができない。

刑　法

〔第１問〕（配点：２）

緊急避難（刑法第３７条第１項）に関する次の【記述】の中の①から⑥までの（　）内に，後記アからスまでの【語句群】から適切な語句を入れた場合，（　）内に入るものの組合せとして正しいものは，後記１から５までのうちどれか。なお，①から⑥までの（　）内にはそれぞれ異なる語句が入る。（解答欄は，［No.１］）

【記　述】

緊急避難を（①）と解する見解によれば，その不処罰の根拠は，切迫した心理状態のために適法な行為を期待し得ないことに求められる。この見解によれば，緊急避難によって侵害を転嫁される第三者は緊急避難行為に対して（②）で対抗できることになる。この見解に対しては，刑法第３７条第１項が（③）を守るための緊急避難を認めていることと整合しないという批判がある。他方，緊急避難を（④）と解する見解によれば，その不処罰の根拠は，法益が衝突する状況下で被侵害法益と同等以上の法益を保全する行為は社会全体の利益を（⑤）させるものではないことに求められる。また，この見解に立つと，緊急避難行為に対して（②）で対抗することを認めるのは困難である。さらに，緊急避難を基本的には（④）と解しつつ，保全法益と被侵害法益がいずれも生命である場合には，（①）であると解する見解もある。この見解は，自己又は第三者の生命に対する危難を避けるために無関係の第三者の生命を犠牲にする行為を（⑥）と評価するのは不当であるという考え方に基づくものである。

【語句群】

ア．違法性阻却事由　イ．責任阻却事由　ウ．個人的法益　エ．社会的法益
オ．他人の法益　カ．自己の法益　キ．増加　ク．減少　ケ．正当行為
コ．正当防衛　サ．緊急避難　シ．違法　ス．違法でない

1．①ア　③ウ　⑤ク
2．①イ　③エ　⑤キ
3．②ケ　④ア　⑥ス
4．②コ　⑤ク　⑥ス
5．③オ　④ア　⑥シ

〔第２問〕（配点：３）

放火罪に関する次の１から５までの各記述を判例の立場に従って検討した場合，正しいものを２個選びなさい。（解答欄は，［No.２］，［No.３］順不同）

１．甲が自己の所有する空き家に放火したが，公共の危険が生じなかった場合，甲には，非現住建造物等放火未遂罪が成立する。

２．甲が乙に頼まれて，乙所有の大型家具を，丙が居住する家屋に近接する甲所有の畑地で燃やし始めたところ，周辺に火の粉が飛び散り，予期に反して，同家屋の屋根のひさしに飛び火して，同ひさしを焼損させたところで火が消し止められた場合，甲には，延焼罪が成立する。

３．甲が住宅内にいる乙を殺害する目的で放火し，住宅が焼失した上，乙が死亡した場合，甲には，殺人罪は成立せず，現住建造物等放火罪のみが成立する。

４．甲が，一部の部屋のみが現に住居に使用されている木造の集合住宅の空き部屋に放火し，同室のみを焼損させた場合，甲には，現住建造物等放火罪が成立する。

５．甲が憂さ晴らしの目的で，甲の世帯を含めて計３０世帯が居住するマンション内部に設置されたエレベーターのかご内に，灯油を染み込ませて点火した新聞紙を投げ入れて放火したが，エレベーターのかごの側壁を焼損したにとどまり，住居部分には延焼しなかった場合，甲には，現住建造物等放火未遂罪が成立する。

〔第３問〕（配点：２）

共犯と錯誤に関する次のアからオまでの各記述を判例の立場に従って検討した場合，正しいものの個数を後記１から５までの中から選びなさい。（解答欄は，［No.４］）

ア．甲及び乙がＡに対する暴行を共謀したが，Ａの態度に激高した甲が殺意をもってＡを殺害した場合，甲及び乙に殺人罪の共同正犯が成立するが，乙は傷害致死罪の刑で処断される。

イ．甲及び乙がＡに対する強盗を共謀したが，その強盗の機会に，甲が過失によってＡに傷害を負わせた場合，甲及び乙に強盗致傷罪の共同正犯が成立する。

ウ．甲及び乙が共謀して，公務員Ａに虚偽の内容の公文書の作成を教唆することにしたが，乙はＡを買収することに失敗したため，甲に無断で，Ｂに公文書を偽造することを教唆し，Ｂが公文書を偽造した場合，甲に虚偽公文書作成罪の教唆犯が成立する。

エ．甲が乙にＡ方に侵入して金品を窃取するように教唆して，その犯行を決意させたが，乙はＡ方と誤認して隣のＢ方に侵入してしまい，Ｂ方から金品を窃取した場合，甲にＢ方への住居侵入罪及びＢに対する窃盗罪の教唆犯は成立しない。

オ．甲が乙の傷害行為を幇助する意思で，乙に包丁を貸与したところ，乙が殺意をもってその包丁でAを刺殺した場合，甲に殺人罪の幇助犯が成立し，傷害致死罪の幇助犯は成立しない。

1．0個　　2．1個　　3．2個　　4．3個　　5．4個

〔第4問〕（配点：2）

名誉毀損罪及び侮辱罪に関する次の1から5までの各記述を判例の立場に従って検討した場合，正しいものはどれか。（解答欄は，［No.5］）

1．名誉毀損罪及び侮辱罪の保護法益は，いずれも人の外部的名誉であり，法人については，侮辱罪の客体になり得ない。

2．死者であっても，その外部的名誉を保護すべきことに変わりはないので，死者の名誉を毀損する事実が摘示された場合も，その事実の真偽にかかわらず，名誉毀損罪が成立し得る。

3．特定かつ少数の者に特定人の名誉を毀損する事実を摘示した場合，その内容が拡散する可能性があったとしても，「公然と」事実を摘示したことにはならない。

4．風評の形式を用いて人の社会的評価を低下させる事実が摘示された場合，刑法第230条の2にいう「真実であることの証明」の対象となるのは，風評が存在することではなく，そのような風評の内容たる事実が存在することである。

5．表現方法が嘲笑的であるとか，適切な調査がないまま他人の文章を転写しているなどといった，事実を摘示する際の表現方法や事実調査の程度は，摘示された事実が刑法第230条の2にいう「公共の利害に関する事実」に当たるか否かを判断する際に考慮すべき要素の一つである。

〔第5問〕（配点：2）

結果的加重犯について，学生Ａ及びＢが次の【会話】のとおり議論している。【会話】中の①から⑧までの（　）内に後記アからスまでの【語句群】の中から適切なものを選んだ場合，正しいものの組合せは，後記１から５までのうちどれか。なお，①から⑧までの（　）内にはそれぞれ異なる語句が入る。（解答欄は，［No.6］）

【会　話】

学生Ａ．結果的加重犯について，判例は，基本犯と加重結果との間に（①）があれば足りるとしていると解されていますね。

学生Ｂ．判例の立場は（②）の点から疑問があります。私は，加重結果の発生について行為者に（③）がなければ，結果的加重犯の成立を認めることは許されないと考えます。

学生Ａ．確かに，判例が求めている（①）を単なる（④）と解するのであれば，（②）の点から問題だと思いますが，私は（①）の有無については（⑤）が認められるか否かを基準に考えますので，（②）の点も問題ないと考えます。ところで，あなたのように加重結果の発生について行為者に（③）を要求するのであれば，加重結果の（⑥）があることが必要となりますが，誰を基準にそれを考えるのですか。

学生Ｂ．（⑥）は（⑦）の前提要件であることから客観的に判断すべきであり，それゆえ，（⑧）を基準にすべきと考えます。

学生Ａ．そうすると，私の見解でも，（⑤）の有無の判断の基礎となる事情の一つとして，行為の時点において（⑧）が認識可能であった事情を考慮するので，あなたの見解と変わりはないのではないですか。

【語句群】

ア．故意　イ．過失　ウ．注意義務　エ．期待可能性
オ．予見可能性　カ．一般人　キ．行為者　ク．因果関係
ケ．条件関係　コ．実行行為性　サ．相当因果関係　シ．責任主義
ス．法益保護主義

１．①ク　⑤コ　２．②ス　④ケ　３．②シ　⑦ア　４．③イ　⑧カ
５．⑤サ　⑥エ

〔第6問〕（配点：2）

住居侵入等の罪に関する次の1から5までの各記述を判例の立場に従って検討した場合，正しいものはどれか。（解答欄は，［No.7］）

1．「住居」というには，居住者が，法律上正当な権限に基づいて居住する必要があり，単に日常生活に使用しているだけでは足りない。

2．「人の看守する」というには，施錠等の物的設備がなくても，人が事実上管理支配していれば足りる。

3．「建造物」というには，土地に定着し，屋根があって，壁又は柱により支持され，その内部に人の出入りができる構造であるだけでは足りない。

4．「建造物」に含まれる囲繞地というには，当該建物に接してその周辺に存在し，かつ，管理者が外部との境界に囲障を設置することにより，建物の付属地として，建物利用のために供されるものであることが明示されているだけでは足りない。

5．「侵入し」というには，建造物等の平穏を害する必要があり，その管理権者の意思に反して立ち入ることだけでは足りない。

〔第7問〕（配点：3）

次の1から5までの各記述を判例の立場に従って検討した場合，誤っているものを2個選びなさい。（解答欄は，［No.8］，［No.9］順不同）

1．甲は，火災保険金をだまし取る目的で，同居する家族が不在の間に，自宅に放火して焼失させ，その後，火災原因を偽って火災保険金の支払を受けた。この場合，甲には，現住建造物等放火罪及び詐欺罪が成立し，これらは併合罪となる。

2．甲は，強盗目的で，乙方に侵入した上，乙及び丙をそれぞれ殴打して緊縛し，その際，両名に怪我を負わせ，乙が管理していた現金100万円を強取した。この場合，甲には，住居侵入罪及び1個の強盗致傷罪が成立し，これらは牽連犯となる。

3．甲は，乙を教唆して丙占有の自動車を盗むことを決意させ，乙にこれを実行させた後，乙から頼まれて，同自動車を預かり保管した。この場合，甲には，窃盗教唆罪及び盗品等保管罪が成立し，これらは牽連犯となる。

4．甲は，乙を殺害して金品を強取しようと考え，甲の自宅内で乙を殺害して現金を強取した後，引き続き，その死体を自宅の床下に埋めて遺棄した。この場合，甲には，強盗殺人罪及び死体遺棄罪が成立し，これらは併合罪となる。

5．甲は，乙名義で預金口座を開設する目的で，同人に成り済まし，同人名義で口座開設申込書を作成し，これを銀行の係員に提出して，乙名義の預金通帳の交付を受けた。この場合，甲には，有印私文書偽造罪，同行使罪及び詐欺罪が成立し，これらは牽連犯となる。

〔第8問〕（配点：３）

横領の罪に関する次の１から５までの各記述を判例の立場に従って検討した場合，誤っているものを２個選びなさい。（解答欄は，［No.10］，［No.11］順不同）

1．甲は，乙からの委託に基づき，同人所有の衣類が入った，施錠されていたスーツケース１個を預かり保管していたところ，衣類を古着屋に売却して自己の遊興費を得ようと考え，勝手に開錠し，中から衣類を取り出した。この場合，遅くとも衣類を取り出した時点で不法領得の意思の発現と認められる外部的行為があったといえるから，甲には，横領罪が成立する。

2．甲は，乙と共に一定の目的で積み立てていた現金を１個の金庫の中に入れて共同保管していたところ，乙に無断でその現金全てを抜き取り，自己の遊興費に費消した。この場合，甲には，横領罪が成立する。

3．株式会社の取締役経理部長甲は，同会社の株式の買い占めに対抗するための工作資金として自ら業務上保管していた会社の現金を第三者に交付した。この場合，甲が，会社の不利益を回避する意図を有していたとしても，当該現金の交付が会社にとって重大な経済的負担を伴うもので，甲が自己の弱みを隠す意図をも有していたなど，専ら会社のためにしたとは認められないときは，甲には，業務上横領罪が成立する。

4．甲は，乙から某日までに製茶を買い付けてほしい旨の依頼を受け，その買付資金として現金を預かっていたところ，その現金を確実に補填するあてがなかったにもかかわらず，後日補填するつもりで自己の遊興費に費消した。この場合，甲がたまたま補填することができ，約定どおりに製茶の買い付けを行ったとしても，甲には，横領罪が成立する。

5．甲は，自己が所有し，その旨登記されている土地を乙に売却し，その代金を受領したにもかかわらず，乙への移転登記が完了する前に，同土地に自己を債務者とし丙を抵当権者とする抵当権を設定し，その登記が完了した。この場合，同抵当権が実行されることなく，後日，その登記が抹消されたとしても，甲には，横領罪が成立する。

〔第9問〕（配点：２）

原因において自由な行為に関する次の各【見解】に従って後記の各【事例】における甲の罪責を検討した場合，後記１から５までの各【記述】のうち，誤っているものはどれか。（解答欄は，［No.12］）

【見　解】

Ａ．責任能力がある状態で行われた原因行為を実行行為と捉える。

Ｂ．責任能力を欠いた状態で行われた結果行為を実行行為と捉えつつ，責任能力は意思決定時に存在すれば足り，必ずしも実行行為時に存在することは必要ない。

【事　例】

Ⅰ．甲は，Ｘ宅に赴いて同人を殺害しようと決意し，心神喪失状態に陥る可能性があることを認識しつつ，自宅において景気づけのために覚醒剤を使用したところ，心神喪失状態に陥り，当初の計画どおりＸを殺害した。

Ⅱ．甲は，Ｘ宅に赴いて同人を殺害しようと決意し，心神喪失状態に陥る可能性があることを認識しつつ，自宅において景気づけのために覚醒剤を使用したところ，心神喪失状態に陥ったが，Ｘ宅には赴かず，Ｘの殺害には及ばなかった。

Ⅲ．甲は，覚醒剤を使用すると粗暴になり周囲に暴行を加える習癖があると知りつつ，覚醒剤を使用した結果，心神喪失状態に陥り，Ｘと口論になり，殺意を生じて同人を殺害した。

【記　述】

１．Ａの見解によれば，事例Ⅰでは，甲に，Ｘに対する殺人既遂罪が成立し得る。

２．Ａの見解を採った上で，未遂犯の成立時期は結果発生の現実的な危険性が生じた段階に求められるべきで，それが常に実行行為の開始段階に認められる必然性はないと考えれば，事例Ⅱでは，甲に，Ｘに対する殺人未遂罪は成立しない。

３．Ａの見解によれば，事例Ⅲでは，甲に，Ｘに対する殺人既遂罪が成立し得る。

４．Ｂの見解によれば，事例Ⅰでは，甲に，Ｘに対する殺人既遂罪が成立し得る。

５．Ｂの見解によれば，事例Ⅱでは，甲に，Ｘに対する殺人未遂罪は成立しない。

〔第10問〕（配点：３）

盗品等に関する罪についての次のアからエまでの各記述を判例の立場に従って検討し，正しい場合には１を，誤っている場合には２を選びなさい。（解答欄は，アからエの順に［No.13］から［No.16］）

ア．賄賂として収受された現金は，「盗品その他財産に対する罪に当たる行為によって領得された物」に当たる。［No.13］

イ．窃取された物品を買い受けた者が，平穏に，かつ，公然とその占有を開始し，その際，善意無過失である場合，当該物品は，「盗品その他財産に対する罪に当たる行為によって領得された物」に当たる余地はない。［No.14］

ウ．会社が保管する秘密資料を窃取した者が，自宅で，そのコピーを作成した場合，当該コピーは，「盗品その他財産に対する罪に当たる行為によって領得された物」に当たらない。［No.15］

エ．親族間の犯罪に関する特例（刑法第２４４条）により刑が免除される犯人が窃取した物品は，「盗品その他財産に対する罪に当たる行為によって領得された物」に当たらない。［No.16］

〔第11問〕（配点：２）

次の１から５までの各記述を判例の立場に従って検討した場合，正しいものはどれか。（解答欄は，［No.17］）

１．甲は，Ｘに対し，暴行や脅迫を用いて，自殺するように執拗に要求し，要求に応じて崖から海に飛び込んで自殺するしかないとの精神状態に陥らせた上で，Ｘを崖から海に飛び込ませて死亡させた。この場合，甲に，Ｘに対する殺人罪は成立しない。

２．甲は，追死する意思がないのにあるように装い，その旨誤信したＸに心中を決意させた上で，毒物を渡し，それを飲み込ませて死亡させた。この場合，甲に，Ｘに対する殺人罪は成立しない。

３．甲は，財物を奪取するために，当該財物の占有者Ｘに対し，反抗を抑圧するに足りる程度の暴行や脅迫を用いて，当該財物を差し出すしかないとの精神状態に陥らせた上で，当該財物を差し出させた。この場合，甲に，Ｘに対する強盗罪は成立せず，窃盗罪の間接正犯が成立する。

４．甲は，日頃から暴行を加えて自己の意のままに従わせて万引きをさせていた満１２歳の実子Ｘに対し，これまでと同様に万引きを命じて実行させた。この場合，Ｘが是非善悪の判断能力を有する者であれば，甲に，窃盗罪の間接正犯は成立せず，Ｘとの間で同罪の共同正犯が成立する。

５．甲は，Ｘが管理する工事現場に保管されている同人所有の機械を，同人に成り済まして，甲をＸであると誤信した中古機械買取業者Ｙに売却し，同人に同機械を同所から搬出させた。この場合，甲に，Xに対する窃盗罪の間接正犯が成立する。

〔第12問〕（配点：２）

次の１から５までの各記述を判例の立場に従って検討した場合，誤っているものはどれか。（解答欄は，［No.18］）

1．甲は，乙から，大学の入学試験を代わりに受けてほしいと頼まれてこれを引き受け，乙に成り済まして入学試験を受け，乙名義で答案を作成して提出した。この場合，甲に有印私文書偽造罪が成立する。

2．甲は，架空請求により金銭をだまし取るために使おうと考え，実在しない「法務局民事訴訟管理センター」名義で，契約不履行による民事訴訟が提起されているので連絡をされたい旨記載されたはがきを印刷し，一般人をして実在する公務所が権限内で作成した公文書であると誤信させるに足りる程度の形式・外観を備えた文書を作成した。この場合，甲に有印公文書偽造罪が成立する。

3．甲は，X市立病院の事務長を務める公務員であるが，同病院のために発注書を作成する権限を授与されていないのに，行使の目的で，同病院が業者Aに医療器具を発注していないにもかかわらず，それを発注した旨を記載した内容虚偽の「X市立病院事務長甲」名義の発注書を作成した。この場合，甲に虚偽有印公文書作成罪が成立する。

4．甲は，支払督促制度を悪用して乙の財産を不正に差し押さえるなどして金銭を得ようと考え，乙に対する内容虚偽の支払督促を簡易裁判所に申し立てた上，乙宛ての支払督促正本等を配達しようとした郵便配達員に対し，乙本人を装い，郵便送達報告書の「受領者の押印又は署名」欄に乙の氏名を記載して提出し，支払督促正本等を受領した。この場合，甲に有印私文書偽造罪が成立する。

5．甲は，消費者金融業者に提出する目的で，公文書である乙の国民健康保険被保険者証の氏名欄に自己の氏名が印刷された紙を貼り付けた上で，複写機を使用してこれをコピーし，一般人をして甲の国民健康保険被保険者証の真正なコピーであると誤信させるに足りる程度の形式・外観を備えたものを作成した。この場合，甲に有印公文書偽造罪が成立する。

〔第13問〕（配点：２）

次の【事例】に関する後記アからエまでの各【記述】を判例の立場に従って検討した場合，正しいものの個数を後記１から５までの中から選びなさい。（解答欄は，［No.19］）

【事　例】

甲は，某所公園内において，ベンチ上に置いてあるバッグ１個（以下「本件バッグ」という。）を発見し，誰かが置き忘れたものと考え，警察に届け出るため，これを手に取り，同公園から路上に出た。一方，本件バッグをベンチに置き忘れたことに気付いたＶは，同公園に戻ろうとして同路上に至ったところ，甲を発見した。Ｖは，甲が本件バッグを盗んだと疑い，「バッグを返せ。」と言いながら，甲の腹部を２回足で蹴り，甲から本件バッグを奪い，さらに，甲を蹴り上げるような仕草を続けた。甲は，Ｖの暴行を避けようとして，その胸付近を１回平手で突いたところ，その勢いでＶが後方に転倒し，後頭部を路面に打ち付け，失神した。甲は，その頃には，Ｖが本件バッグの所有者であると分かっていたが，Ｖの態度に怒りを覚えたことなどから，本件バッグを自己のものにしようと考え，失神しているＶからこれを取り上げて自宅に持ち帰った。

その後，甲が本件バッグ内を確認したところ，Ｖ名義の預金口座のキャッシュカード等在中の財布，Ｖ所有の携帯電話機等の物品が入っていた。甲は，これらを見て，Ｖの氏名，勤務先のほか，携帯電話機にわいせつな盗撮画像が保存されていることを知り，これを奇貨とし，Ｖから上記キャッシュカードの暗証番号を聞き出して上記口座から預金を引き出そうと思い，勤務先にいたＶに電話をかけ，「あんた盗撮してるな。警察に携帯を持って行かれたくないなら，あんたのキャッシュカードの暗証番号を教えろ。」と要求するなどした。Ｖは，この要求を断れば，盗撮の事実が警察に露見すると思い，やむを得ず甲に同暗証番号を教えた。その後，甲は，上記キャッシュカードを用いて現金自動預払機から現金５０万円を引き出した。

【記　述】

ア．甲が本件バッグを警察に届け出るために某所公園内から持ち出した行為は，Ｖによる占有の回復を困難にする行為であるため，窃盗罪又は占有離脱物横領罪が成立する。

イ．Ｖは本件バッグを甲から取り返す目的で暴行を加えており，この暴行は正当行為に該当するため，甲がＶの胸付近を１回平手で突いた行為の違法性が阻却される余地はなく，甲には，暴行罪又は傷害罪が成立する。

ウ．甲が本件バッグをＶから取り上げた行為は，甲の暴行に起因するＶの失神状態に乗じて本件バッグの占有を取得したといえるため，強盗罪が成立する。

エ．甲が現金自動預払機から現金５０万円を引き出した行為は，甲が，これに先行してＶから暗証番号を聞き出した時点で，Ｖの預金の払戻しを受け得る地位を得たことにより，その預金の占有を取得したといえるため，窃盗罪は成立しない。

1．0個　　2．1個　　3．2個　　4．3個　　5．4個

刑事訴訟法

〔第14問〕（配点：２）

捜査の端緒に関する次のアからオまでの各記述のうち，正しいものの組合せは，後記１から５までのうちどれか。ただし，判例がある場合には，それに照らして考えるものとする。（解答欄は，［No.20］）

ア．自首は，書面又は口頭で，司法警察員にしなければならず，検察官にすることはできない。

イ．親告罪について告訴の取消しをした者は，更に告訴をすることができない。

ウ．税関長等の告発を訴訟条件とする関税法違反事件について，その告発前に強制捜査をすることはできない。

エ．検視においては，死体のエックス線検査をすることはできない。

オ．警察官が，職務質問の際，承諾を得て所持品検査をし，覚醒剤を発見したが，任意提出を拒まれた場合，差押許可状を取得しない限り，同覚醒剤を差し押さえることはできない。

１．アウ　２．イウ　３．イエ　４．アオ　５．エオ

〔第15問〕（配点：３）

ＧＰＳ捜査（車両に使用者らの承諾なく秘かにＧＰＳ端末を取り付け，情報機器でその位置情報を検索し，画面表示を読み取って当該車両の所在と移動状況を把握する刑事手続上の捜査）に関する次のアからオまでの各記述のうち，正しいものは幾つあるか。後記１から６までのうちから選びなさい。ただし，判例がある場合には，それに照らして考えるものとする。（解答欄は，［No.21］）

ア．ＧＰＳ捜査は，個人のプライバシーの侵害を可能とする機器をその所持品に秘かに装着することによって行われるため，合理的に推認される個人の意思に反してその私的領域に侵入する捜査手法といえ，刑事訴訟法上，特別の根拠規定がなければ許容されない強制処分に当たる。

イ．ＧＰＳ捜査は，その実施に当たり，処分を受ける者の反対意思が現実に表明されているわけではないため，個人の意思を制圧することはなく，任意処分として行うことができる。

ウ．ＧＰＳ捜査によって生じる個人のプライバシーの侵害とは，ＧＰＳ端末を秘かに装着した車両の位置情報を，継続的，網羅的に取得し，これを蓄積，分析することにより，その車両を使用する者の交友関係をはじめとする私生活上の情報全般を把握することをいい，一定期間にわたり車両の位置情報が取得された後初めてそのＧＰＳ捜査は強制処分と評価される。

エ．ＧＰＳ捜査は，その実施に当たり，被疑事実と関係のない使用者の行動の過剰な把握を抑制する必要があるが，刑事訴訟法上，検証は１０日を超えて実施できないとの規定があるため，検証許可状を取得すればこれを行うことができる。

オ．ＧＰＳ捜査は，被疑者らに知られずに秘かに行うのでなければ意味がなく，処分を受ける者に対して事前の令状呈示を行うことは想定できないが，刑事訴訟法は，令状により行われる各強制処分について，令状を示すことができない場合に備え，処分の終了後遅滞なく，処分を受けた者に処分実施の事実を通知する手続を規定しているため，適正手続の保障という観点から問題が生じることはない。

１．０個　　２．１個　　３．２個　　４．３個　　５．４個
６．５個

〔第16問〕（配点：２）

捜索・押収に関する次のアからオまでの各記述のうち，誤っているものの組合せは，後記１から５までのうちどれか。ただし，判例がある場合には，それに照らして考えるものとする。（解答欄は，［No.22］）

ア．司法警察職員は，捜索差押許可状に基づく被疑者方の捜索を実施中，被疑者の家族に対し，許可なく被疑者方に出入りすることを禁止することができる。

イ．裁判官は，被疑者が特定できていない段階でも，犯罪の捜査をするについて必要があるときは，捜索差押許可状を発付することができる。

ウ．司法警察職員は，日出前，日没後には，令状に夜間でも執行することができる旨の記載がなければ，捜索差押許可状の執行のため，人の住居に入ることはできないが，日没前に捜索差押許可状の執行に着手したときは，日没後でもその処分を継続することができる。

エ．司法警察職員が捜索差押許可状に基づいて差し押さえることができる物は，裁判官の令状審査の時点で捜索場所に存在していた物に限られる。

オ．司法警察職員が領置することができる物は，所有者，所持者又は保管者が任意に提出した物に限られる。

１．アウ　　２．アオ　　３．イウ　　４．イエ　　５．エオ

〔第17問〕（配点：３）

次のアからオまでの各記述のうち，正しいものには１を，誤っているものには２を選びなさい。（解答欄は，アからオの順に［No.23］から［No.27］）

ア．司法警察員は，司法巡査が逮捕した被疑者を受け取ったときは，直ちに犯罪事実の要旨及び弁護人を選任することができる旨を告げた上，弁解の機会を与え，留置の必要がないと思料するときは，直ちにこれを釈放しなければならない。［No.23］

イ．司法警察員は，司法巡査が逮捕した被疑者を受け取ったときは，直ちに犯罪事実の要旨及び弁護人を選任することができる旨を告げた上，弁解の機会を与え，留置の必要があると思料するときは，被疑者を受け取った時から４８時間以内に書類及び証拠物とともにこれを検察官に送致する手続をしなければならない。［No.24］

ウ．検察官は，司法警察員が逮捕し送致した被疑者を受け取ったときは，弁解の機会を与え，留置の必要があると思料するときは，被疑者を受け取った時から４８時間以内に裁判官に被疑者の勾留を請求しなければならない。［No.25］

エ．検察官は，逮捕状により被疑者を逮捕したときは，直ちに犯罪事実の要旨及び弁護人を選任することができる旨を告げた上，弁解の機会を与え，留置の必要があると思料するときは，被疑者が身体を拘束された時から２４時間以内に裁判官に被疑者の勾留を請求しなければならない。［No.26］

オ．検察官は，被疑者が勾留された事件について，被疑者が身体を拘束された日から１０日以内に公訴を提起しないときは，勾留の期間が延長された場合を除き，直ちに被疑者を釈放しなければならない。［No.27］

〔第18問〕（配点：２）

次の学生ＡないしＤの【会話】は，医師が捜査機関の依頼に基づき，人の身体から注射器を用いて直接強制により血液を採取するために必要と考えられる令状に関する議論である。学生ＡないしＤが必要と考えている令状として正しい組合せは，後記１から５までのうちどれか。（解答欄は，［No.28］）

【会　話】

学生Ａ：私は，一般に身体内にある体液を採取するために必要な令状については，強制採尿に関する判例が採用した考え方と同じでよいと思う。

学生Ｂ：しかし，同じ体液といっても，尿と血液とでは性質が全然違うからなあ。

学生Ｃ：そういうＢさんの見解も，対象者が採血を拒否した場合には直接強制するための明文がないのが問題だ。

学生Ｂ：その点は，刑事訴訟法第１７２条の類推適用で対応できると思う。

学生Ｄ：Ｃさんの見解だって，もともとその令状が想定している範囲は，身体の外表か，せいぜい肛門等の体腔を外部から確認する程度であって，身体の損傷を伴う血液の採取をその令状で行い得るとするのは行き過ぎだ。

学生Ｃ：そういうＤさんの見解も，それぞれの令状が単独ではできないことを，令状を併用すればできるとするのは，便宜に過ぎるのではないかと批判されているよね。

学生Ｄ：でも，Ｂさんの見解のように，直接の明文規定を欠いているにもかかわらず，条文の類推適用によって直接強制し得るとするよりは良いと思う。

１．Ａ：捜索差押許可状及び鑑定処分許可状，Ｂ：鑑定処分許可状，
　　Ｃ：身体検査令状，Ｄ：捜索差押許可状及び身体検査令状
２．Ａ：捜索差押許可状，Ｂ：身体検査令状，Ｃ：鑑定処分許可状，
　　Ｄ：鑑定処分許可状及び身体検査令状
３．Ａ：捜索差押許可状，Ｂ：身体検査令状，Ｃ：鑑定処分許可状，
　　Ｄ：捜索差押許可状及び身体検査令状
４．Ａ：捜索差押許可状，Ｂ：鑑定処分許可状，Ｃ：身体検査令状，
　　Ｄ：鑑定処分許可状及び身体検査令状
５．Ａ：捜索差押許可状及び鑑定処分許可状，Ｂ：身体検査令状，
　　Ｃ：鑑定処分許可状，Ｄ：鑑定処分許可状及び身体検査令状

〔第19問〕(配点：２)

次のⅠないしⅢの【見解】は，逮捕・勾留の要件が備わらないＡ事実での逮捕・勾留に先立って，逮捕・勾留の要件が備わっているＢ事実で逮捕・勾留する場合の適法性に関するものである。【見解】に関する後記アからオまでの【記述】のうち，誤っているものは幾つあるか。後記１から６までのうちから選びなさい。(解答欄は，[No.29])

【見　解】

Ⅰ．Ｂ事実について逮捕・勾留の要件が備わっているか否かを基準に適法性を判断すべきであり，捜査機関がＢ事実による逮捕・勾留中に主としてＡ事実の取調べを行う意図であるか否かは，Ｂ事実による逮捕・勾留の適法性に直接には影響せず，Ｂ事実について逮捕・勾留の理由と必要性が備わっている限り，裁判官はＢ事実での逮捕状請求や勾留請求を認容すべきである。

Ⅱ．逮捕・勾留の基礎となっているＢ事実の背後にあるＡ事実に着目して適法性を判断すべきであり，捜査機関がＢ事実に名を借りて実質的にはＡ事実の取調べを行う意図であることがうかがわれる場合には，Ｂ事実についての逮捕・勾留の理由と必要性が備わっていたとしても，裁判官はＢ事実での逮捕状請求や勾留請求を却下すべきである。

Ⅲ．Ｂ事実によって逮捕・勾留された後の身体拘束期間が，主としてＡ事実の捜査のために利用されるに至った場合には，それ以降の身体拘束は，Ｂ事実による逮捕・勾留としての実体を失い，Ａ事実による身体拘束となっていると評価され，Ａ事実による逮捕・勾留の要件が欠けるため違法である。

【記　述】

ア．Ⅰの見解に対しては，捜査機関による身体拘束の濫用という脱法的本質を無視する考えであるとの批判がある。

イ．Ⅱの見解は，厳格な身体拘束期間の潜脱行為に対する事前防止を重視する立場である。

ウ．Ⅱの見解からは，仮にＡ事実について逮捕・勾留の理由と必要性が備わっている場合には，Ａ事実の取調べを行う意図でＢ事実により逮捕・勾留することも適法となる。

エ．Ⅲの見解からは，Ｂ事実による身体拘束期間中に捜査機関がＢ事実の取調べと並行してＡ事実の取調べを行った場合，Ｂ事実による逮捕・勾留は常に違法となる。

オ．Ⅲの見解に対しては，裁判官が逮捕状請求や勾留請求の審査をするに当たってまず捜査機関の意図を調べなければならないことは実際的でないとの批判がある。

１．０個　２．１個　３．２個　４．３個　５．４個
６．５個

〔第20問〕（配点：２）

検察官の権限に関する次の学生ＡないしＥの【発言】のうち，正しいものの組合せは，後記１から５までのうちどれか。（解答欄は，［No.30］）

【発　言】

教　授：刑事訴訟法上，検察官の権限やその行使の在り方について様々な規定がありますね。

学生Ａ：はい。検察官は，公訴権を有していますが，証拠に基づき有罪判決を得られる高度の見込みがある場合には，公訴を提起しなければならないと定められています。

学生Ｂ：公訴権は，原則として検察官が独占していますが，裁判所の付審判決定があったときは公訴の提起があったものとみなされます。これは，起訴独占主義の例外の一つです。

学生Ｃ：第一審の判決があるまで，検察官は，公訴を取り消すことができますが，検察官が公訴を取り消すには，裁判所の許可が必要です。

学生Ｄ：検察官は，公訴を提起した後も，必要と認めるときは，自らその犯罪を捜査することができます。

学生Ｅ：検察官は，再審請求権を有していますが，有罪の言渡しを受けた者の利益のために，再審を請求することはできません。

１．Ａ　Ｃ　　２．Ｂ　Ｃ　　３．Ｂ　Ｄ　　４．Ａ　Ｅ　　５．Ｄ　Ｅ

〔第21問〕（配点：２）

第一審の被告人質問に関する次のアからオまでの各記述のうち，誤っているものの組合せは，後記１から５までのうちどれか。（解答欄は，［No.31］）

ア．被告人質問を実施するためには，証拠調べの請求や決定を必要としない。

イ．被告人質問を実施する場合には，他の証拠が全て取り調べられた後にこれを行わなければならない。

ウ．被告人質問を実施する場合には，まず裁判長が質問をしなければならず，弁護人がこれに先んじて質問をすることはできない。

エ．被告人は，供述を拒む場合に，その理由を明らかにする必要はない。

オ．被告人が任意に供述をする場合には，共同被告人の弁護人は，裁判長に告げて，被告人の供述を求めることができる。

１．ア　ウ　　２．ア　オ　　３．イ　ウ　　４．イ　エ　　５．エ　オ

〔第22問〕（配点：２）

被害者，又は被害者参加人（被害者参加制度における被害者参加人をいう。）に関する次のアからオまでの各記述のうち，誤っているものは幾つあるか。後記１から６までのうちから選びなさい。（解答欄は，［No.32］）

ア．被害者は，被害に関する心情その他の被告事件に関する意見を陳述することができ，裁判所は，その陳述を刑の量定のための証拠とすることができる。

イ．被害者参加人は，当該被告事件についての刑事訴訟法の規定による検察官の権限の行使に関し，検察官に対して意見を述べることができ，この場合において，検察官は，当該権限を行使し又は行使しないこととしたときは，必要に応じ，当該意見を述べた者に対し，その理由を説明しなければならない。

ウ．情状に関する事項についての証人の供述の証明力を争うために必要な事項についてその証人を尋問することの申出を被害者参加人から受けた検察官は，申出に係る尋問事項について自ら尋問する場合を除き，意見を付して，この申出を裁判所に通知するものとされている。

エ．被害者参加人は，裁判所の許可を得て，刑事訴訟法の規定による意見の陳述をするため被告人に対して質問をすることができるが，裁判長は，その質問が既にされた質問と重複するとき，これを制限することができる。

オ．被害者参加人は，裁判所の許可を得て，事実又は法律の適用について意見を陳述することができ，裁判所は，その陳述を犯罪事実の認定のための証拠とすることができる。

１．０個　２．１個　３．２個　４．３個　５．４個
６．５個

〔第23問〕（配点：２）

次の【事例】に関する教授と学生ＡないしＤの【会話】のうち，誤った発言をしている学生は何人いるか。後記１から５までのうちから選びなさい。ただし，判例がある場合には，それに照らして考えるものとする。（解答欄は，［No.33］）

【事　例】

甲は，令和２年３月１日，Ｈ市内の甲方において，乙から現金３０万円を受け取り，同日，同所において，公務員である丙に対して，乙から受け取った同現金３０万円を交付した。

【会　話】

教　授：この事例について，検察官が，「甲は，丙と共謀の上，令和２年３月１日，Ｈ市内の甲方において，乙から賄賂金３０万円を収受した。」という収賄罪の共同正犯の訴因で起訴したとします。審理の結果，裁判所が，当該賄賂金の授受があった日は，令和２年３月１０日であり，場所は，Ｈ市内の丙方であるとの心証を形成した場合，裁判所は，どうすべきですか。

学生Ａ：訴因の機能は，裁判所に対し審判の対象を限定するとともに，被告人に対し防御の範囲を示すことにあります。審理の経過に鑑み，犯罪の実行行為がなされた日時場所について，訴因と異なる日時場所を認定することにより，被告人に不意打ちを与える場合には，その防御に実質的な不利益を与えることになります。その場合には，訴因変更の手続を経ずに，「甲は，丙と共謀の上，令和２年３月１０日，Ｈ市内の丙方において，乙から賄賂金３０万円を収受した。」という事実を認定することはできません。

学生Ｂ：裁判所は，検察官に対して，心証に沿った事実を内容とする訴因への変更を促し，検察官が応じない場合には，訴因の変更を命ずることが考えられます。

学生Ｃ：裁判所は，検察官が訴因変更命令に応じなかったとしても，訴因変更命令により訴因が変更されたものとして，「甲は，丙と共謀の上，令和２年３月１０日，Ｈ市内の丙方において，乙から賄賂金３０万円を収受した。」という事実を認定して，有罪判決を言い渡すことができます。

教　授：それでは，裁判所は，審理の結果，甲が，令和２年３月１日，Ｈ市内の甲方において，乙から現金３０万円を受け取り，同日，同所において，公務員である丙に対して，同現金３０万円を交付した事実は間違いないが，収賄罪の共同正犯ではなく，「甲は，乙と共謀の上，丙に対し，賄賂金３０万円を供与した。」という贈賄罪の共同正犯が成立するとの心証を形成したとします。その場合，裁判所は，どうすべきですか。

学生Ｄ：この場合，一連の同一の行為についての法的評価を異にするにすぎないので，訴因変更の手続を経ることなく，贈賄罪の共同正犯を認定して，有罪判決を言い渡すことができます。

１．０人　　２．１人　　３．２人　　４．３人　　５．４人

〔第24問〕（配点：３）

刑事訴訟における証拠と憲法の諸規定に関する次のアからオまでの各記述のうち，正しいものには１を，誤っているものには２を選びなさい。ただし，判例がある場合には，それに照らして考えるものとする。（解答欄は，アからオの順に［No.34］から［No.38］）

ア．違法に収集された証拠物の証拠能力については，憲法及び刑事訴訟法に明文の規定は置かれていないものの，刑事訴訟法の解釈として，憲法第３１条による適正手続の保障並びに憲法第３５条による住居の不可侵及び捜索・押収を受けることのない権利の保障にも鑑み，そのような証拠物の証拠能力が否定される場合がある。［No.34］

イ．国外にいるため公判準備又は公判期日において供述することができない者の供述を録取した検察官面前調書を，刑事訴訟法第３２１条第１項第２号前段の規定により証拠とすることは，それが作成され証拠請求されるに至った事情や，供述者が国外にいることになった事由のいかんによっては，憲法第３７条第２項の保障する証人審問権の趣旨に鑑み許されない場合がある。［No.35］

ウ．自己負罪拒否特権に基づき証言を拒否する証人に対して刑事免責を付与して供述を強制することは，憲法第３８条第１項に違反するから，そのようにして得られた供述を，被告人の有罪を認定するための証拠とすることは許されない。［No.36］

エ．任意にされたものでない疑いのある自白を，犯罪事実を認定するための証拠とすることは，刑事訴訟法第３１９条第１項の定める自白法則に違反するが，憲法第３８条第２項の定める自白法則には違反しない。［No.37］

オ．公判廷における被告人の自白を唯一の証拠として被告人を有罪とすることは，刑事訴訟法第３１９条第２項の定める補強法則に違反するが，憲法第３８条第３項の定める補強法則には違反しない。［No.38］

〔第25問〕（配点：３）

伝聞証拠に関する次のアからオまでの各記述のうち，証拠とすることができる要件に差異のない書面の組合せが記載されたものの個数は，後記１から６までのうちどれか。ただし，判例がある場合には，それに照らして考えるものとする。（解答欄は，［No.39］）

ア．司法警察員の面前における被告人の供述を録取した書面で同人の署名及び押印のあるものと，検察官の面前における被告人の供述を録取した書面で同人の署名及び押印のあるもの

イ．司法警察員の面前における被害者の供述を録取した書面で同人の署名及び押印のあるものと，検察官の面前における被害者の供述を録取した書面で同人の署名及び押印のあるもの

ウ．被告人が作成した供述書で同人の署名及び押印のあるものと，被告人が作成した供述書で同人の署名及び押印のいずれもがないもの

エ．司法警察員が作成した検証調書と，司法警察員が作成した実況見分調書

オ．司法警察員から鑑定の嘱託を受けた者が作成した鑑定書と，裁判所から鑑定を命じられた鑑定人が作成した鑑定書

1．0個　2．1個　3．2個　4．3個　5．4個
6．5個

〔第26問〕（配点：2）

次のⅠないしⅢの【見解】は，「Yに対する保護責任者遺棄致死罪で起訴された甲の公判において，証拠調べの結果，甲がYを遺棄した当時，Yが生きていたか死亡していたかが判明せず，甲に保護責任者遺棄致死罪と死体遺棄罪のどちらかが成立することは疑いがないが，どちらであるかは確定できなかった場合に，裁判所は，どのような判決を言い渡すべきか。」という問題に関する考え方を述べたものである。【見解】に関する後記アからオまでの【記述】のうち，誤っているものは幾つあるか。後記1から6までのうちから選びなさい。（解答欄は，[No.40]）

【見　解】

Ⅰ．無罪判決を言い渡すべきである。

Ⅱ．保護責任者遺棄致死罪又は死体遺棄罪のいずれかの事実が認定できるという択一的認定をして，有罪判決を言い渡すべきであるが，量刑は，軽い死体遺棄罪の刑によるべきである。

Ⅲ．軽い死体遺棄罪の事実を認定して，有罪判決を言い渡すべきである。

【記　述】

ア．Ⅰの見解に対しては，国民の法感情に反するという批判がある。

イ．Ⅰの見解に対しては，刑事訴訟において重要なのは，特定の犯罪に当たる事実の証明がされたかどうかであるとの批判がある。

ウ．Ⅱの見解は，保護責任者遺棄致死罪又は死体遺棄罪のいずれかであることは疑いがない以上，軽い罪の刑で処罰するのであれば，「疑わしきは被告人の利益に」の原則に反しないとする。

エ．Ⅱの見解に対しては，合成的な構成要件を設定して処罰することになり，罪刑法定主義に反するという批判がある。

オ．Ⅲの見解は，保護責任者遺棄致死罪又は死体遺棄罪のどちらかが成立することは疑いがない状況で，重い保護責任者遺棄致死罪の事実が認定できないのであれば，死体遺棄罪が疑いなく証明されたと考えるべきであるとする。

1．0個　2．1個　3．2個　4．3個　5．4個
6．5個

一般教養

（45問中20問選択：1問につき3点，60点満点）

〔第1問〕

今日，世界の多くの国が採用している代議制議会のモデルは，イングランド（イギリス）の歴史的経験のなかでつくられた。イングランド議会政治の発展に関わる記述として明らかな誤りを含むものを，次の1から5までの中から選びなさい。（解答欄は，［No.1］）

1．ヘンリー8世はプロテスタント宗教改革を断行したが，その際には議会の協力が欠かせなかった。イングランド国内におけるローマ・カトリック教会の影響の排除は，一連の議会制定法によって推進された。
2．イングランドでは17世紀までに王権と議会が協力して統治を行うようになったが，議会の開催は不定期であった。チャールズ1世は議会の同意のない課税などを行った上に，長期にわたって議会を開催しなかった。
3．17世紀中葉，イングランド内戦の過程で一大勢力となった議会派軍隊の内部では，理想の政治体制をめぐって軍幹部と平民出身の兵士の間で討論がなされた。この討論の場において，男性普通選挙権の理念が提示された。
4．17世紀中葉のイングランド内戦の結果，王制が廃止されてクロムウェルによる軍事的独裁体制が敷かれたが，クロムウェルの死後，王制が復活した。その際に国王は，議会を尊重して毎年開催することに同意した。
5．名誉革命後，王位継承も議会制定法で定められるようになり，議会主権の考え方が確定した。18世紀前半には有力閣僚ウォルポールが長期にわたって政局運営を主導し，責任内閣制が徐々に形成されていった。

〔第2問〕

中東の都市エルサレムは，古代から現代に至るまで何度も国際情勢の争点となった。エルサレムに関する記述として明らかな誤りを含むものを，次の1から5までの中から選びなさい。（解答欄は，［No.2］）

1．エルサレムは人類最古の都市のひとつであるが，古代エジプト文明の盛期に，古代イスラエル王国の首都となり，ユダヤ教の礼拝の中心となる神殿が建立された。

2．紀元前１世紀半ばに，エルサレムは共和政ローマに従属した。新約聖書には，イエス・キリストは，エルサレムでローマ兵によって磔刑に処され，その遺体は同地で葬られたと記されている。
3．７世紀，イスラム教の預言者ムハンマド（マホメット）は，エルサレムから昇天したとされている。同世紀中に，エルサレムはイスラム勢力によって征服された。
4．11 世紀，ローマ教皇の呼びかけにより，イスラム勢力からエルサレムを奪回するという名目でキリスト教徒による大規模な軍事行動が行われた。これが第一回十字軍である。
5．14 世紀にオスマン帝国がキリスト教勢力からエルサレムを奪回し，それ以降，同都市を支配した。第一次世界大戦後，エルサレムは国際連盟の決定に基づきイギリス委任統治領パレスチナの首都となった。

〔第3問〕

江戸・東京に関する記述として明らかな誤りを含むものを次の１から５までの中から選びなさい。（解答欄は［No.3］）

1．15 世紀後半に太田道灌が江戸城を築き，16 世紀には北条氏が領有した。北条氏の滅亡の後，1590 年に徳川家康が江戸に入り，城の修築と城下町の経営を行った。
2．江戸幕府は諸大名に手伝普請を課し，江戸城と城下町の整備を進めた。しかし，1657 年の明暦の大火によって，江戸城と城下町は共に甚大な被害を受けた。
3．明治政府は江戸を東京に改称し，この地に首都機能を置いた。1888 年には東京市区改正条例が公布され，道路拡幅や上水道の整備が進められた。
4．1923 年の関東大震災によって，東京は甚大な被害を受けた。耐震建築への関心が高まり，その後の復興事業においてコンクリート造の公団住宅が造成された。
5．1964 年のオリンピック競技大会の開催地が東京に決まると，競技施設の整備に加え，それを上回る規模の社会資本が道路・鉄道などにも投下された。

〔第４問〕

次のＡは新聞記事の一節，Ｂは短歌である。それぞれが発表された時期について，下の【年表】のアからオまでの各期間のうち，該当する期間として正しいものの組合せを，後記１から５までの中から選びなさい。（解答欄は［No.４］）

Ａ．我日本の士人は国を重しとし政府を軽しとするの大義に基き（中略）旧政府を倒して新政府を立て，国中朝野の別なく一切万事西洋近時の文明を採り，独り日本の旧套を脱したるのみならず，亜細亜全洲の中に在て新に一機軸を出し，主義とする所は唯脱亜の二字に在るのみ。

Ｂ．地図の上朝鮮国に黒々と墨をぬりつつ秋風を聞く

【年表】

1875年　江華島事件
　ア
1884年　甲申事変
　イ
1895年　日清講和条約（下関条約）締結
　ウ
1907年　ハーグ密使事件
　エ
1919年　三・一独立運動
　オ

１．Ａ　ア　　Ｂ　ウ
２．Ａ　イ　　Ｂ　エ
３．Ａ　イ　　Ｂ　オ
４．Ａ　ウ　　Ｂ　エ
５．Ａ　ウ　　Ｂ　オ

〔第5問〕

農産物の生産はその国・地域の自然環境や歴史的背景と大きく関わっている。また，農産物の貿易は，生産国の国内状況や消費国の事情とも関わりを持っている。次の各記述は，いくつかの農産物の生産量と輸出量について述べたものである。正しい記述を次の1から5までの中から選びなさい。ただし，統計情報は，いずれも2017年FAOSTATによる。（解答欄は［No.5］）

1．コーヒー豆の三大生産国はブラジル，ベトナム，コロンビアであり，コーヒー豆（生豆）の三大輸出国もブラジル，ベトナム，コロンビアである。
2．バナナの三大生産国はインド，中国，インドネシアであり，三大輸出国はエクアドル，インド，フィリピンである。
3．カカオ豆の三大生産国はコートジボワール，ガーナ，アメリカ合衆国であり，三大輸出国はコートジボワール，ブラジル，インドネシアである。
4．小麦の三大生産国は中国，インド，ロシアであり，三大輸出国はアメリカ合衆国，中国，フランスである。
5．米の三大生産国は中国，インド，インドネシアであり，三大輸出国はタイ，アメリカ合衆国，中国である。

〔第6問〕

中東地域は，重要な地下資源の産出地域であり，この地域の動向が世界の社会経済に大きな影響を与えている。次の各記述は，中東に位置する5つの国（アラブ首長国連邦，イラク，イラン，サウジアラビア，トルコ）について述べたものである。正しい記述の組合せを，後記1から5までの中から選びなさい。（解答欄は［No.6］）

ア．アラブ首長国連邦は，7首長国からなる連邦国であり，ペルシャ湾（アラビア湾）に面している。国土の大部分が地中海性気候に属し，リゾート開発も行われている。石油資源が豊富で，日本の原油の最大の輸入先になっている。アブダビは商業・運輸のハブとして発展している。経済の発展に伴い多数の移民を受け入れている。国民の過半数がイスラム教シーア派に属する。

イ．イラクは，国土の中央部にティグリス・ユーフラテス川が流れ，地味豊かなメソポタミア平野が広がる。産油国であり，石油収入が国家の経済を支えているが，度重なる戦乱と経済制裁で打撃を受け，国内総生産は5か国中最低水準である。国民の過半数がイスラム教シーア派に属する。北部を中心にクルド人が居住している。

ウ．イランは，北は黒海，南はペルシャ湾（アラビア湾），インド洋にのぞむ。国土の多くが標高 100m に満たない平原地帯にある。5つの国の中で面積・人口ともに最大の国である。石油資源は豊富，農畜産業も盛んである。主な民族はペルシャ人で他にアゼルバイジャン人，クルド人などが居住する。国民の過半数がイスラム教シーア派に属する。

エ．サウジアラビアは，国土のほぼ全てが砂漠気候に属する。国民の過半数がイスラム教スンニ派に属する。イスラム教の聖地であるメッカ，メジナを有し，世界中から巡礼者が訪れる。イスラム教に基づいて統治が行われる君主国で，国民の選挙によって選ばれた議員からなる国会や成文化された憲法はない。近年，地方評議会選挙で女性の選挙権・被選挙権が認められた。原油の輸出量は世界第1位であるが，石油依存の経済からの脱却，産業の多角化を図っている。

オ．トルコは，ボスポラス海峡を挟み，ヨーロッパ側とアジア側にまたがった国土を有する。政教分離の世俗主義を国是としてきた。中央アジアやロシア，中東の産油国からヨーロッパへ石油や天然ガスを輸送する要になっている。ギリシア・ローマ時代の史跡が多く，観光収入が重要な外貨獲得源となっている。主な民族はアラブ人で，国民の過半数がイスラム教シーア派に属する。

1．アとウ
2．アとオ
3．イとウ
4．イとエ

5．ウとオ

〔第7問〕

エネルギー問題や地球温暖化に関する記述として誤っているものを，次の1から5までの中から選びなさい。(解答欄は［No.7］)

1．地球温暖化によって人類や自然環境へのさまざまな影響が生じている。サンゴ礁が隆起してできた島々からなるツバルでは，地球温暖化に伴う海面上昇による被害が懸念されている。
2．人口規模が類似している日本・ロシア・メキシコのエネルギー起源による二酸化炭素排出量の総量（2017 年）を比較すると，日本はロシアよりも少ないがメキシコよりも多い。
3．気候変動枠組条約第 21 回締約国会議（COP21）において採択されたパリ協定は，温室効果ガス排出削減等のための 2020 年以降の国際的枠組を決めたものである。しかし，2019 年 11 月にアメリカ合衆国はパリ協定からの離脱を正式に国連に通告した。
4．ドイツでは 2000 年に再生可能エネルギー法が制定され，風力や太陽光など再生可能エネルギーによる発電が急速に発展した。2018 年時点での太陽光発電設備容量（累計量）は，ドイツが世界第1位である。
5．電源別発電電力量の構成比は国により様々である。2016 年時点では，日本では火力による発電が8割を超える。一方，火力以外のエネルギー源を主とする国もあり，フランスでは原子力による発電が7割を超え，ブラジルでは6割以上を水力による発電が占めている。

〔第８問〕

以下の文章の空欄（ア）から（エ）に入る語句の組合せとして最も適切なものを，後記１から５までの中から選びなさい。(解答欄は［No.８］)

（省　略）

1．ア　であるにもかかわらず　　イ　であったから　　ウ　虚像
　　エ　志向を異にしていた
2．ア　であったから　　イ　であるにもかかわらず　　ウ　常識
　　エ　接点を持たない
3．ア　であるにもかかわらず　　イ　であったから　　ウ　曲解
　　エ　意を同じくしていた
4．ア　であったから　　イ　であるにもかかわらず　　ウ　迷信
　　エ　相通ずるものがある
5．ア　であるにもかかわらず　　イ　であったから　　ウ　迷妄
　　エ　対立的であった

【出典】小島毅『朱子学と陽明学』

〔第９問〕

次の文章は，江戸時代の俳人，津田休《きゅう》甫《ほ》の逸話である。この話の内容について述べたものとして明らかに誤っているものを，後記１から５までの中から選びなさい。(解答欄は［No.９］)

（省　略）

1．休甫は若い頃，仕えていた主君との別れを経験し，それをきっかけに髪を下ろしたが，厳しく戒律を守って仏道修行をするというのではなく，自由な境涯にあった。
2．休甫には武士だった頃に身に付けた高い教養が備わっており，俳諧も習わずして巧みであった。
3．栗東寺の住持に頼まれて，休甫は客殿の戸に即興で虎を３頭描いたが，髭を描き忘れてしまった。

4．描き上がった虎の見事な筆勢に住持はただただ感嘆していたが，夜も更けたので，休甫は帰宅した。

5．翌日，やってきた旦那衆が虎の髭がないことに気付いた。休甫にそれを語ったところ，休甫は即座に絵の片隅に毛抜きを描いたので，皆はその当意即妙に感じ入った。

【出典】井原西鶴『西鶴名残の友』

〔第10問〕

以下の文章の空欄（ア）から（オ）までに当てはまる語句の組合せとして最も適切なものを，後記1から5までの中から選びなさい。（解答欄は［No.10］）

（省　略）

1．	ア　ぢざう	イ　地蔵	ウ　地蔵	エ　地蔵	オ　ぢざう
2．	ア　地蔵	イ　地蔵	ウ　地蔵	エ　ぢざう	オ　地蔵
3．	ア　ぢざう	イ　ぢざう	ウ　地蔵	エ　ぢざう	オ　地蔵
4．	ア　ぢざう	イ　ぢざう	ウ　ぢざう	エ　地蔵	オ　地蔵
5．	ア　地蔵	イ　ぢざう	ウ　ぢざう	エ　地蔵	オ　ぢざう

【出典】小林保治・増古和子 校注・訳『新編日本古典文学全集５０ 宇治拾遺物語』

〔第11問〕

紀貫之の和歌について述べた以下の文章を読んで，その内容について述べたものとして最も適切なものを，後記1から5までの中から一つ選びなさい。（解答欄は［No.11］）

（省　略）

1．古今集時代の人々にとって生活の必要物であった和歌に譬喩や見立てなどの技巧を使用することは，そこに新風を吹き込むための必然であったが，後代になるとそれが弊害となり，俊成は技巧的な側面を排した和歌の価値を提唱するに至った。
2．子規は，貫之の歌の音楽性を否定し「駄洒落」であると切り捨てたが，それは曖昧性を排除して理知的に歌を解釈しようするあまり，その技巧性のみに注目してしまったために生じた評価であった。
3．俊成は貫之の歌について，承均の歌の古風なところを分かりやすく詠んだと評しているが，加えて，この貫之の歌には俊成が重視していた「何となく艶にもあはれにも」聞こえるような声調や韻律が備わっている。
4．承均の歌は，花の名所である雲林院を舞台に，花が散るのと同時に春にもかかわらず降る雪を詠んでいる。花と雪が地面を覆い，一面が真っ白な様子は，ずっと消えることがなさそうな状態であるというのである。
5．貫之の歌は，桜と季節はずれの雪とが舞う姿を見て，それぞれをそれぞれに見立てて表現したもので，当時の一般的風潮におもねってしまってはいるものの，声に出されることによって，そのすぐれた音楽性が明らかになる。

【出典】大岡信『紀貫之』

〔第12問〕

基本的な哲学用語とそれに対する説明のうち，下線部の記述に誤りがあるものを，次の１から５までの中から選びなさい。（解答欄は［No.12］）

1．形相：アリストテレスは，個々の事物は，その素材である質料によってのみ成り立つのではなく，それを特定のものたらしめる本質である形相が必要だとした。この形相は，プラトンの唱えるイデアに比することができるものであるが，プラトンが個物を超えたところでその本質であるイデアを考えるのに対し，アリストテレスはあくまでも個物に内在する本質として形相を捉える。

2．快楽主義：ヘレニズム時代の哲学者エピクロスは，快楽が最高の善であり，苦痛よりも快楽を求めることが人間の本性であると唱えた。しかし，この快楽主義の立場においては，絶えず生じてくる快楽に盲従することをよしとするのではなく，思慮による冷静な考量が求められており，たとえば，より大きな快楽を得るためにある程度の苦痛を引き受けることなども正当化される。

3．自由意志：ルネサンスの人文主義者エラスムスは，もし人間に「自由意志」が認められないとしたら，人間の善行やその功績が無意味なものになってしまうとして，自由意志の存在を肯定した。他方，プロテスタントの神学者ルターも，神の似像として造られた人間のうちには予め自由意志が刻印されているのだとする予定説の立場から，同じく人間の自由意志の存在を肯定した。

4．イドラ：ベーコンは，ラテン語で「偶像」を意味するこの言葉を，人間が物事を正しく認識するのを誤らせる偏見や先入観の意味で用い，それを①種族のイドラ，②洞窟のイドラ，③市場のイドラ，④劇場のイドラの４つに分類した。ベーコンは，観察や実験によって得られた事例を基にして一般的命題を導く帰納法こそ知識の拡大に寄与するとしたが，その前提として，あらかじめこれらのイドラを自覚し，除去することが必要だと考えた。

5．認識のコペルニクス的転回：カントは，「認識が対象に従わなければならない」とする伝統的な捉え方に対して，「対象の方が認識に従わなければならない」とする認識把握の転換を行った。認識は，確かに対象から与えられる感覚的印象からはじまるが，それがアプリオリに存在する悟性の規則によって構成されることで，その対象の像が形成されるのであり，この意味で，認識される対象は認識する主観によって規定され，可能となるのである。

〔第13問〕

以下のAからCのアの推論はいずれも，それが論理的に妥当な推論（仮に前提が真であるならば必ず結論も真であると言える推論）であるためには，前提と結論の間の隙間を完全に埋める何らかの暗黙の前提が補われる必要がある。アに対してイの文が，そのような暗黙の前提としての役割を果たせているのはAからCのどれか。最も適切なものを，後記1から5までの中から選びなさい。（解答欄は［No.13］）

A．ア　フグには毒があり，素人料理で正しく調理していないと食中毒を起こす。だから，フグの素人料理はやめた方が良い。

イ　フグの食中毒はときに死に至ることがある。

B．ア　日本の出生率をこの先 30 年間で改善できる見込みはない。それゆえ，外国人労働者を大量に受け入れない限り，50 年後の日本の労働力は不足してしまう。

イ　50 年後の日本の労働力が不足しないためには，日本の出生率をこの先30年間で改善するか，外国人労働者を大量に受け入れる以外に道はない。

C．ア　n と k を自然数とし，「1+2+・・・+n=n(n+1)/2」という等式をEと呼ぶことにする。任意の k について，n=k のとき等式Eが成り立つと仮定すると，n=k+1 のときも等式Eは成り立つ。それゆえ，すべての n について等式Eは成り立つ。

イ　n=1 のとき等式Eは成り立つ。

1．A
2．B
3．A，B
4．A，C
5．B，C

〔第14問〕

第二次世界大戦後のアメリカ・イギリス・日本の国政における議会制と立法過程に関する記述として正しいものを，次の1から5までの中から選びなさい。（解答欄は［No.14］）

1．ポルスビーは，現代民主主義国家の議会制の特徴を説明する上で，アメリカの議会とイギリスの議会を対比させ，前者を「対立の激しいアリーナ（闘技場）型議会」，後者を「与党の要求が通りやすい変換型議会」と分類した。

2．アメリカでは，形式的には全ての法案は大統領から提出される。一方で議員は，強い党議拘束を背景として，所属政党から要請があった場合に，政党から派遣された政策立案スタッフのサポートを得て法案を提出する。

3．イギリスでは，形式的には全ての法案は議員立法であり，各議員が自身の名前を冠した法案を提出する。党議拘束が弱いため，議員は所属政党を超えて多数派形成のために連携し，しばしば「交差投票」を行う。

4．アメリカの議会における法案審議は委員会が中心となるが，イギリスの議会では本会議が中心である。現在，日本はイギリスと同じく議院内閣制を採用するものの，法案審議についてはアメリカのように委員会を中心とする。

5．日本では議員が提出する法案よりも内閣が提出する法案が多く，後者の成立率の方が高い傾向がある。このため立法過程における議員立法を増やすことを目的として，2018年に衆議院・参議院の議員定数が増やされた。

〔第15問〕

政治における世論とメディアの関係についての記述として正しいものを，次の1から5までの中から選びなさい。（解答欄は［No.15］）

1．リップマンは，著書『世論』の中で，政治に関するマス・メディアの報道は，様々な集団の中にいるオピニオン・リーダーによって媒介され，集団内の個人に影響を与えていくという「コミュニケーションの二段階の流れ仮説」を提起した。

2．ノエル＝ノイマンは，人はマス・メディアなどを通じて自分の意見が少数派だと認知すると意見表明を控え，多数派だと認知すると表明しやすくなるとし，多数派の意見が実際より過大に社会に表出されるという「沈黙のらせん仮説」を提起した。

3．マッコームスとショーは，マス・メディアは政治争点などに関する報道の量や頻度，タイミングを決めることによって，読者や視聴者の考え方や意見に影響を与えるという「プライミング効果仮説」を提起した。

4．メディアが選挙結果を予測する報道を行うと，その予測とは逆の選挙結果が出やすくなることを「バンドワゴン効果」という。日本ではこれを防ぐため，選挙期間中に新聞などが世論調査の結果を公表することは，公職選挙法で禁止されている。

5．インターネットが政治家と有権者，また有権者の間で活発なコミュニケーションを促していることを受けて，日本でも2016年に公職選挙法が改正され，インターネットを使った政党・候補者・有権者による選挙運動や有料広告が全面解禁された。

〔第16問〕

貧困や格差の問題に関する次の1から5までの各記述のうち，明らかな誤りを含むものを一つ選びなさい。（解答欄は［No.16］）

1．カーは，『新しい社会』（1951 年）で，人々が飢餓の恐怖から解放される現実を問題にした。イギリスでは当時，社会保障制度が整備されつつあった。飢餓の恐怖からの解放は人々に，「何のために働くのか」という問いを突きつけると彼は言う。
2．ガルブレイスは，『ゆたかな社会』（1958 年）で，貧困状況を脱した「ゆたかな社会」にも固有の問題があると指摘する。例えばそこでは，消費者の欲望が生産者の広告によって新たに喚起され，欲望が生産に依存する事態が生じると彼は言う。
3．ベルは，『イデオロギーの終焉』（1960 年）で，マルクス主義的な階級闘争理論の今日における破産を宣告する。価値の多元性や権力の分権性に基盤を置く高度産業社会では，もはや人々に革命的理想への絶対的帰依は要求し得ないと彼は説く。
4．ローティは，『アメリカ・未完のプロジェクト』（1998 年）で，アメリカにおける経済格差の拡大を指摘する。第二次世界大戦後続いてきたブルジョアジーのプロレタリア化は，今やプロレタリアートのブルジョア化に転じつつあると彼は言う。
5．ピケティは，『21 世紀の資本』（2013 年）で，資本収益率が経済成長率を上回ることで経済格差が拡大する機制を解明した。先進各国では第二次世界大戦後，経済格差は縮小傾向にあった。しかし，1970 年代から 1980 年代以降，それは拡大傾向にあると彼は説く。

〔第17問〕

社会調査法に関する記述として明らかに誤っているものを，次の1から5までの中から選びなさい。（解答欄は［No.17］）

1．「単純無作為抽出法」とは，大規模な対象集団から小規模な標本を取り出し，標本の統計量から対象集団の統計量を統計的に推測するための標本抽出方法のことである。
2．「参与観察」とは，調査者が対象者の生活や活動に参加して，内側からその実態や実情を体験しながらつぶさに観察する調査方法のことである。
3．「ライフ・ヒストリー」とは，一人の人物の人生の履歴を詳細に聞き取り，それを再構成してその人の生きた社会の歴史まで描き出す研究方法のことである。

4.「国勢調査」とは，国家が国土に居住する全人口の状態を一定時点で把握するために行う社会調査のことであり，我が国は10年に一度行っている。
5.「KJ 法」とは，フィールドワークなどで得られた多様なデータを多数のカードにまとめた上で分類・整理することを通して，データと対話しながら発想を練りあげていく研究方法のことである。

〔第18問〕

オリンピック開催期間における，ある種目の観戦チケットに対する需要は，切片を 10 万円とする右下がりの直線として表され，価格が1万円低下するとチケットの需要は1,000枚増加する。会場の総座席数は7,000席であり，チケット販売者のチケット販売に係る限界費用はゼロであるとするとき，以下の中から誤っているものの組合せを，後記1から5までの中から選びなさい。(解答欄は［No.18］)

A．チケット価格が5万円のとき，チケットへの需要量は2,000枚である。
B．チケット販売の利益を最大にするためには，5,000 席を売りに出すのが良い。
C．チケット購入者の便益とチケット販売者の利益の和である社会的余剰を最大にするためには，全ての座席7,000席を売りに出さない方が良い。
D．販売する7,000席のチケットのうち，2,000席分を子供向けに無料配布することにし，その配布されたチケットは転売ができない（技術的に転売ができない工夫が施されている。）とする。このとき，完全競争でのチケット価格は5万円になる。
E．販売する7,000席のチケットのうち，2,000席分を子供向けに無料配布することにし，その配布されたチケットは転売が可能であるとき，完全競争でのチケット価格は5万円になる。

1．A　B　C
2．A　B　E
3．A　C　D
4．A　C　E
5．B　C　E

〔第19問〕

ある企業が財を1単位生産するごとに，二酸化炭素を発生させているものとする。なお，二酸化炭素は地球温暖化の主な原因であり，負の外部性を持っていると仮定する。次の1から5までの中から経済学的に正しいものを選びなさい。（解答欄は［No.19］）

1．負の外部性を考えると，需要量が減少することになるので，需要関数は下方にシフトする。
2．市場は二酸化炭素の社会的費用を考慮しないので，企業の生産量は有限であっても，二酸化炭素の排出量に歯止めがかからず，その排出量は無限大になる。
3．二酸化炭素の削減量に応じて補助金を出す仕組みは，二酸化炭素の排出量に応じて税を課す仕組みと比べて，二酸化炭素の排出削減効果は小さい。
4．二酸化炭素の排出権を証書化すれば，二酸化炭素の外部性は内部化される。
5．二酸化炭素の社会的費用を内部化するためには，需要者に対して課税をすべきではない。

〔第20問〕

ミクロ経済学の部分均衡分析では，物品税が課税されたときの影響を考察することができる。課税によって市場均衡が変わり，消費者余剰と生産者余剰の和は減少する。そして，その余剰の減少分の多くは税収という形で政府に移転したと考えることができる。ただし，一般的に，その税収は余剰の減少分よりも小さい。

ここで，均衡価格P円，そのときの取引数量がQであったときに，数量1単位当たりt円の物品税が課されたとしよう。需要曲線と供給曲線は線型であり，また，需要の価格弾力性と供給の価格弾力性はゼロではないと仮定する。上記の考察に関連する記述アからエの中で適切なものの組合せを後記1から5までの中から選びなさい。（解答欄は［No.20］）

ア．需要の価格弾力性が大きいほど，消費者余剰の減少は小さい。
イ．供給の価格弾力性が大きいほど，消費者余剰の減少は小さい。
ウ．需要の価格弾力性が小さいほど，超過負担は小さい。
エ．供給の価格弾力性が小さいほど，超過負担は小さい。

1．ア，ウ
2．ア，エ
3．イ，ウ
4．イ，エ

5．ア，ウ，エ

〔第21問〕

フィリップス曲線及び貨幣錯覚に関連した次のアからエの記述のうち，適切なものの組合せを後記１から５までの中から選びなさい。（解答欄は［No.21］）

ア．短期のフィリップス曲線が右下がりであるのは貨幣錯覚が生ずるからである。例えば，インフレ的な貨幣ショックが起きたとする。労働者に貨幣錯覚が生ずるならば，労働者は実質賃金の低下が起きたと錯覚する。これによって，雇用が増大し，失業率が下がる。

イ．自然失業率仮説によると，そもそも失業率は実物経済において一定の値（自然失業率）に決まっており，貨幣錯覚が生ずれば失業率は短期的に上下するものの，貨幣錯覚が無くなれば失業率は自然失業率の水準に戻る。

ウ．実際のインフレ率が期待インフレ率と乖離したときに，貨幣錯覚が起き得る。したがって，期待インフレ率が上昇すれば，短期のフィリップス曲線は上方にシフトする。

エ．中央銀行が，失業率をｋ％に保つことを政策目標に掲げる「フリードマンのｋ％ルール」に従っているときには，貨幣錯覚が生じないので長期のフィリップス曲線は水平になる。

1．アとイ
2．アとウ
3．アとエ
4．イとウ
5．イとエ

〔第22問〕

密度が一様な長さLの細い棒の先端Pを水平面と接触させた状態で，他端を指で支え鉛直から 30°傾けて静止させた。この状態で指を棒から静かに放すと，棒は先端Pの位置を変えないまま重力によって水平面に倒れた。指を放してから棒が倒れるまでの時間Tの長さLに対する依存性として正しい記述を，次の1から5までの中から選びなさい。ただし，棒は剛体とみなし，空気抵抗は無視するものとする。（解答欄は［No.22］）

1．TはLに比例する。
2．Tは$\sqrt{L}$に比例する。
3．TはLに依らず一定である。
4．TはLに反比例する。
5．Tは$\sqrt{L}$に反比例する。

〔第23問〕

静電場中の導体に関する記述として誤っているものを，次の1から5までの中から選びなさい。（解答欄は，［No.23］）

1．導体表面を除く導体内部における電場は常にゼロである。
2．導体表面を除く導体内部における電位は常に一定である。
3．導体表面において電位は常に連続である。
4．導体表面を除く導体内部における電荷密度は常にゼロである。
5．導体表面における電場は常にゼロである。

〔第24問〕

太陽の質量の値に最も近いものを，次の1から5までの中から選びなさい。

ただし，地球と太陽の平均距離を1.5×10^{11}m，万有引力定数を6.7×10^{-11}kg^{-1}m^{3}s^{-2}，1年を3.2×10^{7}sとする。（解答欄は［No.24］）

1．2×10^{22}kg
2．2×10^{24}kg
3．2×10^{26}kg
4．2×10^{28}kg
5．2×10^{30}kg

〔第25問〕

静止している音源から振動数fの音波が放射されている。この音源に向かって，音速cより小さい一定の速さvで直線的に近づいてくる物体が音波を反射した。反射された音波を音源の位置に静止している人が観測した場合の振動数として最も適切なものを，次の1から5までの中から選びなさい。ただし，風は吹いていないものとする。（解答欄は［No.25］）

1．$\frac{c+2v}{c}f$

2．$\frac{c}{c-2v}f$

3．$\frac{c+v}{c-v}f$

4．$\frac{c-v}{c+v}f$

5．$\left(\frac{c}{c-v}\right)^2 f$

〔第26問〕

ある培養細胞を顕微鏡で観察したところ，分裂期の細胞が 30 個，分裂間期の細胞が 330 個あった。また，分裂間期の核の DNA 量を顕微測光で測定したところ，相対的な DNA 量が 1 である細胞が 145 個，2 である細胞が 95 個，1 と 2 の間にある細胞が 120 個あった。この培養細胞の細胞周期が 30 時間とすると，S 期（DNA 合成期）の長さは何時間か。最も適当なものを，次の1から5までの中から選びなさい。（解答欄は［No.26］）

1．8時間
2．10時間
3．12時間
4．14時間
5．16時間

〔第27問〕

古細菌（アーキア）と細菌に関する記述として誤っているものを，次の１から５までの中から選びなさい。（解答欄は，［No.27］）

1．光合成細菌の中には，光合成をする過程で硫化水素を分解して硫黄を生じさせるものがある。
2．古細菌の中には，水素分子からエネルギーを取り出すメタン菌がいる。
3．真核生物は細菌より古細菌に近縁である。
4．シアノバクテリアは従属栄養生物である。
5．バクテリオロドプシンにより光エネルギーを吸収し，ATP 産生に利用する古細菌がいる。

〔第28問〕

遺伝情報の担い手と情報の流れに関する記述として最も適切なものを，次の１から５までの中から選びなさい。（解答欄は，［No.28］）

1．遺伝情報の流れは DNA→RNA→タンパク質の方向のみである。
2．DNA の遺伝情報が RNA に翻訳され，それがタンパク質に転写される。
3．１つの染色体にある全ての遺伝子の遺伝情報は，２本鎖 DNA の片方の鎖に連続して記されている。
4．DNA を必要とせず，RNA→タンパク質の遺伝情報の流れもある。
5．遺伝情報は DNA のみに記されている。

〔第29問〕

DNA を構成要素の１つとしている細胞小器官として正しいものの組合せを，次の１から５までの中から選びなさい。（解答欄は，［No.29］）

1．核・小胞体
2．小胞体・ミトコンドリア
3．ミトコンドリア・葉緑体
4．葉緑体・ゴルジ体
5．ゴルジ体・核

〔第30問〕

台風などの熱帯低気圧は，水蒸気が凝結して水（降水）になるときに放出される潜熱をエネルギー源としている。台風の中心から半径 100km 以内の領域において，1時間当たり平均 20mm の降水があった場合，この領域で発生する単位時間当たりのエネルギーは日本の発電設備容量（発電可能な大きさ）のおよそ何倍に相当するか。最も適切なものを，次の1から5までの中から選びなさい。ただし，水の密度を $1.0 \times 10^3 \mathrm{kg/m^3}$，水の蒸発潜熱を $2.5 \times 10^6 \mathrm{J/kg}$ とし，日本の発電設備容量を $2.6 \times 10^{11} \mathrm{W}$（2015 年度）とする。（解答欄は［No.30］）

1．約 0.17 倍
2．約 1.7 倍
3．約 17 倍
4．約 170 倍
5．約 1700 倍

〔第31問〕

地球の成層圏に関連する記述として誤っているものを，次の1から5までの中から選びなさい。（解答欄は，［No.31］）

1．高度約 50km の成層圏と中間圏の境界付近にはオゾン層が存在し，そこで太陽からの紫外線が吸収されるため，成層圏では上部ほど気温が高くなる。
2．発達した積乱雲は，安定な成層圏に貫入できず，対流圏界面付近で雲頂が平らになり，氷晶が水平方向に広がるかなとこ雲を形成する。
3．成層圏では，冬半球においては西風が，夏半球においては東風が，それぞれ卓越し，赤道域においては西風と東風が約 13 か月おきに交代する準2年周期振動がみられる。
4．極域の成層圏では，対流圏からの波動の伝播に起因して，数日のうちに 30～40℃も気温が上昇する成層圏突然昇温という現象がある。
5．南極上空のオゾンホールは，日射を受けて解離したフロン由来の塩素により，成層圏極域に現れる極夜ジェットの内側においてオゾンが分解されて発現する。

〔第32問〕

ハザードマップに関する次のアからエまでの各記述のうち，正しいものの組合せを，後記１から５までの中から選びなさい。（解答欄は，［No.32］）

ア．土砂災害防止法に基づく土砂災害のハザードマップで示されている「土砂災害警戒区域」と「土砂災害特別警戒区域」は，人家の有無を問わずある一定の地形条件で指定されている。
イ．水防法の改正により，浸水想定区域をもつ市町村（特別区を含む。）の長に作成義務が課せられた洪水ハザードマップでは，一般的に氾濫が発生した場合の浸水深が示されている。
ウ．日本各地の活火山を対象に作成されつつある火山防災マップでは，記録のある過去に発生した火山噴火を全て反映させて噴火の影響が予想される範囲が示されている。
エ．液状化ハザードマップの作成に当たっては，過去に液状化が生じた場所も含めてボーリングデータや地形分類などに基づいて液状化の可能性のある範囲を抽出する。

１．ア　イ
２．ア　ウ
３．イ　ウ
４．イ　エ
５．ウ　エ

〔第33問〕

以下の文章の空欄（ア）から（ウ）に入る語句の組合せとして最も適切なものを，後記１から５までの中から選びなさい。（解答欄は，［No.33］）

第四紀には気候変動による海面変動が著しく，日本列島各地の沿岸部では大きく地形が変化した。約２万年前の（ア）最盛期の低海面時には（イ）が広く陸化し，そこを流れた河川は現在の低地地下に伏在する埋没谷に連続している。その後の温暖化により海面は急激に上昇し，約 7000 年前には現在の内陸部まで海が侵入した。その結果，所によりリアス海岸が形成された。その当時の海岸線は（ウ）の貝塚の分布などに基づいて描かれている。

１．ア　最終氷期　　イ　大陸棚　　ウ　縄文時代
２．ア　最終間氷期　　イ　大陸棚　　ウ　縄文時代
３．ア　最終間氷期　　イ　大陸斜面　　ウ　縄文時代
４．ア　最終氷期　　イ　大陸棚　　ウ　旧石器時代
５．ア　最終間氷期　　イ　大陸斜面　　ウ　旧石器時代

〔第34問〕

容積可変の容器内で，反応式 $N_2(g) + 3H_2(g) \rightarrow 2NH_3(g)$；$\Delta H = -92kJ$ により表される反応（正反応）とその逆反応が平衡状態にある。この平衡を正反応が進む方向へ移動させる操作として正しいものを，次の１から５までの中から選びなさい。（解答欄は［No.34］）

１．温度を一定に保ちながら，圧力を高くする。
２．圧力を一定に保ちながら，温度を高くする。
３．圧力と温度を一定に保ちながら，アンモニアを加える。
４．圧力と温度を一定に保ちながら，アルゴンを加える。
５．体積と温度を一定に保ちながら，アルゴンを加える。

〔第35問〕

完全燃焼したときに最も多くの二酸化炭素を生じるものを，次の１から５までの中から選びなさい。（解答欄は［No.35］）

1．標準状態で 44.8L の一酸化炭素（理想気体として扱ってよい）
2．30g のエタン
3．75mL の 1-プロパノール（密度 0.80g/cm^3）
4．30g のグラファイト（黒鉛）
5．0.4mol のグルコース

〔第36問〕

亜鉛（原子番号 30）原子の基底状態における電子配置は，$1s^2 2s^2 2p^6 3s^2 3p^6 3d^{10} 4s^2$ である。原子の基底状態における電子配置について，不対電子の数が最も多い元素を，次の１から５までの中から選びなさい。（解答欄は［No.36］）

1．チタン（原子番号 22）
2．クロム（原子番号 24）
3．マンガン（原子番号 25）
4．鉄（原子番号 26）
5．コバルト（原子番号 27）

〔第37問〕

固体炭素材料を電気伝導性の有無で分類したとき，ダイヤモンドと同じグループになるものを，次の１から５までの中から選びなさい。（解答欄は，［No.37］）

1．グラファイト（黒鉛）
2．カーボンナノチューブ
3．フラーレン
4．グラフェン
5．カーボンファイバー（炭素繊維）

〔第38問〕

3次正方行列Aを次のように定める。

$$A=\begin{pmatrix}0&1&0\\0&0&1\\1&0&0\end{pmatrix}$$

このとき，自然数nに対して

$$(A+E)^n=p_nA^2+q_nA+r_nE$$

となる実数p_n，q_n，r_nが定められる。ただし，Eは3次単位行列である。

q_5の値として正しいものを次の1から5までの中から選びなさい。(解答欄は，[No.38])

1．10
2．11
3．15
4．16
5．20

〔第39問〕

$x_1=0.1$，$x_{n+1}=2x_n-[2x_n]$ $(\mathrm{n}=1,2,\cdots)$ で定められる数列$\{x_n\}$の第2020項x_{2020}の値として正しいものを次の1から5までの中から選びなさい。ただし，$[a]$は実数aを超えない最大の整数とする。(解答欄は [No.39])

1．0.1
2．0.2
3．0.4
4．0.6
5．0.8

〔第40問〕及び〔第41問〕

以下の英文を読んで，〔第 40 問〕，〔第 41 問〕に答えなさい。なお，〔第 40 問〕又は〔第 41 問〕のうち，一方を選択し，他方を選択しないこともできる。

（省　略）

〔第40問〕

前記英文中の（A）から（C）に入るものとして最も適切な語句の組合せを，次の1から5までの中から選びなさい。（解答欄は［No.40］）

1．	（A）	difficult	（B）	duty	（C）	somewhat
2．	（A）	inappropriate	（B）	information	（C）	considerably
3．	（A）	awkward	（B）	pleasure	（C）	otherwise
4．	（A）	insulting	（B）	education	（C）	barely
5．	（A）	impolite	（B）	culture	（C）	entirely

〔第41問〕

前記英文の内容に関する次の（a）から（d）までの各記述のうち，内容に即さないものの組合せを，後記1から5までの中から選びなさい。（解答欄は［No.41］）

（a） Few people today refer to Don Quixote disparagingly without actually having read the book.

（b） Educated people may not like to acknowledge that they have not read certain well-known books.

（c） Doctors should not waste time reading lengthy novels.

（d） There are some books which lawyers must read in order to perform well.

1．（a）と（b）
2．（c）と（d）
3．（a）と（c）
4．（b）と（d）
5．（a）と（d）

【出典】Pierre Ryckmans, ‘The Imitation of Our Lord Don Quixote’ in Peter Craven, ed., *The Best Australian Essays 1998*, Bookman, 1999

〔第42問〕及び〔第43問〕

以下の英文を読んで，〔第 42 問〕，〔第 43 問〕に答えなさい。なお，〔第 42 問〕又は〔第 43 問〕のうち，一方を選択し，他方を選択しないこともできる。

（省　略）

〔第42問〕

前記英文中の空欄（ア）から（エ）に入るものとして最も適切な語句の組合せを，次の１から５までの中から選びなさい。（解答欄は［No.42］）

1．	ア	polite	イ	prestigious	ウ	privileged	エ	fiscal
2．	ア	literate	イ	divine	ウ	high	エ	economic
3．	ア	learned	イ	privileged	ウ	native	エ	monetary
4．	ア	educated	イ	authoritarian	ウ	autonomous	エ	tax
5．	ア	uninformed	イ	sacred	ウ	superlative	エ	food

〔第43問〕

前記英文中の空欄（A）と（B）に入るものとして最も適切な語句の組合せを，次の１から５までの中から選びなさい。（解答欄は［No.43］）

1．	A	multicultural and multilingual	B	inheritance and connections
2．	A	chaotic and unruly	B	discipline and competence
3．	A	multiethnic and multilingual	B	training and ability
4．	A	all-inclusive and cosmopolitan	B	exercise and adaptability
5．	A	multinational and bilingual	B	talent and capacity

【出典】Jared Diamond, *Guns, Germs and Steel: A Short History of Everybody for the Last 13,000 Years,* 1998

〔第44問〕及び〔第45問〕

以下の英文を読んで，〔第 44 問〕，〔第 45 問〕に答えなさい。なお，〔第 44 問〕又は〔第 45 問〕のうち，一方を選択し，他方を選択しないこともできる。

（省　略）

〔第44問〕

前記英文中の空欄（ア）から（エ）に入るものとして最も適切な語句の組合せを，次の１から５までの中から選びなさい。（解答欄は［No.44］）

１．	ア	subject	イ	interesting	ウ	claim	エ	increase
２．	ア	exposed	イ	curious	ウ	perception	エ	facilitate
３．	ア	subservient	イ	baffling	ウ	deduction	エ	frustrate
４．	ア	resilient	イ	surprising	ウ	analysis	エ	stabilize
５．	ア	vulnerable	イ	puzzling	ウ	reasoning	エ	counteract

〔第45問〕

前記英文中の空欄（A）と（B）に入るものとして最も適切な語句の組合せを，次の１から５までの中から選びなさい。（解答欄は［No.45］）

１．	A	immateriality	B	their sense of control
２．	A	invisibility	B	their sense of responsibility
３．	A	corporeality	B	their pride of ownership
４．	A	objectivity	B	their power of control
５．	A	insubstantiality	B	their sense of influence

【出典】*Harvard Business Review*, May-June, 2018

解　説　編

公法系

民事系

刑事系

一般教養

憲　法

第1問　投票価値の平等

正解：〔No.1〕2，〔No.2〕2，〔No.3〕1

論理	肢別解答率					
	肢ア		肢イ		肢ウ	
	1	2	1	2	1	2
全　体	4%	96%	1%	99%	97%	3%
合格者全体	1%	99%	1%	99%	98%	2%
不合格者全体	9%	90%	1%	98%	95%	4%

ア　根拠となっていない。

見解aは，「衆議院議員選挙においては，各選挙区間の議員1人当たりの有権者数の比率の較差が1対1を超えることは，憲法上正当化されない」とし，各投票が選挙の結果に及ぼす影響力が数字的に完全に同一であることまでも要求するものといえる。これに対し，見解bのように，「投票価値の平等は，国民の意思を公正かつ効果的に代表するために国会が正当に考慮することのできる他の政策的な目的との関連において，調和的に実現されるべきである」と考えると，投票価値の平等は，常に絶対的な形における実現を必要とするものではなく，各投票が選挙の結果に及ぼす影響力が数字的に完全に同一であることまでも要求するものと考えることはできない（最大判昭51.4.14，百選Ⅱ148事件参照）。したがって，見解bは，見解aの根拠となっていない。

イ　根拠となっていない。

見解aは，「参議院議員選挙においては，二院制の下，地域代表の性質を有するという参議院の特殊性により，投票価値の平等の要請が後退するのもやむを得ない」としている（最大判昭58.4.27参照）。これに対し，見解bのように，「参議院は，国権の最高機関として適切に民意を国政に反映する義務を負っており，衆参両院の選挙制度は同質的とされるべきである」と考えると，参議院議員の選挙であること自体から，直ちに投票価値の平等の要請が後退してよいと解すべき理由は見いだし難い（最大判平24.10.17，百選Ⅱ150事件参照）。したがって，見解bは，見解aの根拠となっていない。

ウ　根拠となっている。

見解bのように，「憲法第14条第1項に定める法の下の平等は，選挙権に関しては，国民は全て政治的価値において平等であるべきとする徹底した平等化を志向するものである」（最大判昭51.4.14，百選Ⅱ148事件参照。）と考えると，見解aのように，「地方議会議員選挙においては，当該地方公共団体の住民が，選挙権行使の資格だけでなく，投票価値においても平等に取り扱われるべきである」と考えることになる（最判昭59.5.17，百選Ⅱ151事件参照）。したがって，見解bは，見解aの根拠となっている。

【文献情報】芦部（憲法）P.144～153。有斐閣憲法ⅠP.290～292，ⅡP.19～22。憲法ⅠP.86～87，148～149。

第2問	思想・良心の自由	判例	肢別解答率							
			1	2	3	4	5	6	7	8
正解：〔No.4〕5		全　体	7%	1%	2%	1%	79%	3%	7%	0%
		合格者全体	5%	1%	1%	0%	87%	1%	4%	0%
		不合格者全体	10%	2%	3%	1%	68%	6%	10%	0%

ア　誤　り。

本記述は，労働者の思想・信条の自由に対する直接的制約であるから，その経緯や調査方法の相当性にもかかわらず，違法性が認められるとしている点で，誤っている。

最判昭63.2.5（百選Ⅰ35事件）。判例は，「Aが，本件書面交付の要求〔注：上告人がB党員ではない旨を書面にしたためることの要求〕と右調査目的との関連性を明らかにしないで，右要求を繰り返したことは，このような調査に当たる者として慎重な配慮を欠いたものというべきであり，調査方法として不相当な面があるといわざるを得ない。しかしながら，前記事実関係によれば，本件書面交付の要求は，上告人がB党員ではない旨の返答をしたことから，Aがその旨を書面にするように説得するに至ったものであり，右要求は，強要にわたるものではなく，また，本件話合いの中で，Aが，上告人に対し，上告人が本件書面交付の要求を拒否することによって不利益な取扱いを受ける虞のあることを示唆したり，右要求に応じることによって有利な取扱いを受け得る旨の発言をした事実はなく，さらに，上告人は右要求を拒否した，というのであって，右事実関係に照らすと，Aがした本件書面交付の要求は，社会的に許容し得る限界を超えて上告人の精神的自由を侵害した違法行為であるということはできない。」としており，経緯や調査方法の相当性を考慮して違法性を判断している。

イ　正しい。

最判平23.5.30（百選Ⅰ37事件）により，本記述は正しい。

判例は，国歌斉唱の際の起立斉唱の職務命令が19条に違反するかが問題になった事案において，「学校の儀式的行事である卒業式等の式典における国歌斉唱の際の起立斉唱行為は，一般的，客観的に見て，これらの式典における慣例上の儀礼的な所作としての性質を有するものであり，かつ，そのような所作として外部からも認識されるものというべきである。もっとも，……一般的，客観的に見ても，国旗及び国歌に対する敬意の表明の要素を含む行為であるということができる。そうすると，自らの歴史観ないし世界観との関係で否定的な評価の対象となる『日の丸』や『君が代』に対して敬意を表明することには応じ難いと考える者が，これらに対する敬意の表明の要素を含む行為を求められることは，その行為が個人の歴史観ないし世界観に反する特定の思想の表明に係る行為そのものではないとはいえ，個人の歴史観ないし世界観に由来する行動（敬意の表明の拒否）と異なる外部的行為（敬意の表明の要素を含む行為）を求められることとなり，その限りにおいて，その者の思想及び良心の自由についての間接的な制約となる」としている。

ウ　正しい。

最判平８.３.19（百選Ⅰ36事件）により，本記述は正しい。

判例は，強制加入団体である税理士会の政治献金が会員の思想の自由との関係で「目的ノ範囲内」（民法43条（当時））といえるかが問題になった事案において，「その目的の範囲を判断するに当たっては，会員の思想・信条の自由との関係で，次のような考慮が必要である。」とした上で，「法が税理士会を強制加入の法人としている以上，その構成員である会員には，様々の思想・信条及び主義・主張を有する者が存在することが当然に予定されている。……特に，政党など規正法上の政治団体に対して金員の寄付をするかどうかは，選挙における投票の自由と表裏を成すものとして，会員各人が市民としての個人的な政治的思想，見解，判断等に基づいて自主的に決定すべき事柄である」としている。

以上により，正しい組合せは「ア×　イ○　ウ○」であり，したがって，正解は肢5となる。

【文献情報】芦部（憲法）P.91，154～158。有斐閣憲法ⅠP.234，305～316。憲法ⅠP.55～56，158～171。

第3問	表現の自由	判例	肢別解答率							
			1	2	3	4	5	6	7	8
正解：〔No.5〕2		全体	1%	90%	1%	2%	1%	6%	0%	0%
		合格者全体	0%	93%	0%	2%	0%	5%	0%	0%
		不合格者全体	2%	86%	1%	2%	1%	8%	0%	0%

予備独自問

ア　正しい。

最判平20.4.11（百選Ⅰ58事件）は，本記述と同様の事案において，「被告人らによるその政治的意見を記載したビラの配布は，表現の自由の行使ということができる。しかしながら，……本件で被告人らが立ち入った場所は，……集合住宅の共用部分及びその敷地であり，……たとえ表現の自由の行使のためとはいっても，このような場所に管理権者の意思に反して立ち入ることは，管理権者の管理権を侵害するのみならず，そこで私的生活を営む者の私生活の平穏を侵害するものといわざるを得ない。したがって，本件被告人らの行為をもって刑法130条前段の罪に問うことは，憲法21条１項に違反するものではない。」としている。

イ　正しい。

最判昭59.12.18（百選Ⅰ57事件）は，本記述と同様の事案において，「憲法21条１項は，表現の自由を絶対無制限に保障したものではなく，公共の福祉のため必要かつ合理的な制限を是認するものであつて，たとえ思想を外部に発表するための手段であつても，その手段が他人の財産権，管理権を不当に害するごときものは許されないといわなければならないから，……駅構内において，他の数名と共に，同駅係員の許諾を受けないで乗降客らに対しビラ多数枚を配布して演説等を繰り返したうえ，同駅の管理者からの退去要求を無視して約20分間にわたり同駅構内に滞留した被告人４名の本件各所為につき，……刑法130条後段の各規定を適用してこれを処罰しても憲法21条１項に違反するものでない」としている。

ウ　誤　り。

最判昭62.3.3（百選Ⅰ56事件）。判例は，本記述と同様の事案において，「大分県屋外広告物条例は，……美観風致の維持及び公衆に対する危害防止の目的のために，屋外広告物の表示の場所・方法及び屋外広告物を掲出する物件の設置・維持について必要な規制をしているところ，国民の文化的生活の向上を目途とする憲法の下においては，都市の美観風致を維持することは，公共の福祉を保持する所以であり，右の程度の規制は，公共の福祉のため，表現の自由に対し許された必要かつ合理的な制限と解することができる」とした上で，「大分県屋外広告物条例で広告物の表示を禁止されている街路樹２本の各支柱に，Ａ党の演説会開催の告知宣伝を内容とするいわゆるプラカード式ポスター各１枚を針金でくくりつけた被告人の本件所為につき，同条例……の各規定を適用してこれを処罰しても憲法21条１項に違反するものでない」としている。したがって，本記述は誤っている。

以上により，正しい組合せは「ア○　イ○　ウ×」であり，したがって，正解は肢２となる。

【文献情報】芦部（憲法）P.207，220。有斐閣憲法ⅠP.387～390。憲法ⅠP.240～242。

第４問	知る権利	論理	肢別解答率					
			肢ア		肢イ		肢ウ	
正解：〔No.６〕２，〔No.７〕２，〔No.８〕１			1	2	1	2	1	2
		全　体	6%	94%	4%	96%	79%	21%
		合格者全体	3%	97%	2%	98%	84%	16%
		不合格者全体	10%	89%	7%	93%	72%	27%

ア　根拠となっていない。

見解ａは，反論記事掲載請求権について，知る権利の一局面として憲法21条１項を直接の根拠として認めるとする見解である。この見解は，情報発信がマス・メディアに集中していた状況を前提に，受け手である一般国民にも，反論記事掲載請求権という形で情報発信を認める必要性があることを根拠としている。しかし，見解ｂのように，インターネットの普及によって双方向的な情報流通が可能となり，誰もが自ら情報の発信者となることが容易になった状況においては，反論記事掲載請求権という形で情報発信を認める必要性があるとはいい難い。したがって，見解ｂは，見解ａの根拠となっていない。

イ　根拠となっていない。

見解ｂのように，国民の知る権利を実現するためにいかなる放送制度を採用するかは立法裁量の問題であると考えると，日本放送協会の放送を受信することのできる受信設備を設置した者に受信契約の締結を強制する放送法の規定の合憲性審査は緩やかなものとなる（最大判平29.12.６，百選Ⅰ77事件参照）のが自然であり，見解ａのように，憲法21条１項の保障する情報摂取の自由を制限するものとして合憲性を厳格に審査するとの見解には結びつかない。したがって，見解ｂは，見解ａの根拠となっていない。

ウ　根拠となっている。

見解ｂによれば，インターネット上において表現の場を提供する行為は知る権利に資するものとして，憲法21条１項の保障を受けるところ，電子掲示板の運営はこれに当たる。よって，見解ａのように，児童買春その他の犯罪から児童を保護すること等の目的のため，電子掲示板の運営者に届出義務を課した上，一定の書き込みに関する削除義務を課すことは，憲法21条１項に違反するといえる。したがって，見解ｂは，見解ａの根拠となる。なお，本記述と異なり，電子掲示板運営者に対する届出義務と義務違反に対する処罰規定の合憲性が問題となった事案において，判例（最判平26.１.16）は，「本件届出制度は，上記の正当な立法目的を達成するための手段として必要かつ合理的なものというべきであって，憲法21条１項に違反するものではない」としている。

【文献情報】芦部（憲法）P.180～183，194～197。有斐閣憲法ⅠP.353。憲法ⅠP.216～217，233。重判平26憲法６事件。

第5問　**憲法 23 条**　**判例**

正解：〔No.９〕２，〔No.10〕１，〔No.11〕２

肢別解答率	肢ア		肢イ		肢ウ	
	1	2	1	2	1	2
全　体	2%	98%	98%	2%	4%	95%
合格者全体	1%	99%	99%	1%	4%	96%
不合格者全体	3%	95%	95%	3%	5%	94%

ア　誤　り。

本記述は，先端技術分野においても，研究活動の内容や方法等に対する制限は学会の自主規制等に委ねるべきであり，法律によって制約することは許されないとしている点で，誤っている。

先端技術分野の規制について，通説は，法律による必要最小限度の制約を認めている。その理由として，通説は，研究者の自主的な判断に基づく自制によるだけでは，先端技術がもたらす重大な脅威・危険を除去することは困難な場合があることを挙げている。

イ　正しい。

最大判昭51.５.21（百選Ⅱ136事件）により，本記述は正しい。

判例は，全国中学校一せい学力調査の実施を阻止する目的で中学校の校内に侵入等をしたとして教職員組合員らが建造物侵入罪等で起訴された事案において，

「大学教育の場合には，学生が一応教授内容を批判する能力を備えていると考えられるのに対し，普通教育においては，児童生徒にこのような能力がなく，教師が児童生徒に対して強い影響力，支配力を有することを考え，また，普通教育においては，子どもの側に学校や教師を選択する余地が乏しく，教育の機会均等をはかる上からも全国的に一定の水準を確保すべき強い要請があること等に思いをいたすときは，普通教育における教師に完全な教授の自由を認めることは，とうてい許されない」としている。

ウ　誤　り。

本記述は，教授の任免や施設の管理等，研究教育の内容に直接関係しない事項については，大学の自治権は及ばないとしている点で，誤っている。

最大判昭38.5.22（百選Ⅰ86事件）。判例は，大学の学生団体主催の演劇発表会が大学の教室で行われた際に，学生が観客の中に私服警官を発見し暴行を行ったとして暴力行為等処罰に関する法律違反で起訴された事案において，「大学における学問の自由を保障するために，伝統的に大学の自治が認められている。この自治は，とくに大学の教授その他の研究者の人事に関して認められ，大学の学長，教授その他の研究者が大学の自主的判断に基づいて選任される。また，大学の施設と学生の管理についてもある程度で認められ，これらについてある程度で大学に自主的な秩序維持の権能が認められている。」としている。

【文献情報】芦部（憲法）P.173～179。有斐閣憲法Ⅰ P.336～351。憲法Ⅰ P.200～213。

第6問	労働基本権	判例	肢別解答率							
			1	2	3	4	5	6	7	8
正解：〔No.12〕3		全　体	4%	2%	70%	7%	2%	1%	14%	1%
		合格者全体	3%	0%	76%	5%	1%	0%	13%	1%
		不合格者全体	5%	3%	61%	11%	3%	1%	14%	2%

予備独自問

ア　正しい。

憲法28条が保障する労働基本権の一つの側面として，社会権側面があり，具体的には国による救済を受ける権利がある。この権利については，労働組合法によって，労働委員会という行政機関が，使用者による侵害行為から労働者を行政的に救済する制度（不当労働行為制度）が定められている。したがって，本記述は正しい。

イ　誤　り。

本記述は，正当な争議行為に対する民事免責は，使用者と労働者の間の契約により排除することができるとしている点で，誤っている。

憲法28条が保障する労働基本権の一つの側面として，使用者に対する民事上の権利という側面が挙げられる。具体的には，正当な労働行為については民事責任が免除されることになる。そして，労働基本権は私人間の関係にも直接適用されるものと解され，使用者の契約の自由は制限されるので，使用者と労働者の間の契約によって民事免責を排除することはできない。

ウ　正しい。

最大判昭43.12.4（百選Ⅱ144事件）により，本記述は正しい。

判例は，「憲法上，団結権を保障されている労働組合においては，その組合員に対する組合の統制権は，一般の組織的団体のそれと異なり，労働組合の団結権を確保するために必要であり，かつ，合理的な範囲内においては，労働者の団結権保障の一環として，憲法28条の精神に由来するものということができる。この意味において，憲法28条による労働者の団結権保障の効果として，労働組合は，その目的を達成するために必要であり，かつ，合理的な範囲内において，その組合員に対する統制権を有するものと解すべきである。」としつつも，統一候補以外の組合員で立候補しようとする「組合員に対し，勧告または説得の域を超え，立候補を取りやめることを要求し，これに従わないことを理由に当該組合員を統制違反者として処分するがごときは，組合の統制権の限界を超えるものとして，違法といわなければならない。」としている。その理由として，判例は，「公職選挙における立候補の自由は，憲法15条１項の趣旨に照らし，基本的人権の一つとして，憲法の保障する重要な権利であるから，これに対する制約は，特に慎重でなければなら」ないということを挙げている。

以上により，正しい組合せは「ア○　イ×　ウ○」であり，したがって，正解は肢3となる。

【文献情報】芦部（憲法）P.273，286～288。有斐閣憲法ⅠP.526～531。憲法ⅠP.400～413。

第7問	主　権	学説	肢別解答率					
			1	2	3	4	5	6
正解：〔No.13〕5		全　体	1%	1%	1%	2%	94%	0%
		合格者全体	1%	1%	1%	1%	97%	0%
		不合格者全体	2%	2%	2%	3%	90%	1%

主権の概念は多義的であるが，一般に，①国家権力そのもの（国家の統治権），②国家権力の属性としての最高独立性，③国政に関する最高の決定権，という３つの異なる意味に用いられる。

ア　国家権力そのもの（国家の統治権）

「日本国ノ主権ハ本州，北海道，九州及四国並ニ吾等ノ決定スル諸小島ニ局限セラルベシ」（ポツダム宣言８項）というときの「主権」は，①国家権力そのもの（国家の統治権）という意味である。

イ　国政に関する最高の決定権

「日本国民は，（中略）ここに主権が国民に存することを宣言し，この憲法を確定する。」（憲法前文１項）というときの「主権」は，③国政に関する最高の決定権という意味である。

ウ　国家権力の属性としての最高独立性

「政治道徳の法則は，普遍的なものであり，この法則に従ふことは，自国の主権を維持し，他国と対等関係に立たうとする各国の責務であると信ずる。」（憲法前文３項）というときの「主権」は，②国家権力の属性としての最高独立性という意味である。

エ　国政に関する最高の決定権

「天皇は，日本国の象徴であり日本国民統合の象徴であつて，この地位は，主権の存する日本国民の総意に基く。」（憲法１条）というときの「主権」は，③国政に関する最高の決定権という意味である。

以上により，国政に関する最高の決定権という意味で主権の概念を用いたものの組合せは，イとエであり，したがって，正解は肢５となる。

【文献情報】芦部（憲法）P.39～43。有斐閣憲法ⅠP.90～94。

第8問　「おことば」の憲法上の位置付け

正解：〔No.14〕2，〔No.15〕2，〔No.16〕1

論理	肢別解答率					
	肢ア		肢イ		肢ウ	
	1	2	1	2	1	2
全　体	20%	80%	13%	87%	96%	4%
合格者全体	14%	86%	9%	91%	99%	1%
不合格者全体	29%	71%	19%	80%	92%	7%

ア　根拠となっていない。

見解ａは，天皇の行為を国事行為と私的行為のみならず，公的行為として位置付ける立場（三分説）のうち，天皇は象徴であり，「おことば」を述べることは象徴としての行為であるとする見解（象徴的行為説）である。この見解の論者によれば，象徴としての地位を根拠に，天皇には象徴たる地位にふさわしい公的行為を行うことが認められるべきという法的効果が導かれるとされる。この見解に対しては，見解ｂのように，象徴という言葉は社会心理的な意味を有するものであり，天皇を象徴と定めた憲法の規定から法的効果を導くことはできないとの批判がある。したがって，本記述の見解ｂは，見解ａの根拠となっていない。

イ　根拠となっていない。

見解ａは，天皇の行為を国事行為と私的行為のみならず，公的行為として位置付ける立場（三分説）のうち，天皇は公人であり，「おことば」を述べることは公人としての行為であるとする見解（公人的行為説）である。この見解に対しては，憲法が「国事に関する行為のみを行ひ」（憲法４条１項）と規定していることを重視して，見解ｂのように，天皇の行為は限定するべきであり，天皇の行為には，憲法が定める国事行為と私的行為の二つしかない（二分説）と考えるべきであるとの批判がある。したがって，本記述の見解ｂは，見解ａの根拠となっていない。

ウ　根拠となっている。

見解ａは，天皇の行為には，憲法が定める国事行為と私的行為の二つしかないとする立場（二分説）のうち，天皇が「おことば」を述べることは「儀式を行ふこと」（憲法７条10号）に含まれるとする見解（10号説）である。見解ｂのように，天皇が自ら儀式を主宰する場合だけでなく，式に参列して儀式的・儀礼的行為を行うことも「儀式を行ふこと」と解釈することができると考えると，天皇が「おことば」を述べる行為は，国会の開会式に出席（参列）して儀式的儀礼的行為として行われたものとして，憲法７条10号の国事行為として位置付けられる。したがって，本記述の見解ｂは，見解ａの根拠となっている。

【文献情報】芦部（憲法）P.51～52。有斐閣憲法ⅠP.136～142。

第9問　衆議院解散権

正解：〔No.17〕1，〔No.18〕2，〔No.19〕1

条文	肢別解答率					
	肢ア		肢イ		肢ウ	
	1	2	1	2	1	2
全　体	93%	7%	28%	72%	87%	13%
合格者全体	95%	5%	19%	81%	89%	11%
不合格者全体	89%	10%	40%	58%	84%	15%

予備独自問

ア　正しい。

本記述のように，憲法７条により内閣の衆議院解散権が基礎づけられるとする見解を７条説という。７条説は，「内閣の助言と承認」に実質的決定権が含まれているからこそ，天皇が衆議院解散という高度に政治的な行為を行っても，「国政に関する権能を有しない」（憲法４条１項）といえると考える。よって，天皇の国事行為は元来政治的なものであるが，天皇は拒否権を持たないため，国事行為について「助言と承認」を行う内閣に実質的決定権があるという見解によれば，憲法７条により内閣の衆議院解散権が基礎付けられるといえる。したがって，本記述は正しい。

イ　誤　り。

本記述は，内閣が衆議院を解散できるのは憲法69条所定の場合に限られるという見解によっても，新たな政治的課題が生じ，国民の意思を問う高度の必要性があるときには，内閣による解散が認められるとしている点で，誤っている。

憲法69条は，「内閣は，衆議院で不信任の決議案を可決し，又は信任の決議案を否決したときは，10日以内に衆議院が解散されない限り，総辞職をしなければならない」と規定している。よって，69条限定説によると，新たな政治的課題が生じ，国民の意思を問う高度の必要性があるときであっても，憲法69条所定の場合以外は，内閣による解散は認められない。

ウ　正しい。

本記述のように，内閣の衆議院解散権の根拠を議院内閣制自体に求める見解を制度説という。制度説は，議院内閣制や権力分立制の趣旨から内閣の解散権を導く見解であり，政府が議会の解散権を有し，政府と議会が均衡していることが，日本国憲法が採用する議院内閣制の本質的要素であるとの考えに基づいている。したがって，本記述は正しい。

【文献情報】芦部（憲法）P.49，345～346。有斐閣憲法ⅡP.213～216。

第10問	裁判官の職権の独立	条文	肢別解答率							
			1	2	3	4	5	6	7	8
正解：〔No.20〕2		全　体	6%	71%	1%	6%	2%	12%	0%	1%
		合格者全体	5%	75%	0%	4%	2%	13%	0%	1%
		不合格者全体	7%	65%	3%	10%	3%	11%	0%	2%

予備独自問

ア　正しい。

司法権の独立の中心である裁判官の職権の独立を実効あらしめるためには，裁判官の身分の保障の制度が必要であり，さらに裁判機構が，他の権力機構から相対的に独立し，自主性を保つ制度が要請される。日本国憲法上，司法府が自主性を保つ制度としては，①行政機関による裁判官懲戒禁止（憲法78条後段），②下級裁判所裁判官の指名権（憲法80条），③司法行政監督権（憲法77条及び第６章全体の趣旨），④最高裁判所による裁判所の内部規律及び司法事務処理に関する規則制定権（憲法77条）がある。よって，裁判官の職権の独立は，最高裁判所による裁判所の内部規律及び司法事務処理に関する規則制定権，下級裁判所裁判官の指名権等の司法の自主性を保障する制度によって担保されているといえる。したがって，本記述は正しい。

イ　正しい。

裁判官の職権の独立は，裁判に不当な影響を与えるおそれのある一切の外部的行為の排除を要求する。両議院は国政調査権（憲法62条）を有しており，それには裁判に関する調査も含まれるが，一般的な制度のあり方などの問題を超えて，具体的な判決内容の当否や公判廷における裁判長の訴訟指揮の仕方などに関する批判に及ぶときには，裁判官の職権の独立を侵害するといえる。よって，議院は，国政調査として，係属中の具体的事件の事実認定や量刑の判断が適切かどうかを調査・批判することはできない。したがって，本記述は正しい。

ウ　誤　り。

本記述は，裁判官は，どのような訴訟指揮をしたとしても，そのことを理由に裁判所内部で懲戒処分を受けることはないとしている点で，誤っている。

憲法77条の規則制定権及び第６章全体の趣旨から，裁判所には司法行政監督権が与えられ，その自主的な運営に委ねられており，その趣旨を受けて，裁判所法は，裁判官，裁判所職員に対する内部的人事，監督の権限を最高裁判所に認める規定を設けている（裁判所法80条など）。他方で，裁判官の職権の独立は，外部からの干渉のみならず裁判所内部における干渉の排除も要求するから，一般的な司法行政上の監督権を超えて個別裁判へ干渉することは許されない。しかし，裁判官が，どのような訴訟指揮をしたとしても懲戒処分を受けないことまで保障されるわけではない。

以上により，正しい組合せは「ア○　イ○　ウ×」であり，したがって，正解は肢2となる。

【文献情報】芦部（憲法）P.367〜370。有斐閣憲法ⅡP.241〜244。

第11問	条約	条文	肢別解答率							
			1	2	3	4	5	6	7	8
正解：〔No.21〕6		全体	2%	6%	1%	1%	24%	56%	4%	6%
		合格者全体	1%	3%	1%	0%	25%	62%	4%	5%
		不合格者全体	3%	10%	3%	3%	24%	46%	4%	7%

ア　誤　り。

本記述は，条約承認の議案は，先に衆議院に提出しなければならないとしている点で，誤っている。

憲法61条は，「条約の締結に必要な国会の承認については，前条第２項の規定を準用する。」と規定し，衆議院の優越について規定する憲法60条２項を準用するも，予算先議権について規定する憲法60条１項は準用していない。よって，条約承認の議案は，先に衆議院に提出する必要はない。

イ　正しい。

憲法73条３号本文，７条８号により，本記述は正しい。

条約を締結する権限は内閣にある（憲法73条３号本文）が，批准を要する条約についての批准書の認証は天皇の国事行為である（憲法７条８号）。

ウ　誤　り。

本記述は，条約は，天皇が国事行為としてこれを公布することによって有効に成立するとしている点で，誤っている。

条約は，事前又は事後に国会の承認を得て，内閣が締結することによって成立する（憲法73条３号，61条）。天皇の公布（憲法７条１号）は，既に成立した国法を国民一般に周知させる表示行為であり，効力発生要件とされている。

以上により，正しい組合せは「ア×　イ○　ウ×」であり，したがって，正解は肢6となる。

【文献情報】芦部（憲法）P.325。有斐閣憲法ⅡP.140，206，424～426。

第12問　憲法改正

正解：〔No.22〕2，〔No.23〕1，〔No.24〕1

学説	肢別解答率					
	肢ア		肢イ		肢ウ	
	1	2	1	2	1	2
全　体	6%	94%	96%	4%	89%	11%
合格者全体	4%	96%	97%	3%	93%	7%
不合格者全体	8%	90%	95%	5%	83%	16%

ア　誤り。

本記述は，②在職議員数説の根拠として，①法定議員数説の根拠を述べている点で，誤っている。

憲法96条1項の「総議員」の意味について，①法定議員数説と②在職議員数説がある。①法定議員数説は，除名，辞職，死亡その他の事由による欠員が出ても定足数が一定になり「総議員」の数を巡る争いを避けられること，憲法改正の発議要件を厳格にして議決を慎重にさせるのが憲法の趣旨に合致することを根拠としている。これに対し，②在職議員数説は，①法定議員数説とすると，欠員数だけの議員が常に反対の投票をしたのと同じに取り扱われることになり妥当ではないこと等を根拠としている。

イ　正しい。

改正案を国会に提案する権限を内閣が有するか否かについて，肯定説と否定説がある。肯定説に対しては，内閣の発案権を認めると国会の自主的審議権が害されるとの批判がされている。これに対して，肯定説は，内閣に発案権を認めたとしても，各議院は内閣の改正案に対する修正権を持つので，国会の自主的審議権を害するおそれはないと反論する。したがって，本記述は正しい。

ウ　正しい。

憲法96条1項で要求される国民投票の「過半数」について，①有権者総数の過半数か，②無効投票を含めた投票総数の過半数か，③有効投票総数の過半数かで争いがある。①の見解に対しては，有権者総数（投票した者と棄権者）の過半数と解すると，改正案に賛成した者（投票した者の一部）と，改正案に反対した者

（投票した者の一部及び棄権者）となるため，棄権者が全て改正案に反対の意思と評価されてしまう点で妥当ではないとの批判が可能である。したがって，本記述は正しい。

【文献情報】 芦部（憲法）P.405～409。有斐閣憲法ⅡP.408～410。

行政法

第13問	処分基準と審査基準	条文	肢別解答率							
			肢ア		肢イ		肢ウ		肢エ	
正解：〔No.25〕2，〔No.26〕2，〔No.27〕2，〔No.28〕1			1	2	1	2	1	2	1	2
		全　体	5%	95%	4%	96%	13%	87%	91%	9%
		合格者全体	2%	98%	1%	99%	5%	95%	93%	7%
		不合格者全体	9%	90%	8%	91%	23%	76%	89%	11%

ア　誤　り。

本記述は，審査基準について，不利益処分に関する基準であるとしている点で，誤っている。

まず，処分基準とは，「不利益処分をするかどうか又はどのような不利益処分とするかについてその法令の定めに従って判断するために必要とされる基準」をいう（行政手続法２条８号ハ）。よって，処分基準については，不利益処分に関する基準であるということができる。これに対して，審査基準とは，「申請により求められた許認可等をするかどうかをその法令の定めに従って判断するために必要とされる基準」をいう（行政手続法２条８号ロ）。よって，審査基準については，不利益処分に関する基準であるとはいえない。

イ　誤　り。

本記述は，審査基準について，これを公表することは行政庁の努力義務にとどまるとしている点で，誤っている。

行政庁は，処分基準を定め，かつ，これを公にしておくよう努めなければならない（行政手続法12条１項）。処分基準についてその設定及び公表が努力義務とされているのは，不利益処分に関しては一般的な基準を設定することが困難である場合があり，また，処分基準を明示することにより制裁を受けない違反行為が明らかになってしまうと，脱法的行為を助長するおそれがあると考えられたからである。よって，処分基準については，これを公表することは行政庁の努力義務にとどまる。行政庁は，行政上特別の支障があるときを除き，法令により申請の提出先とされている機関の事務所における備付けその他の適当な方法により審査基準を公にしておかなければならない（行政手続法５条３項）。審査基準についてその設定及び公表が義務とされているのは，審査基準の適切性や行政庁による審査基準の遵守をチェックし，また，申請者に審査基準についての適切な情報を提供して申請の便宜を図るためである。よって，審査基準については，これを公表することは，原則として行政庁の義務である。

ウ　誤　り。

本記述は，審査基準を定める場合には，意見公募手続は必要ではないとしている点で，誤っている。

意見公募手続は，命令等制定機関が「命令等を定めようとする場合」に行われる（行政手続法39条１項）。そして，ここにいう「命令等」とは，内閣又は行政機関が定める「法律に基づく命令（処分の要件を定める告示を含む。……）又は規則」，「審査基準」，「処分基準」及び「行政指導指針（同一の行政目的を実現するため一定の条件に該当する複数の者に対し行政指導をしようとするときにこれらの行政指導に共通してその内容となるべき事項をいう。……）」をいう（行政手続法２条８号）。よって，審査基準を定める場合にも，意見公募手続が必要となる。

エ　正しい。

行政手続法12条２項，及び行政手続法５条２項により，本記述は正しい。

行政手続法12条２項。行政庁は，処分基準を定めるに当たっては，不利益処分の性質に照らしてできる限り具体的なものとしなければならない。「不利益処分の性質に照らしてできる限り」とされているのは，処分基準をどの程度具体的なものとできるかは，不利益処分の目的，処分要件の内容等，処分によって実現される公益や影響を受ける国民の利益の内容などによって異ならざるを得ないと考えられたからである。行政手続法５条２項。行政庁は，審査基準を定めるに当たっては，許認可等の性質に照らしてできる限り具体的なものとしなければならない。これは，許認可等の処分には，羈束性の強いものから広範な裁量が認められるものまであることから，審査基準に求められる具体性の程度は，許認可等の性質に照らして決する必要があると考えられたからである。

【文献情報】宇賀ＩＰ.453～455，467～468，480～481。櫻井・橋本Ｐ.198，201，208～209。リークエＰ.60，91～92，98～99。中原Ｐ.104～106，160～161。

第14問　行政裁量

正解：〔No.29〕2，〔No.30〕1，〔No.31〕1，〔No.32〕2

判例	肢別解答率							
	肢ア		肢イ		肢ウ		肢エ	
	1	2	1	2	1	2	1	2
全　体	22%	78%	91%	9%	97%	3%	46%	53%
合格者全体	20%	80%	93%	7%	99%	1%	36%	64%
不合格者全体	25%	74%	88%	12%	95%	5%	62%	37%

【誤答行動分析】

本問の合格者の正答率と不合格者の正答率の差は，記述アが6%，記述イが5%，記述ウが4%，記述エが27%である。したがって，記述エで差がついたと推測できる。

記述エは，毒物劇物輸入業の登録に関する判決，いわゆるストロングライフ事件（最判昭56.2.26，百選Ⅰ60事件）についての理解を問うものである。記述エは，結論及びその理由付けにおいて判例と異なる記述であることから，百選掲載判例の基本的な理解が求められる。

ア　誤　り。

本記述は，具体的事案に応じ道路行政上比較衡量的判断を含む行政裁量を行使することは，許されないとしている点で，誤っている。

最判昭57.4.23（百選Ⅰ123事件）。判例は，本記述と同様の事案において，「車両制限令12条所定の道路管理者の認定は，同令5条から7条までに規定する車両についての制限に関する基準に適合しないことが，車両の構造又は車両に積載する貨物が特殊であるためやむを得ないものであるかどうかの認定にすぎず，……基本的には裁量の余地のない確認的行為の性格を有するものである……が，……具体的事案に応じ道路行政上比較衡量的判断を含む合理的な行政裁量を行使することが全く許容されないものと解するのは相当でない。」としている。その理由として，判例は，「右認定については条件を附することができること（同令12条但し書），右認定の制度の具体的効用が許可の制度のそれと比較してほとんど変るところがない」ことを挙げている。

イ　正しい。

最判平18.10.26（百選Ⅰ94事件）により，本記述は正しい。

判例は，本記述と同様の事案において，「地方公共団体が，指名競争入札に参加させようとする者を指名するに当たり，①工事現場等への距離が近く現場に関する知識等を有していることから契約の確実な履行が期待できることや，②地元の経済の活性化にも寄与することなどを考慮し，地元企業を優先する指名を行うことについては，その合理性を肯定することができる」としている。

ウ　正しい。

最判平26.1.28（百選Ⅱ171事件）により，本記述は正しい。

判例は，本記述と同様の事案において，「廃棄物処理法において，一般廃棄物処理業は，専ら自由競争に委ねられるべき性格の事業とは位置付けられていないものといえる。……一般廃棄物処理業の許可又はその更新の許否の判断に当たっては，……その申請者の能力の適否を含め，一定の区域における一般廃棄物の処理がその発生量に応じた需給状況の下において当該区域の全体にわたって適正に行われることが確保されるか否かを審査することが求められるのであって，このような事柄の性質上，市町村長に一定の裁量が与えられていると解される」としている。

エ　誤　り。　**!!!**

最判昭56.2.26（百選Ⅰ60事件）は，「本件ストロングライフがその用途に従つて使用されることにより人体に対する危害が生ずるおそれがあることをもつてその輸入業の登録の拒否事由とすることは，毒物及び劇物の輸入業等の登録の許否を専ら設備に関する基準に適合するか否かにかからしめている同法の趣旨に反し，許されない」としている。その理由として，判例は，「毒物及び劇物取締法それ自体は，毒物及び劇物の輸入業等の営業に対する規制は，専ら設備の面から登録を制限することをもつて足りるものとし，毒物及び劇物がどのような目的でどのような用途の製品に使われるかについては，前記特定毒物の場合のほかは，直接規制の対象とせず，他の個々の法律がそれぞれの目的に応じて個別的に取り上げて規制するのに委ねている趣旨であると解するのが相当である。」ことを挙げている。したがって，本記述は誤っている。

【文献情報】宇賀ⅠP.354，413。櫻井・橋本P.81，111，122，149。リークエP.34，125，240。中原P.130，140，173～175，186。

第15問	行政指導	条文	肢別解答率							
			1	2	3	4	5	6	7	8
正解：〔No.33〕7		全　体	6%	1%	20%	1%	22%	1%	47%	1%
		合格者全体	6%	1%	18%	1%	22%	1%	52%	1%
		不合格者全体	6%	2%	24%	2%	22%	2%	39%	2%

ア　誤　り。

本記述は，当該権限の行使が当該条項に規定する要件に適合する理由を示す必要はないとしている点で，誤っている。

行政手続法35条２項。行政指導に携わる者は，当該行政指導をする際に，行政機関が許認可等をする権限又は許認可等に基づく処分をする権限を行使し得る旨を示すときは，その相手方に対して，①当該権限を行使し得る根拠となる法令の条項（行政手続法35条２項１号），②当該条項に規定する要件（同条項２号），③当該権限の行使が当該条項の要件に適合する理由（同条項３号）を示さなければならない。その趣旨は，不適切な行政指導を防止するとともに，行政指導の相手方に，行政機関が当該権限を正当に行使し得る旨を認識させることにより，相手方が行政指導に従うか否かの判断を適切に行うことを可能とする点にある。

イ　誤　り。

本記述は，当該行政機関は，当該行政指導が当該法律に規定する要件に適合することを確認するまでの間，当該行政指導を一時中止しなければならないとしている点で，誤っている。

法令に違反する行為の是正を求める行政指導（その根拠となる規定が法律に置かれているものに限る。）の相手方は，当該行政指導が当該法律に規定する要件に適合しないと思料するときは，当該行政指導をした行政機関に対し，その旨を申し出て，当該行政指導の中止その他必要な措置をとることを求めることができる（行政手続法36条の２第１項本文）。そして，当該行政機関は，第１項の規定による申出があったときは，必要な調査を行い，当該行政指導が当該法律に規定する要件に適合しないと認めるときは，当該行政指導の中止その他必要な措置をとらなければならない（同条第３項）。その趣旨は，相手方に大きな事実上の不利益を与え得るような行政指導について，相手方の権利利益の保護を図る点にある。しかし，当該行政指導が当該法律に規定する要件に適合することを確認するまでの間，当該行政指導を一時中止しなければならないとする旨の規定は，特に置かれていない。

ウ　正しい。

行政手続法34条により，本記述は正しい。許認可等をする権限又は許認可等に基づく処分をする権限を有する行政機関が，当該権限を行使することができない場合又は行使する意思がない場合においてする行政指導にあっては，行政指導に携わる者は，当該権限を行使し得る旨を殊更に示すことにより相手方に当該行政指導に従うことを余儀なくさせるようなことをしてはならない。その趣旨は，処分権限を背景として行われる行政指導には，有形無形の影響力が働き，それに従うか否かの判断の任意性が損われるおそれがあるから，権限の行使の対象となる者を相手方として行われる行政指導について，特に慎重に行わせる点にある。

以上により，正しい組合せは「ア×　イ×　ウ○」であり，したがって，正解は肢7となる。

【文献情報】宇賀ⅠP.439～442。櫻井・橋本P.136～137。リークエP.131～134。中原P.167～170。

第16問	医師法７条の３第１項に基づく立入検査	学説	肢別解答率							
			1	2	3	4	5	6	7	8
正解：〔No.34〕3		全　体	11%	2%	72%	4%	3%	0%	8%	0%
		合格者全体	8%	1%	78%	3%	2%	0%	7%	0%
		不合格者全体	15%	3%	62%	5%	6%	0%	8%	1%

ア　正しい。

行政調査は，強制力の有無やその態様などにより，いくつかの類型に区分ができる。そして，医師法７条の３第１項に基づく立入検査は，医師法33条の２第３号により立入検査の拒否に罰則が定められているものであり，これは，立入検査の受忍を間接的心理的に強制するという行政調査の類型（間接強制調査・準強制調査）に区分される。したがって，本記述は正しい。

イ　誤　り。

本記述は，必要最小限の実力を行使して当該医師を排除した上で，立入検査を行うことができるとしている点で，誤っている。

一般的に，法律で行政調査の拒否に罰則が定められているものについては，調査をする際に相手方の抵抗を排除するため実力を行使することまでは認められていないと解されている。

ウ　正しい。

最決平16.1.20（百選Ⅰ105事件）により，本記述は正しい。

行政調査と犯罪捜査の関係について，判例は，「質問又は検査の権限は，犯罪の証拠資料を取得収集し，保全するためなど，犯則事件の調査あるいは捜査のための手段として行使することは許されないと解するのが相当である。」としている。判例の結論に賛成する学説は，その理由として，一般的に，通常の行政調査は手続的統制が弱いところ，そのような行政調査により実質的に犯罪捜査を行うことは，刑事訴訟法の趣旨を潜脱しかねないということを挙げている。

以上により，正しい組合せは「ア○　イ×　ウ○」であり，したがって，正解は肢3となる。

【文献情報】宇賀Ⅰ P.162～165，176。櫻井・橋本 P.153～158，160～161。リークエ P.148～149，151。中原 P.207～208，211。

第17問　条例による定め	学説	肢別解答率							
		肢ア		肢イ		肢ウ		肢エ	
正解：〔No.35〕1，〔No.36〕2，〔No.37〕1，〔No.38〕2		1	2	1	2	1	2	1	2
	全　体	68%	32%	14%	86%	94%	6%	40%	59%
	合格者全体	76%	24%	8%	92%	96%	4%	30%	70%
	不合格者全体	55%	44%	24%	75%	90%	9%	55%	44%

【誤答行動分析】

記述エについて，合格者の正答率は70%であるのに対して，不合格者の正答率は44%であり，その差は26%となっている。

記述エは，行政代執行法６条１項という条文知識により誤りであると導ける。条文の正確な理解が求められる。

ア　正しい。

行政刑罰とは，行政上の義務違反に対する制裁として用いられる刑罰のことをいう。そして，行政刑罰も「刑罰」であるから，原則として刑法総則の適用があり，また刑事訴訟法が適用される。したがって，本記述は正しい。

イ　誤　り。

本記述は，執行罰について，１回の不履行に対して１回しか徴収することはできず，義務が履行されるまで何度も徴収することはできないとしている点で，誤っている。

執行罰とは，義務の不履行に対して一定額の過料を科すこととし，不履行があった場合には強制的にこれを徴収するという義務履行確保のための仕組みである。そして，執行罰は，同一の義務違反に対して１回しか科すことのできない刑罰とは異なり，義務が現実に履行されるまで何度も行うことができる。

ウ　正しい。

行政代執行法２条により，本記述は正しい。

行政代執行の対象となる義務は，「他人が代つてなすことのできる行為」（行政代執行法２条）に係る義務（代替的作為義務）である。本記述における「使用禁止命令」に係る義務は，不作為義務であり，また代替性もないから，行政代執行の対象となる「代替的作為義務」ではない。よって，行政代執行を行うことはできない。

エ　誤　り。　**!!!**

本記述は，国税滞納処分の例によって徴収することにつき，行政代執行法には明文の定めはないとしている点で，誤っている。

行政代執行法６条１項。代執行に要した費用は，国税滞納処分の例により，これを徴収することができる。つまり，国税滞納処分の例によって徴収することについては，行政代執行法に明文の定めが置かれている。

【文献情報】 宇賀ⅠP.244～246，256，267～268。櫻井・橋本P.166～167，171～172，174～175，184。リークエP.180～183，186～187，189。中原P.215～219，221。

第18問　処分性

正解：〔No.39〕1，〔No.40〕2，〔No.41〕2，〔No.42〕2

判例	肢別解答率							
	肢ア		肢イ		肢ウ		肢エ	
	1	2	1	2	1	2	1	2
全　体	79%	20%	13%	86%	17%	83%	28%	72%
合格者全体	84%	16%	5%	95%	9%	91%	16%	84%
不合格者全体	73%	26%	25%	75%	29%	71%	45%	54%

【誤答行動分析】

記述エについて，合格者の正答率は84％であるのに対して，不合格者の正答率は54％であり，その差は30％となっている。

記述エは，都市計画法に基づく用途地域指定についての判決（最判昭57.4.22，百選Ⅱ153事件）に関する理解を問う問題である。かかる最判は，結論として，用途地域の指定について処分性を否定している。定評ある基本書では必ず取り上げられるような重要判例であり，結論を把握しておくことは必須であろう。

ア　正しい。

最大判昭45.7.15（百選Ⅱ147事件）により，本記述は正しい。

判例は，「供託官が供託物取戻請求を理由がないと認めて却下した行為は行政処分であり，弁済者は右却下行為が権限のある機関によつて取り消されるまでは供託物を取り戻すことができないものといわなければならず，供託関係が民法上の寄託関係であるからといつて，供託官の右却下行為が民法上の履行拒絶にすぎないものということは到底できない」としている。その理由として，判例は，「弁済供託は，弁済者の申請により供託官が債権者のために供託物を受け入れ管理するもので，民法上の寄託契約の性質を有するものであるが，供託により弁済者は債務を免れることとなるばかりでなく，金銭債務の弁済供託事務が大量で，しかも，確実かつ迅速な処理を要する関係上，法律秩序の維持，安定を期するという公益上の目的から，法は，国家の後見的役割を果たすため，国家機関である供託官に供託事務を取り扱わせることとしたうえ，供託官が弁済者から供託物取戻の請求を受けたときには，単に，民法上の寄託契約の当事者的地位にとどまらず，行政機関としての立場から右請求につき理由があるかどうかを判断する権限を供託官に与えたものと解するのが相当である」ということを挙げている。

イ　誤　り。

本記述は，道路交通法に基づく反則金の納付の通告について，処分性が認められるとしている点で，誤っている。

最判昭57.7.15（百選Ⅱ151事件）。判例は，「通告に対する行政事件訴訟法による取消訴訟は不適法……である」としており，処分性を否定している。その理由として，判例は，「道路交通法……の規定による警察本部長の反則金の納付の通告（以下「通告」という。）があつても，これにより通告を受けた者において通告に係る反則金を納付すべき法律上の義務が生ずるわけではなく，ただその者が任意に右反則金を納付したときは公訴が提起されないというにとどまり，納付しないときは，検察官の公訴の提起によつて刑事手続が開始され，その手続において通告の理由となつた反則行為となるべき事実の有無等が審判されることとなるものとされているが，これは上記の趣旨を示すものにほかならない。してみると，道路交通法は，通告を受けた者が，その自由意思により，通告に係る反則金を納付し，これによる事案の終結の途を選んだときは，もはや当該通告の理由となつた反則行為の不成立等を主張して通告自体の適否を争い，これに対する抗告訴訟によつてその効果の覆滅を図ることはこれを許さず，右のような主張をしようとするのであれば，反則金を納付せず，後に公訴が提起されたときにこれによつて開始された刑事手続の中でこれを争い，これについて裁判所の審判を求める途を選ぶべきであるとしているものと解するのが相当である。もしそうでなく，右のような抗告訴訟が許されるものとすると，本来刑事手続における審判対象として予定されている事項を行政訴訟手続で審判することとなり，また，刑事手続と行政訴訟手続との関係について複雑困難な問題を生ずるのであつて，同法がこのような結果を予想し，これを容認しているものとは到底考えられない」ということを挙げている。

ウ　誤　り。

本記述は，土地区画整理事業の事業計画の決定について，処分性が認められないとしている点で，誤っている。

最大判平20.9.10（百選Ⅱ152事件）。判例は，土地区画整理事業の事業計画の決定は，「行政事件訴訟法３条２項にいう『行政庁の処分その他公権力の行使に当たる行為』に当たる」としている。その理由として，判例は，「施行地区内の宅地所有者等は，事業計画の決定がされることによって，……土地区画整理事業の手続に従って換地処分を受けるべき地位に立たされるものということができ，その意味で，その法的地位に直接的な影響が生ずるものというべきであり，事業計画の決定に伴う法的効果が一般的，抽象的なものにすぎないということはできない。」「もとより，換地処分を受けた宅地所有者等やその前に仮換地の指定を受けた宅地所有者等は，当該換地処分等を対象として取消訴訟を提起することができるが，換地処分等がされた段階では，実際上，既に工事等も進ちょくし，換地計画も具体的に定められるなどしており，その時点で事業計画の違法を理由として当該換地処分等を取り消した場合には，事業全体に著しい混乱をもたらすことになりかねない。それゆえ，換地処分等の取消訴訟において，宅地所有者等が事業計画の違法を主張し，その主張が認められたとしても，当該換地処分等を取り消すことは公共の福祉に適合しないとして事情判決（行政事件訴訟法31条１項）がされる可能性が相当程度あるのであり，換地処分等がされた段階でこれを対象として取消訴訟を提起することができるとしても，宅地所有者等の被る権利侵害に対する救済が十分に果たされるとはいい難い。そうすると，事業計画の適否が争われる場合，実効的な権利救済を図るためには，事業計画の決定がされた段階で，これを対象とした取消訴訟の提起を認めることに合理性があるというべきである」ということを挙げている。

エ　誤　り。　　!!!

本記述は，都市計画法に基づく用途地域の指定について，処分性が認められるとしている点で，誤っている。

最判昭57.4.22（百選Ⅱ153事件）。判例は，都市計画法に基づく用途地域の指定について，処分性を否定している。その理由として，判例は，「都市計画区域内において工業地域を指定する決定は，都市計画法８条１項１号に基づき都市計画決定の一つとしてされるものであり，右決定が告示されて効力を生ずると，当該地域内においては，建築物の用途，容積率，建ぺい率等につき従前と異なる基準が適用され……，これらの基準に適合しない建築物については，建築確認を受けることができず，ひいてその建築等をすることができないこととなるから……，右決定が，当該地域内の土地所有者等に建築基準法上新たな制約を課し，その限度で一定の法状態の変動を生ぜしめるものであることは否定できないが，かかる効果は，あたかも新たに右のような制約を課する法令が制定された場合におけると同様の当該地域内の不特定多数の者に対する一般的抽象的なそれにすぎず，このような効果を生ずるということだけから直ちに右地域内の個人に対する具体的な権利侵害を伴う処分があつたものとして，これに対する抗告訴訟を肯定することはできない」ということを挙げている。

【文献情報】宇賀Ⅱ P.111，160，175～177。櫻井・橋本 P.265，267～268，273～274。リークエ P.141～143，189，223，229～230。中原 P.194～197，201～203，223。

第19問　抗告訴訟の審理

正解：〔No.43〕1，〔No.44〕2，〔No.45〕2，〔No.46〕2

判例	肢別解答率							
	肢ア		肢イ		肢ウ		肢エ	
	1	2	1	2	1	2	1	2
全　体	88%	12%	14%	86%	10%	90%	12%	88%
合格者全体	96%	4%	6%	94%	8%	92%	5%	95%
不合格者全体	76%	23%	25%	75%	12%	87%	21%	79%

ア　正しい。

行政事件訴訟法10条２項により，本記述は正しい。

処分の取消しの訴えとその処分についての審査請求を棄却した裁決の取消しの訴えとを提起することができる場合には，裁決の取消しの訴えにおいては，処分の違法を理由として取消しを求めることができない。その趣旨は，処分の取消しの訴えと，その処分についての審査請求を棄却した裁決の取消しの訴えにおいて，それぞれ処分（原処分）の違法を審理することができるとすると，訴訟経済に反するのみならず，裁判所の判断に抵触が生じ得ることから，これを防ぐ点にある。

イ　誤　り。

本記述は，当該処分当時の科学技術水準に照らして行われるべきであるとしている点で，誤っている。

最判平4.10.29（百選Ⅰ77事件）。判例は，「原子炉施設の安全性に関する判断の適否が争われる原子炉設置許可処分の取消訴訟における裁判所の審理，判断は，……現在の科学技術水準に照らし，右調査審議〔注：原子力委員会若しくは原子炉安全専門審査会の専門技術的な調査審議〕において用いられた具体的審査基準に不合理な点があり，あるいは当該原子炉施設が右の具体的審査基準に適合するとした原子力委員会若しくは原子炉安全専門審査会の調査審議及び判断の過程に看過し難い過誤，欠落があり，被告行政庁の判断がこれに依拠してされたと認められる場合には，被告行政庁の右判断に不合理な点があるものとして，右判断に基づく原子炉設置許可処分は違法と解すべきである。」としている。一般的に取消訴訟の違法判断の基準時は処分時であるとされているが（最判昭27.1.25，百選Ⅱ193事件），原子炉の安全性については，現在の科学技術水準に照らして判断すべきとされている。

ウ　誤　り。

本記述は，尋問の結果について当事者の意見をきく必要はないとしている点で，誤っている。

行政事件訴訟法24条。裁判所は，必要があると認めるときは，職権で，証拠調べをすることができる。ただし，その証拠調べの結果について，当事者の意見をきかなければならない。その趣旨は，行政訴訟の結果は公益に影響する場合が多く，客観的真実を究明して審理・裁判の適正を図る要請が大きいことから，裁判所に職権で証拠を収集する権能を認める一方で，証拠調べに対する裁判所の専断を防ぎ，また当事者に対する不意打ちを防ぐために，当事者の意見をきくことを必要とする点にある。

エ　誤　り。

本記述は，処分の無効に関する主張立証責任を被告に負わせている点で，誤っている。

最判昭34.9.22（百選Ⅰ82事件）。判例は，原告が，無効原因の主張として，行政庁の「誤認が重大・明白であることを具体的事実……に基いて主張すべきであり，単に抽象的に処分に重大・明白な瑕疵があると主張したり，若しくは，処分の取消原因が当然に無効原因を構成するものと主張することだけでは足りない」

としている。判例の結論に賛成する学説は，その理由として，無効等確認の訴えは出訴期間が経過しても例外的に認められる訴訟であることからすると，このような例外的な救済事由は，原告が主張立証すべきであると考えられるということを挙げている。

【文献情報】宇賀Ⅱ P.133〜134，222〜223，260〜261，317。櫻井・橋本 P.297〜298，300，304〜305。リークエ P.104，253〜254，256〜257。中原 P.137〜138，255。

第20問	申請型義務付け訴訟	条文	肢別解答率							
			1	2	3	4	5	6	7	8
正解：〔No.47〕8		全　体	2%	3%	5%	8%	4%	5%	21%	52%
		合格者全体	0%	1%	3%	5%	1%	3%	20%	67%
		不合格者全体	5%	5%	10%	11%	7%	9%	22%	31%

【誤答行動分析】

本問の合格者の正答率が67%であるのに対して，不合格者の正答率は31%であり，その差は36%となっている。そして，不合格者は肢７を選択した比率が22%と高いことから，記述ウで差がついたと推測できる。

記述ウは，申請型義務付けの訴えにおける訴訟要件に関する問題である。義務付けの訴え（行政事件訴訟法３条６項）には，非申請型（同１号）と申請型（同２号）があることから，いずれの訴訟に該当するのか判断した上で検討する必要がある。申請型義務付けの訴えにおける訴訟要件は行政事件訴訟法37条の３に規定されている。したがって，損害の重大性，及び補充性の要件は課されておらず，条文知識により記述ウは誤りであると導くことができる。

ア　誤　り。

本記述は，申請型義務付けの訴えは，申請された処分をすべき旨を命ずることを求めるにつき法律上の利益を有する者も提起することができるとしている点で，誤っている。

行政事件訴訟法37条の３第２項。同条項は，申請型義務付けの訴えの原告適格について，「法令に基づく申請又は審査請求をした者に限り，提起することができる」と規定しており，申請された処分をすべき旨を命ずることを求めるにつき法律上の利益を有する者を挙げていない。

イ　誤　り。

本記述は，申請型義務付けの訴えは，申請拒否処分が無効である場合には，義務付けの訴えを単独で提起することができるとしている点で，誤っている。

行政事件訴訟法37条の３第３項２号。申請型義務付けの訴え（行政事件訴訟法３条６項２号，同37条の３第１項）は，不作為型と拒否処分型の２類型に分かれる。そして，訴訟要件として，行政事件訴訟法37条の３第３項は，不作為型については不作為の違法確認訴訟と併合提起すること（同１号），拒否処分型については取消訴訟又は無効等確認訴訟と併合提起すること（同２号）を要求している。このように併合提起を義務付けた趣旨は，義務付け判決をなし得るかの審理にはなお長期間を要すると見込まれるものの，不作為の違法確認判決又は取消判決もしくは無効等確認判決は直ちになし得る場合に，後者の併合提起したほうの判決をすることにより，その拘束力により紛争が迅速に解決されることを期待し得る場合があるという点にある。したがって，申請型義務付けの訴えは，申請拒否処分が無効である場合には，義務付けの訴えを単独で提起することはできない。

ウ　誤　り。　**!!!**

本記述は，申請型義務付けの訴えは，申請された処分がなされないことにより重大な損害を生ずるおそれがあり，かつ，その損害を避けるため他に適当な方法がないときに限り，提起することができるとしている点で，誤っている。

義務付けの訴え（行政事件訴訟法３条６項）には，非申請型（同１号）と申請型（同２号）がある。非申請型義務付け（37条の２第１項）とは異なり，申請型義務付けの訴えの場合，損害の重大性，及び補充性の要件は課されていない。

以上により，正しい組み合わせは「ア×　イ×　ウ×」であり，したがって，正解は肢８となる。

【文献情報】宇賀ⅡP.336～337。櫻井・橋本P.328～334。リークエP.271～277。中原P.386～390。

第21問	処分の執行停止及び仮の差止め	条文	肢別解答率							
			1	2	3	4	5	6	7	8
正解：〔No.48〕4		全　体	5%	43%	8%	29%	2%	9%	2%	3%
		合格者全体	4%	44%	5%	35%	1%	7%	1%	2%
		不合格者全体	6%	41%	12%	21%	3%	11%	3%	4%

ア　正しい。

行政事件訴訟法25条２項本文，37条の５第２項により，本記述は正しい。

処分の取消しの訴えの提起があった場合において，処分，処分の執行又は手続の続行により生ずる重大な損害を避けるため緊急の必要があるときは，裁判所は，申立てにより，決定をもって，処分の効力，処分の執行又は手続の続行の全部又は一部の停止（執行停止）をすることができる（行政事件訴訟法25条２項本文）。差止めの訴えの提起があった場合において，その差止めの訴えに係る処分又は裁決がされることにより生ずる償うことのできない損害を避けるため緊急の必要があり，かつ，本案について理由があるとみえるときは，裁判所は，申立てにより，決定をもって，仮に行政庁がその処分又は裁決をしてはならない旨を命ずること（仮の差止め）ができる（行政事件訴訟法37条の５第２項）。仮の差止めにおいて「償うことのできない損害を避けるため緊急の必要」が要件とされているのは，仮の差止めは，本案判決の前に，行政に対して具体的な処分をすべきではないことを裁判所が仮に命じるものであって，本案訴訟の結果と同じ目的を仮の裁判で実現することになるから，ある程度厳格な要件が必要であると考えられたからである。

イ　誤　り。　　★

本記述は，執行停止についても，本案について理由があるとみえるときでなければ，裁判所はその決定をすることができないとしている点で，誤っている。

執行停止については「本案について理由がないとみえる」ことが，消極要件として定められている（行政事件訴訟法25条４項）。これに対して，仮の差止めについては「本案について理由があるとみえる」ことが，積極要件として定められている（行政事件訴訟法37条の５第２項）。仮の義務付けにおいては，この要件を満たすことを申立人が疎明しなければならない点で，執行停止よりも要件が加重されているといえる。具体的な違いが出るのは，「本案に理由があるともないともいえない」という場合である。この場合には，執行停止の要件は満たされる一方で，仮の差止めの要件は満たされないことになる。

ウ　誤　り。

本記述は，仮の差止めは，あらかじめ当事者の意見をきかなくても，裁判所はその決定をすることができるとしている点で，誤っている。

執行停止の決定は口頭弁論を経ないですることができるが，あらかじめ当事者の意見をきかなければならない（行政事件訴訟法25条６項）。そして，この規定は，仮の差止めの決定にも準用されている（行政事件訴訟法37条の５第４項）。

以上により，正しい組合せは「ア○　イ×　ウ×」であり，したがって，正解は肢4となる。

【文献情報】宇賀Ⅱ P.289～293，360。櫻井・橋本 P.314～317，344～345。リークエ P.290～292，294～295。中原 P.361～362，399。

第22問	国家賠償	判例	肢別解答率							
			1	2	3	4	5	6	7	8
正解：〔№49〕6		全　体	1%	6%	1%	1%	4%	80%	1%	6%
		合格者全体	0%	5%	0%	1%	2%	89%	0%	3%
		不合格者全体	2%	8%	2%	3%	7%	66%	3%	9%

ア　誤　り。

本記述は，当該追跡が職務目的を遂行する上で必要なものであり，かつ，追跡の開始・継続及び追跡の方法が相当であったとしても，当該第三者に対する関係では違法なものとなるとしている点で，誤っている。

最判昭61.２.27（百選Ⅱ216事件）。判例は，「警察官がかかる目的のために交通法規等に違反して車両で逃走する者をパトカーで追跡する職務の執行中に，逃走車両の走行により第三者が損害を被つた場合において，右追跡行為が違法であるというためには，右追跡が当該職務目的を遂行する上で不必要であるか，又は逃走車両の逃走の態様及び道路交通状況等から予測される被害発生の具体的危険性の有無及び内容に照らし，追跡の開始・継続若しくは追跡の方法が不相当であることを要するものと解すべきである。」としている。判例の結論に賛成する学説は，その理由として，パトカーによる追跡行為は，法令上は警察官の職責として認められており，その結果，第三者に損害が生じることはやむを得ないともいえるが，たとえ正当な職務権限の行使であっても，第三者などに不必要な法益侵害が生じることはなるべく避けなければならないということを挙げている。

イ　正しい。

最判昭30.4.19（百選Ⅱ234事件）により，本記述は正しい。

判例は，「上告人等の損害賠償等を請求する訴について考えてみるに，右請求は，被上告人等の職務行為を理由とする国家賠償の請求と解すべきであるから，国または公共団体が賠償の責に任ずるのであつて，公務員が行政機関としての地位において賠償の責任を負うものではなく，また公務員個人もその責任を負うものではない。」としている。判例の結論に賛成する学説は，その理由として，国や公共団体が賠償責任を負うならば被害者の救済に欠けるところはなく，公務員個人に賠償責任を負わせる必要はないことや，公務員に個人に賠償責任を認めるとすると，公務員を萎縮させてしまい，公務の果断な執行をためらわせてしまう可能性があることなどを挙げている。

ウ　誤　り。

本記述は，当該裁判官が違法又は不当な目的をもって上記のような誤った裁判をした場合であっても，国の賠償責任を生ずることはないとしている点で，誤っている。

最判昭57.3.12（百選Ⅱ227事件）。判例は，「裁判官がした争訟の裁判に上訴等の訴訟法上の救済方法によつて是正されるべき瑕疵が存在したとしても，これによつて当然に国家賠償法１条１項の規定にいう違法な行為があつたものとして国の損害賠償責任の問題が生ずるわけのものではなく，右責任が肯定されるためには，当該裁判官が違法又は不当な目的をもつて裁判をしたなど，裁判官がその付与された権限の趣旨に明らかに背いてこれを行使したものと認めうるような特別の事情があることを必要とすると解するのが相当である。」としている。つまり，原則として，裁判の瑕疵は上訴・再審等の裁判制度の中で是正されるべきであり，国家賠償請求は例外的な場合に限って認められることとなる。

以上により，正しい組合せは「ア×　イ○　ウ×」であり，したがって，正解は肢6となる。

【文献情報】宇賀Ⅱ P.431，438～439，456～457。櫻井・橋本 P.361，365，369。リークエ P.318，321～322，342。中原 P.411，416～417。

第23問　不服申立て

正解：〔No.50〕2，〔No.51〕1，〔No.52〕2，〔No.53〕2

条文	肢別解答率							
	肢ア		肢イ		肢ウ		肢エ	
	1	2	1	2	1	2	1	2
全　体	66%	33%	70%	29%	14%	86%	51%	48%
合格者全体	64%	36%	72%	28%	9%	91%	43%	57%
不合格者全体	70%	29%	67%	32%	21%	78%	64%	35%

ア　誤　り。　★

本記述は，申請に対する不作為についての審査請求に理由があるときは，審査庁が不作為庁の上級行政庁である場合には，審査庁は当該不作為庁に対して申請された処分をすべき旨を命じなければならず，審査庁が不作為庁である場合には，審査庁は当該処分をしなければならないとしている点で，誤っている。

行政不服審査法49条３項。不作為についての審査請求が理由がある場合において，審査庁が当該申請に対して一定の処分をすべきものと認めるときは，不作為庁の上級行政庁である審査庁は，当該不作為庁に対し，当該処分をすべき旨を命じ，不作為庁である審査庁は当該処分をする。その趣旨は，争訟の一回的解決を図る点にある。ただ，「一定の処分をすべきものと認めるとき」でなければ，不作為庁に対して申請された処分をすべき旨を命じたり，あるいは当該処分をする必要はなく，審理の状況その他の事情を考慮して，不作為が違法又は不当である旨を宣言する（同条項柱書前段）にとどめることもできる。

イ　正しい。

行政不服審査法25条２項，６項により，本記述は正しい。

行政不服審査法25条２項。処分庁の上級行政庁又は処分庁である審査庁は，必要があると認める場合には，審査請求人の申立てにより又は職権で，処分の効力，処分の執行又は手続の続行の全部又は一部の停止その他の措置（以下「執行停止」という。）をとることができる。行政不服審査法25条６項。処分の効力の停止は，処分の効力の停止以外の措置によって目的を達することができるときは，することができない。その趣旨は，執行停止には，処分の効力の停止，処分の執行の停止，手続の続行の停止，その他の措置，という４つの方法があるところ，このうち処分の効力の停止は，処分のもつ法効果を停止してその後処分がなかったものと同じような効果を与える点で最も直接的な方法であるといえるから，それ以外の間接的な方法によって目的を達することができるのなら，あえて用いる必要はないと考えられた点にある。

ウ　誤　り。

本記述は，この命令が発せられない場合に当該申請に対してどのような処分をするかについては，裁決の内容にかかわらず処分庁の判断に委ねられるとしている点で，誤っている。

行政不服審査法52条２項。申請を却下し，又は棄却した処分が裁決で取り消された場合には，処分庁は，裁決の趣旨に従い，改めて申請に対する処分をしなければならない。その趣旨は，裁決の拘束力（同条１項）の具体的な帰結として，申請を却下し，又は棄却した処分が裁決で取り消された場合について，違法又は不当とされたのと同一の理由により同一の処分をすることを禁止する点にある。よって，処分庁の上級行政庁である審査庁から一定の処分をすべき旨の命令が発せられない場合においても，処分庁がどのような処分をするかについては，自由に判断を委ねられるわけではない。

エ　誤　り。　★

本記述は，審査請求人からの申立てがなくとも，速やかに審査請求書又は審査請求録取書を処分庁に送付しなければならないとしている点で，誤っている。

行政不服審査法55条１項本文。再調査の請求をすることができる処分につき，処分庁が誤って再調査の請求をすることができる旨を教示しなかった場合において，審査請求がされた場合であって，審査請求人から申立てがあったときは，審査庁は，速やかに，審査請求書又は審査請求録取書を処分庁に送付しなければならない。その趣旨は，処分庁が誤って教示をした場合について，それによる不利益が審査請求人に及ぶことを防止する点にある。ただ，同条が適用されるのは，「審査請求人から申立てがあった」場合に限られる。なぜならば，そもそも再調査の請求を選ぶか審査請求を選ぶかについては不服申立人の意思に任されているから，誤った教示がなされた場合において再調査の請求へ移行するかどうかについても，不服申立人の意思に任せるべきであると考えられるからである。

【文献情報】宇賀Ⅱ P.33～34，65，74～75。櫻井・橋本 P.231，239～240。リークエ P.204，212～214。中原 P.244，250～251。

第24問	行政組織法	学説	肢別解答率							
			1	2	3	4	5	6	7	8
正解：〔No.54〕2		全　体	1%	36%	1%	14%	1%	39%	0%	8%
		合格者全体	0%	42%	0%	10%	0%	43%	0%	5%
		不合格者全体	2%	27%	3%	20%	2%	33%	1%	12%

ア　正しい。　★

対等な行政機関間で権限について疑義が生じたときは，上級行政機関がこれを決することとされている。また，主任の大臣の間における権限についての疑義については，内閣法７条が「内閣総理大臣が，閣議にかけて，これを裁定する。」と規定している。したがって，本記述は正しい。

イ　正しい。

上級行政機関は，下級行政機関に対する指揮監督権を有する。ただ，上級行政機関が，下級行政機関の権限を当該下級行政機関に代わって自ら行使すること（代執行をすること）については，法律の特別の授権が必要であるとされている。なぜならば，下級行政機関の権限は法律上の権限であるところ，仮に上級行政機関がこれを代わって行使するとなると，それは下級行政機関の法律上の権限を奪うことにほかならないから，代執行をするためには，法律の特別の授権を必要とすべきだからである。したがって，本記述は正しい。

ウ　誤　り。

本記述は，法律の規定に基づいて権限の委任が行われた場合も，専決が行われた場合も，当該上級行政機関の当該下級行政機関に対する指揮監督関係は失われるとしている点で，誤っている。

法律の規定に基づいて権限の委任がなされた場合には，委任した行政機関から受任した行政機関に権限が移るので，委任した行政機関と受任した行政機関の間には指揮監督関係は生じない。もっとも，受任した行政機関が下級行政機関である場合には，委任関係が成立した後においても，委任した上級行政機関と受任した下級行政機関の間に指揮監督関係があることになる。また，専決は，行政内部の事実行為であり，法的には本来の権限を持つ行政庁の行為にすぎず，上級行政機関の下級行政機関に対する指揮監督関係には影響を及ぼさない。

以上により，正しい組合せは「ア○　イ○　ウ×」であり，したがって，正解は肢2となる。

【文献情報】宇賀Ⅲ P.46，51～53，63，103。櫻井・橋本 P.41～44。リークエ P.18～20。中原 P.70～71，74～75。

民　法

第１問	錯　誤	条文	肢別解答率				
			1	2	3	4	5
正解：〔No.1〕4		全　体	1%	14%	2%	46%	38%
		合格者全体	0%	9%	1%	51%	39%
		不合格者全体	2%	20%	4%	38%	36%

ア　誤　り。

本記述は，錯誤の重要性は，表意者を基準として判断されるとしている点で，誤っている。

民法95条１項柱書。意思表示は，次に掲げる錯誤に基づくものであって，その錯誤が法律行為の目的及び取引上の社会通念に照らして重要なものであるときは，取り消すことができる。よって，錯誤の重要性は，法律行為の目的及び取引上の社会通念に照らして判断される。

イ　誤　り。

本記述は，Ｂも，Ａの錯誤を理由としてＡの意思表示を取り消すことができるとしている点で，誤っている。

民法120条２項。錯誤，詐欺又は強迫によって取り消すことができる行為は，瑕疵ある意思表示をした者又はその代理人若しくは承継人に限り，取り消すことができる。その趣旨は，表意者の利益保護を図る点にある。よって，Ｂは，Ａの錯誤を理由としてＡの意思表示を取り消すことができない。

ウ　正しい。

民法121条の２第２項により，本記述は正しい。

民法121条の２第１項は，「無効な行為に基づく債務の履行として給付を受けた者は，相手方を原状に復させる義務を負う。」と規定し，同条２項は，「前項の規定にかかわらず，無効な無償行為に基づく債務の履行として給付を受けた者は，給付を受けた当時その行為が無効であること（給付を受けた後に前条の規定により初めから無効であったものとみなされた行為にあっては，給付を受けた当時その行為が取り消すことができるものであること）を知らなかったときは，その行為によって現に利益を受けている限度において，返還の義務を負う。」と規定している。その趣旨は，無償行為を取り消す場合，当事者の一方のみが返還義務を負うことから，利益の受領後の管理処分の結果として当事者間に不均衡が生じるおそれはない一方で，善意の受領者の管理処分について利益保護を図る必要がある点にある。

エ　正しい。

民法95条４項により，本記述は正しい。

民法95条１項〔注：錯誤〕の規定による意思表示の取消しは，善意でかつ過失がない第三者に対抗することができない。その趣旨は，錯誤による意思表示をした者は軽率であるとの非難を免れないところ，その意思表示に基づく法律関係を前提として利害関係を有するに至った善意無過失の第三者があるときは，その第三者を保護し，取引の安全を図る点にある。そして，かかる趣旨から，同条項の第三者は取消し前の第三者に限られると解される。よって，Ａは，その取消し前に利害関係を有するに至った善意無過失のＣに，その取消しを対抗することができない。

オ　誤　り。

本記述は，Ａは，ＢがＡに錯誤があることを知り，又は重大な過失によって知らなかったときを除いて，錯誤を理由としてその意思表示を取り消すことができないとしている点で，誤っている。

民法95条３項２号。民法95条３項柱書は，「錯誤が表意者の重大な過失によるものであった場合には，次に掲げる場合を除き，第１項の規定による意思表示の取消しをすることができない。」と規定し，同条項１号は，「相手方が表意者に錯誤があることを知り，又は重大な過失によって知らなかったとき。」，同条項２号は，「相手方が表意者と同一の錯誤に陥っていたとき。」と規定している。同条項２号の趣旨は，自らも表意者と同じ錯誤に陥っていた相手方は，表意者の錯誤を責めることができる立場になく，その信頼は保護するに値しないとする点にある。よって，Ａは，ＢがＡに錯誤があることを知り，又は重大な過失によって知らなかったときのみならず，ＢがＡと同一の錯誤に陥っていたときにも，錯誤を理由としてその意思表示を取り消すことができる。

以上により，正しい記述はウとエであり，したがって，正解は肢４となる。

【文献情報】佐久間１P.151～153，163～165，218～219，224。

第2問	消滅時効	条文	肢別解答率				
			1	2	3	4	5
正解：〔No.2〕3		全　体	5%	6%	60%	16%	13%
		合格者全体	3%	4%	69%	13%	11%
		不合格者全体	7%	11%	46%	21%	14%

ア　正しい。

民法166条1項1号により，本記述は正しい。

民法166条1項柱書は，「債権は，次に掲げる場合には，時効によって消滅する。」と規定し，同条項1号は，「債権者が権利を行使することができることを知った時から5年間行使しないとき。」と規定している。同号の趣旨は，現実に債権を行使できる状況になりながら行使しないことを根拠に，主観的起算点からの短期消滅時効を認める点にある。

イ　誤　り。

本記述は，詐欺を理由とする取消権は，その行為の時から5年間行使しない場合，時効によって消滅するとしている点で，誤っている。

民法126条。取消権は，追認をすることができる時から5年間行使しないときは，時効によって消滅する。行為の時から20年を経過したときも，同様とする。よって，詐欺を理由とする取消権は，追認をすることができる時から5年間行使しないとき，又は行為の時から20年を経過したときは，時効によって消滅する。

ウ　正しい。

民法724条2号により，本記述は正しい。

民法724条柱書は，「不法行為による損害賠償の請求権は，次に掲げる場合には，時効によって消滅する。」と規定し，同条2号は，「不法行為の時から20年間行使しないとき。」と規定している。その趣旨は，客観的起算点からの消滅時効期間を20年間という長期にすることで，被害者の保護を図る点にある。

エ　誤　り。

本記述は，時効期間は，短い時効期間の定めによるとしている点で，誤っている。

民法169条1項。確定判決又は確定判決と同一の効力を有するものによって確定した権利については，10年より短い時効期間の定めがあるものであっても，その時効期間は，10年とする。その趣旨は，確定判決があれば，10年より短い消滅時効を定める理由の大半は消滅するから，一律に10年の消滅時効とする点にある。

オ　正しい。

民法168条１項１号により，本記述は正しい。

民法168条１項柱書は，「定期金の債権は，次に掲げる場合には，時効によって消滅する。」と規定し，同条項１号は，「債権者が定期金の債権から生ずる金銭その他の物の給付を目的とする各債権を行使することができることを知った時から10年間行使しないとき。」と規定している。その趣旨は，定期金の債権は各期に支払う個々の債権を生み出す基本の債権であることから，これによって発生する個々の債権とは異なった規律をする点にある。

以上により，誤っている記述はイとエであり，したがって，正解は肢３となる。

【文献情報】佐久間１P.228，409～410，415～416。

第３問	登　記	判例	肢別解答率				
			1	2	3	4	5
正解：〔No.３〕３		全　体	4%	3%	85%	5%	4%
		合格者全体	1%	0%	94%	3%	1%
		不合格者全体	8%	6%	71%	8%	8%

予備独自問

ア　正しい。

最判平6.2.8（百選Ⅰ51事件）により，本記述は正しい。

判例は，本記述と類似する事案において，「他人の土地上の建物の所有権を取得した者が自らの意思に基づいて所有権取得の登記を経由した場合には，たとい建物を他に譲渡したとしても，引き続き右登記名義を保有する限り，土地所有者に対し，右譲渡による建物所有権の喪失を主張して建物収去・土地明渡しの義務を免れることはできない」としている。その理由として，判例は，「建物は土地を離れては存立し得ず，建物の所有は必然的に土地の占有を伴うものであるから，土地所有者としては，地上建物の所有権の帰属につき重大な利害関係を有するのであって，土地所有者が建物譲渡人に対して所有権に基づき建物収去・土地明渡しを請求する場合の両者の関係は，土地所有者が地上建物の譲渡による所有権の喪失を否定してその帰属を争う点で，あたかも建物についての物権変動における対抗関係にも似た関係というべく，建物所有者は，自らの意思に基づいて自己所有の登記を経由し，これを保有する以上，右土地所有者との関係においては，建物所有権の喪失を主張できない」ということを挙げている。

イ　誤　り。

本記述は，Ｂは，甲土地の賃貸借をＤに対抗することができるとしている点で，誤っている。

最判昭41.4.27（百選Ⅱ58事件）。判例は，本記述と類似する事案において，「地上建物を所有する賃借権者は，自己の名義で登記した建物を有することにより，始めて右賃借権を第三者に対抗し得るものと解すべく，地上建物を所有する賃借権者が，自らの意思に基づき，他人名義で建物の保存登記をしたような場合には，当該賃借権者はその賃借権を第三者に対抗することはできない」としている。その理由として，判例は，「他人名義の建物の登記によっては，自己の建物の所有権さえ第三者に対抗できないものであり，自己の建物の所有権を対抗し得る登記あることを前提として，これを以つて賃借権の登記に代えんとする建物保護法１条の法意に照し，かかる場合は，同法の保護を受けるに値しない」ということを挙げている。よって，本記述において，Ｂは，甲土地の賃借権をＤに対抗することができない。

ウ　正しい。

大判大13.3.17により，本記述は正しい。

判例は，本記述と類似する事案において，要役地の移転について登記があれば，とくに地役権移転の登記がなくても地役権の移転を第三者に対抗できるとしている。判例の結論に賛成する学説は，その理由として，要役地の所有権が移転するときは，要役地のために設定された地役権もともに移転する（地役権の随伴性，民法281条１項本文）ということを挙げている。

エ　誤　り。

本記述は，Ａは，Ｂに対し，当然に賃借権の設定登記を請求することができるとしている点で，誤っている。

大判大10.7.11。判例は，特約がない限り，賃借人の登記請求権を否定している。賃借権を債権契約とするわが国の民法のもとにおいては，判例・通説は，賃借人の登記請求権を否定する見解で一致している。よって，本記述において，Ａは，Ｂに対し，当然に賃借権の設定登記を請求することができない。

オ　正しい。

大判大8.10.8により，本記述は正しい。

判例は，本記述と類似する事案において，先順位の抵当権が消滅した場合に，後順位の抵当権者に，消滅した先順位の抵当権登記の抹消請求を認めている。判例の結論に賛成する学説は，その理由として，消滅した先順位の抵当権登記の存在が，後順位抵当権者に対する抵当権の侵害にあたることから，侵害の排除の請求を認め，後順位抵当権者の保護を図る必要があるということを挙げている。

以上により，誤っている記述はイとエであり，したがって，正解は肢3となる。

【文献情報】佐久間2 P.239，248，308～310。

第4問	即時取得	判例	肢別解答率				
			1	2	3	4	5
正解：〔No.4〕1		全　体	81%	6%	6%	4%	3%
		合格者全体	91%	2%	3%	2%	1%
		不合格者全体	65%	12%	11%	6%	6%

【誤答行動分析】

本問の合格者の正答率は91%であるのに対して，不合格者の正答率は65%であり，その差は26%となっている。他方，不正解肢2を選択した者は，合格者は2%にとどまるのに対し不合格者は12%である。また，不正解肢3を選択した者は，合格者は3%にとどまるのに対し不合格者は11%にである。

誤っている記述を答えるべきところ，不正解肢2及び3に含まれる正しい記述はイとエである。記述イは，民法121条という条文知識により，遡及的に「取引行為」（民法192条）が無効となることから正しい記述であると導ける。また，記述エは，判例知識により正誤の判定が可能である。仮に，当該判例について知らずとも，民法192条の趣旨が動産取引の安全を保護することであることから，取引行為が存在しない記述エにおいては，即時取得が認められないことが導けるであろう。

以上から，条文という基本的な知識を身につけておくことが重要である。

ア　誤　り。

本記述は，Cは，即時取得により宝石の所有権を取得することはないとしている点で，誤っている。

民法192条，121条参照。取引行為によって，平穏に，かつ，公然と動産の占有を始めた者は，善意であり，かつ，過失がないときは，即時にその動産について行使する権利を取得する（民法192条)。即時取得は，占有という動産に関する権利の外形に対する信頼を保護し，無権利の動産占有者と取引した者に権利取得を認める制度である。そして，取り消された行為は，初めから無効であったものとみなされるため（民法121条)，Ａが，ＡＢ間の売買契約をＢの強迫を理由として取り消したことにより，Ｂは宝石について遡って無権利者となる。よって，無権利者Ｂから宝石を購入して現実の引渡しを受けているから，Ｃは，即時取得により宝石の所有権を取得することができることがある。

イ　正しい。　!!!

民法192条参照により，本記述は正しい。

取引行為によって，平穏に，かつ，公然と動産の占有を始めた者は，善意であり，かつ，過失がないときは，即時にその動産について行使する権利を取得する。そして,「取引行為」は有効であることが必要である。即時取得制度は，占有という動産に関する権利の外形を信じて取引した者を，前主に権利があった場合と同様の地位におくものであるが，取引行為が無効である場合には，前主が権利を有していたとしても，取引者は権利を取得することができないからである。よって，ＡがＡＢ間の売買契約をＡが未成年であることを理由として取り消した場合，Ｂが宝石を取得した取引行為は遡及的に無効となる（民法121条）から，Ｂが即時取得により宝石の所有権を取得することはない。

ウ　誤　り。

本記述は，Ｄは，宝石がＡ所有であると信じ，かつ，そのことに過失がなかったとしても，即時取得により宝石の所有権を取得することはないとしている点で，誤っている。

最判昭57.９.７。判例は,「指図による占有移転を受けることによつて民法192条にいう占有を取得したものである」としている。判例の結論に賛成する学説は，その理由として，指図による占有移転は，譲渡当事者以外の第三者を巻き込んで占有移転がなされており，第三者の占有を通じて譲渡が公示されることによって，占有状態の外観に生ずる変更があるということを挙げている。本記述において，Ａは，Ｂ所有の宝石をＢから賃借して引渡しを受けた上，宝石をＣに預けていたが，宝石をＤに売却し，Ｃに対し，宝石を今後Ｄのために占有するよう命じ，Ｄがこれを承諾したところ，宝石について処分権限を有しないＡからＤに対し指図による占有移転がなされている（民法184条)。よって，Ｄは，宝石がＡ所有であると信じ，かつ，そのことに過失がなかった場合，即時取得により宝石の所有権を取得することができる。

エ　正しい。　**!!!**

大判昭7.5.18により，本記述は正しい。

判例は，他人の所有する樹木を自己所有と誤信して伐採した事案において，即時取得は成立しないとしている。判例の結論に賛成する学説は，その理由として，即時取得は取引安全を保護するための制度であるから，即時取得が成立するためには，「取引行為によって」占有が取得されたことを要するということを挙げている。よって，Aは，Bが置き忘れた宝石を，自己所有物だと過失なく信じて持ち帰った行為は「取引行為」に当たらないから，Aが即時取得により宝石の所有権を取得することはない。

オ　正しい。

民法193条により，本記述は正しい。

前条〔注：民法192条（即時取得)〕の場合において，占有物が盗品又は遺失物であるときは，被害者又は遺失者は，盗難又は遺失の時から2年間，占有者に対してその物の回復を請求することができる。そして，「被害者又は遺失者」には，所有者に限られず，借主や受寄者も含まれる（大判大10.7.8，大判昭4.12.11)。よって，借主であるBは，宝石の盗難時から2年間は，Dに宝石の回復を請求することができる。

以上により，誤っている記述はアとウであり，したがって，正解は肢1となる。

【文献情報】佐久間1 P.224，2 P.144～152，156。

第5問	抵当権の消滅	条文	肢別解答率				
			1	2	3	4	5
正解：〔No.5〕3		全　体	4%	4%	45%	38%	9%
		合格者全体	2%	2%	53%	33%	9%
		不合格者全体	7%	6%	33%	44%	10%

ア　誤り。

本記述は，被担保債権が消滅していなくても，抵当権が時効により消滅したと主張することができるとしている点で，誤っている。

民法396条。抵当権は，債務者及び抵当権設定者に対しては，その担保する債権と同時でなければ，時効によって消滅しない。その趣旨は，債務者や抵当権を設定した者が，被担保債権の存在にもかかわらず，抵当権の消滅を主張することは認めるべきではない点にある。よって，Bの債務者かつ不動産甲の抵当権設定者であるAは，抵当権を実行することができる時から20年が経過しても，被担保債権が消滅していない場合は，抵当権が時効により消滅したと主張することはできない。

イ　正しい。

民法179条1項ただし書により，本記述は正しい。

同一物について所有権及び他の物権が同一人に帰属したときは，当該他の物権は，消滅する。ただし，その物又は当該他の物権が第三者の権利の目的であるときは，この限りでない。その趣旨は，混同による物権の消滅は，その物権を存続させることが無意味になったことを理由とするため，物権を存続させる意味があるときには例外を認めた点にある。本記述では，不動産甲が後順位抵当権者Cの権利の目的になっており，Bが不動産甲の所有権を取得したことで，混同によりBの抵当権が消滅すると，Bの権利が害されるから，抵当権を存続させることに意味がある。よって，Bの抵当権は消滅しない。

ウ　正しい。

民事執行法59条1項により，本記述は正しい。

不動産の上に存する先取特権，使用及び収益をしない旨の定めのある質権並びに抵当権は，売却により消滅する。これは，消除主義（原則として不動産上の権利は全て売却により消滅し，買受人は不動産上の負担を引き受けず，負担のない不動産の取得が可能となる制度）を定めたものであり，その趣旨は，高価な売却を可能とし，買受人の地位を安定化させ，執行手続の信頼を確保する点にある。これにより，強制競売手続において売却されたときは，抵当権は消滅する。そして，抵当権者自身による担保不動産競売のときに限らず，他の抵当権者あるいは一般債権者等による競売のときも，抵当権は消滅する。

エ　誤　り。

本記述は，Aから譲渡担保権の設定を受けたDは，譲渡担保権の実行前であっても，抵当権消滅請求をすることにより，Bの抵当権を消滅させることができるとしている点で，誤っている。

民法379条，381条，最判平7.11.10参照。抵当不動産の第三取得者は，民法383条の定めるところにより，抵当権消滅請求をすることができるが（民法379条），抵当不動産の停止条件付第三取得者は，その停止条件の成否が未定である間は，抵当権消滅請求をすることができない（民法381条）。また，滌除の判例であるが，「譲渡担保権者は，担保権を実行して確定的に抵当不動産の所有権を取得しない限り，民法378条〔注：削除〕所定の滌除権者たる第三取得者には該当せず，抵当権を滌除することができない」とし，譲渡担保権者も請求を認めるべきではないとしている。その理由として，判例は，「担保権を実行して右の清算手続を完了するに至らない譲渡担保権者は，いまだ確定的に目的不動産の所有権を取得した者ではな」いということを挙げている。よって，Aから譲渡担保権の設定を受けたDは，譲渡担保権の実行前に，抵当権消滅請求をすることにより，Bの抵当権を消滅させることはできない。

オ　誤　り。

本記述は，Bの抵当権は消滅しないとしている点で，誤っている。

抵当目的物が消滅した場合には，抵当権は消滅する。目的物の消滅について抵当権設定者等による故意・過失は問わない。したがって，Aが故意に甲を焼失させたときであっても，Bの抵当権は消滅する。

以上により，正しい記述はイとウであり，したがって，正解は肢３となる。

【文献情報】内田ⅢP.543～545，569～570。佐久間２P.31～32。松井P.66，115。

第６問	譲渡担保	判例	肢別解答率				
			1	2	3	4	5
正解：〔No.６〕４		全　体	3%	2%	3%	66%	26%
		合格者全体	2%	1%	2%	77%	19%
		不合格者全体	6%	3%	6%	50%	36%

【誤答行動分析】

本問の合格者の正答率は77%であるのに対して，不合格者の正答率は50%であり，その差は27%となっている。不合格者は，肢５を選択している比率が36%と高いことから，記述オが正しいことを前提に，記述イとウで正誤の判断が分かれたものと推測できる。

記述イ・ウともに，判例についての理解を問うものである。また，同様の問題が，過去に司法試験において出題されている。過去問にもしっかりと取り組むことが重要であろう。

ア　誤　り。

本記述は，債務者は，債務の弁済期が経過した後は，債権者が担保権の実行を完了する前であっても，債務の全額を弁済して目的物を受け戻すことはできないとしている点で，誤っている。

最判昭57.1.22。判例は，債務者は，「債務の弁済期の到来後も，債権者による換価処分が完結するに至るまでは，債務を弁済して目的物を取り戻すことができる」としている。よって，債務者は，債務の弁済期が経過した後であっても，債権者が担保権の実行を完了する前は，債務の全額を弁済して目的物を受け戻すことができる。

イ　正しい。　**!!!**

最判平6.9.8により，本記述は正しい。

判例は，「債務の弁済と譲渡担保の目的物の返還とは，前者が後者に対し先履行の関係にあり，同時履行の関係に立つものではない」としている。判例の結論に賛成する学説は，その理由として，担保物権は，特定の債権を担保するためのものであるから，被担保債権が消滅すれば，それに付従して消滅し，被担保債権の弁済と抵当権設定登記の抹消とは同時履行の関係に立たないという抵当権の場合と同様に考えることができるということを挙げている。

ウ　誤　り。　**!!!**

本記述は，Aが営業を継続しているか否かにかかわらず，Bは，当該保険金請求権に対して物上代位権を行使することができるとしている点で，誤っている。

最判平22.12.2。判例は，「譲渡担保権設定者が通常の営業を継続している場合には，目的動産の滅失により上記請求権〔注：保険金請求権〕が発生したとしても，これに対して直ちに物上代位権を行使することができる旨が合意されているなどの特段の事情がない限り，譲渡担保権者が当該請求権に対して物上代位権を行使することは許されない」としている。その理由として，判例は，「構成部分の変動する集合動産を目的とする集合物譲渡担保契約は，譲渡担保権設定者が目的動産を販売して営業を継続することを前提とするものである」ということを挙げている。よって，Aが営業を継続している場合には，Bは，当該保険金請求権に対して物上代位権を行使することができない。

エ　誤　り。

本記述は，その効力が土地の賃借権に及ぶことはないとしている点で，誤っている。

最判昭51.9.21。判例は，「債務者である土地の賃借人がその賃借地上に所有する建物を譲渡担保とした場合には，その建物のみを担保の目的に供したことが明らかであるなど特別の事情がない限り，右譲渡担保権の効力は，原則として土地の賃借権に及」ぶとしている。判例の結論に賛成する学説は，その理由として，譲渡担保権の効力は，譲渡担保設定時にすでに存在する従物，及び設定との前後を問わず目的物に付合した物に及ぶところ（民法87条２項，243条），従たる権利については従物と同様に考えるということを挙げている。よって，土地の賃借人が借地上に所有する建物に譲渡担保権を設定した場合，その建物のみを担保の目的に供したことが明らかであるなど特別の事情がない限り，譲渡担保権の効力は，原則として土地の賃借権に及ぶ。

オ　正しい。

最判昭61.7.15により，本記述は正しい。

判例は，「譲渡担保権によつて担保されるべき債権の範囲については，強行法規又は公序良俗に反しない限り，その設定契約の当事者間において自由にこれを定めることができ」るとしている。判例の結論に賛成する学説は，その理由として，譲渡担保権は，抵当権と異なり，元本，利息，遅延損害金の全額について公示がないことから，第三者の信頼の問題が起こりえず，民法375条，398条の３に準ずる制約を受けないということを挙げている。

以上により，正しい記述はイとオであり，したがって，正解は肢４となる。

【文献情報】内田ⅢP.610，616～617，629～630，642。松井P.194～195，199～200，211，217。

第７問	詐害行為取消権	条文	肢別解答率				
			1	2	3	4	5
正解：〔№７〕５		全　体	2%	2%	27%	40%	29%
		合格者全体	1%	1%	27%	37%	34%
		不合格者全体	3%	3%	27%	44%	22%

ア　誤　り。

本記述は，Ａを被告としなければならないとしている点で，誤っている。

民法424条の７第１項。民法424条の７第１項柱書は，「詐害行為取消請求に係る訴えについては，次の各号に掲げる区分に応じ，それぞれ当該各号に定める者を被告とする。」と規定し，同条項各号は，被告適格について，受益者に対する詐害行為取消請求に係る訴えの場合は「受益者」（同１号），転得者に対する詐害行為取消請求に係る訴えの場合は「その詐害行為取消請求の相手方である転得者」（同２号）と規定している。そして，この反対解釈として，債務者には被告適格はない。その趣旨は，債務者も必ず被告にしなければならないとすると，債務者の行方不明などによって円滑な訴訟進行が害されるおそれがあり，また，債務者は詐害行為取消訴訟の帰趨に関心を失っていることが多いため，被告にする必要性も実益も乏しいという点にある。よって，Ｃが詐害行為取消訴訟を提起する場合，Ａを被告とする必要はない。

イ　誤　り。

本記述は，Ｃは，Ｄに対し，ＢＤ間の甲の売買の取消しを請求することができるとしている点で，誤っている。

民法424条の６第２項前段。債権者は，転得者に対する詐害行為取消請求において，債務者がした行為の取消しとともに，転得者が転得した財産の返還を請求することができる。つまり，詐害行為取消請求の目的となるのは，①債務者の行った詐害行為の取消し及び②逸出財産の取戻しであり，受益者・転得者間で行われた行為については詐害行為取消請求の目的とはならない。よって，Ｃは，Ｄに対する詐害行為取消請求において，ＡＢ間の贈与契約の取消しとともに，Ｄが転得した骨董品甲の返還を請求することはできるが，ＢＤ間の甲の売買の取消しを請求することはできない。

ウ　正しい。

民法424条の６第１項により，本記述は正しい。

債権者は，受益者に対する詐害行為取消請求において，債務者がした行為の取消しとともに，その行為によって受益者に移転した財産の返還を請求することができる。受益者がその財産の返還をすることが困難であるときは，債権者は，その価額の償還を請求することができる。よって，Ｃは，Ｂに対する詐害行為取消請求において，ＡＢ間の贈与契約を取り消すとともに，Ｂに対し，骨董品甲の価額の償還を請求することができる。

エ　正しい。

民法425条により，本記述は正しい。

詐害行為取消請求を認容する確定判決は，債務者及びその全ての債権者に対してもその効力を有する。全ての債権者に及ぶとすることは，詐害行為取消しの制度趣旨が，全ての債権者の共同担保としての責任財産を保全する点にあることから導かれる。よって，Ｃによる詐害行為取消請求を認容する確定判決の効力は，債務者Ａの全ての債権者に対してもその効力を有する。

オ　誤　り。　★

本記述は，ＣのＤに対する詐害行為取消請求を認容する判決が確定したときは，Ｄは，Ｂに対し，代金の返還を請求することができるとしている点で，誤っている。

転得者を被告として詐害行為が取り消された場合，その効力は，前主たる受益者や中間転得者には及ばない（民法425条反対解釈）ため，転得者は，前主たる受益者に対して反対給付等の返還請求をすることはできない。よって，本記述において，Dは，Bに対し，代金の返還を請求することができない。なお，本記述のような場合，転得者が対価の回復を得られずに目的物を失うのは不当であることから，民法425条の4は，一定の要件のもとで，転得者の債務者に対する反対給付等の返還請求を認めている。もっとも，本記述では，AB間の贈与が取り消されることになる（肢イ解説参照）ところ，BはAから無償で骨董品甲を取得している以上，BのAに対する反対給付の返還請求権（民法425条の2）は生じないため，民法425条の4第1号の要件を充たさない。よって，Dは，Aに対しても何ら請求をすることができない。

以上により，正しい記述はウとエであり，したがって，正解は肢5となる。

【文献情報】内田ⅢP.379～380，391～393。潮見（債総）P.233，256，263，271～273。

第8問	連帯債務	条文	肢別解答率				
			1	2	3	4	5
正解：〔No.8〕4		全　体	7%	16%	7%	61%	9%
		合格者全体	5%	11%	4%	75%	6%
		不合格者全体	11%	24%	11%	40%	13%

【誤答行動分析】

本問の合格者の正答率は75%であるのに対して，不合格者の正答率は40%であり，その差は35%となっている。不合格者は，肢2を選択した比率が24%と比較的高いが，他の肢を選んだ者も11%～13%ずついることから，記述ウとオが正しいと判断できなかったことがこのような差を生んだと推測できる。

記述ウは民法439条2項について，記述オは民法443条1項についての理解を問うものである。学習の際には，手間を惜しまず逐一条文に当たることが必要であるといえよう。

ア　誤　り。　**!!!**

本記述は，甲債務の消滅時効は，Bについても判決確定の時から新たにその進行を始めるとしている点で，誤っている。

民法441条。民法438条〔注：更改〕，439条1項〔注：相殺等〕及び前条〔注：混同〕に規定する場合を除き，連帯債務者の一人について生じた事由は，他の連帯債務者に対してその効力を生じない。ただし，債権者及び他の連帯債務者の一人が別段の意思を表示したときは，当該他の連帯債務者に対する効力は，その意思に従う。本記述において，ＤはＡに対して甲債務の支払請求訴訟を提起し，請求を認容する判決が確定しており，これにより，時効が更新される（民法147条１項１号，２項）。Ａについて生じた時効の更新は，相対的効力事由であるから，他の連帯債務者であるＢに対してその効力を生じない。また，Ｄ及び他の債務者たるＢが別段の意思を表示しておらず，民法441条ただし書の適用もない。

イ　誤り。

本記述は，Ｄは，Ａに対して60万円の請求をすることはできないとしている点で，誤っている。

民法441条。民法438条〔注：更改〕，439条１項〔注：相殺等〕及び前条〔注：混同〕に規定する場合を除き，連帯債務者の一人について生じた事由は，他の連帯債務者に対してその効力を生じない。ただし，債権者及び他の連帯債務者の一人が別段の意思を表示したときは，当該他の連帯債務者に対する効力は，その意思に従う。同条本文によれば，免除は相対的効力事由であるから，ＤによるＣの債務を免除する意思表示は，他の連帯債務者に対して効力を生じない。また，本記述では，Ｄ及び他の債務者たるＡが別段の意思を表示しておらず，民法441条ただし書の適用もない。よって，本記述において，Ｄは，Ａに対して60万円の支払を請求することができる。なお，全ての連帯債務者の債務を免除する意思で，債権者が一人の債務者に免除の意思表示をする場合には，全員に対する免除が認められるとされている（最判平10.9.10，百選Ⅱ21事件）が，本記述においてＤは，Ａの債務を免除する意思を有していないため，この点からもＡに対して60万円の支払を請求することができる。

ウ　正しい。　**!!!**

民法439条２項により，本記述は正しい。

民法439条１項は，「連帯債務者の一人が債権者に対して債権を有する場合において，その連帯債務者が相殺を援用したときは，債権は，全ての連帯債務者の利益のために消滅する。」と規定し，同条２項は，「前項の債権を有する連帯債務者が相殺を援用しない間は，その連帯債務者の負担部分の限度において，他の連帯債務者は，債権者に対して債務の履行を拒むことができる。」と規定している。本記述では，ＤがＣに対し甲債務と相殺適状にある30万円の乙債務を負担しており，Ｃが相殺を援用していないので，他の連帯債務者であるＡは，Ｃの負担部分である20万円の限度で支払を拒むことができる。

エ　誤　り。

本記述は，Ｂは，Ａ及びＣに求償することができないとしている点で，誤っている。

民法442条１項。連帯債務者の一人が弁済をし，その他自己の財産をもって共同の免責を得たときは，その連帯債務者は，その免責を得た額が自己の負担部分を超えるかどうかにかかわらず，他の連帯債務者に対し，その免責を得るために支出した財産の額（その財産の額が共同の免責を得た額を超える場合にあっては，その免責を得た額）のうち各自の負担部分に応じた額の求償権を有する。自己の負担部分を超えなくても求償を認めた趣旨は，債務者間の公平を図るとともに，連帯債務の弁済の促進を図るという点にある。本記述では，ＢがＤに対して18万円を支払っていることから，Ｂは各自の負担部分に応じた６万円ずつをＡ及びＣに対し求償することができる。

オ　正しい。　**!!!**

民法443条１項により，本記述は正しい。

他の連帯債務者があることを知りながら，連帯債務者の一人が共同の免責を得ることを他の連帯債務者に通知しないで弁済をし，その他自己の財産をもって共同の免責を得た場合において，他の連帯債務者は，債権者に対抗することができる事由を有していたときは，その負担部分について，その事由をもってその免責を得た連帯債務者に対抗することができる。この場合において，相殺をもってその免責を得た連帯債務者に対抗したときは，その連帯債務者は，債権者に対し，相殺によって消滅すべきであった債務の履行を請求することができる。本記述では，ＡはＣが連帯債務者であることを知りながら，Ｃに通知せずＤに弁済して共同の免責を得ている。ＣはＤに対して甲債務と相殺適状にある乙債権を有しており，相殺によってＤに対抗できるところ，同項前段により，かかる事由はＡに対しても対抗することができる。よって，共同の免責を得たＡは，同項後段に基づき，債権者であるＤに対し，相殺によって消滅すべきであった20万円を支払うよう請求することができる。

以上により，正しい記述はウとオであり，したがって，正解は肢４となる。

【文献情報】内田Ⅲ P.462～469。潮見（債総）P.575～579，582～583，585～587。

第9問	金銭債権についての譲渡制限の意思表示	条文	肢別解答率				
			1	2	3	4	5
正解：〔No.9〕2		全　体	4%	57%	4%	30%	4%
		合格者全体	1%	69%	3%	23%	4%
		不合格者全体	7%	41%	7%	40%	5%

予備独自問

【誤答行動分析】

本問の合格者の正答率は69%であるのに対して，不合格者の正答率は41%であり，その差は28%となっている。不合格者は，肢４を選択している比率が40%と高いことから，記述ウが正しいことを前提に，記述アとオで正誤の判断が分かれたものと推測できる。

記述アは民法466条２項について，記述オは民法466条の３についての理解を問うものである。該当条文は，それぞれ改正・新設された条文であることから受験生にとって馴染みが薄いかもしれないが，近年改正・新設された条文についても一読し，内容を把握しておきたい。

ア　誤　り。　**!!!**

本記述は，当該債権の譲渡は譲渡の時に遡って有効となるとしている点で，誤っている。

民法466条２項。当事者が債権の譲渡を禁止し，又は制限する旨の意思表示をしたときであっても，債権の譲渡は，その効力を妨げられない。同条項は，債権は自由に譲渡することができるとの原則を重視し，譲渡制限特約付き債権の譲渡も有効であるとの立場をとっている。よって，債務者の承諾があるとないとにかかわらず，譲渡制限の意思表示がされた債権の譲渡は初めから有効である。

イ　正しい。

民法466条の４第１項，466条３項により，本記述は正しい。

譲渡制限の意思表示（譲渡制限特約）がされた債権に対する強制執行がなされたときは，466条３項が適用されず，債務者は，当該債権に対して強制執行をした差押債権者に対して，当該譲渡制限特約を対抗することができない。その趣旨は，私人間の合意により差押禁止財産を作ることを防止し，差押債権者に，その主観的態様（善意・悪意）にかかわらず差押命令及び転付命令を取得させる点にある。

ウ　誤　り。

本記述は，譲渡制限の意思表示がされていることを知りながら債権を譲り受けた譲受人は，債務者が譲受人に対して任意に弁済をしようとしても，これを直接受けることができないとしている点で，誤っている。

民法466条２項，３項参照。民法466条２項により，譲渡制限の意思表示がされた債権の譲渡も有効である。そして，民法466条３項は，債務者が債務の履行を拒むことができることを規定するのみであり，債務者から譲受人に対して任意に弁済することはできる。

エ　正しい。

民法466条の２第１項により，本記述は正しい。

債務者は，譲渡制限の意思表示がされた金銭の給付を目的とする債権が譲渡されたときは，その債権の全額に相当する金銭を債務の履行地（債務の履行地が債権者の現在の住所により定まる場合にあっては，譲渡人の現在の住所を含む。次条において同じ。）の供託所に供託することができる。その趣旨は，譲受人の主観面に関する判断のリスクを債務者に負わせることがないよう，譲渡制限の意思表示がされた債権が譲渡された場合について，譲受人が善意か悪意か，重過失があるかどうかにかかわらず，債務者にその譲渡された金銭債権の全額に相当する金銭を債務の履行地の供託所に供託できる権利を与え，債務者を保護する点にある。

オ　正しい。　**!!!**

民法466条の３により，本記述は正しい。

譲渡制限特約付債権が譲渡された場合，譲渡人に破産手続開始決定があったときは，当該債権の全額の譲受人が第三者対抗要件を具備すれば，譲渡制限特約の存在についての善意・悪意や重過失の有無にかかわらず，債務者に対して，当該債権の全額を供託させることができる（466条の３前段）。この場合，供託をした債務者は，遅滞なく，譲渡人及び譲受人に供託の通知をしなければならず，譲受人のみが還付請求できる（466条の３後段・466条の２第２項，３項）。その趣旨は，譲渡制限の意思表示がされた債権が譲渡された場合について，譲受人に供託請求権を認め，譲受人のみが供託金の還付を請求することができるとすることにより，譲受人が破産手続外での債権全額の回収を受けることを可能にする点にある。

以上により，誤っている記述はアとウであり，したがって，正解は肢２となる。

【文献情報】潮見（債総）P.476～477，482～484。

第10問	契約の解除	条文	肢別解答率				
			1	2	3	4	5
正解：〔No.10〕3		全　体	16%	5%	61%	6%	12%
		合格者全体	12%	2%	73%	4%	9%
		不合格者全体	22%	9%	44%	10%	15%

予備独自問

【誤答行動分析】

本問の合格者の正答率は73%であるのに対して，不合格者の正答率は44%であり，その差は29%となっている。不合格者は，肢１を選択している比率が22%と高いことから，記述アとエで正誤の判断が分かれたものと推測できる。

記述アは民法547条，記述エは548条但書という条文知識により，正誤の判定が可能といえる。学習の際には，手間を惜しまず逐一条文に当たることが必要であるといえよう。

ア　正しい。　**!!!**

民法547条により，本記述は正しい。

解除権の行使について期間の定めがないときは，相手方は，解除権を有する者に対し，相当の期間を定めて，その期間内に解除をするかどうかを確答すべき旨の催告をすることができる。この場合において，その期間内に解除の通知を受けないときは，解除権は，消滅する。その趣旨は，解除権者の相手方は，解除されるかどうか不安定な状況に置かれるため，このような相手方を保護する点にある。

イ　誤　り。

本記述は，債務者が履行をしないでその時期を経過したときは，契約の解除がされたものとみなされ，当該債務は当然に消滅するとしている点で，誤っている。

民法542条１項４号，540条１項。民法542条１項柱書は，「次に掲げる場合には，債権者は，前条の催告をすることなく，直ちに契約の解除をすることができる。」と規定し，同条項４号は，「契約の性質又は当事者の意思表示により，特定の日時又は一定の期間内に履行をしなければ契約をした目的を達することができない場合において，債務者が履行をしないでその時期を経過したとき。」と規定している。そして，民法540条１項は，「契約又は法律の規定により当事者の一方が解除権を有するときは，その解除は，相手方に対する意思表示によってする。」と規定している。民法542条の無催告解除の趣旨は，債務不履行の結果として契約目的の達成が不可能となり，債権者が契約を維持する利益ないし期待を失っていると評価できることから，催告をして履行する機会を債務者に与えるまでもなく，債権者を契約の拘束力から解放するという点にある。よって，債務者が履行をしないでその時期を経過したときであっても，契約の解除がされたものとみなされず，当該債務は当然には消滅しない。

ウ　正しい。

民法542条1項3号により，本記述は正しい。

民法542条1項柱書は，「次に掲げる場合には，債権者は，前条の催告をすることなく，直ちに契約の解除をすることができる。」と規定し，同条項3号は，「債務の一部の履行が不能である場合又は債務者がその債務の一部の履行を拒絶する意思を明確に表示した場合において，残存する部分のみでは契約をした目的を達することができないとき。」と規定している。

エ　誤　り。　!!!

本記述は，債権者が解除権を有することを知らなかったとしても，解除権は消滅するとしている点で，誤っている。

民法548条ただし書。解除権を有する者が故意若しくは過失によって契約の目的物を著しく損傷し，若しくは返還することができなくなったとき，又は加工若しくは改造によってこれを他の種類の物に変えたときは，解除権は，消滅する。ただし，解除権を有する者がその解除権を有することを知らなかったときは，この限りではない。その趣旨は，債権者が解除権を放棄したと評価できる事態が生じた場合に解除権を消滅させる点にある。よって，解除権を有する債権者が，過失によって契約の目的物を著しく損傷した場合に，その債権者が解除権を有することを知らなかったときは，解除権を放棄したとは評価できないため，解除権は消滅しない。

オ　正しい。

民法545条3項により，本記述は正しい。

民法545条1項は，「当事者の一方がその解除権を行使したときは，各当事者は，その相手方を原状に復させる義務を負う。ただし，第三者の権利を害することはできない。」と規定し，同条3項は，「第1項本文の場合において，金銭以外の物を返還するときは，その受領の時以後に生じた果実をも返還しなければならない。」と規定している。同条3項の趣旨は，売買において双方が履行済みの場合に，売主の代金・利息返還義務（同条2項）と，買主の目的物・使用利益返還義務との均衡を図る点にある。

以上により，誤っている記述はイとエであり，したがって，正解は肢3となる。

【文献情報】中田P.210，212～213，228～229，241～244。潮見（債各）ⅠP.56～59，63。

第11問	賃貸借	条文	肢別解答率				
			1	2	3	4	5
正解：〔No.11〕3		全　体	9%	18%	62%	9%	2%
		合格者全体	7%	18%	69%	5%	1%
		不合格者全体	13%	19%	51%	13%	3%

ア　正しい。

民法605条の２第４項により，本記述は正しい。

民法605条の２第１項又は同条２項後段の規定により賃貸人たる地位が譲受人又はその承継人に移転したときは，民法608条（必要費又は有益費の償還義務）の規定による費用の償還に係る債務及び民法622条の２第１項（敷金返還義務）の規定による同項に規定する敷金の返還に係る債務は，譲受人又はその承継人が承継する。その趣旨は，賃借人による費用等の回収を確保する点にある。なお，民法605条の３前段の規定により，賃貸人たる地位が譲受人に承継されたときも，民法605条の２第４項が準用される（民法605条の３後段）。

イ　誤　り。

本記述は，賃借人の責めに帰すべき事由によって賃貸物の使用及び収益のために修繕が必要となったときであっても，その修繕をする義務を負うとしている点で，誤っている。

民法606条１項ただし書。賃貸人は，賃貸物の使用及び収益に必要な修繕をする義務を負う。ただし，賃借人の責めに帰すべき事由によってその修繕が必要となったときは，この限りでない。その趣旨は，賃貸人と賃借人の公平を図る点にある。

ウ　正しい。

民法611条１項により，本記述は正しい。

賃借物の一部が滅失その他の事由により使用及び収益をすることができなくなった場合において，それが賃借人の責めに帰することができない事由によるものであるときは，賃料は，その使用及び収益をすることができなくなった部分の割合に応じて，減額される。その趣旨は，賃借物の一部滅失を使用収益不能状態の一例として位置付けた上で，使用収益が不能であれば，その対価である賃料も当然に発生しないという考えに基づいて，賃借人による請求を待たずに減額の効果の発生を認める点にある。

エ　誤　り。

本記述は，賃借人の債務不履行による解除権を有していたときであっても，その合意解除をもって転借人に対抗することはできないとしている点で，誤っている。

民法613条３項ただし書。賃借人が適法に賃借物を転貸した場合には，賃貸人は，賃借人との間の賃貸借を合意により解除したことをもって転借人に対抗することができない。ただし，その解除の当時，賃貸人が賃借人の債務不履行による解除権を有していたときは，この限りでない。その趣旨は，同条項ただし書の場面は，合意解除であっても，実質上は債務不履行による解除と異ならないという点にある。

オ　正しい。

民法621条本文かっこ書により，本記述は正しい。

賃借人は，賃借物を受け取った後にこれに生じた損傷（通常の使用及び収益によって生じた賃借物の損耗並びに賃借物の経年変化を除く。以下この条において同じ。）がある場合において，賃貸借が終了したときは，その損傷を原状に復する義務を負う。ただし，その損傷が賃借人の責めに帰することができない事由によるものであるときは，この限りでない。その趣旨は，通常の使用収益により生じた損耗並びに賃借物の経年変化は，賃貸借に通常予定されているものであり，それによる減価の回収も含めて賃料が設定されていると考えられる点にある。

以上により，誤っている記述はイとエであり，したがって，正解は肢３となる。

【文献情報】中田P.395，402，404～405，434～435，448。潮見（債各）ⅠP.156，159～160，167～169，221。

第12問	組　合	条文	肢別解答率				
			1	2	3	4	5
正解：〔No.12〕4		全　体	1%	2%	37%	58%	1%
		合格者全体	0%	2%	36%	61%	1%
		不合格者全体	2%	4%	37%	54%	3%

ア　誤　り。

本記述は，持分に応じて単独で権利を行使することができるとしている点で，誤っている。

民法676条２項。組合員は，組合財産である債権について，その持分についての権利を単独で行使することができない。その趣旨は，組合財産について持分に応じた単独での権利行使を認めると，組合の共同事業に差し障りが生じるため，組合財産を，個々の組合員の財産関係から切り離された組合の事業のための拘束の下にある財産として扱う点にある。

イ　誤　り。

本記述は，組合の業務の決定は，業務執行者があるときであっても，組合員の過半数をもってするとしている点で，誤っている。

民法670条３項。前項〔注：民法670条２項（組合の業務決定及び執行の委任）〕の委任を受けた者（以下「業務執行者」という。）は，組合の業務を決定し，これを執行する。この場合において，業務執行者が数人あるときは，組合の業務は，業務執行者の過半数をもって決定し，各業務執行者がこれを執行する。よって，組合の業務の決定は，業務執行者があるときは，業務執行者が決定する。そして，業務執行者が数人あるときは，業務執行者の過半数をもって決定する。

ウ　正しい。

民法678条２項により，本記述は正しい。

組合の存続期間を定めた場合であっても，各組合員は，やむを得ない事由があるときは，脱退することができる。なお，同条項は，強行法規である。

エ　正しい。

民法677条の２第２項により，本記述は正しい。

前項〔注：民法677条の２第１項（組合成立後の組合員の加入）〕の規定により組合の成立後に加入した組合員は，その加入前に生じた組合の債務については，これを弁済する責任を負わない。その趣旨は，民法675条〔注：組合の債権者の権利の行使〕との関係で，新規加入組合員の責任限定を明確化する点にある。

オ　誤　り。

本記述は，組合員の過半数の同意がある場合には，精算前に組合財産の分割を求めることができるとしている点で，誤っている。

民法676条３項。組合員は，清算前に組合財産の分割を求めることができない。なお，組合員全員の合意で分割することは可能である（大判２.６.28）。

以上により，正しい記述はウとエであり，したがって，正解は肢４となる。

【文献情報】中田P.569，574～575，580～581。潮見（債各）ⅠP.287～289，292。

第13問	普通養子縁組	条文	肢別解答率				
			1	2	3	4	5
正解：〔No.13〕1		全　体	29%	38%	8%	6%	19%
		合格者全体	34%	43%	4%	5%	14%
		不合格者全体	22%	32%	12%	7%	26%

ア　誤　り。

本記述は，法定代理人の同意を得なければならないとしている点で，誤っている。

民法797条１項。養子となる者が15歳未満であるときは，その法定代理人が，これに代わって，縁組の承諾をすることができる。その趣旨は，普通養子縁組は，養親と養子の間の意思の合致に基づく法律行為であり，契約的な側面を有する点，また子の福祉の観点から一定の制約を設けた点にある。よって，17歳の者が縁組をして養子となるには，その法定代理人の同意を必要としない。

イ　正しい。

民法794条により，本記述は正しい。

後見人が被後見人（未成年被後見人及び成年被後見人をいう。以下同じ。）を養子とするには，家庭裁判所の許可を得なければならない。後見人の任務が終了した後，まだその管理の計算が終わらない間も，同様とする。その趣旨は，後見人が，養親子関係を形成して不適切な管理を隠蔽するような事態を防止する点にある。

ウ　誤　り。　★

本記述は，配偶者の同意を得ることを要しないとしている点で，誤っている。

民法796条。配偶者のある者が縁組をするには，その配偶者の同意を得なければならない。ただし，配偶者とともに縁組をする場合又は配偶者がその意思を表示することができない場合は，この限りでない。その趣旨は，養子縁組は配偶者の地位に多大な影響を与えるので，その同意を必要とする点にある。

エ　正しい。

民法798条ただし書により，本記述は正しい。

未成年者を養子とするには，家庭裁判所の許可を得なければならない。ただし，自己又は配偶者の直系卑属を養子とする場合は，この限りでない。その趣旨は，祖父母が孫を養子にする場合等は，搾取や虐待の可能性は一般にないという点にある。

オ　正しい。

民法811条6項により，本記述は正しい。

縁組の当事者の一方が死亡した後に生存当事者が離縁をしようとするときは，家庭裁判所の許可を得て，これをすることができる。その趣旨は，養親が死亡し，養子が多額の財産を相続した後に離縁を認めるならば，財産の持ち逃げを許すような事態となり好ましくないという点にある。

以上により，誤っている記述はアとウであり，したがって，正解は肢1となる。

【文献情報】リークエⅥP.151～153，158。

第14問	後　見	条文	肢別解答率				
			1	2	3	4	5
正解：〔No.14〕2		全　体	31%	18%	14%	5%	32%
		合格者全体	33%	22%	12%	2%	31%
		不合格者全体	29%	13%	17%	8%	34%

ア　誤　り。　★

本記述は，身上の監護に関する権限については，家庭裁判所は，職権で，各未成年後見人が単独で又は数人の未成年後見人が職務を分掌して，その権限を行使すべきことを定めることができるとしている点で，誤っている。

民法857条の2第3項。未成年後見人が数人あるときは，家庭裁判所は，職権で，財産に関する権限について，各未成年後見人が単独で又は数人の未成年後見人が事務を分掌して，その権限を行使すべきことを定めることができる。よって，家庭裁判所が単独で又は数人の未成年後見人が事務を分掌して，その権限を行使すべきことを定めることができるのは，財産に関する権限であり，身上の監護に関する権限ではない。

イ　正しい。

民法859条の3により，本記述は正しい。

成年後見人は，成年被後見人に代わって，その居住の用に供する建物又はその敷地について，売却，賃貸，賃貸借の解除又は抵当権の設定その他これらに準ずる処分をするには，家庭裁判所の許可を得なければならない。なお，本人が現に居住していなくても，将来居住する可能性があれば，家庭裁判所の許可を要する居住不動産に当たると解されている。

ウ　正しい。　★

民法872条1項により，本記述は正しい。

未成年被後見人が成年に達した後後見の計算の終了前に，その者と未成年後見人又はその相続人との間でした契約は，その者が取り消すことができる。その者が未成年後見人又はその相続人に対してした単独行為も，同様とする。

エ　誤　り。　★

本記述は，後見監督人があるときは，その同意を得なければならないとしている点で，誤っている。

民法864条ただし書。後見人が，被後見人に代わって営業若しくは民法13条1項各号〔注：保佐人の同意を要する行為等〕に掲げる行為をし，又は未成年被後見人がこれをすることに同意するには，後見監督人があるときは，その同意を得なければならない。ただし，同項1号に掲げる元本の領収については，この限りでない。そして，預金の払戻しを受けることは，元本の領収に当たるので，後見監督人の同意を得る必要はない。

オ　正しい。　★

任意後見契約に関する法律10条1項により，本記述は正しい。

任意後見契約が登記されている場合には，家庭裁判所は，本人の利益のため特に必要があると認めるときに限り，後見開始の審判等をすることができる。その趣旨は，本人の自己決定を尊重する点にある。

以上により，誤っている記述はアとエであり，したがって，正解は肢2となる。

【文献情報】リークエⅥP.193，201，209。

第15問	相続と贈与	条文	肢別解答率				
			1	2	3	4	5
正解：〔No.15〕2		全　体	13%	38%	7%	24%	17%
		合格者全体	14%	43%	5%	21%	17%
		不合格者全体	13%	31%	10%	28%	17%

ア　誤　り。

本記述は，超過した価額に相当する財産を他の共同相続人に返還しなければならないとしている点で，誤っている。

民法903条２項参照。遺贈又は贈与の価額が，相続分の価額に等しく，又はこれを超えるときは，受遺者又は受贈者は，その相続分を受けることができない。そして，特別受益の価額が具体的相続分の価額以上であったとしても，受遺者又は受贈者たる当該相続人は，その特別利益を他の共同相続人に返還する必要はなく，そのまま確保することができる。よって，特別受益に当たる贈与の価額がその受贈者である相続人の具体的相続分の価額を超える場合であっても，その相続人は，超過した価額に相当する財産を他の共同相続人に返還することを要しない。

イ　正しい。

民法903条４項により，本記述は正しい。

婚姻期間が20年以上の夫婦の一方である被相続人が，他の一方に対し，その居住の用に供する建物又はその敷地について遺贈又は贈与をしたときは，当該被相続人は，その遺贈又は贈与について第１項〔注：特別受益の持戻し〕の規定を適用しない旨の意思を表示したものと推定する。その趣旨は，婚姻期間が20年以上ある夫婦の間で，居住用不動産の贈与等がされた場合は，当該不動産が長期にわたる夫婦間の協力によって形成された財産であること，及び，当該贈与等は配偶者の老後の生活保障を意図したものであることが，定型的に認められるという点にある。よって，本記述において，被相続人ＡとＢは，婚姻期間が20年以上の夫婦であることから，被相続人Ａは，配偶者Ｂに対するマンション甲の贈与について，持戻し免除の意思表示をしたものと推定される。

ウ　誤　り。

本記述は，地震により目的物が滅失した場合であっても，相続開始の時においてなお原状のままであるものとみなしてその価額を定めるとしている点で，誤っている。

民法904条。前条〔注：民法903条（特別受益者の相続分）〕に規定する贈与の価額は，受贈者の行為によって，その目的である財産が滅失し，又はその価格の増減があったときであっても，相続開始の時においてなお原状のままであるものとみなしてこれを定める。本条は，贈与目的物が，損壊・売却等の受贈者の行為によって，滅失・価格の増減が生じた場合を想定していることから，不可抗力による滅失・価格の増減について適用はない。よって，本記述においては，地震という不可抗力によって目的物が滅失しているから，民法904条は適用されず，相続の開始の時においてなお原状のままであるとはみなされない。

エ　正しい。

最判平10.2.13（百選Ⅲ78事件）により，本記述は正しい。

判例は，本記述と同様の事案において，「不動産の死因贈与の受贈者が贈与者の相続人である場合において，限定承認がされたときは，死因贈与に基づく限定承認者への所有権移転登記が相続債権者による差押登記よりも先にされたとしても，信義則に照らし，限定承認者は相続債権者に対して不動産の所有権取得を対抗することができない」としている。その理由として，判例は，「被相続人の財産は本来は限定承認者によって相続債権者に対する弁済に充てられるべきものであることを考慮すると，限定承認者が，相続債権者の存在を前提として自ら限定承認をしながら，贈与者の相続人としての登記義務者の地位と受贈者としての登記権利者の地位を兼ねる者として自らに対する所有権移転登記手続をすることは信義則上相当でないものというべきであり，また，もし仮に，限定承認者が相続債権者による差押登記に先立って所有権移転登記手続をすることにより死因贈与の目的不動産の所有権取得を相続債権者に対抗することができるものとすれば，限定承認者は，右不動産以外の被相続人の財産の限度においてのみその債務を弁済すれば免責されるばかりか，右不動産の所有権をも取得するという利益を受け，他方，相続債権者はこれに伴い弁済を受けることのできる額が減少するという不利益を受けることとなり，限定承認者と相続債権者との間の公平を欠く結果となる」ということを挙げている。

オ　正しい。

民法1044条１項，３項により，本記述は正しい。

民法1044条１項は，「贈与は，相続開始前の１年間にしたものに限り，前条の規定によりその価額を算入する。当事者双方が遺留分権利者に損害を加えることを知って贈与をしたときは，１年前の日より前にしたものについても，同様とする。」と規定し，同条３項は，「相続人に対する贈与についての第１項の規定の適用については，同項中『１年』とあるのは『10年』と，『価額』とあるのは『価額（婚姻若しくは養子縁組のため又は生計の資本として受けた贈与の価額に限る。）』とする。」と規定している。同条３項の趣旨は，遺留分算定の基礎について，相続人に対する贈与のうち特別受益に当たる贈与を算入対象としつつ，算定の範囲を10年に限定することで，受遺者等の法的安定性と相続人間の実質的公平の調和を図る点にある。

以上により，誤っている記述はアとウであり，したがって，正解は肢２となる。

【文献情報】リークエⅥP.293～294，297，364，425～426。

商　法

第16問	株式会社の設立	条文	肢別解答率				
			1	2	3	4	5
正解：〔No.16〕2		全　体	31%	59%	3%	5%	2%
		合格者全体	26%	68%	1%	4%	1%
		不合格者全体	37%	45%	7%	6%	5%

ア　正しい。

会社法25条２項により，本記述は正しい。

発起設立にせよ，募集設立にせよ，各発起人は，株式会社の設立に際し，株式を１株以上引き受けなければならない（会社法25条２項）。募集設立の場合は発起人以外にも株式を引き受ける者を募集するが，発起人は株式の一部を引き受ける必要がある（会社法25条１項２号）。

イ　誤　り。

本記述は，払込金額の全額の払込みをしていない引受人に対して，発起人が払込みをしなければならない旨の通知をしなければならないとしている点で，誤っている。

設立時募集株式の引受人が発起人の定めた払込期日又は払込期間内に払込みをしない場合には，当然に失権することになる（会社法63条３項）。発起人は改めて当該払込みをしなければならない旨を通知する必要はない。

ウ　誤　り。

本記述は，仮装払込みに関与した設立時取締役が，設立時株主及び株主の権利を行使することができるとしている点で，誤っている。

発起人が払込みを仮装した出資に係る金銭の全額の支払いについては，それに関与した設立時取締役も原則として支払義務を負う（会社法52条の２第２項）。そして，株式会社に対して払込みを仮装した出資に係る金銭の全額が支払われた場合に，設立時株主及び株主の権利を行使することができるのは，設立時発行株式を引き受けた発起人である（会社法52条の２第４項参照）。

エ　誤　り。

本記述は，引受人が株式会社に対して負う払込みを仮装した払込金額の全額の支払いをする義務は，総株主の同意によっても，免除することができないとしている点で，誤っている。

会社法102条の２第２項は，「前項の規定により設立時募集株式の引受人の負う義務〔注：本記述における引受人が株式会社に対して負う義務〕は，総株主の同意がなければ，免除することができない。」と規定している。よって，総株主の同意があれば，免除されることになる。

オ　正しい。

最決平17.12.13により，本記述は正しい。

判例は，株式引受人が会社から資金を借り受けて払込みをするといった会社資金による仮装払込みについて，実質的な資産と評価することはできない以上，本件各払込みは，株式の払込みとしての効力を有しないものといわざるを得ず，商業登記簿の原本である電磁的記録に増資の記録をさせた行為につき電磁的公正証書原本不実記録罪・同供用罪（刑法157条１項・158条１項）が成立する旨を判示した。

以上により，正しい記述はアとオであり，したがって，正解は肢２となる。

【文献情報】田中Ｐ.569，571～572，582，584～585，595。リークエＰ.28，37，42～43，60。

第17問 株主の権利及び単元株制度	条文	肢別解答率				
		1	2	3	4	5
正解：〔No.17〕3	全　体	4%	5%	84%	5%	2%
	合格者全体	3%	4%	89%	3%	1%
	不合格者全体	5%	7%	76%	8%	4%

1　正しい。

会社法105条２項により，本記述は正しい。

会社法105条２項は，「株主の前項第１号〔注：剰余金の配当を受ける権利〕及び第２号〔注：残余財産の分配を受ける権利〕に掲げる権利の全部を与えない旨の定款の定めは，その効力を有しない。」と規定している。株式会社は，事業活動で得た利益を構成員である株主に分配することを目的としているからである。

2　正しい。

会社法188条により，本記述は正しい。

会社法188条は，①単元株制度を採用するには，定款で一定の数をもって一単元の株式とする旨を定めなくてはならない旨（１項），②一単元の数は，1000及び発行済株式の総数の200分の１を超えてはならない旨（２項，会社法施行規則34条），③種類株式発行会社においては，株式の種類ごとに定めなければならない旨（３項）を規定する。本記述は，いずれの要件も満たしている。

３　誤　り。

本記述は，株式共有の場合において，権利行使者の通知がないときは，株式会社が株主に対してする通知又は催告は，共有者の全員に対してしなければならないとしている点で，誤っている。

会社法126条４項は「前項〔注：３項〕の規定による共有者の通知がない場合には，株式会社が株式の共有者に対してする通知又は催告は，そのうちの１人に対してすれば足りる。」と規定している。実務的には，会社法126条３項に定める共有者の通知がない場合，会社は，株式の共有者に対して，株式に関する権利行使者を指定して会社に通知するよう求め，その通知により指定された者に権利行使させるべきであると考えられるが，会社がそのようなことをしなくとも，会社法126条４項は，株式の共有者のうちの１人に対して通知又は催告すればよいとしている。

４　正しい。

会社法189条２項４号により，本記述は正しい。

単元未満株主は，議決権（議決権を前提とした株主提案権等の権利を含む）を行使することができない（会社法189条１項）。しかし，それ以外の株主権については，行使することができるのが原則である。もっとも，会社法189条２項は，単元未満株主が行使できる権利であっても，定款でその権利の全部又は一部を排除することができるとしたうえで，定款でも排除できない事項として，同項の１号から６号の事項を規定している。そして，単元未満株式を買い取ることを請求する権利（会社法192条１項）は定款でも排除できない事項の１つとして同項４号で規定されている。

５　正しい。

会社法196条により，本記述は正しい。

株主に対する通知又は催告は，株主名簿上の株主の住所（株主が別に通知等を受ける場所や連絡先を通知したときはその場所や連絡先）に発すれば足りるのが原則である。ただし，その住所等に対して発信された通知又は催告が５年以上継続して到達しない場合には，株式会社は，以後はその株主に対して通知又は催告をする必要はない（会社法196条１項）。そして，この場合におけるその株主に対する会社の義務の履行を行う場所は，その会社の住所地となる（会社法196条２項）。

【文献情報】田中Ｐ.65，114，126，136。リークエＰ.64，107，119～120，128～129。

第18問 新株予約権	条文	肢別解答率									
		No.18					No.19				
		1	2	3	4	5	1	2	3	4	5
正解：〔No.18〕〔No.19〕 3，4（順不同）	全　体	15%	36%	44%	4%	0%	1%	3%	31%	34%	30%
	合格者全体	11%	30%	55%	3%	0%	0%	1%	28%	34%	36%
	不合格者全体	22%	44%	29%	5%	0%	1%	7%	35%	34%	22%

【誤答行動分析】

本問肢３について，合格者と不合格者の正答率格差は26%である。合格者の正答率は55%であるのに対し，不合格者の正答率は29%に過ぎない。

他方，不正解肢２を選択した者は，合格者が30%であるのに対し，不合格者は44%と半数近く存在する。肢２は，条文問題であり，条文の精読の度合いが合格者と不合格者の差が生じた原因と考えられる。

１　誤　り。

本記述は，取得条項付新株予約権をその取得条項に基づき取得する場合を除き，株式会社は自己の新株予約権を取得することができないとしている点で，誤っている。

会社法は，株式会社による自己の新株予約権の取得につき，取得条項付新株予約権の取得（会社法273条以下）及び買取請求権の行使による取得（会社法118条等）以外には規定していない。しかし，合意による取得や組織再編の場合の取得等も可能であり，自己株式の取得の場合のような制約が課されているわけではない。

２　誤　り。　**!!!**

本記述は，募集新株予約権の割当てを受けた申込者は，払込期日に，払込みをした募集新株予約権の新株予約権者となるとしている点で，誤っている。

募集新株予約権の割当を受けた申込者又は総数引受契約の引受人は，割当日に，新株予約権者となる（会社法245条１項）。一定の財産の出資により株主になることができる者の存在を早期に利害関係者に開示することが望ましいとの趣旨で，出資の履行日（払込期日）ではなく，割当日とした。

３　正しい。

会社法280条６項により，本記述は正しい。

会社法280条６項は，「株式会社は，自己新株予約権を行使することができない。」と規定している。

4　正しい。

会社法282条１項により，本記述は正しい。

会社法282条１項は，「新株予約権を行使した新株予約権者は，当該新株予約権を行使した日に，当該新株予約権の目的である株式の株主となる。」と規定している。

5　誤　り。

本記述は，新株予約権者は，新株予約権の発行の無効の訴えを提起することができるところ，これをできないとしている点で，誤っている。

新株発行無効の訴え（会社法828条１項２号）と同様，法律関係の安定と画一的確定を図る必要から，新株予約権発行無効の訴えが認められている（会社法828条１項４号）。新株予約権発行無効の訴えの原告は，株主等（会社法828条２項１号参照）に限らず，新株予約権者も含まれる（会社法828条２項４号）。

以上により，正しい記述は３と４であり，したがって，正解は肢３と肢４（順不同）となる。

【文献情報】田中Ｐ.523，528～529，531。リークエＰ.339～340，345。

第19問	株主総会	条文	肢別解答率				
			1	2	3	4	5
正解：〔№20〕１		全　体	69%	3%	5%	6%	17%
		合格者全体	82%	1%	4%	2%	10%
		不合格者全体	49%	5%	6%	12%	28%

【誤答行動分析】

本問の合格者と不合格者の正答率格差は33%である。合格者の正答率は82%であるのに対し，不合格者の正答率は49%に過ぎない。

議決権の不統一行使は，論文ではあまり問われない分野であるが，条文の存在さえ知っていれば十分に正解が導くことはできたといえる。また，不正解肢５を選択した者は，合格者が10%であるのに対し，不合格者は28%を占めている。決議無効事由については，論文でも頻出論点のため，何が無効事由に当たるかを具体的に押さえていたか否かで差が生じたと考えられる。

以上より，合格者と不合格者の差は，条文知識の幅と，基本論点に関して具体例を押さえているか否かという点にあると考えられる。

1　正しい。　**!!!**

会社法313条３項により，本記述は正しい。

２個以上の議決権を有する株主は，議決権を統一しないで行使することができるのが原則である（会社法313条１項)。もっとも，その必要性もないのに議決権の不統一行使を認めると，株主総会の事務処理が煩瑣になることから，株式会社は，株主が他人のために株式を有する者でないときは，当該株主の議決権の不統一行使を拒むことができるとしている（会社法313条３項)。

2　誤　り。

本記述は，株主総会の目的である事項に関しないものであるときであっても，取締役は必要な説明をしなければならないとしている点で，誤っている。

取締役は，株主総会において，株主から特定の事項について説明を求められた場合には，原則として，当該事項について必要な説明をしなければならない（会社法314条本文)。もっとも，①その事項が会議の目的たる事項に関しないものであるとき，②説明をすることにより株主共同の利益を著しく害するとき，③その他正当な理由がある場合として法務省令（会社法施行規則71条参照）に定める場合には，取締役等は説明を拒絶することができる（会社法314条ただし書)。

3　誤　り。

本記述は，役員を選任又は解任する株主総会の定足数は，定款の定めで排除することができるとしている点で，誤っている。

役員の選任（会社法329条１項）及び解任（会社法339条１項）の総会決議は，普通決議（会社法309条１項）であるから，定足数の要件はこれを排除できるのが原則である。しかし，会社法341条は，決議事項の重要性に鑑みて，役員の選任および解任の総会決議について，①定足数の排除を認めず，②定足数の軽減については議決権を行使することができる株主の議決権の３分の１までと制限する一方で，③決議要件の加重も認めている。また，会社法341条の「役員」には取締役・会計参与だけでなく，監査役も含まれ（会社法329条１項かっこ書)，会社法343条４項は，「第341条の規定は，監査役の解任の決議については，適用しない。」とするが，監査役の解任決議については会社法309条２項７号（特別決議）が適用される。よって，取締役・会計参与だけでなく，監査役の解任決議についても，定款の定めによって定足数を排除することはできない。

4　誤　り。

本記述は，株主総会決議取消しの提訴期間経過後であっても，新たな取消事由を追加主張することができるとしている点で，誤っている。

判例（最判昭51.12.24，会社法百選37事件）は，株主総会決議取消しの訴えを提起した後，平成17年改正前商法248条１項（注：現会社法831条１項）の期間経過後に新たな取消事由を追加主張することは許されないとした。その理由として，判例は，取消事由の追加主張を無制限に許すと，会社はその決議が取り消されるのか否かについて予測を立てることが困難になり，決議の執行が不安定になるが，それでは瑕疵ある決議の効力の早期安定という訴え提起の期間制限の趣旨が没却されることを挙げている。

5　誤　り。　**!!!**

本記述は，決議に必要な定足数に満たない株主総会決議を無効としている点で，誤っている。

株主総会決議無効確認の訴えは，決議の内容が法令に違反する場合に，提起することができる（会社法830条２項）。これに対し，決議取消事由は，①招集手続又は決議の方法が法令・定款に違反し，又は著しく不公正なとき，②決議の内容が定款に違反するとき，③特別利害関係人が議決権を行使したため著しく不当な決議がなされたとき，の３つの場合である（会社法831条１項１号～３号）。そして，決議の方法の法令違反には，取締役等の説明義務違反，議決権行使の妨害，賛否認定の誤りなどのほか，定足数不足（最判昭35.３.15）が含まれる。なお，前掲最判昭35.３.15は，有限会社社員総会において「定足数不足の決議と雖も当然無効でなく，単に旧有限会社法41条により準用される旧商法247条〔注：現会社法831条１項１号〕の決議取消の訴の対象となるにすぎぬことというまでもな」いと判示している。

【文献情報】田中Ｐ.180～181，184～185，187，196～197。リークエＰ.148～149，156，160，165。会社法百選37事件。

第20問	取締役	条文	肢別解答率				
			1	2	3	4	5
正解：〔No.21〕5		全　体	6%	12%	5%	16%	62%
		合格者全体	3%	10%	2%	12%	73%
		不合格者全体	10%	15%	9%	22%	45%

【誤答行動分析】

本問の合格者と不合格者の正答率格差は28%である。合格者の正答率は73%であるのに対し，不合格者の正答率は45%に過ぎない。

正解肢5は，判例（最判昭41.12.20）に関する問題であるが，百選掲載判例ではないため，合格者の中でも上記判例を知らなかった可能性がある。そして，不合格者の選択した不正解肢を見ると，肢4が22%（合格者12%），肢2が15%（合格者10%）を占めており，これらは，いずれも条文が存在する基本的な問題である。

したがって，合格者と不合格者の差は，上記判例を知っていたか否かという点のみならず，条文に関する基本知識の有無という点にあると考えられる。

1　正しい。

会社法331条2項本文により，本記述は正しい。

会社法では，公開会社については，取締役に広く適材を求めるべきであるとの考え方から，定款をもってしても取締役の資格を株主に限ることができないとし（会社法331条2項本文），一方で公開会社でない会社については，定款で定めることにより取締役の資格を株主に制限することも認めている（会社法331条2項ただし書）。

2　正しい。　**!!!**

会社法331条4項により，本記述は正しい。

会社法331条4項は，「指名委員会等設置会社の取締役は，当該指名委員会等設置会社の支配人その他の使用人を兼ねることができない。」と規定している。指名委員会等設置会社の取締役が使用人を兼任できないのは，使用人は執行役の指揮命令下に位置づけられ，一般に執行役の監督下にあると考えられるのに対して，取締役は執行役を監督する法定機関である取締役会の構成員であることから，両者の職務に矛盾が生じると解されるからである。

3　正しい。

会社法339条2項により，本記述は正しい。

役員（会社法329条1項かっこ書）及び会計監査人は，いつでも，株主総会の決議によって解任することができる（会社法339条1項）。この場合，任期に対する役員及び会計監査人の正当な期待を保護するため，会社法339条２項は，任期中に解任された役員及び会計監査人は，「解任について正当な理由がある場合を除いて，会社に対して，解任によって生じた損害の賠償を請求することができる」旨を規定している。

4　正しい。　**!!!**

会社法855条により，本記述は正しい。

「株式会社の役員の解任の訴え」（会社法854条１項）については，当該株式会社及び役員を被告とする（会社法855条。固有必要的共同訴訟）。そして，この場合の役員とは取締役，会計参与及び監査役をいう（会社法854条１項，329条１項かっこ書）。

5　誤　り。

本記述は，代表取締役の解職の効力は取締役会の解職決議が当該代表取締役に告知されることによって生じるとしている点で，誤っている。

判例（最判昭41.12.20）は，「株式会社における取締役会の代表取締役解任〔注：現解職〕の決議は，代表取締役の会社代表機関たる地位を剥奪するものであつて，右決議によつて右機関たる地位が失われることの効果として，被上告会社を代表する権限も当然消滅するものと解するのを相当とし，所論告知をまつてはじめて解任の効果が生ずると解すべきではない。」と判示している。

【文献情報】 田中Ｐ.210，214～215，227。リークエＰ.169，171，206。

第21問	監査役会設置会社及び監査等委員会設置会社	条文	肢別解答率				
			1	2	3	4	5
正解：〔No.22〕４		全　体	7%	11%	38%	31%	13%
		合格者全体	8%	11%	37%	31%	13%
		不合格者全体	7%	11%	39%	30%	13%

ア　誤　り。

本記述は，監査役会設置会社においては，各監査役は，監査報告を作成すること要しないとしている点で，誤っている。

監査役会設置会社においては，監査役会は，各監査役の監査報告に基づいて，監査役会の監査報告を作成することになっているので（会社施行規則130条１項，会社計算規則123条１項，128条１項），各監査役は監査報告を作成しなければならない（会社施行規則129条１項，会社計算規則122条１項，127条１項）。なお，監査役会監査報告の内容は，監査役会を構成する監査役の過半数で決せられる（会社法393条１項）。監査役会監査報告の内容と異なる内容の監査報告を作成した監査役は，自己の監査内容を監査役会監査報告に付記することができる（会社施行規則130条２項，会社計算規則123条２項，128条２項）。

イ　正しい。

会社法361条６項により，本記述は正しい。

会社法361条６項は，「監査等委員会が選定する監査等委員は，株主総会において，監査等委員である取締役以外の取締役の報酬等について監査等委員会の意見を述べることができる。」と規定している。その過半数が社外取締役でなければならない監査等委員により構成される監査等委員会の意見を株主総会に反映させることにより，会社経営陣の報酬決定に対する実効的な監督機能を働かせることをその趣旨とする。

ウ　誤　り。　★

本記述は，監査役会設置会社において，株主総会で監査役全員の報酬の総額のみを定めた場合は，各監査役の個人別の報酬の額は，監査役会の決議によって定めなければならないとしている点で，誤っている。

監査役会の職務権限は，①監査報告の作成，②常勤監査役の選定・解職，③監査の方針，業務財産状況の調査の方法その他の監査役の職務の執行に関する事項の決定を行うことで（会社法390条２項各号），各監査役の個人別の報酬額を定める権限はない。監査役の報酬等は，定款又は株主総会の決議で定める（会社法387条１項）が，監査役が２人以上ある場合で各監査役の報酬等について定款の定め又は株主総会決議がないときは，その報酬等は，定款又は株主総会決議で定めた範囲内において，監査役の協議によって定めることになる（同条２項）。監査役の地位の独立性を報酬面でも確保するためである。

エ　正しい。

会社法399条の13第６項により，本記述は正しい。

監査等委員会設置会社においても，取締役会設置会社と同様に（会社法362条４項１号），重要な財産の処分及び譲受けの決定を取締役に委任することができないのが原則である（会社法399条の13第４項１号）。ただし，①取締役の過半数が社外取締役である監査等委員会設置会社の取締役会は，その決議によって（会社法399条の13第５項），②①以外の監査等委員会設置会社の場合は取締役会の決議によって取締役に委任することができる旨を定款で定めることによって（会社法399

条の13第６項），重要財産の処分及び譲受けの決定を取締役に委任することができる。本記述は，上記②の場合である。

オ　誤　り。

本記述は，監査役会の招集を特定の監査役に限定する旨を定款で定めることができるとしている点で，誤っている。

会社法391条は，「監査役会は，各監査役が招集する。」と規定している。複数人の監査役がいても各監査役は，自己の職務権限を単独で行使することができるという独任制の趣旨から，取締役会のような形で招集権者を限定することは認められていない。

以上により，正しい記述はイとエであり，したがって，正解は肢４となる。

【文献情報】田中Ｐ.289，297，311～312，314～315。リークエＰ.196，199，213～214。

第22問	指名委員会設置会社	条文	肢別解答率				
			1	2	3	4	5
正解：〔No.23〕４		全　体	6%	23%	5%	58%	7%
		合格者全体	3%	20%	4%	66%	6%
		不合格者全体	9%	28%	6%	47%	8%

ア　正しい。

会社法400条３項により，本記述は正しい。

会社法400条３項は，指名委員会，監査委員会，報酬委員会の「各委員会の委員の過半数は，社外取締役でなければならない。」と規定している。経営と監督を制度的に分離して経営の監督機能の実効性を持たせるため，社外取締役を各委員会の中心的な構成員とする趣旨である。

イ　正しい。

会社法402条２項，会社法403条１項により，本記述は正しい。

執行役は，取締役会の決議によって選任され（会社法402条２項），同じく，取締役会の決議によって解任される（会社法403条１項）。

ウ　誤　り。

本記述は，指名委員会の職務権限として，株主総会に提出する議案の内容として，会計監査人の選任及び解任並びに会計監査人を再任しないことに関する事項を決定することができるとしている点で，誤っている。

指名委員会で決定できる株主総会に提出する議案の内容は，取締役の選任及び解任に関する事項（会計参与設置会社にあっては取締役の選任・解任のほか，会計参与の選任・解任）のみである（会社法404条１項）。会計監査人の選任及び解任並びに会計監査人を再任しないことに関する議案の内容の決定は，監査委員会の職務内容である（会社法404条２項２号）。

エ　誤　り。

本記述は，報酬委員会は，執行役の個人別の報酬の内容の決定を執行役に委任することができるとしている点で，誤っている。

会社法404条３項前段は，株主総会の決議に代えて，報酬委員会が執行役等（執行役，取締役，会計参与）の個人別の報酬等の内容を決定すると定めている。その趣旨は，株主の利害にとって重要になる多額の執行役の報酬等について，社外取締役が過半数の委員会において合理的な報酬額を決定することにより株主の利害の調整を図ることにある。この趣旨に鑑みれば，執行役等の個人別の報酬等の内容を執行役に委任することは，社外取締役のような公正な報酬決定を期待できないことから，会社法404条３項前段の株主の利害調節を図る趣旨に反し，許されない。よって，報酬委員会は，その決議によっても，執行役等の個人別の報酬等の内容の決定を執行役に委任することはできない。

オ　正しい。

会社法406条により，本記述は正しい。

会社法406条は，「監査委員は，執行役又は取締役が不正の行為をし，若しくは当該行為をするおそれがあると認めるとき，又は法令若しくは定款に違反する事実若しくは著しく不当な事実があると認めるときは，遅滞なく，その旨を取締役会に報告しなければならない。」と規定している。

以上により，誤っている記述はウとエであり，したがって，正解は肢４となる。

【文献情報】田中Ｐ.317～318，323～327。リークエＰ.205～206，208～209，214。

第23問	資本金の額及び発行済株式の総数	条文	肢別解答率				
			1	2	3	4	5
正解：〔No.24〕5		全　体	11%	4%	2%	3%	79%
		合格者全体	9%	2%	0%	1%	86%
		不合格者全体	14%	6%	5%	6%	69%

ア　正しい。

会社法178条，会社計算規則24条２項・３項により，本記述は正しい。

株式の消却（会社法178条）とは，特定の株式を消滅させる会社の行為であり，会社が自己株式を消却すると，会社の発行済株式の総数はその分だけ減少する。また，会社が自己株式を消却する場合，会計帳簿上，その消却した分を帳簿価額から減少させるとともに（会社計算規則24条２項），その同額をその他資本剰余金の額を減少させなければならない（会社計算規則24条３項）ことから，自己株式の消却によって純資産の額に変化はなく，資本金の額に影響を与えない。よって，株式が消却された場合には，発行済株式の総数は減少するが，資本金の額には変化はない。

イ　正しい。

会社法180条により，本記述は正しい。

株式の併合（会社法180条）とは，数個の株式を合わせてより少数の株式にする会社の行為であり，会社の発行済株式総数はその分だけ減少する。また，株式の併合には新たな払込みは必要ではないから，資本金の額は変化しない。よって，株式が併合された場合には，発行済株式の総数は減少するが，資本金の額には変化はない。

ウ　誤　り。

本記述は，自己株式を処分することにより，資本金の額が増加するとしている点で，誤っている。

会社がその保有する自己株式を処分する場合は，法が別の処分方法を認める場合を除いて，新株発行と同じ規制に服することになる（会社法199条１項）。もっとも，通常の募集株式の発行の場合と異なり，自己株式の処分の場合には，一度発行された株式の処分にすぎず，発行済株式の総数は増加しないし資本金の額も増加しない。

エ　誤　り。

本記述は，資本金の額が会社の業績と連動して増減するとしている点で，誤っている。

設立または株式の発行に際して株主となる者が株式会社に対して払込みまたは給付した額（出資額）が，原則として資本金の額となる（会社法445条１項）。そして，資本金の額は，合併等組織再編のとき（会社法445条５項）や，準備金または剰余金の資本金への組入れによって増加し，一定の手続により減少することもできる（会社法447条）。しかし，資本金が会社の業績に連動して増加又は減少する旨の規定はない。

オ　正しい。

会社法911条３項９号により，本記述は正しい。

会社法911条３項各号には，株式会社が登記しなければならない事項が掲げられており，会社法911条３項９号には「発行済株式の総数並びにその種類及び種類ごとの数」と規定されている。よって，発行済株式総数の変更がある場合は変更の登記をしなければならない。

以上により，誤っている記述はウとエであり，したがって，正解は肢５となる。

【文献情報】田中Ｐ.420，423～426，429～430，465，492。リークエＰ.280～281，296～297，325。

第24問	持分会社	条文	肢別解答率				
			1	2	3	4	5
正解：〔No.25〕1		全　体	63%	15%	14%	5%	3%
		合格者全体	76%	13%	7%	3%	2%
		不合格者全体	45%	17%	23%	9%	5%

【誤答行動分析】

本問の合格者と不合格者の正答率格差は31％である。合格者の正答率は76％であるのに対し，不合格者の正答率は45％に過ぎない。

不合格者の選択した不正解肢で最も多かったのは肢３（23％）であり，次いで肢２（17％）であったことから，不合格者のほとんどが記述アないし記述イが正しいことには気付けていたと考えられる。そうすると，合格者と不合格者の差は，不正解肢ウとオの正誤にあり，これらはいずれも短答式試験でしか問われない条文知識である。

持分会社は短答式試験では頻出であるため，論文式では問われない条文についても正確に押さえられていたか否かが，合格者と不合格者の差であると考えられる。

ア　誤　り。

本記述は，合名会社の社員になろうとする者は，会社設立の登記をする時までに，その出資を全部履行しなければならないとしている点で，誤っている。

合名会社・合資会社では，出資の全部又は一部が未履行であっても会社を成立させることができる（会社法578条参照）。これらの会社には無限責任を負う社員があるため，設立登記の時までに出資の全額履行（全額出資の原則）を課さなくとも会社債権者を保護することができると考えられたためである。なお，各社員は，成立後の合名会社・合資会社に対して，未履行分の出資をする義務を負うこととなる。

イ　誤　り。

本記述は，合資会社の有限責任社員が無限責任社員となった場合の社員について，無限責任社員となる前に生じた会社債務については，無限責任社員としてこれを弁済する責任を負わないとしている点で，誤っている。

会社法583条１項は，「有限責任社員が無限責任社員となった場合には，当該無限責任社員となった者は，その者が無限責任社員となる前に生じた持分会社の債務についても，無限責任社員としてこれを弁済する責任を負う。」と規定している。

ウ　正しい。　**!!!**

会社法611条７項により，本記述は正しい。

会社法611条７項は，「社員の持分の差押えは，持分の払戻しを請求する権利に対しても，その効力を有する。」と規定して，社員の持分の差押えの効力は，退社に伴う持分払戻請求権にも及ぶとしている。

エ　正しい。

会社法615条２項，617条４項により，本記述は正しい。

合名会社を含む持分会社は，会計帳簿（会社法615条１項），各事業年度に係る計算書類（会社法617条２項）を，それぞれ会社法所定の期間保存しなければならない（会社法615条２項，617条４項）。

オ　正しい。　**!!!**

会社法638条３項１号により，本記述は正しい。

会社法638条３項は，「合同会社は，次の各号に掲げる定款の変更をすることにより，当該各号に定める種類の持分会社となる。」と規定し，その１号で「その社員の全部を無限責任社員とする定款の変更」により，「合名会社」となるとしている。

以上により，誤っている記述はアとイであり，したがって，正解は肢１となる。

【文献情報】田中P.735，737，742，745，750。リークエP.470，476，478～479。

第25問	組織再編行為	条文	肢別解答率				
			1	2	3	4	5
正解：〔No.26〕1		全　体	18%	18%	13%	46%	5%
		合格者全体	19%	20%	12%	46%	3%
		不合格者全体	16%	16%	14%	45%	8%

1　正しい。　★

会社法474条１号により，本記述は正しい。

会社法474条は，「株式会社が解散した場合には，当該株式会社は，次に掲げる行為をすることができない。」と規定し，その１号で「合併（合併により当該株式会社が存続する場合に限る。)」を挙げている。清算株式会社は，清算の目的の範囲内においてのみ，能力を有する（会社法476条）ことから，自己が存続会社となる合併を行うことが清算の目的の範囲内の行為といえるとは考えられないからである。

2　誤　り。

本記述は，吸収分割承継会社が特別支配会社である場合に，他方の吸収分割会社は株主総会決議によって吸収分割契約の承認を受けなければならないとしている点で，誤っている。

承継型組織再編の場合において，一方の当事会社が他方の当事会社の議決権の10分の９（＝90%）以上を有する特別支配会社（会社法468条１項参照）であるときは，他方の当事会社の株主総会における承認を要しないのが原則である。他方の当事会社の株主総会の帰趨が明らかであるため，株主総会を開催する意味がないからである。そして，会社法784条１項は，「前条第１項の規定〔注：吸収分割会社等における株主総会による承認〕は，吸収合併存続会社，吸収分割承継会社又は株式交換完全親会社（以下この目において「存続会社等」という。）が消滅株式会社等の特別支配会社である場合には，適用しない。ただし，吸収合併又は株式交換における合併対価等の全部又は一部が譲渡制限株式等である場合であって，消滅株式会社等が公開会社であり，かつ，種類株式発行会社でないときは，この限りでない。」と規定している。

3　誤　り。

本記述は，株式買取請求権に係る「公正価格」を定める基準日を，株式交換がその効力を生ずる日としている点で，誤っている。

最決平23.4.19（会社法百選86事件）は，「公正な価格」とは，原則として反対株主が株式買取請求を行った日における価格をいうと解している。その理由として，判例は，①株式買取請求により，株主と会社との間に売買契約が成立したのと同様の法律関係が生じること，また，②反対株主は，株式買取請求後は自由に買取請求を撤回できないため，株式買取請求時よりも後の時点の価格とすると，反対株主は組織再編以外の要因による株価変動のリスクの負担を強いられ妥当ではないことを挙げている。

4　誤　り。　★

本記述は，新設合併により会社を設立する場合において，特別支配会社の他方当事会社である乙株式会社は，株主総会の決議による承認を要しないとしている点で，誤っている。

承継型組織再編とは異なり，新設合併の場合には当事会社の全部が解散する（会社法471条４号）ことから，略式組織再編を認めた規定（会社法784条・796条）が置かれていない。よって，甲株式会社が乙株式会社の特別支配会社であっても，乙株式会社は，株主総会決議によって，新設合併契約の承認を受けることを要する。

5　誤　り。

本記述は，新設分割をする場合，株主総会において議決権を行使することができない株主は，反対株主として，株式買取請求権を行使することができないとしている点で，誤っている。

会社法806条は，「新設合併等〔新設分割を含む〕をする場合……には，反対株主は，消滅株式会社等に対し，自己の有する株式を公正な価格で買い取ることを請求することができる。」と規定し，同条２項で，前項にいう反対株主として，株主総会において新設合併等に反対した株主（同項１号）のほか，株主総会において議決権を行使することができない株主（同項２号）を挙げている。よって，新設分割会社が株主総会の決議によって新設分割計画の承認を受けなければならないときは，当該株主総会において議決権を行使することができない株主は，反対株主として，当該新設分割会社に対し，自己の有する株式を公正な価格で買い取ることを請求することができる。

【文献情報】 田中P.642～643，645～646，709～710。リークエP.364，408～409，411。

第26問	株主総会決議取消しの訴え	判例	肢別解答率				
			1	2	3	4	5
正解：〔No.27〕2		全　体	8%	17%	28%	11%	36%
		合格者全体	6%	19%	26%	13%	36%
		不合格者全体	11%	14%	31%	8%	35%

本問で取り上げられた最判平 28.3.4 は，取締役を解任する旨の議案を否決する株主総会決議（以下「本件否決決議」）の取消しを請求した事案について，以下のとおり判示した。

「①会社法は，会社の組織に関する訴えについての諸規定を置き（同法 828 条以下），瑕疵のある株主総会等の決議についても，その決議の日から 3 箇月以内に限って訴えをもって取消しを請求できる旨規定して法律関係の早期安定を図り（同法 831 条），併せて，当該訴えにおける被告，認容判決の効力が及ぶ者の範囲，判決の効力等も規定している（同法 834 条から 839 条まで）。②このような規定は，株主総会等の決議によって，新たな法律関係が生ずることを前提とするものである。③しかるところ，一般に，ある議案を否決する株主総会等の決議によって新たな法律関係が生ずることはないし，当該決議を取り消すことによって新たな法律関係が生ずるものでもないから，ある議案を否決する株主総会等の決議の取消しを請求する訴えは不適法であると解するのが相当である。④このことは，当該議案が役員を解任する旨のものであった場合でも異なるものではない。」として，訴えを棄却した。

上記判示からわかるとおり，争点となったのは，本件否決決議の取消しを請求する本件の訴えが適法であるか否か，すなわち，株主総会等の決議の取消しの訴えを規定する会社法 831 条等の趣旨，要件，効果である。したがって，これらの規定にかかわる記述は，判決の論拠としてふさわしいといえるが，これらの規定にかかわらない記述は判決の論拠としてふさわしいとはいえないことがわかる。

ア　判決の論拠としてふさわしい。

本記述は，本件の訴えが適法であるか否かに関し，会社法831条の趣旨を述べるものであるから，本判決の論拠としてふさわしい（上記①）。

イ　判決の論拠としてふさわしくない。

本記述は，会社法305条 6 項に規定する株主提案権に関する制限を述べるものであって，本判決の論拠となりえない。したがって，本判決の論拠としてふさわしいとはいえない。

ウ　判決の論拠としてふさわしくない。　★

本記述は，「特段の事情が認められない限り，訴えの利益を欠く」と述べるが，本判決は，本件否決決議によって新たな法律関係を生ずるものでもないし，本件否決決議を取り消すことによって新たな法律関係が生ずるものではいから，……不適法」と解している（上記③参照）。したがって，本記述は本判決の論拠としてふさわしいとはいえない。

エ　判決の論拠としてふさわしくない。

本記述は，会社法854条に規定する株式会社の役員の解任の訴えに関するものであるから，本判決の論拠としてふさわしいとはいえない。

オ　判決の論拠としてふさわしい。

本記述は，株主総会の決議取消しの訴えを含む会社組織に関する訴えに係る請求認容判決（確定判決）の効力から，訴えの対象となる株主総会決議の前提条件，すなわち，株主総会の決議によって新たな法律関係を生ずることを前提としていると述べるものであるから，本判決の論拠としてふさわしい（上記①②）。

以上により，判決の論拠としてふさわしい記述はアとオであり，正解は肢２となる。

【文献情報】田中P.192。リークエP.164。

第27問	個人商人	条文	肢別解答率				
			1	2	3	4	5
正解：〔No.28〕3		全　体	3%	2%	87%	6%	3%
		合格者全体	2%	0%	92%	4%	1%
		不合格者全体	5%	4%	78%	8%	5%

ア　誤　り。

本記述は，個人商人の商号には，その個人商人の氏又は名のいずれかを含まなければならないとしている点で，誤っている。

商法11条１項は，「商人（……）は，その氏，氏名その他の名称をもってその商号とすることができる。」と規定し，自己の氏名を使うことのほかに，自由に商号を選定することを認めている。すなわち，その商号に氏又は名を含めることを義務づけしているわけではない。

イ　正しい。

商法11条２項により，本記述は正しい。

商法11条２項は「商人は，その商号の登記をすることができる。」と規定し，個人商人の商号について，登記を義務づけているわけではない。

ウ　誤　り。

本記述は，個人商人の支配人には，裁判上の行為をする権限を有しないとしている点で，誤っている。

商法21条１項は，個人商人の商業使用人である支配人について，「支配人は，商人に代わってその営業に関する一切の裁判上又は裁判外の行為をする権限を有する。」と規定している。

エ　正しい。

商法19条２項により，本記述は正しい。

商法19条２項は，商人は，その営業のために使用する財産について，法務省令で定めるところにより，適時に，正確な商業帳簿（会計帳簿及び貸借対照表）を作成しなければならないと定めている。しかし，それを公告することを義務づける規定はない。

オ　誤　り。

本記述は，代理商の留置権の目的物を，個人商人の所有する物又は有価証券に限定している点で，誤っている。

商人間の留置権においては，①留置物が，債務者との間における商行為によって自己の占有に帰したこと，②留置物の所有権がその債務者にあること，という要件を満たすことが必要になる（商法521条）が，代理商の留置権については，被担保債権が本人のために取引の代理又は媒介をしたことによって生じた債権であることを要件とするのみで，留置物については，特に要件はない。よって，留置物の所有権が個人商人にあるか否かは要件とならない。代理商は，個人商人の所有となっていない物等を第三者から得てその個人商人のために占有することが少なくないからである。

以上により，正しい記述はイとエであり，したがって，正解は肢３となる。

【文献情報】近藤Ｐ.56～57，75～80，102。

第28問	運送人の責任	条文	肢別解答率				
			1	2	3	4	5
正解：〔No.29〕2		全　体	16%	18%	24%	22%	19%
		合格者全体	16%	22%	22%	19%	19%
		不合格者全体	15%	12%	28%	26%	19%

1　正しい。

商法576条，民法416条により，本記述は正しい。

運送人は，運送品が延着したときは，これによって生じた損害を賠償する責任を負う（商法575条）。この場合に運送人が責任を負う損害賠償の額は，民法416条の特則とされる商法576条の規定から延着が除外されていることから，一般原則である債務不履行に関する民法の規定（民法416条）により定められると解することができる。

2　誤　り。　★

本記述は，運送品の滅失又は損傷について負う運送人の損害賠償の価額は，原則として，送り状に運送品の価額が記載されていたときは，その価額を限度とするとしている点で，誤っている。

商法576条１項は，「運送品の滅失又は損傷の場合における損害賠償の額は，その引渡しがされるべき地及び時における運送品の市場価格（取引所の相場がある物品については，その相場）によって定める。ただし，市場価格がないときは，その地及び時における同種類で同一の品質の物品の正常な価格によって定める。」と規定し，運送品の滅失又は損傷の場合における民法416条の特則を定めている。大量かつ画一的な物品運送にあたる運送人を保護し，賠償すべき損害額の範囲を定型化して，この点に関する紛争を防止するためである（ただし，運送人の故意又は重大な過失による場合には，適用されない。商法576条３項）。よって，送り状に運送品の価額が記載されていたとしても，それが高価品に該当するのでない限り，本条の規定により処理されることになる。

3　正しい。　★

商法577条により，本記述は正しい。

運送人の債務不履行に基づく損害賠償責任については，民法の債務不履行責任に基づく損害賠償責任（民法415条）の具体化である商法575条が適用され，損害賠償額については，運送品の滅失・損傷の場合に限り，民法416条の特則である商法576条が適用されるのが原則である。さらに，高価品については，商法577条の特則がある。商法577条１項は，「貨幣，有価証券その他の高価品については，荷送人が運送を委託するに当たりその種類及び価額を通知した場合を除き，運送人は，その滅失，損傷又は延着について損害賠償の責任を負わない。」と規定し，同条２項は，「前項の規定は，次に掲げる場合には，適用しない。」として，①物品運送契約の締結の当時，運送品が高価品であることを運送人が知っていたとき（１号），②運送人の故意又は重大な過失によって高価品の滅失，損傷又は延着が生じたとき（２号）を挙げている。

4　正しい。　★

商法581条１項により，本記述は正しい。

商法581条１項は，「荷受人は，運送品が到達地に到着し，又は運送品の全部が滅失したときは，物品運送契約によって生じた荷送人の権利と同一の権利を取得する。」と規定している。

その趣旨は，運送契約上，運送品の引渡しがなされるべき者として荷受人を指定した当事者の意思を尊重する点にある。よって，運送人の過失によって運送品の全部が滅失したときは，当該運送人は，荷受人に対しても，損害賠償責任を負うことになる。

5　正しい。　★

商法584条により，本記述は正しい。

商法584条１項は，「運送品の損傷又は一部滅失についての運送人の責任は，荷受人が異議をとどめないで運送品を受け取ったときは，消滅する。ただし，運送品に直ちに発見することができない損傷又は一部滅失があった場合において，荷受人が引渡しの日から２週間以内に運送人に対してその旨の通知を発したときは，この限りでない。」と規定し，同条２項は，「前項の規定は，運送品の引渡しの当時，運送人がその運送品に損傷又は一部滅失があることを知っていたときは，適用しない。」と規定している。運送関係を早期に解消させて運送人を保護するため，運送人の責任について短期の消滅事由を定めたものである。

【文献情報】近藤 P.203～207，212，214～215。

第29問	手形の支払及び手形保証	条文	肢別解答率				
			1	2	3	4	5
正解：〔No.30〕5		全　体	6%	23%	12%	27%	32%
		合格者全体	5%	21%	9%	26%	38%
		不合格者全体	8%	25%	15%	28%	23%

1　正しい。

手形法77条1項3号，40条1項により，本記述は正しい。

手形は本来満期に支払われるべきものであるから，約束手形の振出人や為替手形の引受人は満期前においては支払う義務がない。また，手形所持人も満期前において手形債務者からの支払を受領すべき義務を負わない（手形法77条1項3号，40条1項）。本来，期限は債務者の利益のために存するのが原則（民法136条）であるが，手形においては，満期まで手形を流通させることについて所持人も利益を有するので，例外が認められている。

2　正しい。

最判昭35.4.12により，本記述は正しい。

最判昭35.4.12（手形小切手百選62事件）は，本記述と同様の事案において，「原判決の挙示する……約束手形には，上告組合の振出署名があり，上告組合以外の上告人らの契印した補箋の表面に単なる同上告人らの署名捺印がなされていることが明らかであるから，たとえ保証その他これと同一の意義を有する文字の表示がなくても，手形法77条3項，31条3項により，同上告人らは，振出人たる上告組合のため手形上の保証をしたものと看做される」と判示している。手形法31条1項が「保証ハ……手形又ハ補箋」にすべしとする一方，同条3項は，「手形ノ表面ニ為シタル単ナル署名ハ之ヲ保証ト看做ス」として，補箋の表面にされた単なる署名については明言していないところ，判例は，手形法31条3項の「手形ノ表面」には補箋の表面も含むと解釈した。その理由として判例を支持する多数説は，①手形法31条3項は，手形保証は手形又は補箋になすべきことを定めた手形法31条1項を受けて，「手形」と規定したものと解すべきこと，②3項の趣旨は手形の表面の記載に重点を置き，裏面の単なる署名は保証とならないことを明らかにすることにあること，を挙げている。

3　正しい。

手形法77条1項3号，40条3項前段により，本記述は正しい。

満期において裏書の連続による形式的資格を有する所持人に対して支払いをした者は，所持人が無権利者でも，それについて悪意又は重大な過失がない限り免責される（手形法77条1項3号，40条3項前段）。同条項にいう「悪意」について，通説は，所持人との間に訴訟が生じた場合には手形債務者が証明責任を負うことから，「悪意」とは，所持人が無権利者であることを知っているだけでなく，それを証明できる容易かつ確実な手段があることを知りながら故意に支払いをしたことをいうと解している。なお，判例（最判昭44.9.12，手形小切手百選70事件）は，通説の悪意概念を前提として，同条項にいう「重過失」について，「必要な調査をすれば，……〔注：所持人が〕権利者でないことを容易に知りうべきであり，かつ，その無権利者であることを証明すべき証拠方法をも確実に得ることができたものと認めるのが相当で」ある場合に，「何ら調査をすることがなく，慢然」と支払ったことをいうと解している。

4　正しい。　★

手形法77条1項8号，71条により，本記述は正しい。

手形法71条は，「時効ノ完成猶予又ハ更新ハ其ノ事由ガ生ジタル者ニ対シテノミ其ノ効力ヲ生ズ」と規定している。手形債務は各々独立したものだから，原則として，ある者に対する消滅時効の完成猶予・更新に関する行為は他の者に影響を及ぼさない。

5　誤　り。　★

本記述は，手形の支払免責は，支払担当者が支払をした場合には適用されないとしている点で，誤っている。

手形法40条3項前段（手形法77条1項3号）は，「満期ニ於テ支払ヲ為ス者ハ悪意又ハ重大ナル過失ナキ限リ其ノ責ヲ免ル」と規定する。同条項にいう「支払ヲ為ス者」が，手形債務を負担していない支払担当者に（類推）適用されるかが問題となるが，通説は，（類推）適用されると解している。その理由として，通説は，①支払担当者は，手形債務者から支払を委託され，代理人的な地位にあると考えられること，②支払を拒絶すれば遡求義務者に対する遡求が発生し，これを避けるためには支払をしなければならないことから，支払を強制された地位にあるとも考えられることを挙げている。

【文献情報】弥永（手）P.189，192～194，210。川村 P.255～258，279～280。手形小切手百選62，70事件。

第30問	為替手形及び小切手	条文	肢別解答率				
			1	2	3	4	5
正解：〔No.31〕3		全　体	19%	10%	50%	9%	13%
		合格者全体	17%	7%	58%	7%	12%
		不合格者全体	22%	16%	37%	11%	14%

ア　正しい。

手形法１条２号，９条１項，25条１項，28条１項，43条，小切手法１条２号，12条前段，39条により，本記述は正しい。

為替手形，小切手は，いずれも支払委託証券である点で共通する（手形法１条２号，小切手法１条２号）。そして，為替手形の支払人は引受（手形法25条１項）をすることにより初めて確定的に手形金額の支払義務を負う（手形法28条１項）。為替手形の振出人は，手形の引受及び支払を担保する責任を負い（手形法９条１項），支払人が引受又は支払をしなかったときに遡求義務を負う（手形法43条）。これに対して，小切手の支払人は，引受により確定的に小切手金額の支払義務を負うことはない。これは小切手が支払手段として用いられる証券（支払証券）であり，満期までの信用を利用する（支払を繰り延べる）ことを目的とする為替手形のような信用証券ではないからである。もっとも，小切手の振出人は為替手形の振出人と同様に，支払人による支払を担保する責任を負い（小切手法12条前段），支払人が支払をしなかったときに遡求義務を負う（小切手法39条）。よって，為替手形の振出人及び小切手の振出人は，いずれも，第一次的な支払義務者ではなく，遡求義務者である。

イ　誤　り。

本記述は，為替手形の支払人が銀行又は銀行と同視される人若しくは施設に限られるとする点で，誤っている。

小切手の支払人は，銀行又は銀行と同視される人若しくは施設に限られる（小切手法３条，59条，71条）のに対し，為替手形の支払人の資格には特に制限はない。よって，為替手形の支払人が銀行又は銀行と同視される人若しくは施設に限られない。

ウ　正しい。

小切手法５条１項３号，２項，３項により，本記述は正しい。

小切手の場合，持参人払式のものは認められている（小切手法５条１項３号，２項，３項）が，為替手形の場合，持参人払式のものは認められていない。

エ　誤　り。

本記述は，小切手について，利息文句を記載することにより，小切手金額に利息を付すことができるとしている点で，誤っている。

一覧払又は一覧後定期払の為替手形については，振出人は手形金額につき満期まで一定利率の利息を付す旨の利息文句を記載することができる（手形法５条）。これに対して，小切手については，利息文句の記載が認められていない（無益的記載事項，小切手法７条）。これは，小切手が支払委託証券であり，直ちに支払うことが予定され（小切手法28条１項），流通期間も短い（小切手法29条１項）ことから，利息を付する実際上の必要性がないことを考慮したものである。

オ　正しい。

手形法11条１項，15条１項，小切手法15条３項により，本記述は正しい。

為替手形は，法律上当然の指図証券であり，支払人も裏書をすることができる（手形法11条１項）。そして，裏書をした支払人は担保責任を負う（手形法15条１項）。これに対して，小切手の支払人は，裏書をすることができない（小切手法15条３項）。これは，為替手形が満期までの信用を利用する（支払を繰り延べる）ことを目的とする信用証券であるのに対して，小切手は支払の手段たる支払証券であり，小切手の支払人が担保責任（小切手法18条１項）を負うのは，小切手の支払証券性に反するからである。

以上により，誤っている記述はイとエであり，正解は肢３となる。

【文献情報】弥永（手）P.50，52，269～274，278～281。

民事訴訟法

第31問 **訴訟能力**

正解：〔No.32〕〔No.33〕
3，4（順不同）

判例	**肢別解答率**									
	No.32					No.33				
	1	2	3	4	5	1	2	3	4	5
全　体	25%	40%	23%	12%	0%	0%	7%	7%	59%	26%
合格者全体	18%	40%	27%	15%	0%	0%	3%	6%	68%	23%
不合格者全体	35%	39%	17%	9%	0%	0%	13%	9%	47%	31%

1　誤　り。

本記述は，訴訟行為を取り消すことができるとしている点で，誤っている。

訴訟能力の存在は，個々の訴訟行為の有効要件であって，訴訟能力を欠く者の訴訟行為は，はじめから無効となる。これは，訴訟は，多くの訴訟行為が積み重なって進んでいくという性格を持つことから，実体法以上に法的安定性が重視されるということによる。したがって，法定代理人は，はじめから無効とされた訴訟行為を取り消すことはできない。

2　誤　り。　★

本記述は，訴訟能力を欠く者であっても，訴訟委任をすることができるとしている点で，誤っている。

民事訴訟法28条，31条。訴訟能力は，民事訴訟法上特別な定めがある場合以外は，民法の行為能力に準ずる（民事訴訟法28条）。民事訴訟法31条は，未成年者及び成年被後見人を，訴訟能力を欠く者としており，これらの者は民法上の制限行為能力者でもあるので，法定代理人によるかその同意（未成年者の場合）によらなければ法律行為である訴訟委任（委任契約）を締結できないことになる。したがって，訴訟能力を欠く者は，自ら委任契約である訴訟委任をすることはできない。

3　正しい。　★

最判昭55.9.26により，本記述は正しい。

判例は，「訴訟行為は，通常，相互に関連をもちながら手続を形成し，審級ごとに終局的判断を経ながら発展して完結に至るものであるから，無権代理人がした書証行為を追認する場合には，ある審級における手続がすでに終了したのちにおいては，その審級における訴訟行為を一体として不可分的にすべきものであって，……すでに終了した控訴審における訴訟行為のうち控訴提起行為のみを選択して追認することは許されないものと解するのが相当である。」としている。

4　正しい。

訴訟能力を欠くとして不適法却下された当人による上訴提起行為は無効とならないかが問題となる。

この点，第一審裁判所で訴訟能力を欠くと判断されたとしても，控訴審での審理によって訴訟能力が認められることもあり得るし，権限ある者から追認される場合もあり得る。よって，訴訟能力を欠くとされた当人には，訴訟能力を本当に欠くかどうかの審理を求める利益が認められるといえ，上訴できると解されている。

5　誤　り。

本記述は，控訴審裁判所は，第一審判決を取り消して，訴えを却下しなければならないとしている点で，誤っている。

最判昭45.12.15。判例は，控訴審裁判所が被告会社代表の代表権限の欠缺を看過してなされた第一審判決を取り消す場合の措置として，「裁判所としては，……上告人に対し訴状の補正を命じ，また，被上告会社に真正な代表者のない場合には，上告人よりの申立に応じて特別代理人を選任するなどして，正当な権限を有する者に対しあらためて訴状の送達をすることを要するのであつて，上告人において右のような補正手続をとらない場合にはじめて裁判所は上告人の訴を却下すべきものである。そして，右補正命令の手続は，事柄の性質上第一審裁判所においてこれをなすべきものと解すべきであるから，このような場合，原審としては，第一審判決を取り消し，第一審裁判所をして上告人に対する前記補正命令をさせるべく，本件を第一審裁判所に差し戻すべきものと解するを相当とする。しかるに，原審がAに被上告会社の代表権限がない事実よりただちに本件訴を不適法として却下したことは，民訴法の解釈を誤るものであ」るとしている。

以上により，正しい記述は３と４であり，したがって，正解は肢３と肢４（順不同）となる。

【文献情報】リークエP.103～108，116。和田P.104～107，111～113，121。

第32問 共同訴訟	条文	肢別解答率									
		№34					№35				
		1	2	3	4	5	1	2	3	4	5
正解：〔№34〕〔№35〕1，2（順不同）	全　体	90%	7%	2%	1%	0%	1%	73%	5%	6%	15%
	合格者全体	96%	3%	0%	0%	0%	0%	86%	3%	2%	9%
	不合格者全体	82%	11%	4%	2%	0%	1%	54%	9%	12%	24%

【誤答行動分析】

本問肢2について，合格者と不合格者の正答率格差は32%である。合格者の正答率は86%であるのに対し，不合格者の正答率は54%に過ぎない。そして，肢2は百選掲載の重要判例（最判平元.3.28，百選100事件）であり，この判例を知っていたか否かが合格者と不合格者の差を生じさせた原因と考えられる。

百選に掲載されている判例は事案と判旨を丁寧に押さえておくことが必要である。

1　正しい。

最判平11.11.9により，本記述は正しい。

判例は，「境界の確定を求める訴えは，隣接する土地の一方又は双方が数名の共有に属する場合には，共有者全員が共同してのみ訴え，又は訴えられることを要する固有必要的共同訴訟と解される（最高裁昭和44年（オ）第279号同46年12月9日第一小法廷判決・民集25巻9号1457頁参照）。したがって，共有者が右の訴えを提起するには，本来，その全員が原告となって訴えを提起すべきものであるということができる。しかし，【要旨】共有者のうちに右の訴えを提起することに同調しない者がいるときには，その余の共有者は，隣接する土地の所有者と共に右の訴えを提起することに同調しない者を被告にして訴えを提起することができるものと解するのが相当である。けだし，境界確定の訴えは，所有権の目的となるべき公簿上特定の地番により表示される相隣接する土地の境界に争いがある場合に，裁判によってその境界を定めることを求める訴えであって，所有権の目的となる土地の範囲を確定するものとして共有地については共有者全員につき判決の効力を及ぼすべきものであるから，右共有者は，共通の利益を有する者として共同して訴え，又は訴えられることが必要となる。しかし，共有者のうちに右の訴えを提起することに同調しない者がいる場合であっても，隣接する土地との境界に争いがあるときにはこれを確定する必要があることを否定することはできないところ，右の訴えにおいては，裁判所は，当事者の主張に拘束されないで，自らその正当と認めるところに従って境界を定めるべきであって，当事者の主張しない境界線を確定しても民訴法246条の規定に違反するものではないのである（最高裁昭和37年（オ）第938号同38年10月15日第三小法廷判決・民集17巻9号1220頁参照）。このような右の訴えの特質に照らせば，共有者全員が必ず共同歩調をとることを要するとまで解する必要はなく，共有者の全員が原告又は被告いずれかの立場で当事者として訴訟に関与していれば足りると解すべきであり，このように解しても訴訟手続に支障を来すこともないからである。」としている。

2　正しい。　!!!

最判平元.3.28（百選100事件）により，本記述は正しい。

判例は，「遺産確認の訴えは，当該財産が現に共同相続人による遺産分割前の共有関係にあることの確認を求める訴えであり，その原告勝訴の確定判決は，当該財産が遺産分割の対象である財産であることを既判力をもって確定し，これに続く遺産分割審判の手続及び右審判の確定後において，当該財産の遺産帰属性を争うことを許さないとすることによって共同相続人間の紛争の解決に資することができるのであって，この点に右訴えの適法性を肯定する実質的根拠があるのであるから（最高裁昭和57年（オ）第184号同61年３月13日第一小法廷判決・民集40巻２号389頁参照），右訴えは，共同相続人全員が当事者として関与し，その間で合一にのみ確定することを要するいわゆる固有必要的共同訴訟と解するのが相当である。」としている。

3　誤　り。

本記述は，共同訴訟人のうち一人について上訴期間が経過したときは，判決が確定するとしている点で，誤っている。

民事訴訟法40条１項。共同訴訟人のうち一人がした行為が他の共同訴訟人にとって不利である場合には，行為は当該共同訴訟人との関係を含めその効果を生じないとされる。本記述においても，共同訴訟人のうち一人の上訴期間が経過することは，合一確定を実現するためには他の共同訴訟人にとって不利であることから効力を生じない。よって，判決は，確定しないと解される。

4　誤　り。

本記述は，裁判所は，原告と一方の被告の間で裁判上の自白が成立した事実については，他方の被告との間でも判決の基礎としなければならないとしている点で，誤っている。

同時審判の申出がなされても，共同訴訟自体は通常共同訴訟であるから，共同訴訟独立の原則（民事訴訟法39条）が妥当する。よって，原告と一方の被告の間での裁判上の自白は，他方の被告との間の効力に影響を及ぼさない。

5　誤　り。

同時審判の申出は，第一審の口頭弁論の終結の時までにしなければならないとしている点で，誤っている。

民事訴訟法41条２項。同時審判の申出は，控訴審の口頭弁論の終結の時までにしなければならないとされている。

以上により，正しい記述は１と２であり，したがって，正解は肢１と肢２（順不同）となる。

【文献情報】リークエP.541，544～545，552～553，555～556。和田P.166～167，504，509。

第33問 訴訟引受け	条文	肢別解答率									
		No.36					No.37				
		1	2	3	4	5	1	2	3	4	5
正解：〔No.36〕〔No.37〕 1，5（順不同）	全　体	71%	6%	17%	5%	1%	0%	2%	15%	10%	72%
	合格者全体	75%	4%	15%	4%	1%	0%	1%	10%	7%	82%
	不合格者全体	66%	9%	19%	5%	1%	1%	4%	22%	13%	58%

１　誤　り。

本記述は，Ｚがした訴訟行為は，Ｙの利益においてのみその効力を生ずるとしている点で，誤っている。

訴訟承継（当然承継，参加承継及び引受承継）が生じた場合，時効の完成猶予や期間遵守の効力は，訴訟係属の初めに遡って効力を生じ（民事訴訟法49条，50条３項，51条），承継人との関係においても維持される。さらに，新当事者である承継人は，旧当事者である被承継人の形成した訴訟状態を，有利・不利を問わず全面的に引き継ぐので，従前の弁論，証拠調べ及び裁判は承継人を拘束する。そのため，承継人は，被承継人のした自白に反する主張はできないし，時機に後れたものとして被承継人が既に提出できなくなった攻撃防御方法を提出することもできない。もっとも，従前の訴訟状態の如何にかかわらず，承継人固有の攻撃防御方法を提出することは妨げられない。また，例えば，承継原因発生前に被承継人と相手方との間で馴れ合い的な訴訟追行がされており，承継人がそのことを知らずに被承継人から係争物の譲渡を受けた場合には，被承継人のした自白の拘束力は承継人に及ばないので，被承継人の自白に反する承継人の訴訟行為は，効力を生ずると解される。よって，本記述のように，ＺがＹから引受承継（民事訴訟法50条１項，51条）をした場合，Ｚがした訴訟行為は，Ｙの利益に反して効力が認められる場合もあるので，Ｙの利益においてのみその効力を生ずるとはいえない。

2　正しい。

民事訴訟法51条・50条１項により，本記述は正しい。

本記述は，訴訟の目的である権利を譲り受けた第三者に対して，当該訴訟の相手方当事者が引受けを申し立てるものであり，権利承継人に対する引受承継として民事訴訟法51条・50条１項により認められている。

3　正しい。

最決昭37.10.12により，本記述は正しい。

判例は，引受承継の申立ては口頭弁論の終結時までになされなければならないとしている。よって，控訴審の終局判決に対してなされる上告裁判所に対し，Xは，訴訟の引受けの申立てをすることはできない。

4　正しい。

最判昭41.３.22（百選109事件）により，本記述は正しい。

判例は，「賃貸人が，土地賃貸借契約の終了を理由に，賃借人に対して地上建物の収去，土地の明渡を求める訴訟が係属中に，土地賃借人からその所有の前記建物の一部を賃借し，これに基づき，当該建物部分および建物敷地の占有を承継した者は，民訴法74条〔注：現民事訴訟法50条・51条〕にいう『其ノ訴訟ノ目的タル債務ヲ承継シタル』者に該当すると解するのが相当である。けだし，土地賃借人が契約の終了に基づいて土地賃貸人に対して負担する地上建物の収去義務は，右建物から立ち退く義務を包含するものであり，当該建物収去義務の存否に関する紛争のうち建物からの退去にかかる部分は，第三者が土地賃借人から係争建物の一部および建物敷地の占有を承継することによつて，第三者の土地賃貸人に対する退去義務の存否に関する紛争という型態をとつて，右両者間に移行し，第三者は当該紛争の主体たる地位を土地賃借人から承継したものと解されるからである。これを実質的に考察しても，第三者の占有の適否ないし土地賃貸人に対する退去義務の存否は，帰するところ，土地賃貸借契約が終了していないとする土地賃借人の主張とこれを支える証拠関係（訴訟資料）に依存するとともに，他面において，土地賃貸人側の反対の訴訟資料によつて否定されうる関係にあるのが通常であるから，かかる場合，土地賃貸人が，第三者を相手どつて新たに訴訟を提起する代わりに，土地賃借人との間の既存の訴訟を第三者に承継させて，従前の訴訟資料を利用し，争いの実効的な解決を計ろうとする要請は，民訴法74条〔注：現民事訴訟法50条・51条〕の法意に鑑み，正当なものとしてこれを是認すべきであるし，これにより第三者の利益を損うものとは考えられないのである。そして，たとえ，土地賃貸人の第三者に対する請求が土地所有権に基づく物上請求であり，土地賃借人に対する請求が債権的請求であつて，前者と後者とが権利としての性質を異にするからといつて，叙上の理は左右されないというべきである。」としている。

5　誤　り。

Ｙが X の承諾を得て訴訟から脱退したときは，その確定判決の効力は，Ｙに対しては及ばないとしている点で，誤っている。

民事訴訟法50条３項・48条。訴訟を引き受けさせる決定があった場合については，民事訴訟法50条３項が訴訟脱退の民事訴訟法48条を準用している。よって，民事訴訟法48条により，相手方の承諾を得て訴訟から脱退した場合，脱退した当事者に対しても判決の効力が生ずるとされる。したがって，本記述のＹに対しても確定判決の効力は及ぶことになる。

以上により，誤っている記述は１と５であり，したがって，正解は肢１と肢５（順不同）となる。

【文献情報】リークエP.596～599。和田P.567～569。

第34問　裁判上の和解	条文	肢別解答率									
		No.38					No.39				
		1	2	3	4	5	1	2	3	4	5
正解：〔No.38〕〔No.39〕 2，4（順不同）	全　体	12%	77%	7%	4%	0%	1%	4%	7%	83%	6%
	合格者全体	9%	79%	8%	3%	0%	0%	3%	5%	87%	5%
	不合格者全体	16%	72%	6%	5%	0%	1%	5%	10%	76%	8%

1　誤　り。

本記述は，和解の試みを受託裁判官にさせることができないとしている点で，誤っている。

民事訴訟法89条は，「裁判所は……受託裁判官に和解を試みさせることができる。」と規定している。

2　正しい。

民事訴訟法68条により，本記述は正しい。

民事訴訟法68条は，「当事者が裁判所において和解をした場合において，和解の費用又は訴訟費用の負担について特別の定めをしなかったときは，その費用は，各自が負担する。」と規定している。

3　誤　り。

本記述は，決定に対して異議を申し立てることができないとしている点で，誤っている。

民事訴訟法275条の２第３項。簡易裁判所の和解に代わる決定（民事訴訟法275条の２第１項）に対しては，当事者は，その決定の告知を受けた日から２週間の不変期間内に，その決定をした裁判所に異議を申し立てることができる。

4　正しい。

民事訴訟法267条及び民法147条２項により，本記述は正しい。

民事訴訟法267条は，和解を調書に記載したときは，その記載は確定判決と同一の効力を有するとしている。そして，民法147条２項は，確定判決と同一の効力を有するものによって権利が確定したときは，時効は，更新されることを規定している。したがって，本記述においても，貸金返還請求訴訟において和解が成立した結果，原告の被告に対する貸金返還請求権が確定した場合には，消滅時効が更新されることになる。

5　誤　り。

本記述は，上告裁判所が，和解を試みることを相当と認める場合に，原審に事件を差し戻さなければならないとしている点で，誤っている。

上告審は，法律審であるから，原判決を破棄するときは自判ではなく，事件を原審に差し戻すことが原則とされる（民事訴訟法325条１項）。もっとも，和解は，両当事者における訴訟物についての紛争解決の合意という自主的紛争解決手段にすぎず，それ自体裁判ではない。よって，上告裁判所が和解を試みることを相当と認める場合には，上告審において和解をすることが可能となる。この場合，原判決を破棄してするものではないので，民事訴訟法325条１項の適用はない。したがって，本記述においても，原審に事件を差し戻す必要はないことになる。

以上により，正しい記述は２と４であり，したがって，正解は肢２と肢４（順不同）となる。

【文献情報】 リークエP.487～491。和田P.398，400，403～407。

第35問	訴訟記録の閲覧・謄写請求	条文	肢別解答率				
			1	2	3	4	5
正解：〔No.40〕4		全　体	2%	24%	40%	29%	5%
		合格者全体	3%	22%	35%	36%	4%
		不合格者全体	2%	27%	46%	20%	5%

ア　誤　り。

本記述は，何人も訴訟記録の謄写を請求することができるとしている点で，誤っている。

民事訴訟法91条３項は，当事者及び利害関係を疎明した第三者に限り，訴訟記録の謄写請求を認めている。何人にも認められているのは，訴訟記録の閲覧請求である（民事訴訟法91条１項）。

イ　正しい。

民事訴訟法91条５項により，本記述は正しい。

民事訴訟法91条５項は，「訴訟記録の……謄写……の請求は，……裁判所の執務に支障があるときは，することができない。」と規定している。

ウ　誤　り。

本記述は，当事者の私生活についての重大な秘密が記載されていた部分の閲覧の請求をすることができる者を当事者に限ることができないとしている点で，誤っている。

民事訴訟法92条１項柱書は，裁判所は，同項１号又は２号に掲げる事由につき疎明があった場合には，秘密が記載され，又は記録された部分の閲覧若しくは謄写，その正本，謄本若しくは抄本の交付又はその複製（以下「秘密記載部分の閲覧等」という。）の請求をすることができる者を当事者に限ることができると規定し，同項１号は，「訴訟記録中に当事者の私生活についての重大な秘密が記載され，又は記録されており，かつ，第三者が秘密記載部分の閲覧等を行うことにより，その当事者が社会生活を営むのに著しい支障を生ずるおそれがあること。」と規定しており，秘密記載部分の閲覧の請求をすることができる者を当事者に限ることができることになる。

エ　誤　り。　★

本記述は，裁判所は，当該当事者の申立てにより，当該部分について，相手方当事者の謄写の請求を制限することができるとしている点で，誤っている。

民事訴訟法92条１項１号により，秘密記載部分の閲覧等については当事者に限定することができる（肢ウの解説の条文参照）。その趣旨は，利害関係人の利益よりも当事者の秘密保護の利益を確保する必要があることにある。もっとも，当事者間において秘密記載部分の閲覧等を制限する規定はない。したがって，本記述においても，相手方当事者の謄写の請求を制限することはできないことになる。

オ　正しい。

民事訴訟法92条３項により，本記述は正しい。

民事訴訟法92条３項は，「秘密記載部分の閲覧等の請求をしようとする第三者は，訴訟記録の存する裁判所に対し，第１項に規定する要件を欠くこと又はこれを欠くに至ったことを理由として，同項の決定の取消しの申立てをすることができる。」と規定している。したがって，本記述においても，秘密記載部分が秘密でなくなったときは，第三者は，謄写の請求を制限する旨の決定の取消しを申し立てることができる。

以上により，正しい記述はイとオであり，したがって，正解は肢４となる。

【文献情報】リークエP.162～163。和田P.202。

第36問	送　達	判例	肢別解答率				
			1	2	3	4	5
正解：〔No.41〕４		全　体	9%	3%	5%	76%	7%
		合格者全体	9%	1%	2%	84%	4%
		不合格者全体	8%	5%	10%	65%	13%

ア　誤　り。

本記述は，訴訟代理人がある間は，当事者本人に対する訴訟関係書類の送達を無効としている点で，誤っている。

最判昭25.6.23は，「訴訟代理人のあるときは，訴訟書類は，その代理人に送達するのを通例とするけれども，この場合においても当事者本人に対する送達を妨げるものではない。」としている。

イ　正しい。

最判平８.５.28により，本記述は正しい。

判例は，「確かに，訴えが不適法な場合であっても，当事者の釈明によっては訴えを適法として審理を開始し得ることもあるから，そのような可能性のある場合に，当事者にその機会を与えず直ちに民訴法202条を適用して訴えを却下することは相当とはいえない。しかしながら，裁判制度の趣旨からして，もはやそのような訴えの許されないことが明らかであって，当事者のその後の訴訟活動によって訴えを適法とすることが全く期待できない場合には，被告に訴状の送達をするまでもなく口頭弁論を経ずに訴え却下の判決をし，右判決正本を原告にのみ送達すれば足り，さらに，控訴審も，これを相当として口頭弁論を経ずに控訴を棄却する場合には，右被告とされている者に対し控訴状及び判決正本の送達をすることを要しないものと解するのが相当である。けだし，そのような事件において，訴状や判決を相手方に送達することは，訴訟の進行及び訴えに対する判断にとって，何ら資するところがないからである。」としている。

ウ　誤　り。

本記述は，訴訟代理人がいない場合には，送達を受けるべき場所を受訴裁判所に届け出ることを要しないとしている点で，誤っている。

民事訴訟法104条１項は，「当事者，法定代理人又は訴訟代理人は，送達を受けるべき場所（日本国内に限る。）を受訴裁判所に届け出なければならない。この場合においては，送達受取人をも届け出ることができる。」と規定しており，訴訟代理人がいない場合には，送達を受けるべき場所を受訴裁判所に届け出ることを要しないとはしていない。

エ　正しい。

民事訴訟法159条３項ただし書により，本記述は正しい。

民事訴訟法159条１項本文は，「当事者が口頭弁論において相手方の主張した事実を争うことを明らかにしない場合には，その事実を自白したものとみなす。」と規定し，同条３項本文は，「第１項の規定は，当事者が口頭弁論の期日に出頭しない場合について準用する。」としている。もっとも，同条３項ただし書は，「ただし，その当事者が公示送達による呼出しを受けたものであるときは，この限りでない。」として公示送達がなされた場合における擬制自白（民事訴訟法159条１項）を認めていない。したがって，本記述においても，訴状及び第１回口頭弁論期日の呼出状が公示送達でなされていることから，被告が口頭弁論期日に欠席し訴状に記載された請求原因事実を争うことを明らかにしないときであっても，被告がその事実について自白したものとは認められないことになる。

オ　誤　り。

本記述は，その訴訟に関して事実上の利害関係の対立があるときは，受送達者に対する送達の効力が生じないとしている点で，誤っている。

最決平19.３.20（百選40事件）。判例は，「受送達者あての訴訟関係書類の交付を受けた同居者等が，その訴訟において受送達者の相手方当事者又はこれと同視し得る者に当たる場合は別として（民法108条参照），その訴訟に関して受送達者との間に事実上の利害関係の対立があるにすぎない場合には，当該同居者等に対して上記書類を交付することによって，受送達者に対する送達の効力が生ずるというべきである。」としている。

以上により，正しい記述はイとエであり，したがって，正解は肢４となる。

【文献情報】リークエP.45～46，166～171。和田P.189～194，605。

<table>
<tr><th rowspan="2">第37問</th><th rowspan="2">確定判決の既判力</th><th rowspan="3">条文</th><th colspan="10">肢別解答率</th></tr>
<tr><th colspan="5">No.42</th><th colspan="5">No.43</th></tr>
<tr><td rowspan="4" colspan="2">正解：〔No.42〕〔No.43〕
２，５（順不同）</td><td>1</td><td>2</td><td>3</td><td>4</td><td>5</td><td>1</td><td>2</td><td>3</td><td>4</td><td>5</td></tr>
<tr><td>全　体</td><td>29%</td><td>43%</td><td>24%</td><td>3%</td><td>1%</td><td>0%</td><td>4%</td><td>9%</td><td>6%</td><td>80%</td></tr>
<tr><td>合格者全体</td><td>21%</td><td>53%</td><td>23%</td><td>2%</td><td>0%</td><td>0%</td><td>3%</td><td>4%</td><td>4%</td><td>89%</td></tr>
<tr><td>不合格者全体</td><td>41%</td><td>28%</td><td>26%</td><td>4%</td><td>1%</td><td>1%</td><td>6%</td><td>15%</td><td>10%</td><td>67%</td></tr>
</table>

【誤答行動分析】

本問肢２について，合格者と不合格者の正答率格差は25%である。合格者の正答率は53%であるのに対し，不合格者の正答率は28%に過ぎない。そして，不合格者の41%が肢１を選択しているため，合格者と不合格者の差は，肢１の正誤にあると考えられる。

肢１は，理由中の判断につき既判力は生じないことの典型例である。それにも関わらず肢１を選択したのは，前訴において，土地の所有権確認の訴えを提起して敗訴した者が，後訴で同一土地の所有権に基づく返還請求をした場合（この場合には基準時後の新事由がない限り，前訴の既判によって後訴の請求が棄却される）と混同してしまったのではないかと考えられる。

１　誤　り。　**!!!**

最判昭30.12.1。判例は，本記述と類似の事案において，「所有権に基づく物上請求権による訴において，……所有権の存在についてまで既判力のあるものとしたことは失当であ」るとしている。その理由として，判例は，「民訴199条１項〔注：現民事訴訟法114条１項〕によれば『確定判決ハ主文ニ包含スルモノニ限リ既判カヲ有ス』る」ことを挙げている。したがって，本記述は誤っている。

２　正しい。

既判力は，事実審の口頭弁論終結の時点において生じ（民事執行法35条参照），後訴において，前訴確定判決の既判力ある判断を争うために，前訴の基準時までに存した事実に基づく功撃防御方法を提出することは既判力の消極的作用により遮断される。本記述において，売買契約について通謀虚偽表示による無効の主張は，前訴確定判決の既判力ある判断を争うための，前訴の基準時までに存した事実に基づく攻撃方法の提出であるから，遮断される。したがって，本記述は正しい。

3　誤　り。

民事訴訟法114条１項。確定判決は，主文に包含するものに限り，既判力を有する。判決理由中の判断については，相殺の抗弁の場合（民事訴訟法114条２項）を除いて，既判力は認められない。本記述において，債務が弁済によって消滅したことは，理由中の判断であるから，既判力は生じず，後訴裁判所を拘束しない。したがって，本記述は誤っている。

4　誤　り。

既判力は，事実審の口頭弁論終結の時点において生じ（民事執行法35条参照），後訴において，前訴確定判決の既判力ある判断を争うために，前訴の基準時までに存した事実に基づく功撃防御方法を提出することは既判力の消極的作用により遮断される。本記述において，Ｘから所有権を取得したとのＹの主張は前訴の口頭弁論終結後の事情であるから，前訴の基準時までに存した事実に当たらず，遮断されない。したがって，本記述は誤っている。

5　正しい。

大判昭14.３.29により，本記述は正しい。

判例は，本記述と類似の事案において，基準時前に消滅時効が完成し，基準事後にその援用がなされた場合でも，時効の主張が既判力によって遮断されるとしている。判例の結論に賛成する学説は，その理由として，既判力は，事実審の口頭弁論終結の時点において生じ（民事執行法35条参照），後訴において，前訴確定判決の既判力ある判断を争うために，前訴の基準時までに存した事実に基づく功撃防御方法を提出することは既判力の消極的作用により遮断されることを挙げている。

以上により，正しい記述は２と５であり，したがって，正解は肢２と肢５（順不同）となる。

【文献情報】リークエP.422～426，428～430。和田P.434～437，448～450。

第38問	訴え提起前にされた合意の訴訟上の効果	学説	肢別解答率				
			1	2	3	4	5
正解：〔No.44〕2		全　体	15%	50%	6%	4%	24%
		合格者全体	13%	59%	3%	2%	23%
		不合格者全体	19%	38%	11%	6%	26%

ア　正しい。

特定の証拠方法の提出を制限する旨の当事者間の契約を，証拠制限契約という。弁論主義の下では，訴訟の場にどのような証拠方法を提出するかは，当事者の責任かつ権能とされているから，このような証拠制限契約も有効である。よって，当事者間で一定の文書を証拠として用いないとの合意（証拠制限契約）がされた場合，この合意は有効であるから，裁判所は，請求の理由の有無を判断するためにその文書を証拠として取り調べることはできない。したがって，本記述は正しい。

イ　誤　り。

本記述は，当該合意に基づき被告が訴えの却下を求めたときであっても，裁判所は，その裁量により，訴えを却下せず，本案の判決をすることができるとしている点で，誤っている。

仲裁合意の対象となる民事上の紛争について訴えが提起されたときは，受訴裁判所は，被告の申立てにより，訴えを却下しなければならない（仲裁法14条1項柱書本文）。ただし，仲裁合意が無効，取消しその他の事由により効力を有しないとき（仲裁法14条1項1号），仲裁合意に基づく仲裁手続を行うことができないとき（同条項2号），当該申立てが，本案について，被告が弁論をし，又は弁論準備手続において申述をした後にされたものであるとき（同条項3号）は，この限りでない（仲裁法14条1項柱書ただし書）。このように，仲裁法14条1項柱書本文の例外は，同条項1号～3号の場合に限定されており，裁判所が，その裁量により，訴えを却下せず，本案の判決をすることは認められていない。よって，本件契約の下で生ずる紛争を仲裁により解決するとの合意がされたにもかかわらず，その当事者の一方が当該紛争の解決のために相手方当事者を被告として訴えを提起した場合に，当該合意に基づき被告が訴えの却下を求めたときは，裁判所は，仲裁法14条1項1号～3号の場合を除き，訴えを却下しなければならず，その裁量により，訴えを却下せず，本案の判決をすることはできない。

ウ　誤　り。

本記述は，我が国の裁判所は，我が国の国内で証拠調べを行うときであっても，その外国の民事訴訟法における規律に従って証拠調べの手続を行わなければならないとしている点で，誤っている。

訴訟手続は，民事訴訟法等の訴訟法規の定めに従って統一的な方式で進められる必要があり，個々の事件において裁判所や当事者が任意に手続を定めることは，原則として許されない（任意訴訟の禁止の原則）。この原則の下では，訴訟手続の進行方法について当事者が合意しても，そのような契約は裁判所を拘束せず，当該合意は効力を有しない。よって，証拠調べの手続について，当事者間で，特定の外国の民事訴訟法における規律に服するとの合意がされた場合，そのような合意は任意訴訟の禁止の原則に反し，裁判所を拘束しないため，我が国の裁判所は，我が国の国内で証拠調べを行うときには，我が国の民事訴訟法における規律に従って証拠調べの手続を行わなければならない。

エ　正しい。

訴訟手続は，民事訴訟法等の訴訟法規の定めに従って統一的な方式で進められる必要があり，個々の事件において裁判所や当事者が任意に手続を定めることは，原則として許されない（任意訴訟の禁止の原則）。しかし，訴訟上の当事者主義である処分権主義や弁論主義が妥当する範囲内の事項については，当事者の意思を尊重しても，訴訟法規の趣旨や公益に反しない場合が考えられるため，その内容が合理的かつ明確なものであれば，他に無効事由がない限り，当事者の合意が有効と認められる。よって，訴えが提起された場合には一定の主要事実の存在を認めるとの合意は，弁論主義が妥当する範囲内の事項であり，その内容が合理的かつ明確なものであるから，他に無効事由がない限り，当事者の合意が有効と認められ，裁判所は，その事実が存在するものとしなければならない。したがって，本記述は正しい。

オ　誤　り。

本記述は，本件契約の下で実際に生じた紛争に係る訴訟の目的の価額が140万円を超えないときは，その訴訟は，当該地方裁判所の管轄区域内の簡易裁判所の管轄に属するとしている点で，誤っている。

民事訴訟法11条１項。当事者は，第一審に限り，合意により管轄裁判所を定めることができる。そのため，法律上，事物管轄（主に第一審裁判所を地方裁判所と簡易裁判所のいずれにするかの定め）が規定されている場合であっても，当事者間の管轄の合意が優先する。よって，本件契約の下で生ずる紛争について，特定の地方裁判所を第一審の専属管轄裁判所とするとの合意がされた場合，この合意が事物管轄に優先するから，本件契約の下で実際に生じた紛争に係る訴訟の目的の価額が140万円を超えないときであっても，その訴訟は，当該地方裁判所の管轄区域内の簡易裁判所の管轄（裁判所法33条１項１号）ではなく，当該特定の地方裁判所の管轄に属する。

以上により，正しい記述はアとエであり，したがって，正解は肢2となる。

【文献情報】リークエP.13～14，75～76，346。和田P.2，16，131～132，299。

第39問　**弁論主義**

正解：〔No.45〕〔No.46〕
1，3（順不同）

判例	肢別解答率									
	No.45					No.46				
	1	2	3	4	5	1	2	3	4	5
全　体	69%	9%	20%	1%	0%	1%	8%	49%	35%	7%
合格者全体	79%	7%	14%	1%	0%	0%	8%	59%	29%	5%
不合格者全体	54%	13%	30%	2%	0%	1%	8%	36%	43%	11%

【誤答行動分析】

本問肢2について，合格者と不合格者の正答率格差は25%である。合格者の正答率は79%であるのに対し，不合格者の正答率は54%に過ぎない。そして，不合格者の43%が肢4を選択しているため，合格者と不合格者の差は，肢4の正誤にあると考えられる。

肢4の判例は，百選には掲載されていないものの，仮に判例を知らなくとも，弁論主義の適用範囲は主要事実に限られることを前提に，「別の債権に対して被告による弁済がされた」との事実が訴求債権に対する弁済を否定するための間接事実に過ぎないことを見抜く事ができれば，正解を導くことができたといえる。

1　誤り。

本記述は，被告が留置権を行使する意思を表明していないときであっても，裁判所は，被告が留置権を有することを判決の基礎とすることができるとしている点で，誤っている。

最判昭27.11.27（百選51事件）。本記述と類似の事案において，判例は，「留置権のような権利抗弁にあつては，弁済免除等の事実抗弁が苟くもその抗弁を構成する事実関係の主張せられた以上，それがその抗弁により利益を受ける者により主張せられたると，その相手方により主張せられたるとを問わず，常に裁判所においてこれを斟酌しなければならないのと異なり，たとい抗弁権取得の事実関係が訴訟上主張せられたとしても権利者においてその権利を行使する意思を表明しない限り裁判所においてこれを斟酌することはできない」としている。したがって，所有権に基づく動産引渡請求訴訟において，被告が留置権の発生の原因となる事実を主張した場合であっても，被告が留置権を行使する意思を表明していないときは，裁判所は，被告が留置権を有することを判決の基礎とすることができない。

2　正しい。

最判昭41.9.8により，本記述は正しい。

所有権に基づく建物明渡請求訴訟において，「原告は，被告に対してその建物を無償で使用させていた。」との事実は，本来，被告が主張すべき抗弁事実であるが，本記述では，原告から主張されている。これを被告が援用しない（したがって，先行自白とならない）場合に，裁判所はどのように扱うべきか，主張共通の原則が問題となる。判例は，主張共通の原則を認めている。判例の結論に賛成する学説は，その理由として，弁論主義の定義や内容でいうところの「裁判所」や「当事者」との関係は，「裁判所」と「両当事者」の関係のことをいい，両当事者のどちらが主張したかを問うものではないということを挙げている。したがって，裁判所は，所有権に基づく建物明渡請求訴訟において，「原告は，被告に対してその建物を無償で使用させていた。」との事実を原告が陳述した場合には，被告がその援用をしないときであっても，裁判所は，原告と被告との間でその建物の使用貸借契約が成立したことを判決の基礎とすることができる。

3　誤　り。

本記述は，原告の所有権喪失事由を当事者が主張していないときであっても，裁判所は，その事実を判決の基礎とすることができるとしている点で，誤っている。

最判昭41.4.12（百選Ａ16事件）。本記述の，「原告がＡからその土地を買い受けた後に被告がＡからその土地を買い受け，これに基づき所有権移転登記がされた。」との事実は，Ａを起点とする原告と被告への二重譲渡において，先に登記を具備した被告が優先する（民法177条参照）ことを示す事実であり，原告の所有権喪失事由である。判例は，原告の所有権喪失事由は，被告が主張すべき抗弁事実に当たるとしている。したがって，「原告がＡからその土地を買い受けた後に被告がＡからその土地を買い受け，これに基づき所有権移転登記がされた。」との事実を当事者が主張していないとき，裁判所は，その事実を判決の基礎とすることはできない。

4　正しい。　**!!!**

最判昭46.6.29により，本記述は正しい。

本記述と類似の事案において，判例は，債務の弁済が主張されている場合に，別口債務の存在や当該金員支払が当該別口債務に関するものであったという事実を当事者の主張なく裁判所が認定しても，弁論主義に違反しないとしている。判例の結論に賛成する学説は，その理由として，このような事実は，弁済という抗弁事実の存在を否定する方向に働く間接事実であり，主要事実ではないということを挙げている。したがって，保証債務履行請求訴訟において，被告が主張した弁済の事実を原告が否認している場合には，当事者が原告の被告に対する別の債権の存在を主張していないときであっても，裁判所は，その別の債権に対して被告による弁済がされたものであるとして，「請求債権に対する弁済はない。」との事実を判決の基礎とすることができる。

5　正しい。

最判昭43.12.24（百選Ａ17事件）により，本記述は正しい。

本記述と類似の事案において，判例は，「民法418条による過失相殺は，債務者の主張がなくても，裁判所が職権ですることができるが，債権者に過失があつた事実は，債務者において立証責任を負う」としている。したがって，不法行為に基づく損害賠償請求訴訟において，被告が原告に損害の発生に関する過失があることの根拠となる事実を主張した場合には，被告が過失相殺を主張していないときであっても，裁判所は，過失相殺の結果を判決の基礎とすることができる。

以上により，誤っている記述は１と３であり，したがって，正解は肢１と肢３（順不同）となる。

【文献情報】リークエP.206～207，209～213，225～226。和田P.234，243，263，265～268。

第40問	相　殺	判例	肢別解答率				
			1	2	3	4	5
正解：〔No.47〕5		全　体	6%	4%	11%	18%	59%
		合格者全体	2%	1%	5%	16%	75%
		不合格者全体	13%	8%	19%	21%	37%

【誤答行動分析】

本問の合格者と不合格者の正答率格差は38%である。合格者の正答率は75%であるのに対し，不合格者の正答率は37%に過ぎない。不合格者の選択のうち，正解の肢５の次に多いのが肢４（21%）であり，次いで肢３（19%）となっていることから，肢３，４に共通する肢イを正しいと判断してしまった者が多いと考えられる。したがって，合格者と不合格者の差は，肢イの正誤にあると考えられる。

肢イの判例（最判平27.1214）は比較的新しく，百選掲載判例ではないものの，二重起訴と相殺の抗弁という重要論点における重要判例である。論点学習の際に，関連する判例についても丁寧に学習することを心がけたい。

ア　誤　り。

本記述は，Ｙが，Ｘに対して提起した請求異議の訴えに係る訴訟において，甲債権の消滅を主張することは，この判決の既判力に抵触し，許されないとしている点で，誤っている。

最判昭40.４.２。判例は，本記述と同様の事案において，「当該債務名義〔注：請求異議訴訟の対象たる債務名義〕たる判決の口頭弁論終結前には相殺適状にあるにすぎない場合，口頭弁論の終結後に至つてはじめて相殺の意思表示がなされたことにより債務消滅を原因として異議を主張するのは民訴法545条２項（現民事執行法35条２項）の適用上許されるとする大審院民事連合部明治43年11月26日判決（民録16輯764頁）の判旨は，当裁判所もこれを改める必要を認めない」としている。その理由として，判例は，「相殺は当事者双方の債務が相殺適状に達した時において当然その効力を生ずるものではなくて，その一方が相手方に対し相殺の意思表示をすることによつてその効力を生ずるものである」ということを挙げている。よって，本記述の場合，Ｙが，Ｘに対して提起した請求異議の訴えに係る訴訟において，甲債権の消滅を主張することは，本件訴訟の判決の既判力に抵触せず，許される。

イ　誤　り。　!!!

本記述は，Ｘが，甲債権の全部又は一部が時効により消滅したと判断されることを条件として，甲債権のうち時効により消滅した部分を自働債権とし，乙債権を受働債権とする相殺の抗弁を主張することは，許されないとしている点で，誤っている。

最判平27.12.14。判例は，「本訴において訴訟物となっている債権の全部又は一部が時効により消滅したと判断されることを条件として，反訴において，当該債権のうち時効により消滅した部分を自働債権として相殺の抗弁を主張することは許される」としている。その理由として，判例は，「時効により消滅し，履行の請求ができなくなった債権であっても，その消滅以前に相殺に適するようになっていた場合には，これを自働債権として相殺をすることができるところ，本訴において訴訟物となっている債権の全部又は一部が時効により消滅したと判断される場合には，その判断を前提に，同時に審判される反訴において，当該債権のうち時効により消滅した部分を自働債権とする相殺の抗弁につき判断をしても，当該債権の存否に係る本訴における判断と矛盾抵触することはなく，審理が重複することもない。したがって，反訴において上記相殺の抗弁を主張することは，重複起訴を禁じた民訴法142条の趣旨に反するものとはいえない。このように解することは，民法508条が，時効により消滅した債権であっても，一定の場合にはこれを自働債権として相殺をすることができるとして，公平の見地から当事者の相殺に対する期待を保護することとした趣旨にもかなうものである」ということを挙げている。よって，本記述の場合，Xが，甲債権の全部又は一部が時効により消滅したと判断されることを条件として，甲債権のうち時効により消滅した部分を自働債権とし，乙債権を受働債権とする相殺の抗弁を主張することは，許される。

ウ　正しい。

最判平10.4.30（百選44事件）により，本記述は正しい。

判例は，本記述と同様の事案において，「被告による訴訟上の相殺の抗弁に対し原告が訴訟上の相殺を再抗弁として主張することは，不適法として許されない」としている。その理由として，判例は，「(一）訴訟外において相殺の意思表示がされた場合には，相殺の要件を満たしている限り，これにより確定的に相殺の効果が発生するから，これを再抗弁として主張することは妨げないが，訴訟上の相殺の意思表示は，相殺の意思表示がされたことにより確定的にその効果を生ずるものではなく，当該訴訟において裁判所により相殺の判断がされることを条件として実体法上の相殺の効果が生ずるものであるから，相殺の抗弁に対して更に相殺の再抗弁を主張することが許されるものとすると，仮定の上に仮定が積み重ねられて当事者間の法律関係を不安定にし，いたずらに審理の錯雑を招くことになって相当でなく，(二）原告が訴訟物である債権以外の債権を被告に対して有するのであれば，訴えの追加的変更により右債権を当該訴訟において請求するか，又は別訴を提起することにより右債権を行使することが可能であり，仮に，右債権について消滅時効が完成しているような場合であっても，訴訟外において右債権を自働債権として相殺の意思表示をした上で，これを訴訟において主張することができるから，右債権による訴訟上の相殺の再抗弁を許さないこととしても格別不都合はなく，(三）また，民訴法114条２項（旧民事訴訟法199条２項）の規定は判決の理由中の判断に既判力を生じさせる唯一の例外を定めたものであることにかんがみると，同条項の適用範囲を無制限に拡大することは相当でない」ということを挙げている。よって，本記述の場合，Xが，甲債権と異なる他のYに対する債権を自働債権とし，乙債権を受働債権とする訴訟上の相殺の再抗弁を主張することは，許されない。

エ　誤　り。

本記述は，Yが，Xの請求に対し，乙債権を自働債権とし，甲債権を受働債権とする相殺の抗弁を主張することは，許されないとしている点で，誤っている。

最判平18.4.14（百選A11事件）。判例は，本記述と同様の事案において，「本訴及び反訴が係属中に，反訴請求債権を自働債権とし，本訴請求債権を受働債権として相殺の抗弁を主張することは禁じられない」としている。その理由として，判例は，「この場合においては，反訴原告において異なる意思表示をしない限り，反訴は，反訴請求債権につき本訴において相殺の自働債権として既判力ある判断が示された場合にはその部分については反訴請求としない趣旨の予備的反訴に変更されることになるものと解するのが相当であって，このように解すれば，重複起訴の問題は生じないことになる」ということを挙げている。よって，本記述の場合，Yが，Xの請求に対し，乙債権を自働債権とし，甲債権を受働債権とする相殺の抗弁を主張することは，許される。

オ　正しい。

最判平3.12.17（百選38①事件）により，本記述は正しい。

判例は，「係属中の別訴において訴訟物となっている債権を自働債権として他の訴訟において相殺の抗弁を主張することは許されない」としている。その理由として，判例は，「民訴法231条〔注：現民事訴訟法142条〕が重複起訴を禁止する理由は，審理の重複による無駄を避けるためと複数の判決において互いに矛盾した既判力ある判断がされるのを防止するためであるが，相殺の抗弁が提出された自働債権の存在又は不存在の判断が相殺をもって対抗した額について既判力を有するとされていること（同法199条２項（現民事訴訟法114条２項）），相殺の抗弁の場合にも自働債権の存否について矛盾する判決が生じ法的安定性を害しないようにする必要があるけれども理論上も実際上もこれを防止することが困難であること，等の点を考えると，同法231条（現民事訴訟法142条）の趣旨は，同一債権について重複して訴えが係属した場合のみならず，既に係属中の別訴において訴訟物となっている債権を他の訴訟において自働債権として相殺の抗弁を提出する場合にも同様に妥当する」ということを挙げている。よって，本記述の場合，Yが，本件訴訟において乙債権を自働債権とし，甲債権を受働債権とする相殺の抗弁を主張することは，許されない。

以上により，正しい記述はウとオであり，したがって，正解は肢５となる。

【文献情報】リークエP.156，431～432，533～536。和田P.56～58，439，455～457。

<table>
<tr><th>第41問</th><th>釈　明</th><th rowspan="2">条文</th><th colspan="5">肢別解答率</th></tr>
<tr><td colspan="2"></td><td>1</td><td>2</td><td>3</td><td>4</td><td>5</td></tr>
<tr><td colspan="2" rowspan="3">正解：〔No.48〕5</td><td>全　体</td><td>13%</td><td>2%</td><td>8%</td><td>8%</td><td>69%</td></tr>
<tr><td>合格者全体</td><td>13%</td><td>1%</td><td>5%</td><td>7%</td><td>74%</td></tr>
<tr><td>不合格者全体</td><td>12%</td><td>5%</td><td>12%</td><td>10%</td><td>61%</td></tr>
</table>

1　誤　り。

本記述は，裁判長の許可を得なければ，当事者に対して問いを発することができないとしている点で，誤っている。

民事訴訟法149条１項，２項。裁判長は，口頭弁論の期日又は期日外において，訴訟関係を明瞭にするため，事実上及び法律上の事項に関し，当事者に対して問いを発し，又は立証を促すことができる（民事訴訟法149条１項）。陪席裁判官は，裁判長に告げて，前項に規定する処置をすることができる（民事訴訟法149条２項）。すなわち，陪席裁判官は，裁判長の許可を得なくても，当事者に対して問いを発することができる。

2　誤　り。

本記述は，裁判長に対して発問を求めることができないとしている点で，誤っている。

民事訴訟法149条３項。当事者は，口頭弁論の期日又は期日外において，裁判長に対して必要な発問を求めることができる。

3　誤　り。

本記述は，上告受理申立ての理由にはならないとしている点で，誤っている。

最判平17.7.14。判例は，上告代理人による「原判決には，これを破棄差戻をしなければ判決の結果に重大な影響を及ぼす釈明義務違反ないし審理不尽の違法がある」との上告受理申立ての理由について，「原審は，当然に，上告人に対し，本件代金等の元本債権に対する担当職員による差押えについての主張の補正及び立証をするかどうかについて釈明権を行使すべきであったといわなければならない。原審がこのような措置に出ることなく，同差押えの事実を認めることができないとし，上告人の同債権に対する弁済の主張を排斥したのは，釈明権の行使を怠った違法があるといわざるを得ず，原審の判断には，判決に影響を及ぼすことが明らかな法令の違反がある」としている。このように，判例は，裁判所の釈明義務違反を上告受理申立ての理由として認めている。

4　誤　り。

本記述は，裁判所は，その異議について裁判をする必要はないとしている点で，誤っている。

民事訴訟法150条。当事者が，口頭弁論の指揮に関する裁判長の命令又は民事訴訟法149条１項若しくは２項の規定による裁判長若しくは陪席裁判官の処置に対し，異議を述べたときは，裁判所は，決定で，その異議について裁判をする（民事訴訟法150条）。よって，裁判長が事実上の事項に関し当事者に立証を促したことに対し，相手方当事者が異議を述べた場合には，裁判所は，その異議について裁判をする必要がある。

5　正しい。

本記述は，民事訴訟法151条１項柱書，同条１項１号により正しい。

裁判所は，訴訟関係を明瞭にするため，当事者本人又はその法定代理人に対し，口頭弁論の期日に出頭することを命ずることができる。

【文献情報】リークエP.218～219，221～222。和田P.247～252。

第42問	弁論準備手続と書面による準備手続	条文	肢別解答率				
			1	2	3	4	5
正解：〔No.49〕4		全　体	3%	40%	8%	43%	5%
		合格者全体	2%	36%	7%	52%	4%
		不合格者全体	6%	47%	11%	30%	7%

ア　誤　り。

本記述は，地方裁判所において，受命裁判官が書面による準備手続を主宰することができるとしている点で，誤っている。

民事訴訟法171条は，弁論準備手続について，「裁判所は，受命裁判官に弁論準備手続を行わせることができる」と規定している。したがって，地方裁判所においては，受命裁判官が弁論準備手続を主宰することができる。受命裁判官は合議体の受訴裁判所の構成員の中から１名又は２名が選任される。受命裁判官に弁論準備手続を主宰させるか否か，主宰させるとしてどの裁判官を受命裁判官に選任するかは，裁判所及び裁判長の裁量に委ねられる。他方，民事訴訟法176条１項は，書面による準備手続について，「書面による準備手続は，裁判長が行う。ただし，高等裁判所においては，受命裁判官にこれを行わせることができる」と規定している。したがって，書面による準備手続の場合，高等裁判所においては裁判長が手続を主宰してもよいし，受命裁判官に主宰させることもできるが，地方裁判所においては裁判長が手続を主宰しなければならない。

イ　正しい。

民事訴訟法170条３項及び176条３項により，本記述は正しい。

弁論準備手続の期日と書面による準備手続の協議は，いずれも電話会議システムの利用が認められている（民事訴訟法170条３項，176条３項）。もっとも，弁論準備手続の期日の場合，「当事者の一方がその期日に出頭した場合に限る」と規定されている（民事訴訟法170条３項ただし書）。その趣旨は，双方が出頭できない場合には書面による準備手続を利用すべきであること，弁論準備手続「期日」である以上，双方当事者の不出頭では成立しない（民事訴訟法169条１項参照）という点にある。したがって，電話会議により手続を行う場合に，弁論準備手続の期日においては必ず当事者の一方が裁判所に出頭しなければならないが，書面による準備手続の協議においてはいずれの当事者も裁判所に出頭しなくともよい。

ウ　誤　り。

本記述は，弁論準備手続の期日において，裁判所は，文書の証拠調べをすることができないとしている点で，誤っている。

民事訴訟法170条２項は，「裁判所は，弁論準備手続の期日において，証拠の申出に関する裁判その他の口頭弁論の期日外においてすることができる裁判及び文書……の証拠調べをすることができる」と規定している。これに対し，書面による準備手続においては，かかる規定はない。いずれも争点整理手続であるが，文書の証拠調べは文書の閲読により終了すること，法廷外で閲読されても文書の内容に変化が起こるわけではないこと，文書成立についての認否も争点整理段階で確定させておかなければ，実質的な争点整理とはいえないことから，弁論準備手続では，例外的に文書の証拠調べが認められている。

エ　誤　り。

本記述は，裁判長は，弁論準備手続において，準備書面の提出をすべき期間を定めなければならないとしている点で，誤っている。

弁論準備手続の場合，裁判長は，準備書面の提出期間を定めることができる（民事訴訟法170条５項・162条）。これは，準備書面の提出を促進するため，裁判長の訴訟指揮権の１つとして，提出期間を定めることを裁量として認めたものである。そして，裁判所から提出を要請されたのに提出しない場合には，裁判所は弁論準備手続を終結させることができる（民事訴訟法170条５項・166条）。したがって，裁判長は，弁論準備手続において，準備書面の提出をすべき期間を定めなければならないわけではない。他方，書面による準備手続の場合，裁判長（又は高等裁判所における受命裁判官）は，準備書面の提出期間を定めなければならない（民事訴訟法176条２項）。書面による準備手続においては，期日が開かれないため，当事者が訴訟追行を熱心に行わなければ争点整理が進行しないため，通常の場合は裁判長の裁量とされている準備書面等の提出期間の定め（民事訴訟法162条）を，必要的なものとした。

オ　正しい。

弁論準備手続では，訴訟上の和解（書面受諾和解，裁定和解を含む）をすることができるが，書面による準備手続では，訴訟上の和解のうち，裁定和解のみすることができるとされている。裁定和解は当事者共同の書面による申立てが必要である（民事訴訟法265条１項，２項）ため，当事者双方の口頭によることはできない。よって，電話会議により手続が行われる場合に，弁論準備手続期日においては当事者双方が口頭により訴訟上の和解をすることができるが，書面による準備手続の協議においてはすることができない。したがって，本記述は正しい。

以上により，正しい記述はイとオであり，したがって，正解は肢４となる。

【文献情報】リークエP.186～189。和田P.223～230。

第43問	証拠調べ	条文	肢別解答率				
			1	2	3	4	5
正解：〔No.50〕４		全　体	1%	3%	31%	63%	0%
		合格者全体	0%	1%	26%	72%	0%
		不合格者全体	4%	5%	38%	51%	1%

１　誤　り。

本記述は，裁判所外において証拠調べをすることができないとしている点で，誤っている。

民事訴訟法185条１項前段。裁判所は，相当と認めるときは，裁判所外において証拠調べをすることができる。

２　誤　り。

本記述は，まず当事者本人を尋問しなければならないとしている点で，誤っている。

民事訴訟法207条2項。証人及び当事者本人の尋問を行うときは，まず証人の尋問をする。ただし，適当と認めるときは，当事者の意見を聴いて，まず当事者本人の尋問をすることができる。

3　誤　り。

本記述は，即時抗告をすることができるとしている点で，誤っている。

抗告は，判決以外の裁判である決定及び命令に対する独立の上訴である。このうち，即時抗告は，法が特にこれを許す旨を個別に規定しているものであるが，民事訴訟法は，証人尋問の申出を却下する決定に対して，即時抗告を許す旨の規定を置いていない。

4　正しい。

民事訴訟法207条1項により，本記述は正しい。

裁判所は，申立てにより又は職権で，当事者本人を尋問することができる。この場合においては，その当事者に宣誓をさせることができる。すなわち，当事者本人を尋問するときは，宣誓をさせずに尋問することができる。

5　誤　り。

本記述は，裁判所は，再度尋問することはできないとしている点で，誤っている。

最判昭30.7.14。判例は，「当事者の申請に基づいて証人訊問のなされる場合，裁判所は当事者の訊問に加え進んで補充的訊問をなし得べきことは勿論（民事訴訟法294条2項，3項，4項（現民事訴訟法202条，民事訴訟規則113条）参照），一旦訊問の終了した後においても当事者の申請にかかる立証事項の範囲を逸脱しない限り，職権によりその再訊問をなすことを妨げるものではない」としている。

【文献情報】リークエP.289，304～307。和田P.321，326，332，602。

第44問　訴えの取下げの効果

正解：〔No.51〕〔No.52〕 3，4（順不同）

条文	肢別解答率									
	No.51					No.52				
	1	2	3	4	5	1	2	3	4	5
全　体	7%	43%	40%	8%	0%	0%	3%	16%	63%	16%
合格者全体	3%	44%	47%	5%	0%	0%	1%	16%	72%	9%
不合格者全体	14%	42%	30%	11%	0%	1%	6%	14%	51%	26%

1　正しい。

民事訴訟法262条１項により，本記述は正しい。

訴訟は，訴えの取下げがあった部分については，初めから係属していなかったものとみなす。すなわち，訴えの取下げにより，訴えの提起によって成立した訴訟法律関係や，当事者及び裁判所の訴訟行為によって形成された法的効果は，全て遡及的に消滅する。よって，訴えの一部の取下げ（民事訴訟法261条１項）があった場合には，その部分についてのみ初めから係属していなかったものとみなされる。

2　正しい。

民事訴訟法73条１項前段により，本記述は正しい。

訴訟が裁判及び和解によらないで完結したときは，申立てにより，第一審裁判所は決定で訴訟費用の負担を命じ，その裁判所の裁判所書記官はその決定が執行力を生じた後にその負担の額を定めなければならない。このような場合には，訴訟費用の負担者を定めた上で，その負担額を具体的に確定する必要があることから定められた手続である。よって，第一審裁判所は，当事者の申立てにより，訴えの取下げまでに生じた訴訟費用の負担を命じなければならない。したがって，本記述は正しい。

3　誤り。

本記述は，原告が差戻し後の第一審において訴えを取り下げたときは，原告は，同一の訴えを提起することができないとしている点で，誤っている。

最判昭38.10.１。判例は，本記述と同様の事案において，「一旦言い渡された第一審の本案の終局判決が第二審で取り消されその効力を失つた後は，差戻後の第一審において改めて本案の終局判決がなされるまでは，訴の取下により失効されるべき『本案の終局判決』は存しなくなつているのであるから，その間における訴の取下については，右237条２項（現民事訴訟法262条２項）所定の再訴禁止の効果を生じないものと解するとして，本訴の提起が同条項に牴触しないことを判断した本件第一審判決は，正当であり，原審もまた，右第一審と同じ判断に立ち，本案の審理に進んだものであることが記録ならびに判文上から窺えるから，原判決に所論違法は存しない。」としている。よって，請求を全部認容した第一審判決が控訴裁判所により取り消されて，事件が第一審に差し戻された場合において，原告が差戻し後の第一審において訴えを取り下げたときは，原告は，同一の訴えを提起することができる。

4　誤　り。

本記述は，同一の訴えを提起することができないとしている点で，誤っている。

民事訴訟法261条１項。訴えは，判決が確定するまで，その全部又は一部を取り下げることができる。このように，再訴禁止の要件の一つは，前訴において訴訟物である権利義務の存否について判断する本案の終局判決があったことである。よって，訴えを不適法として却下する判決（訴訟判決）がされた後に訴えを取り下げた場合，本案の終局判決がないのであるから，原告は，同一の訴えを提起することができる。

5　正しい。

民事訴訟法262条２項により，本記述は正しい。

本案について終局判決があった後に訴えを取り下げた者は，同一の訴えを提起することができない。ここで「訴えを取り下げた者」とは，前訴の原告，その一般承継人及び特定承継人をいい，「同一の訴え」であるというためには，前後の訴えの訴訟物が同一であることを必要とする。よって，金銭債務の不存在確認を求める訴訟において請求を棄却する判決がされた後に，原告が訴えを取り下げた場合であっても，被告は，前訴と訴訟物が異なる当該金銭債務の履行を求める訴えを提起することができる。

以上により，誤っている記述は３と４であり，したがって，正解は肢３と肢４（順不同）となる。

【文献情報】リークエP.30，476～481。和田P.382～383，417。

第45問	当事者の同意・異議・不服申立て	条文	肢別解答率				
			1	2	3	4	5
正解：〔No.53〕3		全　体	11%	7%	48%	22%	11%
		合格者全体	8%	4%	60%	17%	11%
		不合格者全体	15%	12%	32%	28%	13%

【誤答行動分析】

本問の合格者と不合格者の正答率格差は28%である。合格者の正答率は60%であるのに対し，不合格者の正答率は32%に過ぎない。

肢３は民訴法92条の２第２項をそのまま問う問題であるため，条文を丁寧に読んでいたか否かで合格者と不合格者との差が生じたと考えられる。また，仮に条文について具体的に知らなくとも，当事者尋問の期日に専門委員を手続に関与させることで，専門委員の専門的知見が訴訟の勝敗を決することになる危険があるという問題点に気付くことができれば，当事者の同意を不要とする肢３が誤っていると気付くことができたといえる。

1　正しい。

民事訴訟法45条４項により，本記述は正しい。

補助参加人の訴訟行為は，補助参加を許さない裁判が確定した場合においても，当事者が援用したときは，その効力を有する。よって，一方当事者が補助参加について異議を述べ，補助参加を許さない裁判が確定した場合においても，相手方当事者が援用したときは，補助参加人の訴訟行為は，その効力を有する。したがって，本記述は正しい。

2　正しい。

民事訴訟法47条４項，43条２項により，本記述は正しい。

第一審判決に当事者として表示されている者以外の第三者であっても，参加の申出とともに控訴することができる。よって，当事者が自ら控訴をしない場合であっても，第三者は，独立当事者参加の申出と共に控訴をすることができる。

3　誤　り。　**!!!**

本記述は，裁判長は，当事者の同意を得なくとも，専門委員に，尋問を受ける当事者本人に対し直接に問いを発することを許すことができるとしている点で，誤っている。

民事訴訟法92条の２第２項。裁判所は，証拠調べをするに当たり，訴訟関係又は証拠調べの結果の趣旨を明瞭にするため必要があると認めるときは，当事者の意見を聴いて，決定で，証拠調べの期日において専門的な知見に基づく説明を聴くために専門委員を手続に関与させることができる。この場合において，証人若しくは当事者本人の尋問又は鑑定人質問の期日において専門委員に説明をさせるときは，裁判長は，当事者の同意を得て，訴訟関係又は証拠調べの結果の趣旨を明瞭にするために必要な事項について専門委員が証人，当事者本人又は鑑定人に対し直接に問いを発することを許すことができる。

4　正しい。

民事訴訟法205条により，本記述は正しい。

裁判所は，相当と認める場合において，当事者に異議がないときは，証人の尋問に代え，書面の提出をさせることができる。よって，裁判所は，当事者が異議を述べたときは，証人の尋問に代え，書面の提出をさせることはできない。

5　正しい。

最決平12.12.14により，本記述は正しい。

判例は，「文書提出命令の申立てについての決定に対しては，文書の提出を命じられた所持者及び申立てを却下された申立人以外の者は，抗告の利益を有せず，本案事件の当事者であっても，即時抗告をすることができない」としている。その理由として，判例は，「民訴法223条４項〔注：現民事訴訟法223条７項〕は，文書提出命令の申立てについての決定に対しては，申立人とその名あて人である所持者との間で文書提出義務の存否について争う機会を付与したものと解される」ということを挙げている。

【文献情報】リークエP.67～68，303，335，565，583。和田P.253，331，346，535，550。

刑　法

第１問	緊急避難	学説	肢別解答率				
			1	2	3	4	5
正解：〔No.１〕４		全　体	4%	4%	6%	75%	12%
		合格者全体	1%	2%	4%	83%	9%
		不合格者全体	8%	6%	8%	62%	16%

【完成文】

緊急避難を（①　イ　責任阻却事由）と解する見解によれば，その不処罰の根拠は，切迫した心理状態のために適法な行為を期待し得ないことに求められる。この見解によれば，緊急避難によって侵害を転嫁される第三者は緊急避難行為に対して（②　コ　正当防衛）で対抗できることになる。この見解に対しては，刑法第37条第１項が（③　オ　他人の法益）を守るための緊急避難を認めていることと整合しないという批判がある。他方，緊急避難を（④　ア　違法性阻却事由）と解する見解によれば，その不処罰の根拠は，法益が衝突する状況下で被侵害法益と同等以上の法益を保全する行為は社会全体の利益を（⑤　ク　減少）させるものではないことに求められる。また，この見解に立つと，緊急避難行為に対して（②　コ　正当防衛）で対抗することを認めるのは困難である。さらに，緊急避難を基本的には（④　ア　違法性阻却事由）と解しつつ，保全法益と被侵害法益がいずれも生命である場合には，（①　イ　責任阻却事由）であると解する見解もある。この見解は，自己又は第三者の生命に対する危難を避けるために無関係の第三者の生命を犠牲にする行為を（⑥　ス　違法でない）と評価するのは不当であるという考え方に基づくものである。

（　）には順に，「①イ　②コ　③オ　④ア　⑤ク　⑥ス」が入り，したがって，正解は肢４となる。

緊急避難の法的性質について，違法性阻却事由説，責任阻却事由説，原則的に違法性阻却事由であるが法益同価値の場合には責任阻却事由であるとする二分説がある。

まず，違法性阻却事由説は，刑法37条１項が，避難によって生じた害が避けようとした害を超えないことという法益の均衡を要求していることを根拠に，避難行為の違法性が阻却されるとする見解である。この見解からは，避難行為に対する反撃は，「正対正」の場面として，正当防衛（刑法36条１項）は，成立し得ないことになる。この見解に対しては，保全法益と侵害法益が同価値の場合の違法性阻却の根拠が明らかでないとの批判がある。

次に，責任阻却事由説は，避難行為には，違法性があるが，危難に直面している状態では他の適法な行為についての期待可能性がないことを根拠に，責任が阻却されるとする見解である。この見解からは，避難行為に対する反撃行為は，「不正対正」の場面として，正当防衛が成立しえる。この見解に対しては，刑法37条１項は他人の法益に対する緊急避難を認めている以上，他に適法行為を期待できないという理由だけで犯罪が不成立になるとは考えられないとの批判がある。

そして，二分説は，保全法益が侵害法益に優越するかぎりで，優越的利益の原則を根拠に違法性が阻却され，法益同価値の場合には，この原則は適用されず，期待可能性がないことを根拠に責任が阻却される見解である。この見解に対しては，責任阻却事由説と同様の批判がある。

①について

①には，緊急避難の法的性質について，期待可能性がないことを根拠とする見解に関する語句が入る。したがって，①には「イ．責任阻却事由」が入る。

②について

②には，避難行為に対する反撃について，責任阻却事由説からの帰結に関する語句が入る。したがって，②には「コ．正当防衛」が入る。

③について

③には，責任阻却事由説に対する批判に関する語句が入る。したがって，③には「オ．他人の法益」が入る。

④について

④には，避難行為に対する反撃について，②「コ．正当防衛」で対抗することを認めないとする見解であり，かつ，二分説以外の見解に関する語句が入る。したがって，④には「ア．違法性阻却事由」が入る。

⑤について

⑤には，違法性阻却事由説の根拠に関する語句が入る。したがって，⑤には「ク．減少」が入る。

⑥について

⑥には，保全法益と侵害法益が同価値である場合の，二分説の考え方に関する語句が入る。したがって，⑥には「ス．違法でない」が入る。

【文献情報】基本ⅠP.205～208。山口P.74～76。

第2問 放火罪	判例	肢別解答率									
		No.2					No.3				
		1	2	3	4	5	1	2	3	4	5
正解：〔No.2〕〔No.3〕 2，4（順不同）	全体	22%	47%	3%	27%	1%	1%	2%	1%	66%	30%
	合格者全体	20%	53%	2%	24%	0%	0%	1%	1%	72%	26%
	不合格者全体	25%	38%	4%	32%	1%	1%	3%	3%	56%	37%

1　誤り。

本記述は，甲には，非現住建造物等放火未遂罪が成立するとしている点で，誤っている。

刑法112条。非現住建造物等放火罪の未遂犯は，他人所有の場合（刑法109条１項）に限り処罰され，自己所有の場合（刑法109条２項）には処罰されない（刑法112条参照）。本記述の甲は，自己が所有する空き家に放火したものの，公共の危険が生じていない。したがって，甲には非現住建造物等放火未遂罪は成立しない。

2　正しい。

刑法111条１項により，本記述は正しい。

自己所有非現住建造物等放火罪（刑法109条２項）又は自己所有建造物等以外放火罪（刑法110条２項）の罪を犯し，よって現住建造物等放火罪（刑法108条）又は他人所有非現住建造物等放火罪（刑法109条１項）に規定する物に延焼させたときは，３月以上10年以下の懲役に処する。本記述では，甲の放火行為によって丙が居住する家屋に飛び火しているが，甲の予期に反しているため，現住建造物等放火罪（刑法108条）ではなく，延焼罪（刑法111条１項）の成否を検討することになる。乙所有の大型家具は，本来，他人所有の建造物等以外放火罪（刑法110条１項）の客体であるが，甲は，乙から頼まれているため，自己所有の建造物等放火罪（同条２項）の客体となる。そして，同家具を燃やしたことで，周辺に火の粉が飛び散り，丙宅のひさしに飛び火しているので，「公共の危険」が発生している。よって，この時点で自己所有建造物等以外放火罪（刑法110条２項）が成立する。そして，丙が居住する家屋の屋根のひさしは毀損しなければ取り外しができない状態にあり，同家屋の一部であるから，同ひさしが焼損することで，刑法108条の客体に「延焼させた」といえる。したがって，甲には延焼罪が成立する。

3　誤　り。

本記述は，甲には，殺人罪は成立せず，現住建造物等放火罪のみが成立するとしている点で，誤っている。

甲は，1個の放火行為によって現に人がいる住宅を焼失させるとともに，乙を死亡させているので，現住建造物等放火罪（刑法108条）及び殺人罪（刑法199条）が成立し，これらは観念的競合（刑法54条1項前段）となる。

4　正しい。

最判昭24.2.22により，本記述は正しい。

判例によれば，外観上一体である建造物の一部が住居に使用されている場合は，建造物全体が1個の現住建造物となり，非現住部分に放火しても，現住建造物等放火罪が成立する。本記述の集合住宅は，一部の部屋が現に住居に使用されている（かつ，木造であるから延焼の危険も全体に及ぶ可能性がある）ので，その全体が現住建造物となる。よって，同集合住宅の空き部屋に放火し，同室のみを焼損させたにとどまる場合であっても，甲には，現住建造物等放火罪の既遂が成立する。したがって，本記述は正しい。

5　誤　り。

本記述は，甲には現住建造物等放火未遂罪が成立するとしている点で，誤っている。

最決平元.7.7（百選Ⅱ81事件）。本記述では，灯油を染み込ませて点火した新聞紙を投げ入れて放火し，エレベーターのかごの内部を焼損したことをもって，マンション（現住建造物）を「焼損」したといえるか，エレベーターが建造物の一部といえるかが問題となる。本記述と同様の事案において，判例は，エレベーターを建造物の一部とした原判決を支持し，現住建造物等放火罪の既遂を認めている。判例の結論に賛成する学説は，その理由として，エレベーターの取り外しは作業員約4人がかりで丸一日の作業を要するという物理的困難性を有すること，エレベーターが居住部分への「動く玄関・通路」の機能を果たし機能的一体性を有していることを挙げている。したがって，甲には現住建造物等放火既遂罪（刑法108条）が成立する。

以上により，正しい記述は2と4であり，したがって，正解は肢2と肢4（順不同）となる。

【文献情報】基本Ⅱ P.363～365，369～370，379～380，387～388。山口P.370，372～373，275。西田（各）P.319～321，326，331。

第3問	共犯と錯誤	判例	肢別解答率				
			1	2	3	4	5
正解：〔No.4〕2		全　体	2%	43%	48%	6%	1%
		合格者全体	1%	49%	46%	3%	1%
		不合格者全体	5%	35%	50%	9%	1%

ア　誤　り。

本記述は，甲及び乙に殺人罪の共同正犯が成立するが，乙は傷害致死罪の刑で処断されるとしている点で，誤っている。最決昭54.4.13（百選Ⅰ90事件）。本記述と同様の事案において，判例は，「殺人罪と傷害致死罪とは，殺意の有無という主観的な面に差異があるだけで，その余の犯罪構成要件要素はいずれも同一であるから……殺意のなかつた被告人……については，殺人罪の共同正犯と傷害致死罪の共同正犯の構成要件が重なり合う限度で軽い傷害致死罪の共同正犯が成立するものと解すべきである」としている。したがって，暴行の故意しか有していなかった乙には，傷害致死罪の共同正犯が成立する。

イ　正しい。

最判昭26.3.27（百選Ⅰ79事件）により，本記述は正しい。

本記述では，結果的加重犯の共同正犯の成否が問題となる。強盗を共謀し，実行した者のうち１人が，逃走するため警察官を死亡させた事案において，判例は，「右Aの傷害致死行為は強盗の機会において為されたものといわなければならないのであって，強盗について共謀した共犯者等はその一人が強盗の機会において為した行為については他の共犯者も責任を負う」として，強盗致死罪の成立を認めている。したがって，甲及び乙がAに対する強盗を共謀したが，その強盗の機会に，甲が過失によってAに傷害を負わせた場合，甲及び乙に強盗致傷罪の共同正犯が成立する。

ウ　誤　り。

本記述は，甲に虚偽公文書作成罪の教唆犯が成立するとしている点で，誤っている。

最判昭23.10.23。本記述と同様の事案において，判例は，公文書偽造罪の教唆犯が成立するとしている。その理由として，判例は，「本件故意の内容は刑法第156

条の罪の教唆であり結果は同法第155条の罪の教唆であ」り，「両者は犯罪の構成要件を異にするもその罪質を同じくするものであり且法定刑も同じである，而して右両者の動機目的は全く同一である……共謀者の一人たるAが……共謀に基づいてたまたまその具体的手段を変更したに過ぎないから両者の間には相当因果関係があるものと認められる……即ち被告人は法律上本件公文書偽造教唆につき故意を阻却しない」としている。したがって，甲には公文書偽造罪の教唆犯が成立する。

エ　誤　り。

本記述は，甲にB方への住居侵入罪及びBに対する窃盗罪の教唆犯は成立しないとしている点で，誤っている。

大判大9.3.16。判例は，教唆犯内の錯誤が同一構成要件の範囲内に属する限り，故意は阻却されず教唆犯が成立するとしている。本記述では，甲は乙に対してA方への住居侵入及び窃盗を教唆したところ，乙はB方へ侵入し窃盗を実行している。すなわち，甲の錯誤は同一構成要件の範囲内に属する。したがって，甲にはB方への住居侵入罪及びBに対する窃盗罪の教唆犯が成立する。

オ　誤　り。

本記述は，甲に殺人罪の幇助犯が成立し，傷害致死罪の幇助犯は成立しないとしている点で，誤っている。

大判大13.4.29，最判昭25.7.11（百選Ⅰ89事件）。まず，結果的加重犯と共犯の成否について，暴行を教唆したところ，被教唆者が被害者を傷害した結果死亡させた事案において，判例（大判大13.4.29）は，教唆者も傷害致死の罪責に任ずべきものとしている。また，共犯と錯誤について，住居侵入窃盗を教唆したところ，正犯が住居侵入強盗を実行した事案において，判例（最判昭25.7.11）は，住居侵入窃盗罪の教唆犯が成立するとしている。本記述は幇助の事案であるが，上記各判例の立場に従えば，甲に傷害致死罪の幇助犯が成立する。

以上により，正しい記述はイの１個であり，したがって，正解は肢２となる。

【文献情報】基本ⅠP.336，347，376，380。山口P.120，172～173，179。

第4問	名誉毀損罪及び侮辱罪	判例	肢別解答率				
			1	2	3	4	5
正解：〔No.5〕4		全　体	5%	1%	1%	77%	15%
		合格者全体	2%	1%	0%	86%	11%
		不合格者全体	8%	2%	3%	65%	22%

1　誤　り。

本記述は，法人については，侮辱罪の客体になり得ないとしている点で，誤っている。

大判大15.3.24。判例は，名誉毀損罪はある特定の人又は人格を有する団体に対しその名誉を毀損することによって成立するとしており，名誉の主体である人には，自然人のほか，法人などの団体を含むとしている。判例の結論に賛成する学説は，その理由として，団体でも社会的活動を行っている以上，その評価は法的保護に値するということを挙げている。

2　誤　り。

本記述は，死者の名誉を毀損する事実が摘示された場合も，その事実の真偽にかかわらず，名誉毀損罪が成立し得るとしている点で，誤っている。

刑法230条2項。死者の名誉を毀損した者は，虚偽の事実を摘示することによってした場合でなければ，罰しない。その趣旨は，真実であれば，歴史的批判の対象になるという点にある。

3　誤　り。

本記述は，特定かつ少数の者に特定人の名誉を毀損する事実を摘示した場合，その内容が拡散する可能性があったとしても，「公然と」事実を摘示したことにはならないとしている点で，誤っている。

最判昭34.5.7（百選Ⅱ19事件）。名誉毀損罪は「公然と」事実を摘示することを成立要件としている（刑法230条1項）。この点，判例は，「公然」とは，摘示された事実を不特定又は多数人が認識し得る状態を指すとしている（大判昭3.12.13）。もっとも，判例は，摘示の直接の相手方が特定かつ少数の場合であっても，その相手方を通じて事実が不特定又は多数人へ伝播する可能性があれば「公然」の要件を満たすとしている（伝播性の理論，最判昭34.5.7）。

4　正しい。

最決昭43.1.18により，本記述は正しい。

判例は，「『人の噂であるから真偽は別として』という表現を用いて，公務員の名誉を毀損する事実を摘示した場合，刑法230条ノ2所定の事実の証明の対象となるのは，風評そのものが存在することではなく，その風評の内容たる事実の真否である」としている。判例の結論に賛成する学説は，その理由として，情報の受け手は，うわさの内容を信じてしまうのが通例であるから，そこでは風評の内容たる事実が摘示されたものと考えるべきであるということを挙げている。

5　誤　り。

本記述は，事実を摘示する際の表現方法や事実調査の程度は，摘示された事実が「公共の利害に関する事実」に当たるか否かを判断する際に考慮すべき要素の一つであるとしている点で，誤っている。

最判昭56.4.16（百選Ⅱ20事件）。月刊誌の記事において，宗教法人を批判するにあたって，その象徴的存在である会長の私的行動を取り上げたことにつき刑法230条の2の適用があるかが争われた事案において，判例は，「『公共ノ利害ニ関スル事実』にあたるか否かは，摘示された事実自体の内容・性質に照らして客観的に判断されるべきものであり，これを摘示する際の表現方法や事実調査の程度などは，同条にいわゆる公益目的の有無の認定等に関して考慮されるべきことがらであつて，摘示された事実が『公共ノ利害ニ関スル事実』にあたるか否かの判断を左右するものではない」としている。

【文献情報】基本ⅡP.98～102。山口P.259～260，262～263，265。西田（各）P.122～124，126～127。

第5問	結果的加重犯	論理	肢別解答率				
			1	2	3	4	5
正解：〔No.6〕4		全　体	8%	3%	13%	68%	7%
		合格者全体	5%	2%	10%	79%	3%
		不合格者全体	11%	5%	18%	51%	14%

予備独自問

【誤答行動分析】

本問の合格者の正答率は79%であるのに対し，不合格者の正答率は51%であり，その差は28%となっている。そして，不合格者が選んだ不正解肢は全体的にばらけており，解答に当たって正しい語句を明確に判断できなかったことがこのような差を生んだと推測できる。

本問は，結果的加重犯の成立に関する判例（最判昭26.9.20）とその判例に対する批判についての理解を問う問題である。定評のある基本書では必ず取り上げられている問題意識であるため，判例の結論を理解する上で，判例に対する批判も同時に押さえておくべきである。

【完成文】

学生A．結果的加重犯について，判例は，基本犯と加重結果との間に（①　ク．因果関係）があれば足りるとしていると解されていますね。
学生B．判例の立場は（②　シ．責任主義）の点から疑問があります。私は，加重結果の発生について行為者に（③　イ．過失）がなければ，結果的加重犯の成立を認めることは許されないと考えます。
学生A．確かに，判例が求めている（①　ク．因果関係）を単なる（④　ケ．条件関係）と解するのであれば，（②　シ．責任主義）の点から問題だと思いますが，私は（①　ク．因果関係）の有無については（⑤　サ．相当因果関係）が認められるか否かを基準に考えますので，（②　シ．責任主義）の点も問題ないと考えます。ところで，あなたのように加重結果の発生について行為者に（③　イ．過失）を要求するのであれば，加重結果の（⑥　オ．予見可能性）があることが必要となりますが，誰を基準にそれを考えるのですか。
学生B．（⑥　オ．予見可能性）は（⑦　ウ．注意義務）の前提要件であることから客観的に判断すべきであり，それゆえ，（⑧　カ．一般人）を基準にすべきと考えます。
学生A．そうすると，私の見解でも，（⑤　サ．相当因果関係）の有無の判断の基礎となる事情の一つとして，行為の時点において（⑧　カ．一般人）が認識可能であった事情を考慮するので，あなたの見解と変わりはないのではないですか。

（　）には順に，「①ク，②シ，③イ，④ケ，⑤サ，⑥オ，⑦ウ，⑧カ」が入り，したがって，正解は肢４となる。

①について

①には，結果的加重犯について，判例が，基本犯と加重結果との間にあれば足りるとしているものが入る。判例（最判昭26.9.20）は，重い結果の発生につき行為者に過失がなくても，因果関係があれば，結果的加重犯の成立を認めている。したがって，①には「ク．因果関係」が入る。

②③について　（③につき）!!!

②には，結果的加重犯に関する判例の立場に対する批判，③にはその批判を踏まえて行為者に要求すべきものに関する語句が入る。結果的加重犯が基本犯よりも重く処罰される理由が，加重結果の惹起による違法性の加重にある以上，加重結果について過失を要しないとすることは，責任主義の見地から疑問であるとの批判がある。そこで，通説は，加重結果の発生について，因果関係のみならず過失がなければ結果的加重犯の成立を認めることは許されないと考えている。したがって，②には「シ．責任主義」，③には「イ．過失」が入る。

④⑤について

④⑤には，基本犯と加重結果との間に必要な因果関係に関する語句が入る。基本犯と加重結果との間に条件関係が認められれば足りるとすると，結果的加重犯の成立範囲はきわめて広いものとなるため，責任主義の点から問題であるといえる。しかし，基本犯と加重結果との間に相当因果関係があればよいと考えれば，因果関係の判断において一般人の予見可能でない結果については責任を負わせないように限界づけることができるので，責任主義の点からも問題はないといえる。したがって，④には「ケ．条件関係」，⑤には「サ．相当因果関係」が入る。

⑥⑦について

⑥⑦には，過失に関する語句が入る。過失とは注意義務違反であるとするのが判例（最決昭42.5.25）であり，また，（過失の本質については争いがあるものの，いずれの立場であっても）注意義務違反が認められる前提として，結果予見可能性が必要である。ここで学生Ｂ第２発言をみると，⑥は⑦の前提要件とされている。したがって，⑥には「オ．予見可能性」，⑦には「ウ．注意義務」が入る。

⑧について　!!!

⑧には，予見可能性の判断基準に関する語句が入る。【語句群】から，入る可能性があるのは「カ．一般人」と「キ．行為者」であるところ，学生Ｂ第２発言をみると，予見可能性は注意義務の前提要件であるから客観的に判断すべきであると述べているので，予見可能性の判断基準として，一般人を基準にしていることがわかる。したがって，⑧には「カ．一般人」が入る。

【文献情報】基本ⅠP.58～59，136～137，139。山口P.104，124～125。

第6問	住居侵入等罪	判例	肢別解答率				
			1	2	3	4	5
正解：〔No.7〕2		全　体	1%	97%	1%	1%	0%
		合格者全体	0%	99%	1%	0%	0%
		不合格者全体	1%	95%	2%	2%	1%

予備独自問

1　誤　り。

本記述は，法律上正当な権限に基づいて居住する必要があるとしている点で，誤っている。

最決昭28.5.14。判例は，「住居侵入罪は……その居住者又は看守者が法律上正当の権限を以て居住し又は看守するか否かは犯罪の成立を左右するものではない」としている。

2　正しい。

「看守」とは，事実上管理・支配していることをいい，具体的には，他人が侵入することを防止し，いつでも自己のために利用し得るような物的施設または人的配置があることをいう。したがって，本記述は正しい。

3　誤　り。

「建造物」とは，屋根を有し支柱などによって支えられた土地の定着物で，人が出入りすることのできる構造のものをいう。したがって，本記述は誤っている。

4　誤　り。

最判昭51.3.4。判例は，「囲繞地であるためには，その土地が，建物に接してその周辺に存在し，かつ，管理者が外部との境界に門塀等の囲障を設置することにより，建物の附属地として，建物利用のために供されるものであることが明示されれば足りる」としている。したがって，本記述は誤っている。

5　誤　り。

本記述は，建造物等の平穏を害する必要があるとしている点で，誤っている。

最判昭58.4.8（百選Ⅱ16事件）。判例は，「『侵入シ』とは，他人の看守する建造物等に管理権者の意思に反して立ち入ることをいう」としている。

【文献情報】基本ⅡP.84～86，88。山口P.251～253。西田（各）P.111～113。

第7問　罪　数	判例	肢別解答率									
		No.8					No.9				
		1	2	3	4	5	1	2	3	4	5
正解：〔No.8〕〔No.9〕 2，3（順不同）	全　体	12%	62%	25%	1%	0%	0%	2%	65%	7%	26%
	合格者全体	8%	72%	20%	0%	0%	0%	1%	74%	5%	20%
	不合格者全体	17%	48%	33%	1%	0%	1%	3%	51%	10%	35%

1　正しい。

大判昭5.12.12により，本記述は正しい。

本記述と同様の事案において，判例は，放火罪と詐欺罪は併合罪になるとしている。したがって，甲には，現住建造物等放火罪及び詐欺罪が成立し，これらは併合罪となる。

2　誤　り。

本記述は，甲には，住居侵入罪及び１個の強盗致傷罪が成立し，これらは牽連犯となるとしている点で，誤っている。

最決昭29.5.27（百選Ⅰ105事件）。住居侵入罪と強盗罪は牽連犯の関係にある（大判明45.5.23）が，２個の強盗罪は併合罪の関係にあるため，かかる場合の罪数処理が問題となる。住居に侵入して３人を殺害した事案において，判例は，「３個の殺人の所為は所論１個の住居侵入の所為とそれぞれ牽連犯の関係にあり刑法54条１項後段，10条を適用し一罪としてその最も重き罪の刑に従い処断すべきであ」るとしている。このように，本来併合罪の関係にある複数の罪が，各々と科刑上一罪の関係にある共通の他の罪を媒介として全体として一罪となるとする考え方を，「かすがい現象」という。したがって，甲には，乙及び丙に対する２個の強盗致傷罪が成立し，それぞれ１個の住居侵入罪と牽連犯（刑法54条１項後段）となり，全体として一罪となる。

3　誤　り。

本記述は，甲には，窃盗教唆罪及び盗品等保管罪が成立し，これらは牽連犯となるとしている点で，誤っている。

最判昭25.11.10。判例は，本記述と類似の事案において，窃盗教唆罪と盗品等有償譲受け罪は牽連犯とはならず併合罪（刑法45条前段）になるとしている。その理由として，判例は，窃盗教唆と盗品等有償譲受けとの間には通常手段又は結果の関係はないということを挙げている。本記述は，盗品等保管罪の事案であるが，判例の立場に従えば，甲には，窃盗教唆罪及び盗品等保管罪が成立し，これらは併合罪となる。

4　正しい。

大判明44.7.6により，本記述は正しい。

本記述と類似の事案において，判例は，殺人罪と死体遺棄罪とは併合罪になるとしている。その理由として，判例は，死体遺棄行為は常に必ず殺人行為を伴うものではなく，人を殺した後に死体を遺棄する行為は別罪を構成することを挙げている。本記述は，強盗殺人罪の事案であるが，判例の立場に従えば，甲には，強盗殺人罪及び死体遺棄罪が成立し，これらは併合罪となる。

5　正しい。

大判明42.1.22により，本記述は正しい。

本記述と同様の事案において，判例は，詐欺罪，有印私文書偽造罪及び同行使罪が成立する場合は牽連犯となるとしている。したがって，甲には，有印私文書偽造罪，同行使罪及び詐欺罪が成立し，これらは牽連犯となる。

以上により，誤っている記述は２と３であり，したがって，正解は肢２と肢３（順不同）となる。

【文献情報】基本ⅠP.429～430。山口P.189～190。

第8問 横領罪	判例	肢別解答率									
		No.10					No.11				
正解：〔No.10〕〔No.11〕 1，2（順不同）		1	2	3	4	5	1	2	3	4	5
	全　体	75%	15%	8%	2%	0%	1%	31%	33%	11%	25%
	合格者全体	84%	9%	6%	1%	0%	0%	39%	35%	8%	18%
	不合格者全体	61%	22%	12%	5%	0%	1%	20%	30%	15%	34%

1　誤　り。

本記述は，甲には，横領罪が成立するとしている点で，誤っている。

最決昭32.4.25。本記述と類似の事案において，判例は，窃盗罪が成立するとしている。判例の結論に賛成する学説は，その理由として，委託された包装物（封緘物）の占有者が委託者か受託者かという点について，包装物全体には受託者が占有を有するが，内容物は委託者が占有を有しているということを挙げている。本記述では，施錠されたスーツケース全体は受託者甲が占有を有するが，中の衣類は委託者乙が占有を有するので，同衣類は「自己の占有する他人の物」（刑法

252条１項）に当たらない。したがって，甲には窃盗罪が成立し，横領罪は成立しない。

２　誤　り。

本記述は，甲には，横領罪が成立するとしている点で，誤っている。

最判昭25.６.６。本記述と同様の事例において，判例は，窃盗罪が成立するとしている。判例の結論に賛成する学説は，その理由として，数人が共同して財物を占有する場合，共同占有者の１人が無断で当該財物を自己の単独占有に移転することは，他の共同占有者の占有を侵害するものであるということを挙げている。したがって，甲には，窃盗罪が成立する。

３　正しい。

最決平13.11.５（百選Ⅱ66事件）により，本記述は正しい。

行為者が委託された物を専ら本人のために処分する意思である場合，不法領得の意思が否定され，横領罪は成立しない（大判大15.４.20）。そして，本記述と同様の事案において，判例（最決平13.11.５）は，商法その他の法令に違反する行為をした場合であっても，「行為者の主観において，それを専ら会社のためにするとの意識の下に行うことは，あり得ないことではない」としている。しかし，判例は，被告人が会社の不利益を回避する意図を有していたとしても，当該現金の交付が会社にとって重大な経済的負担を伴うもので，甲が自己の弱みを隠す意図をも有していたなどの事情に着目し，専ら会社のためにしたとは認められないとして，業務上横領罪の成立を認めている。判例の結論に賛成する学説は，その理由として，自己の利益を図る目的と本人のためにする意思とが併存する場合には，主たる目的がどちらかによって決すべきであるということを挙げている。したがって，甲には，業務上横領罪が成立する。

４　正しい。

最判昭24.３.８（百選Ⅱ65事件）により，本記述は正しい。

本記述と類似の事案において，判例は，業務上横領罪が成立するとしている。その理由として，判例は，「横領罪の成立に必要な不法領得の意志とは，他人の物の占有者が委託の任務に背いて，その物につき権限がないのに所有者でなければできないような処分をする意志をいうのであつて，必ずしも占有者が自己の利益取得を意図することを必要とするものではなく，又占有者において不法に処分したものを後日に補填する意志が行為当時にあつたからとて横領罪の成立を妨げるものでもない」ということを挙げている。したがって，甲には，横領罪が成立する。

5　正しい。

最決平21.3.26により，本記述は正しい。

既に譲渡済みであるが，所有権移転登記が未了であった建物を保管していた被告人が，同建物に虚偽の抵当権設定登記を具備した事案において，判例は，業務上横領罪が成立するとしている。その理由として，判例は，「仮登記を了した場合，それに基づいて本登記を経由することによって仮登記の後に登記された権利の変動に対し，当該仮登記に係る権利を優先して主張することができるようになり，これを前提として，不動産取引の実務において，仮登記があった場合にはその権利が確保されているものとして扱われるのが通常である。以上の点にかんがみると，不実とはいえ，本件仮登記を了したことは，不法領得の意思を実現する行為として十分であ」るということを挙げている。不実の仮登記の場合でも不法領得の意思の実現と認められるとする判例の立場からすれば，本記述の甲は，真正な抵当権設定登記を完了させている以上，不法領得の意思が実現しているとみてよい。また，不法領得の意思が実現した時点で横領罪が既遂に達するため，本記述のように同抵当権が実行されることなく登記が抹消されたとしても，横領罪の成否に影響はない。したがって，甲には，横領罪が成立する。

以上により，誤っている記述は１と２であり，したがって，正解は肢１と肢２（順不同）となる。

【文献情報】基本ⅡP.125～126，141，281，300，302。山口P.283～284，337，339。西田（各）P.159～160，265～266，288。

第９問	原因において自由な行為	論理	肢別解答率				
			1	2	3	4	5
正解：〔No.12〕3		全　体	8%	19%	61%	4%	8%
		合格者全体	3%	16%	72%	3%	5%
		不合格者全体	16%	22%	45%	5%	12%

【誤答行動分析】

本問の合格者の正答率は72%であるのに対し，不合格者の正答率は45%であり，その差は27%となっている。不合格者は，肢２を選択した比率が22%と比較的高いが，肢１または肢５を選んだ者もそれぞれ16%と12%と高い。そのため，肢３が誤りであると判断できなかったことがこのような差を生んだと推測できる。

原因において自由な行為に関する見解の対立は，基本書では必ず取り上げられており，具体的事案において，どちらの見解を採用するかでどのように結論が異なるかを想定して学習することが必要であるといえる。また，このような見解に対する理解を問う問題については，知識がなくともその場で考えることで正解を導くことができる。

1　正しい。

Aの見解は，責任能力がある状態で行われた原因行為を実行行為と捉える見解（原因行為説）である。Aの見解によると，事例Ⅰにおける甲の覚醒剤使用行為（原因行為）が実行行為となる。その結果，当初の計画通り，乙殺害の死亡結果が発生している。そして，Aの見解によれば，構成要件該当事実の認識・予見に加えて，自己が心神喪失・耗弱状態に陥ることの予見という二重の故意が必要とされるところ，甲は，覚醒剤使用時点において，乙の殺害を決意し，かつ自己が心神喪失状態に陥るであろうことを認識していたので，故意も認められる。したがって，Aの見解によれば，事例Ⅰでは，甲に，Xに対する殺人既遂罪が成立し得る。

2　正しい。

Aの見解（原因行為説）を採った上で，未遂犯の成立時期は結果発生の現実的な危険性が生じた段階に求められるべきで，それが常に実行行為の開始段階に認められる必然性はないとして，「実行行為の時点」と「実行の着手時期」を区別する見解がある。この見解によると，事例Ⅱにおいて，甲が覚醒剤を使用したことが「実行行為の時点」であるが，甲はX宅には赴かず，Xの殺害には及ばなかったことから結果発生の現実的な危険性が生じた段階に至っておらず，未遂犯が成立する「実行の着手時期」には至っていない。したがって，本記述の見解からは，甲に，Xに対する殺人未遂罪は成立しない。

3　誤　り。　**!!!**

Aの見解（原因行為説）によると，構成要件該当事実の認識・予見に加えて，自己が心神喪失・耗弱状態に陥ることの予見という二重の故意が必要とされるところ，事例Ⅲにおいて，甲は，覚醒剤使用時点において，覚醒剤を使用すると粗暴になり周囲に暴行を加える習癖があると知っていたにとどまり，乙殺害についての認識・予見を欠いているため，殺人罪の故意が認められない。したがって，事例Ⅲでは，甲に，Xに対する殺人既遂罪は成立しない。

4　正しい。

Bの見解は，責任能力を欠いた状態で行われた結果行為を実行行為と捉えつつ，責任能力は意思決定時に存在すれば足り，必ずしも実行行為時に存在することは必要ないとする見解（結果行為説）である。Bの見解によると，事例Ⅰにおける，乙を殺害する行為（結果行為）が実行行為となる。そして，Bの見解によれば，責任能力は意思決定時に存在すれば足りるので，甲がX宅に赴いて同人を殺害しようと決意した時点で責任能力がある以上，刑法39条1項の適用が排除される。したがって，Bの見解によれば，事例Ⅰでは，甲に，Xに対する殺人既遂罪が成立し得る。

5　正しい。

Bの見解は，責任能力を欠いた状態で行われた結果行為を実行行為と捉えるところ，事例Ⅱの甲は，X宅には赴かず，Xの殺害には及ばなかったので，殺人罪の実行の着手がない。したがって，Bの見解によれば，事例Ⅱでは，甲に，Xに対する殺人未遂罪は成立しない。

【文献情報】基本ⅠP.224〜232。山口P.135〜138。

第10問　盗品等に関する罪　判例	肢別解答率							
	肢ア		肢イ		肢ウ		肢エ	
正解：〔No.13〕2，〔No.14〕2，〔No.15〕1，〔No.16〕2	1	2	1	2	1	2	1	2
全　体	26%	74%	23%	76%	57%	43%	5%	94%
合格者全体	20%	80%	22%	78%	63%	37%	1%	99%
不合格者全体	35%	65%	25%	73%	48%	51%	11%	88%

予備独自問

ア　誤　り。

本記述は，賄賂として収受された現金は，「盗品その他財産に対する罪に当たる行為によって領得された物」に当たるとしている点で，誤っている。

刑法256条1項。盗品その他財産に対する罪に当たる行為によって領得された物を無償で譲り受けた者は、3年以下の懲役に処する。盗品等関与罪の客体は，財産罪によって得られた物に限られ，収賄罪や賭博罪によって得られた物は除かれる。

イ　誤　り。

本記述は，窃取された物品が即時取得された場合，当該物品は，「盗品その他財産に対する罪に当たる行為によって領得された物」に当たる余地はないとしている点で，誤っている。

最決昭34.2.9。判例によれば，財産罪の被害物が第三者により即時取得（民法192条）された場合，本犯である財産罪の被害者は追求権を失い，被害物は盗品性を失うが，ただし，盗品については，被害者が2年間占有回復請求をなし得る（同193条）から，その間なお盗品性は失われない。したがって，窃取された物品を買い受けた者が，平穏に，かつ，公然とその占有を開始し，その際，善意無過失である場合，当該物品は，「盗品その他財産に対する罪に当たる行為によって領得された物」に当たる余地がある。

ウ　正しい。

刑法256条1項により，本記述は正しい。

刑法256条1項によれば，盗品等関与罪の客体は，財産罪に当たる行為によって直接領得された物である必要がある。よって，会社が保管する秘密資料を窃取した者が，自宅で，そのコピーを作成した場合，秘密資料自体が財産罪によって直接領得された物であるが，当該コピーは，直接領得された物ではない（また，そもそもコピーは会社の所有に属しないから，それに対する追求権もない）から，「盗品その他財産に対する罪に当たる行為によって領得された物」に当たらない。

エ　誤　り。

本記述は，親族間の犯罪に関する特例により刑が免除される犯人が窃取した物品は，「盗品その他財産に対する罪に当たる行為によって領得された物」に当たらないとしている点で，誤っている。

大判大5.7.13。盗品等関与罪の前提犯罪である財産犯は，犯罪として成立している必要はなく，構成要件該当性，違法性を備えた行為であれば足りる。判例も，14歳未満の物が窃取した物品や親族間の犯罪に関する特例により刑が免除される犯人が窃取した物品について，あるいは，公訴時効が完成した場合についても，盗品等関与罪の成立を認めている。

【文献情報】 基本ⅡP.344～345。山口P.351～352。西田（各）P.291～293。

第11問	間接正犯	判例	肢別解答率				
			1	2	3	4	5
正解：〔No.17〕5		全　体	1%	3%	1%	14%	82%
		合格者全体	0%	1%	0%	8%	91%
		不合格者全体	2%	7%	2%	22%	68%

1　誤　り。

本記述は，甲に，Xに対する殺人罪は成立しないとしている点で，誤っている。

最決平16.1.20（百選Ⅰ73事件）。本記述では，被害者自身の行為を利用した場合，利用者が殺人罪の正犯となるかが問題となる。この点，利用者の指示通り被害者が海中に飛び込んだが，助かったという事案において，判例は，「被告人の行為は，殺人罪の実行行為に当たる」とし，結論として，「殺人未遂罪に当たる」としている。その理由として，判例は，「本件犯行当時，被害者をして，被告人の命令に応じて車ごと海中に飛び込む以外の行為を選択することができない精神状態に陥らせていたものということができる。被告人は，以上のような精神状態に陥っていた被害者に対して，本件当日，漁港の岸壁上から車ごと海中に転落するように命じ，被害者をして，自らを死亡させる現実的危険性の高い行為に及ばせたものである」ということを挙げている。したがって，甲には，Xに対する殺人罪が成立する。

2　誤　り。

本記述は，甲に，Xに対する殺人罪は成立しないとしている点で，誤っている。

最判昭33.11.21（百選Ⅱ1事件）。本記述では，被害者の錯誤を利用した場合において，利用者に自殺教唆罪が成立するにとどまるか，殺人罪の正犯が成立するかが問題となる。この点，本記述と同様の事案において，判例は，「通常の殺人罪に該当する」としている。その理由として，判例は，「被害者は被告人の欺罔の結果被告人の追死を予期して死を決意したものであり，その決意は真意に添わない重大な瑕疵ある意思であることが明らかである」とし，同意が「被害者の自由な真意に基かない場合は刑法202条にいう被殺者の嘱託承諾としては認め得られない」ということを挙げている。したがって，甲は殺人罪の正犯となる。

3　誤　り。

本記述は，甲に，Xに対する強盗罪は成立せず，窃盗罪の間接正犯が成立するとしている点で，誤っている。

東京高判昭42.6.20。強盗罪が成立するためには，暴行脅迫により，被害者などの反抗を抑圧して財物を奪取すること（強取）が必要である。反抗を抑圧された被害者から，その意思に反して財物を奪取する場合が強取の典型例であるが，裁判例によれば，反抗を抑圧された被害者が差し出す物を受け取る場合なども強取に含まれる。したがって，甲には，Xに対する強盗罪が成立する。

4　誤　り。

本記述は，Xが是非善悪の判断能力を有する者であれば，甲に，窃盗罪の間接正犯は成立せず，Xとの間で同罪の共同正犯が成立するとしている点で，誤っている。

最決昭58.9.21（百選Ｉ74事件）。本記述では，被利用者が是非善悪の判断能力を有している場合に，利用者に共同正犯が成立するかが問題となる。この点，本記述と同様の事案において，判例は，「同女が是非善悪の判断能力を有する者であったとしても……窃盗の間接正犯が成立する」としている。その理由として，判例は，「日頃……暴力を加えて自己の意のままに従わせ……自己の日頃の言動に畏怖し意思を抑圧されている同女を利用して右各窃盗を行ったと認められる」ということを挙げている。したがって，甲には窃盗罪の間接正犯が成立し得る。

5　正しい。

最決昭31.7.3により，本記述は正しい。

本記述では，事情を知らない買主を利用した場合に，売主が窃盗罪（刑法235条）の間接正犯となるかが問題となる。本記述と同様の事案において，判例は，売主は「窃盗罪の刑事責任を免れることはできない」としている。判例の結論に賛成する学説は，その理由として，行為者が，構成要件結果について故意のない媒介者の行為を介入させた場合には，媒介者を道具のように利用して構成要件を実現したとみることができるということを挙げている。したがって，甲には窃盗罪の間接正犯が成立する。

【文献情報】基本ＩP.311～313，ⅡP.14，159～160。山口P.41～42，299。西田（各）P.16，161，184。

第12問	文書偽造罪	判例	肢別解答率				
			1	2	3	4	5
正解：〔No.18〕3		全　体	5%	26%	36%	28%	5%
		合格者全体	2%	24%	44%	27%	4%
		不合格者全体	10%	30%	25%	29%	7%

1　正しい。

最決平6.11.29（百選Ⅱ88事件）により，本記述は正しい。

まず，刑法159条1項の「事実証明に関する」文書の意義について，判例は，実社会生活に交渉を有する事項を証明するに足りる文書であるとし，大学入学試験の答案も，「社会生活に交渉を有する事項」を証明する文書にあたるとしている。その理由として，判例は，入学選抜試験の答案は，それ自体で志願者の学力が明らかになるものではないが，それが採点されて，その結果が志願者の学力を示す資料となり，これを基に合否の判定が行われ，合格の判定を受けた志願者が入学を許可されるのであるから，志願者の学力の証明に関するものであるということを挙げている。次に，名義人に依頼されて作成した点について，裁判例（東京高判平5.4.5）は，「仮に，本件志願者のうち，替え玉受験が行われることについて何らかの認識があり，これを承諾するものがあったとしても，本件各答案は，志願者本人の学力の程度を判断するためのものであって，作成名義人以外の者の作成が許容されるものでないことは明らかである」として，本件有印私文書偽造，同行使罪の成立を認めている。したがって，甲に有印私文書偽造罪が成立する。

2　正しい。

最判昭28.11.13により，本記述は正しい。

本記述では，架空人名義を用いた場合に文書偽造の罪を認めることができるのかが問題となる。本記述と同様の事案において，判例は，「架空人名義を用いたとしても被告人の行為は私文書偽造罪を構成する」としている。その理由として，判例は，この場合にも「一般人をして真正に作成された文書と誤信せしめる危険」があるということを挙げている。

3　誤　り。

本記述は，甲に虚偽有印公文書作成罪が成立するとしている点で，誤っている。

虚偽公文書作成罪（刑法156条）は，公文書等を作成する権限を有する公務員を主体とする真正身分犯であり，公務員でない者や，たとえ公務員であっても当該文書を作成する権限を有しない者は，本罪の正犯とはならない。本記述の甲は，X市立病院の事務長を務める公務員であるが，同病院のために発注書を作成する権限を授与されていない。したがって，内容虚偽の「X市立病院事務長甲」名義の発注書を作成しても，甲に虚偽公文書作成罪は成立しない。

4　正しい。

最決平16.11.30（百選Ⅱ31事件）により，本記述は正しい。

本記述では，甲による郵便送達報告書の「受領者の押印又は署名」欄に署名しただけの行為が，単なる署名であるとして署名偽造罪が成立するにとどまるか，文書とみられて有印私文書偽造罪が成立するのかが問題となる。本記述と同様の事案において，判例は，「郵便送達報告書の受領者の押印又は署名欄に他人である受送達者本人の氏名を冒書する行為は，同人名義の受領書を偽造したものとして，有印私文書偽造罪を構成する」としている。判例の結論に賛成する学説は，その理由として，郵便送達報告書における受領者の押印又は署名は，その他の記載と相まって，当該受領者が上欄に記載された送達書類を受領したという観念を表示する文書とみることが可能であり，また，送達の適法性を判断する際における郵便送達報告書の重要性に照らすと，受領者の押印又は署名が持つ意味に対する公共の信用は，文書偽造罪において保護すべきであるということを挙げている。

5　正しい。

最判昭51.4.30（百選Ⅱ87事件）により，本記述は正しい。

本記述では，写真コピーの文書性が問題となる。本記述と類似の事案において，判例は，有印公文書偽造罪が成立するとしている。その理由として，判例は，「写真コピーは，そこに複写されている原本が右コピーどおりの内容，形状において存在していることにつき極めて強力な証明力をもちうるのであり，それゆえに，公文書の写真コピーが実生活上原本に代わるべき証明文書として一般に通用し，原本と同程度の社会的機能と信用性を有するものとされている場合が多いのである。右のような公文書の写真コピーの性質とその社会的機能に照らすときは，右コピーは，文書本来の性質上写真コピーが原本と同様の機能と信用性を有しえない場合を除き，公文書偽造罪の客体たりうるものであつて，この場合においては，原本と同一の意識内容を保有する原本作成名義人作成名義の公文書と解すべきであ」るということを挙げている。したがって，甲に有印公文書偽造罪が成立する。

【文献情報】基本ⅠP.404，408，412〜413，418。山口P.392，400，406，409。西田（各）P.376〜378，385〜386。

第13問	犯罪の成否	判例	肢別解答率				
			1	2	3	4	5
正解：〔No.19〕1		全　体	69%	20%	7%	2%	2%
		合格者全体	80%	13%	3%	2%	2%
		不合格者全体	52%	31%	12%	3%	2%

【誤答行動分析】

本問の合格者の正答率は80%であるのに対し，不合格者の正答率は52%であり，その差は28%となっている。そして，不合格者は不正解肢２を選んだ割合が31%と高い。また，合格者の中でも，不正解肢２を選んだ割合が13%となっていることから，正しい記述がひとつもないという結論に抵抗があったと思われる。

本問の各記述は，不法領得の意思，窃取といった論文でもよく問われる点についての理解を問うものであり，しっかりと理解しておく必要がある。

ア　誤　り。　**!!!**

本記述は，甲に窃盗罪又は占有離脱物横領罪が成立するとしている点で，誤っている。

甲が本件バッグを警察に届け出るために某所公園内から持ち出した行為は，本件バッグの占有の帰属如何によって窃盗罪（刑法235条）又は占有離脱物横領罪（刑法254条）の客観的構成要件に該当するが，それらの罪が成立するためには，故意のほか不法領得の意思が必要である。判例は，不法領得の意思の内容を，権利者を排除して他人の物を自己の所有物としてその経済的用法に従いこれを利用もしくは処分する意思としている（大判大４.５.21）。本記述の甲は，本件バッグを警察に届けるためにこれを手に取っており，権利者を排除して他人の物を自己の所有物としてその経済的用法に従いこれを利用もしくは処分する意思がないため，不法領得の意思が認められない。したがって，甲には，窃盗罪及び占有離脱物横領罪は成立しない。

イ　誤　り。

本記述は，本件バッグを甲から取り返す目的で暴行を加えるというＶの暴行は正当行為に該当するため，甲がＶの胸付近を１回平手で突いた行為の違法性が阻却される余地はないとしている点で，誤っている。

甲の行為は，暴行罪（刑法208条）又は傷害罪（刑法204条）の構成要件に該当する。そこで，正当防衛（刑法36条１項）の成否を検討すると，Ｖによる暴行は，「急迫不正の侵害」に当たる。なぜなら，①Ｖは本件バッグを甲から取り返す目的であったが，そもそも甲が本件バッグを手に取った行為には犯罪が成立しない（肢ア）ため，甲との関係で「急迫不正の侵害」に当たらず，Ｖの暴行につき正当防衛による違法性阻却は認められない，また，②Ｖは，甲から本件バッグを奪い返した後も，さらに，甲を蹴り上げるような仕草を続けており，甲に対する侵害の継続性が認められるからである。よって，Ｖの暴行は正当行為ではなく違法であるため，甲の行為には正当防衛が成立し，違法性が阻却される余地がある。

ウ　誤　り。

本記述は，甲が本件バッグをＶから取り上げた行為に強盗罪が成立するとしている点で，誤っている。

強盗以外の目的で暴行を加えて相手方の反抗を抑圧した後，財物奪取意思を生じ，その反抗抑圧状態を利用して財物を奪った場合，強盗罪（刑法236条１項）が成立するためには，新たな暴行・脅迫が必要である（東京高判昭48.３.26など）。しかし，本記述の甲は，本件バッグを取り上げるにあたって，失神したＶに対し，新たな暴行・脅迫を加えていない。したがって，甲の当該行為には窃盗罪が成立するにとどまり，強盗罪は成立しない。

エ　誤　り。　!!!

本記述は，甲が，Ｖから暗証番号を聞き出した時点で，Ｖの預金の払戻しを受け得る地位を得たことにより，その預金の占有を取得したといえるため，窃盗罪は成立しないとしている点で，誤っている。

窃盗罪（刑法235条）の実行行為である「窃取」とは，財物の占有者（事実上の支配者・管理者）の意思に反してその物を自己または第三者の占有下に移すことをいい，ここでの「占有」は，財物に対する事実的支配をいう。本件において，Ｖの預金（現実の金銭）に対する事実的支配を有するのは銀行であり，暗証番号を聞き出したとしても，甲が預金に対して事実的支配を有することにはならない。そして，甲は，暗証番号をＶから聞き出すにあたって，Ｖから盗んだ本件バッグの中にあった携帯電話機の画像をもとにＶを脅迫するという犯罪行為を行っているため，甲は，Ｖの預金の正当な払戻権限を取得したとはいえない。正当な払戻権限のない甲がＶの預金を引き出すことは，銀行の意思に反して預金の占有を甲の占有下に移すものであり，「窃取」に当たる。不法領得の意思も問題なく認められる。したがって，甲には窃盗罪が成立する。

以上により，正しい記述は０個であり，したがって，正解は肢１となる。

【文献情報】基本ⅠP.169，ⅡP.126～127，166～167，286。山口P.65～72，289～292，330。西田（各）P.161，170～175，186～187。

刑事訴訟法

第14問	捜査の端緒	条文	肢別解答率				
			1	2	3	4	5
正解：〔No.20〕3		全　体	2%	27%	70%	1%	2%
		合格者全体	0%	18%	81%	0%	1%
		不合格者全体	3%	40%	53%	1%	3%

【誤答行動分析】

本問の合格者の正答率は81%であるのに対して，不合格者の正答率は53%であり，その差は28%となっている。不合格者の40%が選択肢２を選択しており，条文問題である肢イが正しいことは不合格者の90%以上が見抜く事ができたと考えられる。

そうすると，残るのは肢ウとエの２択ということになるが，肢ウについては，百選に掲載されていない発展的な判例（最決昭35.12.23）がベースになっている。しかし，捜査は特定の「犯罪があると思料するとき」（刑事訴訟法189条２項）に行うもので，訴訟条件については，裁判所が実体審判をするための条件に過ぎない。このことに思い至れば，捜査の一環である強制捜査は，犯罪の嫌疑さえあれば告発がなくとも行い得るということに気付けたはずである。また，肢エについては，検視が五官の作用によって死体の外表を検査する処分であり，エックス線検査が死体の内部をも認識する処分であることからすれば，検視とは性質を異にすることに気付けるはずである。

このように，受験生一般が知らない問題が出ても，基本的な知識を応用すれば正答に辿り着くことができるといえる。

ア　誤　り。

本記述は，自首は検察官にすることはできないとしている点で，誤っている。

刑事訴訟法245条・241条１項。自首とは，犯人が捜査機関に対し，犯罪事実又は犯人の発覚前に，自己の犯罪事実を申告し，その処分に委ねる意思表示をいう。自首の方式・手続等は告訴・告発に準ずることとされているから（刑事訴訟法245条・241条，242条），自首は，書面又は口頭で検察官又は司法警察員にこれをしなければならないことになる（刑事訴訟法245条・241条１項）。

イ　正しい。

刑事訴訟法237条２項により，本記述は正しい。

刑事訴訟法237条２項は，「告訴の取消をした者は，更に告訴をすることができない。」と規定している。その趣旨は，自らした告訴を一度取り消したにもかかわらず，さらに同一の犯罪事実につき告訴をすることを許せば，国家刑罰権の行使が私人の恣意により左右されることになるから，このような告訴権の濫用を防止する点にある。なお，同条３項により，請求を待って受理すべき事件についても同様の趣旨が妥当することから，１項・２項の規定が準用されている。

ウ　誤　り。　　!!!

本記述は，告発を訴訟条件とする犯罪について，告発前に強制捜査をすることはできないとしている点で，誤っている。

最決昭35.12.23。判例は，関税法違反又は旧物品税法違反のような国税犯則事件について，その告発前の強制捜査が問題となった事案において，「告発前においても被疑者を逮捕，勾留し，取り調べることができるのであつて，その逮捕，勾留または取調が右の告発前になされたからといつて，ただそれだけの理由でこれを違法とすべきものではな」いとしている。その理由として，判例は，「関税法違反または物品税法違反の如き国税犯則事件についての税関長または収税官吏等の告発は単に該違反罪に対する訴追条件にすぎないと同時に，司法警察員は犯罪があると思料するときは犯人および証拠を捜査するものとせられ，検察官は必要と認めるときは自ら犯罪を捜査することができ，しかも捜査については，その目的を達するため必要な取調をすることができ，法律の定めに従い強制の処分をすることもできる」ということを挙げている。

エ　正しい。　　!!!

検視（刑事訴訟法229条１項）とは，人の死亡が犯罪によるものであるかどうかを判断するために，検察官が，五官の作用により，死体の状況を見分する処分をいう。検視は，犯罪の嫌疑の存在を前提とせず，その有無を判断するために行われるのであるから，捜査そのものではなく，捜査前の処分として，検証とは区別される。そして，エックス線検査は，「プライバシー等を大きく侵害するものであるから，検証としての性質を有する強制処分に当たる」から（最決平21.9.28，百選29事件），検視においては，検証であるエックス線検査をすることはできない。

オ　誤　り。

本記述は，差押許可状を取得しなくても覚醒剤を差し押さえることができるとすべきところ，差押許可状を取得しない限り，覚醒剤を差し押さえることはできないとしている点で，誤っている。

刑事訴訟法220条１項２号，３項。本記述では，所持品検査により覚醒剤が発見されているが，被疑者は任意提出を拒んでいる。そして，所持品検査は，「任意手段である職務質問の附随行為として許容される」ものであるから（最判昭53.6.20，百選４事件），強制手段である差押えをするには差押許可状を要するのが原則である。しかし，司法警察職員は，現行犯逮捕において必要と認められるときは，その逮捕の現場で，捜索差押えをすることができる（刑事訴訟法220条１項２号）。

この逮捕に伴う差押えについては，令状は不要である（刑事訴訟法220条３項）。よって，警察官は，覚醒剤所持の事実によって現行犯逮捕をすれば，逮捕による捜索差押えをすることができるから，差押許可状を取得しなくても，覚醒剤を差し押さえることができる。

以上により，正しい記述はイとエであり，したがって，正解は肢３となる。

【文献情報】リークエP.50～52，54，59，139～140，147。酒巻P.31，39，46～47，52～54，124～125，255。

第15問	ＧＰＳ捜査	判例	肢別解答率					
			1	2	3	4	5	6
正解：〔No.21〕２		全　体	2%	72%	21%	4%	1%	0%
		合格者全体	1%	81%	15%	3%	1%	0%
		不合格者全体	3%	58%	29%	7%	2%	0%

ア　正しい。

最大判平29.３.15（百選30事件）により，本記述は正しい。

判例（最大判平29.３.15，百選30事件）は，「個人のプライバシーの侵害を可能とする機器をその所持品に秘かに装着することによって，合理的に推認される個人の意思に反してその私的領域に侵入する捜査手法であるＧＰＳ捜査は，個人の意思を制圧して憲法の保障する重要な法的利益を侵害するものとして，刑訴法上，特別の根拠規定がなければ許容されない強制の処分に当たる」としている。

イ　誤り。

本記述は，ＧＰＳ捜査は，個人の意思を制圧することはなく，任意処分として行うことができるとしている点で，誤っている。

判例（最大判平29.３.15，百選30事件）は「個人のプライバシーの侵害を可能とする機器をその所持品に秘かに装着することによって，合理的に推認される個人の意思に反してその私的領域に侵入する捜査手法であるＧＰＳ捜査は，個人の意思を制圧して憲法の保障する重要な法的利益を侵害するものとして，刑訴法上，特別の根拠規定がなければ許容されない強制の処分に当たる」としている。

ウ　誤　り。

本記述は，一定期間にわたり車両の位置情報が取得された後初めてそのＧＰＳ捜査は強制処分と評価されるとしている点で，誤っている。

判例（最大判平29.3.15，百選30事件）は，「ＧＰＳ捜査は，対象車両の時々刻々の位置情報を検索し，把握すべく行われるものであるが，その性質上，公道上のもののみならず，個人のプライバシーが強く保護されるべき場所や空間に関わるものも含めて，対象車両及びその使用者の所在と移動状況を逐一把握することを可能にする。このような捜査手法は，個人の行動を継続的，網羅的に把握することを必然的に伴うから，個人のプライバシーを侵害し得るものであり，また，そのような侵害を可能とする機器を個人の所持品に秘かに装着することによって行う点において，公道上の所在を肉眼で把握したりカメラで撮影したりするような手法とは異なり，公権力による私的領域への侵入を伴うものというべきである。」としており，機器を装着して時々刻々の位置情報を検索・把握すること自体が公権力による私的領域への侵入であり，「強制の処分」に当たるとしているから，一定期間にわたり車両の位置情報が取得された後初めてそのＧＰＳ捜査は強制処分と評価されるとしているわけではない。

エ　誤　り。

本記述は，ＧＰＳ捜査は，検証許可状を取得すればこれを行うことができるとしている点で，誤っている。

判例（最大判平29.3.15，百選30事件）は，「ＧＰＳ捜査は，情報機器の画面表示を読み取って対象車両の所在と移動状況を把握する点では刑訴法上の『検証』と同様の性質を有するものの，対象車両にＧＰＳ端末を取り付けることにより対象車両及びその使用者の所在の検索を行う点において，『検証』では捉えきれない性質を有することも否定し難い。仮に，検証許可状の発付を受け，あるいはそれと併せて捜索許可状の発付を受けて行うとしても，ＧＰＳ捜査は，ＧＰＳ端末を取り付けた対象車両の所在の検索を通じて対象車両の使用者の行動を継続的，網羅的に把握することを必然的に伴うものであって，ＧＰＳ端末を取り付けるべき車両及び罪名を特定しただけでは被疑事実と関係のない使用者の行動の過剰な把握を抑制することができず，裁判官による令状請求の審査を要することとされている趣旨を満たすことができないおそれがある。」とした上で，「ＧＰＳ捜査について，刑訴法197条１項ただし書の『この法律に特別の定のある場合』に当たるとして同法が規定する令状を発付することには疑義がある。」としており，検証許可状を取得すればこれを行うことができるとはしていない。

オ　誤　り。

本記述は，令状を示すことができない場合に備え，処分の終了後遅滞なく，処分を受けた者に処分実施の事実を通知する手続を規定しているため，適正手続の保障という観点から問題が生じることはない，としている点で，誤っている。

判例（最大判平29.3.15，百選30事件）は，「ＧＰＳ捜査は，被疑者らに知られず秘かに行うのでなければ意味がなく，事前の令状呈示を行うことは想定できない。刑訴法上の各種強制の処分については，手続の公正の担保の趣旨から原則として事前の令状呈示が求められており（同法222条1項，110条），他の手段で同趣旨が図られ得るのであれば事前の令状呈示が絶対的な要請であるとは解されないとしても，これに代わる公正の担保の手段が仕組みとして確保されていないのでは，適正手続の保障という観点から問題が残る。」とした上で，「これらの問題を解消するための手段として，一般的には，実施可能期間の限定，第三者の立会い，事後の通知等様々なものが考えられるところ，捜査の実効性にも配慮しつつどのような手段を選択するかは，刑訴法197条1項ただし書の趣旨に照らし，第一次的には立法府に委ねられていると解される。仮に法解釈により刑訴法上の強制の処分として許容するのであれば，以上のような問題を解消するため，裁判官が発する令状に様々な条件を付す必要が生じるが，事案ごとに，令状請求の審査を担当する裁判官の判断により，多様な選択肢の中から的確な条件の選択が行われない限り是認できないような強制の処分を認めることは，『強制の処分は，この法律に特別の定のある場合でなければ，これをすることができない』と規定する同項ただし書の趣旨に沿うものとはいえない。」としている。よって，令状を示すことができない場合に備え，処分の終了後遅滞なく，処分を受けた者に処分実施の事実を通知する手続を規定しているから手続保障上の問題が発生しないとしているわけではない。

以上により，正しい記述はアの１個であり，したがって，正解は肢２となる。

【文献情報】 リークエP.42～44。酒巻P.25～26。

第16問	捜索・押収	条文	肢別解答率				
			1	2	3	4	5
正解：〔No.22〕5		全　体	2%	1%	2%	8%	88%
		合格者全体	0%	0%	0%	4%	95%
		不合格者全体	3%	3%	4%	13%	76%

ア　正しい。

刑事訴訟法222条１項・112条１項により，本記述は正しい。

差押許可状，記録命令付差押許可状又は捜索許可状の執行中は，何人に対しても，許可を得ないでその場所に出入りすることを禁止することができる。出入禁止の相手方については，執行の立会権者（刑事訴訟法222条６項，222条１項・114条）は，その性質上この処分の対象者から除かれるとされているが，被疑者の家族はこの処分の対象者から除かれていない。よって，捜査機関である司法警察職員は，捜索差押許可状の執行中は，被疑者の家族であっても許可を得ないで被疑者方に立ち入ろうとした場合，これを禁止することができる。

イ　正しい。

捜索差押許可状には，被疑者の氏名を記載することが要求されている（刑事訴訟法219条１項）。被疑者の氏名が明らかでないときは，人相，体格その他被疑者を特定するに足りる事項で被疑者を指示することができる（刑事訴訟法219条３項・64条２項）。もっとも，被疑事実の存在と証拠物存在の蓋然性は明確である場合でも，被疑者が特定できていないという状況は存在し得る。この場合でも，裁判官は，「正当な理由」（憲法35条１項）を審査し，判断することができるのであれば，捜索差押許可状を発付することができる。

ウ　正しい。

刑事訴訟法222条３項・116条により，本記述は正しい。

夜間の令状の執行はその旨の令状の記載がない限り許されないのが原則である（刑事訴訟法222条３項・116条１項）。その趣旨は，夜間における個人の私生活の平穏を保護しようとする点にある。しかし，司法警察職員は，日没前に捜索許可状又は差押許可状の執行に着手した場合，日没後でも，その処分を継続することができる（刑事訴訟法222条３項・116条２項）。その趣旨は，日没前に執行に着手したときは，既に私生活の平穏は乱されてしまっているから，そのまま夜間にわたって続行しても特に新たな法益の侵害を生じることにはならず，また途中で執行をやめなければならないとすると実際上執行の目的を達し得ないことがあり得ることから，これを避けることにある。

エ　誤　り。

本記述は，捜索差押許可状により差押え可能な物が，令状審査の時点で捜索場所に存在していた物に限られるとしている点で，誤っている。

令状裁判官は，「場所」（刑事訴訟法219条１項）に対する捜索・差押えを許可する際には，令状の有効期間内に，同一管理権が及ぶ場所的範囲内において差し押さえるべき対象物等が存在する蓋然性を審査・判断しており，当該場所的範囲内の対象物等が変動することも考慮して令状を発付している。よって，捜索差押許可状に基づく捜索・差押えの対象となり得るのは，令状発付時にその場所に存在したものに限られず，処分実行時においてその場所に存在する物も捜索・差押えの対象とすることができる。判例（最決平19.2.8，百選20事件）も，捜索場所を被疑者宅とする捜索差押許可状の執行中に，宅配便配達員により被疑者宅に配達され，被疑者が受領した荷物につき，前記許可状により捜索できるとしている。

オ　誤　り。

本記述は，司法警察職員が領置できる物が，任意提出物に限られるとしている点で，誤っている。

刑事訴訟法221条は，司法警察職員は，被疑者その他の者が遺留した物又は所有者，所持者若しくは保管者が任意に提出した物を領置することができるとしている。その趣旨として，遺留物は当初分からなくても後に証拠物たることが判明する場合が多いこと，任意提出物については一括して多くの物が提出された場合にひとまずその全部を保有しておく必要がある，ということが挙げられる。よって，司法警察職員が領置できるのは，任意提出物に限られず，遺留物も領置できる。

以上により，誤っている記述はエとオであり，したがって，正解は肢５となる。

【文献情報】リークエP.124，128～132，146～147。酒巻P.103，114～116，118，120。

第17問	逮捕・勾留の手続き	条文	肢別解答率									
			肢ア		肢イ		肢ウ		肢エ		肢オ	
正解：〔No.23〕1，〔No.24〕2，〔No.25〕2，〔No.26〕2，〔No.27〕2			1	2	1	2	1	2	1	2	1	2
		全　体	92%	8%	44%	56%	10%	90%	15%	84%	58%	42%
		合格者全体	96%	4%	37%	63%	5%	95%	6%	94%	50%	50%
		不合格者全体	85%	14%	54%	46%	17%	82%	29%	70%	70%	29%

ア　正しい。

刑事訴訟法203条１項により，本記述は正しい。

刑事訴訟法203条１項は，司法警察員は，逮捕状により被疑者を逮捕したとき，又は逮捕状により逮捕された被疑者を受け取ったときは，直ちに犯罪事実の要旨及び弁護人を選任することができる旨を告げた上，弁解の機会を与え，留置の必要がないと思料するときは直ちにこれを釈放し，留置の必要があると思料するときは被疑者が身体を拘束された時から48時間以内に書類及び証拠物とともにこれを検察官に送致する手続をしなければならないと規定している。その趣旨は，憲法34条の要請に基づく手続である犯罪事実の要旨及び弁護人選任権の告知と弁解の聴取の必要性を明らかにするとともに，逮捕された被疑者の身柄の措置について所定の手続を定めた点にある。

イ　誤　り。

本記述は，被疑者を受け取った時から48時間以内に書類及び証拠物とともにこれを検察官に送致する手続をしなければならないとしている点で，誤っている。

刑事訴訟法203条１項は，司法警察員は，逮捕状により被疑者を逮捕したとき，又は逮捕状により逮捕された被疑者を受け取ったときは，直ちに犯罪事実の要旨及び弁護人を選任することができる旨を告げた上，弁解の機会を与え，留置の必要がないと思料するときは直ちにこれを釈放し，留置の必要があると思料するときは被疑者が身体を拘束された時から48時間以内に書類及び証拠物とともにこれを検察官に送致する手続をしなければならないと規定している。つまり，検察官送致の手続をしなければならないのは，被疑者が身体を拘束された時から起算して48時間以内であり，被疑者を受け取った時からではない。

ウ　誤　り。

本記述は，検察官は，被疑者を受け取った時から48時間以内に裁判官に被疑者の勾留を請求しなければならないとしている点で，誤っている。

刑事訴訟法205条１項は，検察官は，刑事訴訟法203条の規定（司法警察員による送致の手続の規定）により送致された被疑者を受け取り，留置の必要があると思料するときは，被疑者を受け取った時から24時間以内に裁判官に被疑者の勾留を請求しなければならないと規定している。

エ　誤　り。

本記述は，検察官は，逮捕状により被疑者を逮捕したときは，被疑者が身体を拘束された時から24時間以内に裁判官に被疑者の勾留を請求しなければならないとしている点で，誤っている。

刑事訴訟法204条１項は，検察官は，逮捕状により被疑者を逮捕した場合において，留置の必要があると思料するときは，被疑者が身体を拘束された時から48時間以内に裁判官に被疑者の勾留を請求しなければならないと規定している。

オ　誤　り。　★

本記述は，被疑者が身体を拘束された日から10日以内に公訴を提起しないときは，直ちに被疑者を釈放しなければならないとしている点で，誤っている。

刑事訴訟法208条１項は，刑事訴訟法207条［注：被疑者の勾留］の規定により被疑者を勾留した事件につき，勾留の請求をした日から10日以内に公訴を提起しないときは，勾留期間の延長が認められた場合を除き，検察官は，直ちに被疑者を釈放しなければならないと規定している。勾留期間は，身体を拘束された日からではなく，勾留請求の日から起算される。

【文献情報】リークエP.76～77，81～82。酒巻P.63～65，70～71。

第18問	強制採血	論理	肢別解答率				
			1	2	3	4	5
正解：〔№28〕４		全　体	9%	7%	6%	74%	3%
		合格者全体	4%	5%	4%	86%	1%
		不合格者全体	17%	10%	9%	57%	7%

【誤答行動分析】

本問の合格者の正答率は86%であるのに対して，不合格者の正答率は57%であり，その差は29%となっている。

正解の選択肢４以外で不合格者が最も多く選んだのが，選択肢１（17%）である。選択肢１は，Aの立場（＝強制採尿に関する判例の立場）について捜索差押許可状と鑑定処分許可状を必要とするというものであり，百選掲載の重要判例（最決昭55.10.23，百選27事件）について正確に理解していないことが伺える。上記判例さえ知っていれば，選択肢２，３，４の三択に絞ることができる。

そして，Ｃの第一発言から，Ｂの立場が直接強制するための明文がないことが分かるため，捜索差押許可状や身体捜索許可状と異なり，鑑定処分許可状には直接強制するための明文がないということを知っていれば，選択肢２，３が消え，残った選択肢４を選択することができる。

本問は，一見複雑な学説対立問題にも見えるが，判例と条文の知識さえあれば解くことができたといえる。

本問において，学生ＡないしＤが，医師が捜査機関の依頼に基づき，人の身体から注射器を用いて直接強制により血液を採取するために必要と考えている令状は，１から５の記述によれば以下の６通りがある。

Ⅰ　捜索差押許可状（刑事訴訟法 218 条１項前段）
Ⅱ　身体検査令状（刑事訴訟法 218 条１項後段）
Ⅲ　鑑定処分許可状（刑事訴訟法 225 条３項）
Ⅳ　捜索差押許可状及び身体検査令状
Ⅴ　捜索差押許可状及び鑑定処分許可状
Ⅵ　鑑定処分許可状及び身体検査令状

そこで，以下各学生がいかなる見解に立つのかについて検討する。

学生Ａ　**!!!**

Ａは，身体内にある体液採取に必要な令状は，強制採尿に関する判例が採用した考え方と同じでよいと発言している。そして，判例（最決昭55.10.23，百選27事件）は，強制採尿をするために必要な令状は，捜索差押許可状（刑事訴訟法218条１項前段）であるとする。したがって，Ａが必要と考えている令状は，Ⅰ　捜索差押許可状である。

学生Ｂ　**!!!**

Ｂの第一発言によれば，Ｂは，同じ体液といっても，尿と血液とでは性質が全然違うと考えていることがわかる。そうすると，Ｂが必要と考えている令状は，捜索差押許可状ではない。そして，Ｃの第一発言によれば，Ｂの見解は，対象者が採血を拒否した場合には直接強制するための明文がないのが問題だとされている。この点，直接強制するための明文がないのは鑑定処分許可状である。したがって，Ｂが必要と考えている令状は，Ⅲ　鑑定処分許可状である。

学生Ｃ

Ｄの第一発言によれば，Ｃが必要と考えている令状によりなし得る行為の範囲は，身体の外表か，せいぜい肛門等の体腔を外部から確認する程度であることがわかる。そして，鑑定処分許可状によれば，身体の内奥まで及ぶ検査も許されるのに対し，身体検査令状では，身体の外表や体腔を外部から確認する程度のことしかなし得ない。したがって，Ｃが必要と考えている令状は，Ⅱ　身体検査令状である。

学生Ｄ

Ｃの第二発言によれば，Ｄの見解は，それぞれの令状が単独ではできないことを，令状を併用すればできるとするのは，便宜に過ぎるのではないかとの批判があることがわかる。そして，このような批判が妥当するのは，身体の内奥まで及ぶ検査も許されるが，直接強制のための明文規定がない鑑定処分許可状と，身体の外表や体腔を外部から確認する程度のことしかなし得ないが，直接強制ができる身体検査令状を併用する見解である。したがって，Ｄが必要と考えている令状は，Ⅵ　鑑定処分許可状及び身体検査令状である。なお，Ⅳ　捜索差押許可状及び身体検査令状の併用は，捜索差押許可状も身体検査令状も直接強制の手段を有するので，学生Ｃの第二発言の「それぞれの令状が単独ではできないことを，令状を併用すればできるとするのは，便宜に過ぎる」との批判に当てはまらず，Ｄの見解ではない。また，Ⅴ　捜索差押許可状及び鑑定処分許可状の併用は，直接強制の手段を有する捜索差押許可状と，その手段を有しない鑑定処分許可状を併用するものであり，学生Ｃの第二発言の「それぞれの令状が単独ではできないことを，令状を併用すればできるとするのは，便宜に過ぎる」との批判が当てはまるが，１から５の記述のＤの中に，「捜索差押許可状及び鑑定処分許可状」とするものは存在しないから，Ｄの見解ではない。

以上より，各学生の立つ見解は，Ａ：捜索差押許可状，Ｂ：鑑定処分許可状，Ｃ：身体検査令状，Ｄ：鑑定処分許可状及び身体検査令状であり，正解は肢４となる。

【文献情報】リークエＰ.161～162。酒巻Ｐ.144～156。

第19問	別件逮捕・勾留	論理	肢別解答率					
			1	2	3	4	5	6
正解：〔No.29〕4		全　体	1%	10%	36%	48%	4%	0%
		合格者全体	0%	6%	32%	58%	4%	0%
		不合格者全体	2%	16%	42%	34%	5%	0%

本問では，A事実（本件）での逮捕・勾留に先立って，逮捕・勾留の要件が備わっているB事実（別件）で逮捕・勾留する場合（別件逮捕・勾留）の適法性が問題となっている。この問題についての主要な見解としては，以下のものがある。すなわち，①別件について逮捕・勾留の要件を形式的に具備すれば，逮捕・勾留は適法であるとし，本件の取調べの適法性については別途余罪取調べの限界として論ずるもの（別件基準説，本問のⅠの見解），②別件について逮捕・勾留の要件を形式的に具備していても，捜査機関が別件での逮捕・勾留を専ら（又は主として）本件の取調べに利用する目的があれば，逮捕・勾留は違法であるとするもの（本件基準説，本問のⅡの見解），③別件で逮捕・勾留された後の身体拘束期間が，主として本件の捜査のために利用されるに至った場合には，それ以降の身体拘束は，別件による逮捕・勾留としての実体を失い，本件による身体拘束となっていると評価され，本件による逮捕・勾留の要件が欠けるため違法であるとするもの（実体喪失説，本問のⅢの見解）である。

ア　正しい。

Ⅰの見解（別件基準説）に対しては，形式的に別件の逮捕・勾留の要件を具備していても，隠された本来の目的である本件の逮捕・勾留について裁判官の令状審査を潜脱するものであり，捜査機関による身体拘束の濫用という脱法的本質を無視する考え方であるとの批判がある。したがって，本記述は正しい。

イ　正しい。

Ⅱの見解（本件基準説）は，別件での逮捕・勾留の令状請求の場面で，捜査機関の有する，別件での身体拘束を利用した本件取調べの目的があると令状裁判官が判断すれば，請求を却下すべきであるとする。よって，Ⅱの見解は，令状主義や厳格な身体拘束期間の潜脱行為に対する事前防止を重視する立場であるといえる。したがって，本記述は正しい。

ウ　誤り。

Ⅱの見解（本件基準説）に立った場合，仮にA事実（本件）について逮捕・勾留の理由と必要性が備わっていたとしても，実際にA事実での身体拘束がなされていない以上，A事実の取調べを行う意図でB事実（別件）で逮捕・勾留することは，別件について逮捕・勾留の要件を形式的に具備していても，捜査機関が別件での逮捕・勾留を専ら（又は主として）本件の取調べに利用する目的があることになるから，B事実（別件）による逮捕・勾留は違法となる。したがって，本記述は誤っている。

エ　誤　り。

Ⅲの見解（実体喪失説）は，B事実（別件）で逮捕・勾留された後の身体拘束期間が,「主としてA事実（本件）の捜査のために利用されるに至った場合」に，それ以降の身体拘束が別件による逮捕・勾留の実体を喪失して違法となるとするものである。そうすると，B事実（別件）による身体拘束期間中に捜査機関がB事実（別件）の取調べと並行してA事実（本件）の取調べを行った場合であっても，それが主としてA事実（本件）の捜査のために利用されたと評価されない場合には，B事実（別件）による逮捕・勾留は違法とならない。したがって，B事実（別件）による逮捕・勾留は常に違法となるとしている点で，本記述は誤っている。

オ　誤　り。

Ⅲの見解（実体喪失説）は，逮捕・勾留中になされた捜査の状況や経緯を事後的・客観的に評価するものであり，裁判官が逮捕状請求や勾留請求の審査をするに当たってまず捜査機関の意図を調べるというものではない。したがって，本記述は誤っている。なお，記述オの批判はⅡの見解に向けられたものである。

以上により，誤っている記述はウ，エ，オの3個であり，したがって，正解は肢4となる。

【文献情報】リークエP.93～97。酒巻P.98～101。

第20問	検察官の権限	条文	肢別解答率				
			1	2	3	4	5
正解：〔№30〕3		全　体	1%	2%	92%	1%	4%
		合格者全体	0%	0%	98%	0%	1%
		不合格者全体	2%	5%	83%	1%	9%

学生A　誤り。

本記述は，証拠に基づき有罪判決を得られる高度の見込みがある場合には，公訴を提起しなければならないと刑事訴訟法上定められているとしている点で，誤っている。

刑事訴訟法247条，248条。刑事訴訟法247条は，検察官は公訴権を有する旨を規定している。そして，刑事訴訟法248条によれば，犯人の性格，年齢及び境遇，犯罪の軽重及び情状並びに犯罪後の情況により訴追を必要としないときは，公訴を提起しないことができる（起訴便宜主義）。その趣旨は，犯罪の個別事情を考慮することにより実質的な公平をもたらすとともに，犯罪の予防，特に特別予防の効果を発揮し犯罪者に前科者としてのレッテルを貼ることなく更生の機会を与えさせ，さらに検察庁・裁判所が重要事件の捜査公判に集中させる点にある。よって，証拠に基づき有罪判決を得られる高度の見込みがある場合であっても，犯人の性格，年齢及び境遇，犯罪の軽重及び情状並びに犯罪後の情況により訴追を必要としないときは，公訴を提起しないことができる。

学生B　正しい。

刑事訴訟法266条２号，267条により，本記述は正しい。

公務員の職権濫用にかかる犯罪類型（刑法193条～196条，破壊活動防止法45条，無差別大量殺人行為を行った団体の規制に関する法律42条・43条，犯罪捜査のための通信傍受に関する法律37条の定める罪）については，検察官の不当な不起訴処分を防止するため，上記の犯罪について告訴・告発をした者が，検察官の不起訴処分に不服があるときは，事件を裁判所の審判に付するよう請求することができる（刑事訴訟法262条１項，付審判請求手続）。そして，裁判所が，審理して請求に理由があると認めるときは，事件を管轄地方裁判所の審判に付する決定をする（刑事訴訟法266条２号，付審判決定）。付審判決定がなされたときは，その事件について公訴の提起があったものとみなされる（刑事訴訟法267条）。

学生C　誤　り。

本記述は，検察官の公訴取消しに裁判所の許可が必要であるとしている点で，誤っている。

刑事訴訟法257条は，「公訴は，第一審の判決があるまでこれを取り消すことができる。」と規定しており，公訴取消しに裁判所の許可は要件とされていない。

学生D　正しい。

刑事訴訟法191条１項は，「検察官は，必要と認めるときは，自ら犯罪を捜査することができる。」と規定しており，条文上，公訴提起後には捜査できないとの制限はない。そして，捜査の目的には，公判準備も含まれるから，起訴後も公判準備のために「必要と認めるときは」捜査をすることは許される。したがって，本記述は正しい。なお，起訴後は事案の真相解明（刑事訴訟法１条）は受訴裁判所でなされるべきであり（公判中心主義），起訴後は訴訟の当事者である被告人の地位を尊重するべきであるから，起訴前の捜査とは異なる配慮が必要とされる。

学生E　誤　り。

本記述は，検察官は，有罪の言渡しを受けた者の利益のための再審請求ができないとしている点で，誤っている。

刑事訴訟法435条柱書，439条１項１号。再審とは，有罪の言渡しをした確定判決に対して，その言渡しを受けた者の利益のために，事実認定の誤りを是正する手続である（刑事訴訟法435条柱書）。そして，再審の請求権者には，検察官が含まれる（刑事訴訟法439条１項１号）。これは，公益の代表者（検察庁法４条）である検察官が，「法の正当な適用」（同条）を求めて，有罪の言渡しを受けた者の利益のために再審請求することを認めたものである。

以上により，正しい記述は学生Bと学生Dの発言であり，したがって，正解は３となる。

【文献情報】リークエP.205，207，212～213，217～218，539～540。酒巻P.21，183～185，223～228，230～232，245，661～662。

第21問	第一審の被告人質問	条文	肢別解答率				
			1	2	3	4	5
正解：〔No.31〕3		全　体	20%	2%	75%	2%	1%
		合格者全体	13%	1%	84%	1%	1%
		不合格者全体	29%	5%	60%	4%	2%

ア　正しい。

被告人質問（刑事訴訟法311条１項）において，被告人が質問に答えて任意に供述をした場合，その供述は有利・不利を問わず証拠となる（刑事訴訟規則197条１項）から，被告人質問は広義の証拠調べの性質を有するが，狭義の証拠調べではない。よって，その実施には，証拠調べの請求や証拠決定は不要である。したがって，本記述は正しい。

イ　誤　り。

本記述は，被告人質問の実施は，他の証拠が全て取り調べられた後に行わなければならないとしている点で，誤っている。

被告人質問については，実施時期について特段の定めはない。よって，証拠調べに入った後であれば，事件の難易度や審理の具体的な進行状況を見定めて，いつ実施することも可能である。なお，実務においては，犯罪事実に関する他の証拠が取り調べられた後で実施されるのが通例である。

ウ　誤　り。

本記述は，被告人質問の実施の際は，弁護人が裁判長に先んじて質問をすることはできないとしている点で，誤っている。

刑事訴訟法311条２項，３項。条文上は，刑事訴訟法311条２項が「被告人が任意に供述をする場合には，裁判長は，何時でも必要とする事項につき被告人の供述を求めることができる。」とし，刑事訴訟法311条３項が「陪席の裁判官，検察官，弁護人，共同被告人又はその弁護人は，裁判長に告げて，前項の供述を求めることができる。」としており，裁判長の行う被告人質問を先に規定している。しかし，被告人質問の程度，方法については，裁判長の裁量に委ねられており，裁判長の被告人質問を先にしなければならない旨の規定はない。なお，実務では，まず弁護人が主尋問に準ずるような形で被告人質問を行い，次に検察官が被告人質問を行い，さらに裁判所が補充尋問を行うのが通例である。

エ　正しい。

刑事訴訟法311条１項により，本記述は正しい。

刑事訴訟法311条１項は，憲法38条１項の規定に対応して，「被告人は，終始沈黙し，又は個々の質問に対し，供述を拒むことができる。」と規定し，被告人に包括的黙秘権・供述拒否権を認めている。よって，被告人が，供述を拒む場合には，単に沈黙していればよく，拒否の理由を明らかにする必要はない。

オ　正しい。

刑事訴訟法311条３項，２項により，本記述は正しい。

刑事訴訟法311条３項は，「陪席の裁判官，検察官，弁護人，共同被告人又はその弁護人は，裁判長に告げて，前項の供述を求めることができる。」と規定している。そして，共同被告人の弁護人は，裁判長に告げて，「前項の供述」すなわち刑事訴訟法311条２項が定める「被告人が任意に供述をする場合」に，被告人の供述を求めることができる。

以上により，誤っている記述はイとウであり，したがって，正解は肢３となる。

【文献情報】リークエＰ.334〜335。酒巻Ｐ.436〜437，533〜534。

第22問	被害者，被害者参加人	条文	肢別解答率					
			1	2	3	4	5	6
正解：〔No.32〕2		全　体	1%	22%	42%	26%	8%	1%
		合格者全体	1%	22%	44%	26%	6%	1%
		不合格者全体	2%	23%	39%	26%	10%	1%

ア　正しい。

被害者等又は当該被害者の法定代理人は，公判期日において，被害に関する心情その他の被告事件に関する意見の陳述をすることができる（刑事訴訟法292条の２第１項）。被害に関する心情その他の被告事件に関する意見の陳述は，犯罪事実の認定のための証拠とすることはできない（刑事訴訟法292条の２第９項）。本条の意見陳述は，被害者参加人等による事実又は法律の適用についての意見陳述（刑事訴訟法316条の38第４項）が「証拠とはならない」とされているのとは異なり，量刑の一資料とすることができる。したがって，本記述は正しい。

イ　正しい。　★

刑事訴訟法316条の35により，本記述は正しい。

刑事訴訟法316条の35。被害者参加人又はその委託を受けた弁護士は，検察官に対し，当該被告事件についての刑事訴訟法の規定による検察官の権限の行使に関し，意見を述べることができる。この場合において，検察官は，当該権限を行使し又は行使しないこととしたときは，必要に応じ，当該意見を述べた者に対し，その理由を説明しなければならない。その趣旨は，検察官と被害者参加人等の間で密接な意思疎通を図らせるという観点から，被害者参加人等に意見申述権を認める一方で，検察官にこれに対する説明義務を負わせる点にある。

ウ　正しい。　★

刑事訴訟法316条の36第１項，２項により，本記述は正しい。

情状に関する事項についての証人の供述の証明力を争うために必要な事項についてその証人を尋問することの申出（刑事訴訟法316条の36第１項）を被害者参加人から受けた検察官は，申出に係る尋問事項について自ら尋問する場合を除き，意見を付して，この申出を裁判所に通知するものとする（同条第２項）。その趣旨は，被害者等の心情を尊重して，情状に関する事項に限り，証人に対する尋問を認めるとともに，尋問の申出を検察官に対して行わせることにより，検察官と被害者参加人等との間で事前に意思疎通を図らせ，もって被害者参加人等による尋問を適切に行わせる点にある。

エ　正しい。　★

刑事訴訟法316条の37第１項，３項，295条１項前段により，本記述は正しい。

刑事訴訟法316条の37第１項，３項，295条１項前段。裁判所は，被害者参加人又はその委託を受けた弁護士から，その者が被告人に対して質問することの申出があるときは，被告人又は弁護人の意見を聴き，被害者参加人又はその委託を受けた弁護士が刑事訴訟法の規定による意見の陳述をするために必要があると認める場合であって，審理の状況，申出に係る質問をする事項の内容，申出をした者の数その他の事情を考慮し，相当と認めるときは，申出をした者が被告人に対してその質問を発することを許す（刑事訴訟法316条の37第１項）。その趣旨は，被害者参加人等が被告人に対して直接質問をすることを認めることにより，被害者等の名誉の回復や被害からの立ち直りに資する点にある。そして，裁判長は，被害者参加人等のする質問が既にした尋問と重複するときは，これを制限することができる（刑事訴訟法316条の37第３項，295条１項前段）。その趣旨は，訴訟の円滑な進行を図る点にある。

オ　誤　り。

本記述は，裁判所は，被害者参加人の事実又は法律の適用についての意見陳述を，犯罪事実の認定のための証拠とすることができるとしている点で，誤っている。

刑事訴訟法316条の38第１項，４項。裁判所は，被害者参加人又はその委託を受けた弁護士から，事実又は法律の適用について意見を陳述することの申出がある場合において，審理の状況，申出をした者の数その他の事情を考慮し，相当と認めるときは，公判期日において，検察官の意見の陳述の後に，訴因として特定された事実の範囲内で，申出をした者がその意見を陳述することを許す（刑事訴訟法316条の38第１項）。この意見陳述は，「証拠とはならない」（同条４項）から，犯罪事実の認定のための証拠とすることはできない。なぜならば，被害者参加人等による意見の陳述は，純然たる主張としてなされるものであるからである。

以上により，誤っている記述はオの１個であり，したがって，正解は肢２となる。

【文献情報】リークエP.306，334～337。酒巻P.378～379，442～443。

第23問	訴因変更	判例	肢別解答率				
			1	2	3	4	5
正解：〔No.33〕３		全　体	1%	29%	53%	15%	1%
		合格者全体	0%	29%	55%	15%	1%
		不合格者全体	2%	29%	51%	16%	2%

学生Ａ　正しい。

訴因の機能は，①裁判所に対し審判の対象を限定すること，②被告人に対し防御の範囲を示すことにある。そこで，訴因変更の手続を経ることなく裁判所が訴因以外の事実を認定することができるかは，この二つの観点から判断する必要がある。この点，犯罪の実行行為がなされた日時・場所の変化については，審判対象の画定のために必要な事実の変化とはいえず，また，日時・場所の相違が直接犯罪の成否に関係するような場合を除き，一般的には被告人の防御にも影響しないと解されている。本記述においては，日時「令和２年３月１日」・場所「Ｈ市内の甲方」とする訴因に対して，日時「令和２年３月10日」・場所「Ｈ市内の丙方」との事実を認定することは，訴因変更の手続を経ることなく行うことができる。したがって，本記述は正しい。なお，犯罪の日時・場所が大きく異なるような場合については，そもそも公訴事実の同一性がないと考えられている。

学生B　正しい。

刑事訴訟法312条２項，刑訴訴訟規則208条により，本記述は正しい。

当事者主義的訴訟構造（刑事訴訟法256条６項，298条１項，312条１項等）を採用する刑事訴訟法のもとでは，審判対象設定権限は検察官にあり，訴因変更請求も検察官によりなされる（刑事訴訟法312条１項）。そのため，裁判所が，心証と訴因の食い違いから訴因変更が必要と判断したときも，できる限り当事者たる検察官の自発的訴因変更を待つべきである。そこで，裁判所は求釈明（刑事訴訟規則208条）をして，検察官に対して，心証に沿った事実を内容とする訴因への変更を促し，検察官が応じない場合には，訴因の変更を命ずる（刑事訴訟法312条２項）ことになる。

学生C　誤　り。

本記述は，裁判所は，検察官が訴因変更命令に応じなかったとしても，訴因変更命令により訴因が変更されたものとして，有罪判決を言い渡すことができるとしている点で，誤っている。

最大判昭40.４.28（百選Ａ23事件）。判例は，訴因変更命令にいわゆる形成的効力が認められるかについて，刑事訴訟法312条２項により裁判所が訴因変更命令を発しても，検察官がこれに応じて訴因変更手続をとらない限り，訴因は変更されないと解すべきであるとしている。

学生D　誤　り。

本記述は，収賄罪の共同正犯の訴因に対し，裁判所が贈賄罪の共同正犯が成立するとの心証を形成した場合，訴因変更の手続を経ることなく，贈賄罪の共同正犯を認定して，有罪判決を言い渡すことができるとしている点で，誤っている。

最判昭36.６.13。判例は，収賄の共同正犯の訴因に対し贈賄の共同正犯の事実を認定する場合の訴因罰条の変更手続の要否について，収賄の共同正犯の訴因に対し，贈賄の共同正犯の事実を認定するには，訴因罰条の変更手続を経ることを要するとしている。その理由として，判例は，「もともと収賄と贈賄とは，犯罪構成要件を異にするばかりでなく，一方は賄賂の収受であり，他方は賄賂の供与であつて，行為の態様が全く相反する犯罪であるから，収賄の犯行に加功したという訴因に対し，訴因罰条の変更手続を履まずに，贈賄の犯行に加功したという事実を認定することは，被告人に不当な不意打を加え，その防禦に実質的な不利益を与える虞れがあるといわなければならない。」ということを挙げている。

以上により，誤った発言をしている学生は学生Ｃと学生Ｄの２人であり，したがって，正解は肢３となる。

【文献情報】リークエP.250～258，260～262。酒巻P.294～302，311～312。

第24問 証拠と憲法の諸規定	判例	肢別解答率									
		肢ア		肢イ		肢ウ		肢エ		肢オ	
正解：〔No.34〕1，〔No.35〕1，〔No.36〕2，〔No.37〕2，〔No.38〕1		1	2	1	2	1	2	1	2	1	2
	全　体	88%	12%	94%	6%	27%	73%	22%	78%	25%	74%
	合格者全体	90%	10%	97%	3%	22%	78%	24%	76%	27%	73%
	不合格者全体	85%	14%	90%	10%	34%	65%	19%	80%	22%	77%

ア　正しい。

最判昭53.9.7（百選90事件）により，本記述は正しい。

判例（最判昭53.9.7，百選90事件）は，「事案の真相の究明も，個人の基本的人権の保障を全うしつつ，適正な手続のもとでされなければならないものであり，ことに憲法35条が，憲法33条の場合及び令状による場合を除き，住居の不可侵，捜索及び押収を受けることのない権利を保障し，これを受けて刑訴法が捜索及び押収等につき厳格な規定を設けていること，また，憲法31条が法の適正な手続を保障していること等にかんがみると，証拠物の押収等の手続に，憲法35条及びこれを受けた刑訴法218条1項等の所期する令状主義の精神を没却するような重大な違法があり，これを証拠として許容することが，将来における違法な捜査の抑制の見地からして相当でないと認められる場合においては，その証拠能力は否定されるものと解すべきである。」としている。

イ　正しい。

最判平7.6.20（百選81事件）により，本記述は正しい。

最判平7.6.20（百選81事件）。判例（最判平7.6.20，百選81事件）は，「321条1項2号前段は，検察官面前調書について，その供述者が国外にいるため公判準備又は公判期日に供述することができないときは，これを証拠とすることができると規定し，右規定に該当すれば，証拠能力を付与すべきものとしている。しかし，右規定が同法320条の伝聞証拠禁止の例外を定めたものであり，憲法37条2項が被告人に証人審問権を保障している趣旨にもかんがみると，検察官面前調書が作成され証拠請求されるに至った事情や，供述者が国外にいることになった事由のいかんによっては，その検察官面前調書を常に右規定により証拠能力があるものとして事実認定の証拠とすることができるとすることには疑問の余地がある。」としている。

ウ　誤　り。

本記述は，刑事免責を付与して供述を強制して得られた供述を証拠とすることは，自己負罪拒否特権を定めた憲法38条１項に違反して許されないとしている点で，誤っている。

最大判平７.２.22（百選66事件），刑事訴訟法157条の２，157条の３。判例（最大判平７.２.22，百選66事件）は，「刑事免責の制度は，自己負罪拒否特権に基づく証言拒否権の行使により犯罪事実の立証に必要な供述を獲得することができないという事態に対処するため，共犯等の関係にある者のうちの一部の者に対して刑事免責を付与することによって自己負罪拒否特権を失わせて供述を強制し，その供述を他の者の有罪を立証する証拠としようとする制度」であって，「我が国の憲法が，その刑事手続等に関する諸規定に照らし，このような制度の導入を否定しているものとまでは解されない」としつつ，「これを採用するのであれば，その対象範囲，手続要件，効果等を明文をもって規定すべき」として，判決当時には「我が国の刑訴法は，この制度に関する規定を置いていない」から，「刑事免責を付与して得られた供述を事実認定の証拠とすることは，許容されない」としていた。しかし，平成28年刑事訴訟法改正により，証人尋問を実施する際，検察官の請求により，裁判所の免責決定を得て，証人の自己負罪拒否特権を失わせ，供述を強制する制度が導入された（刑事訴訟法157条の２，157条の３）。よって，自己負罪拒否特権に基づき証言を拒否する証人に対して刑事免責を付与して供述を強制しても，憲法38条１項に違反せず，得られた供述を，被告人の有罪を認定するための証拠とすることができる。

エ　誤　り。

本記述は，任意にされたものでない疑いのある自白を，犯罪事実を認定するための証拠とすることは，憲法38条２項の定める自白法則には違反しないとしている点で，誤っている。

最大判昭45.11.25（百選71事件）。判例（最大判昭45.11.25，百選71事件）は，「捜査手続といえども，憲法の保障下にある刑事手続の一環である以上，刑訴法１条所定の精神に則り，公共の福祉の維持と個人の基本的人権の保障とを全うしつつ適正に行なわれるべきものであることにかんがみれば，捜査官が被疑者を取り調べるにあたり偽計を用いて被疑者を錯誤に陥れ自白を獲得するような尋問方法を厳に避けるべきであることはいうまでもないところであるが，もしも偽計によつて被疑者が心理的強制を受け，その結果虚偽の自白が誘発されるおそれのある場合には，右の自白はその任意性に疑いがあるものとして，証拠能力を否定すべきであり，このような自白を証拠に採用することは，刑訴法319条１項の規定に違反し，ひいては憲法38条２項にも違反するものといわなければならない。」としており，不任意自白を犯罪事実認定の証拠とすることは，憲法38条２項にも違反するとしている。判例の結論に賛成する学説は，その理由として，刑事訴訟法319条１項とは異なり，憲法38条２項は文言上，「任意にされたものでない疑のある自白」を証拠とできない自白に含んでいないが，両規定の間に実質的な差異は無いということを挙げている。

オ　正しい。　★

刑事訴訟法319条２項，最大判昭23.7.29（百選Ａ34事件）により，本記述は正しい。

刑事訴訟法319条２項は，「被告人は，公判廷における自白であると否とを問わず，その自白が自己に不利益な唯一の証拠である場合には，有罪とされない」と定めており，公判廷における被告人の自白を唯一の証拠として被告人を有罪とすることは，刑事訴訟法319条２項の定める補強法則に違反する。これに対して，判例（最大判昭23.7.29，百選Ａ34事件）は，憲法38条３項の「『本人の自白』には，公判廷における被告人の自白を含まないと解釈するを相当とする」としており，公判廷における被告人の自白を唯一の証拠として被告人を有罪とすることは，憲法38条３項の定める補強法則には違反しないとしている。その理由として，判例は，①公判廷における被告人の自白は，自由の状態において供述されるものであるから，公判廷において被告人は，自己の真意に反してまで軽々しく自白し，真実にあらざる自己に不利益な供述をするようなことはない，②もし被告人が虚偽の自白をしたと認められる場合には，その弁護士は直ちに再訊問の方法によってこれを訂正せしめることもできる，③裁判所の面前でなされる自白は，被告人の発言，挙動，顔色，態度並びにこれらの変化等からも，その真実に合するか否か，又，自発的な任意のものであるか否かは，多くの場合において裁判所が他の証拠を待つまでもなく，自ら判断し得る，④裁判所はその心証が得られるまで種々の面と観点から被告人を根掘り葉掘り十分訊問することもできる，ということを挙げている。

【文献情報】リークエP.330，391～393，417～418，421～422，435，451。酒巻P.196～199，511～513，521～522，527～528，559～560。

第25問	伝聞証拠	条文	肢別解答率					
			1	2	3	4	5	6
正解：〔No.39〕5		全　体	1%	9%	25%	37%	26%	1%
		合格者全体	1%	6%	19%	39%	34%	1%
		不合格者全体	2%	12%	34%	35%	15%	1%

ア　差異はない。　★

司法警察員の面前における被告人の供述を録取した書面で同人の署名及び押印のあるものは，「被告人の供述を録取した書面で被告人の署名若しくは押印のあるもの」（刑事訴訟法322条１項）であるから，その供述が，「被告人に不利益な事実の承認を内容とするもの」（任意にされたものでない疑があると認めるときを除く）又は「特に信用すべき情況の下にされたもの」であるときに限り，証拠能力が認められる。また，検察官の面前における被告人の供述を録取した書面で同人の署名及び押印のあるものも，「被告人の供述を録取した書面で被告人の署名若しくは押印のあるもの」（刑事訴訟法322条１項）であるから，その供述が，「被告人に不利益な事実の承認を内容とするもの」（任意にされたものでない疑があると認めるときを除く）又は「特に信用すべき情況の下にされたもの」であるときに限り，証拠能力が認められる。したがって，両書面とも，証拠とすることができる要件に差異はない。

イ　差異がある。

司法警察員の面前における被害者の供述を録取した書面で同人の署名及び押印のあるものは，「被告人以外の者…………の供述を録取した書面で供述者の署名若しくは押印のあるもの」（刑事訴訟法321条１項柱書）で，「前２号に掲げる書面以外の書面」（刑事訴訟法321条１項３号，３号書面）であるから，「供述者が死亡，精神若しくは身体の故障，所在不明又は国外にいるため公判準備又は公判期日において供述することができず，かつ，その供述が犯罪事実の存否の証明に欠くことができないものであるとき」で，「その供述が特に信用すべき情況の下にされたものであるとき」に証拠能力が認められる。これに対して，検察官の面前における被害者の供述を録取した書面で同人の署名及び押印のあるものは，「被告人以外の者…………の供述を録取した書面で供述者の署名若しくは押印のあるもの」（刑事訴訟法321条１項柱書）で，「検察官の面前における供述を録取した書面」（刑事訴訟法321条１項２号，２号書面）であるから，「供述者が死亡，精神若しくは身体の故障，所在不明若しくは国外にいるため公判準備若しくは公判期日において供述することができないとき」又は「公判準備若しくは公判期日において前の供述と相反するか若しくは実質的に異なつた供述をしたとき」で「公判準備又は公判期日における供述よりも前の供述を信用すべき特別の情況の存するとき」に証拠能力が認められる。したがって，両書面は，証拠とすることができる要件に差異がある。

ウ　差異はない。

被告人が作成した供述書で同人の署名及び押印のあるものと，被告人が作成した供述書で同人の署名及び押印のいずれもがないものは，いずれも，「被告人が作成した供述書」（刑事訴訟法322条１項）であるから，その供述が，「被告人に不利益な事実の承認を内容とするもの」（任意にされたものでない疑があると認めるときを除く）又は「特に信用すべき情況の下にされたもの」であるときに限り，証拠能力が認められる。アの記述で問題となった「被告人の供述を録取した書面」のように，「被告人の署名若しくは押印のあるもの」であることは要件とされていない。したがって，両書面とも，証拠とすることができる要件に差異はない。

エ　差異はない。

司法警察員が作成した検証調書は，「司法警察職員の検証の結果を記載した書面」（刑事訴訟法321条３項）であるから，「供述者が公判期日において証人として尋問を受け，その真正に作成されたものであることを供述したとき」に証拠能力が認められる。そして，司法警察員が作成した実況見分調書について，判例（最判昭35.９.８，百選Ａ39事件）は，「刑訴321条３項所定の書面には捜査機関が任意処分として行う検証の結果を記載したいわゆる実況見分調書も包含するものと解するを相当とし，かく解したからといつて同条項の規定が憲法37条２項前段に違反するものでない」として，刑事訴訟法321条３項の適用により，証拠能力を認める。判例の結論に賛成する学説は，その理由として，検証も実況見分も捜査機関による実施態様や調書作成の業務的性格には差異はなく，強制捜査か否か，令状があるか否かにより証拠能力が認められる要件に差をつけることに合理的理由はない，ということを挙げる。したがって，司法警察員が作成した検証調書，司法警察員が作成した実況見分調書の両書面とも，証拠とすることができる要件に差異はない。

オ　差異はない。

裁判所から鑑定を命じられた鑑定人が作成した鑑定書（鑑定人の鑑定書）は，「鑑定の経過及び結果を記載した書面で鑑定人の作成したもの」（刑事訴訟法321条４項）であるから，刑事訴訟法321条３項と同一の要件である「供述者が公判期日において証人として尋問を受け，その真正に作成されたものであることを供述したとき」に証拠能力が認められる。そして，判例（最判昭28.10.15，百選Ａ40事件）は，司法警察員から鑑定の嘱託を受けた者が作成した鑑定書（鑑定受託者が作成した鑑定書）について，「捜査機関の嘱託に基く鑑定書（刑事訴訟法223条）

には，裁判所が命じた鑑定人の作成した書面に関する刑訴321条４項を準用すべきものである」として，刑事訴訟法321条４項の準用により証拠能力を認めている。したがって，司法警察員から鑑定の嘱託を受けた者が作成した鑑定書，裁判所から鑑定を命じられた鑑定人が作成した鑑定書の両書面とも，証拠とすることができる要件に差異はない。

以上により，証拠とすることができる要件に差異のない書面の組合せが記載されたものは，ア，ウ，エ，オの４個であり，正解は肢５となる。

【文献情報】リークエP.388～395，396～401。酒巻P.536～537，556～565，590～592，596～597。

第26問	判決の言渡し	論理	肢別解答率					
			1	2	3	4	5	6
正解：〔No.40〕2		全　体	4%	66%	22%	4%	2%	0%
		合格者全体	4%	74%	17%	2%	3%	0%
		不合格者全体	5%	55%	30%	8%	2%	0%

本問の事例では，保護責任者遺棄致死罪で起訴された被告人の公判において，証拠調べの結果，被告人が被害者を遺棄した当時，被害者が生きていたか死亡していたかが判明せず，被告人に保護責任者遺棄致死罪と死体遺棄罪のどちらかが成立することは疑いがないが，どちらであるかは確定できなかった場合の，裁判所が言い渡すべき判決が問われている。つまり，本問では，いわゆる狭義の択一的認定，すなわち，別個の構成要件にわたる事実（A事実又はB事実）が択一関係にある場合に，被告人が，A事実又はB事実のいずれかを行ったことに疑いはないが，そのいずれの事実についても合理的疑いを超える証明がないときに，「A又はB」と択一的に認定すること（明示的択一的認定），あるいは軽い方の事実を認定すること（黙示的択一的認定）が許されるか否かが問題になっている。Ⅰの見解は，明示的択一的認定も黙示的択一的認定も許されず，無罪判決を言い渡すべきとするものである。大阪地判昭 46.9.9は，本問と同様の事案において，「右両訴因につきいずれも証明が十分でないものとして無罪の言渡をすべきものか，それとも，二者のうちいずれか一方の訴因が成立することは間違いないものとして択一的に或いは被告人に有利な訴因につき有罪の認定をなすべきかは困難な問題であるが，現行刑事訴訟法上の挙証責任の法則に忠実である限り，後者のような認定は許されないものと解すべきであるから…………，右各訴因についてはいずれも証明が十分でないものとして無罪の言渡をするほかはない。」として，Ⅰの見解に立つ。Ⅱの見解は，明示

的択一的認定を肯定しつつ，量刑は軽い罪の刑によるべきであるとするものである。Ⅲの見解は，黙示的択一的認定を肯定するものである。札幌高判昭 61.3.24（百選 93 事件）は，本問と同様の事案において，「Ｖが生存していたとすれば，被告人は保護責任者遺棄罪を犯したことになるが，同罪〔は〕…………死体遺棄罪より法定刑が重い罪である。本件では，Ｖは生きていたか死んでいたかのいずれか以外にはないところ，重い罪に当たる生存事実が確定できないのであるから，軽い罪である死体遺棄罪の成否を判断するに際し死亡事実が存在するものとみることも合理的な事実認定として許されてよい」として，Ⅲの見解に立つ。

ア　正しい。

Ｉの見解に対しては，別個の構成要件にわたる事実（本問の事例における保護責任者遺棄致死罪又は死体遺棄罪）のどちらかが成立することには疑いがないにもかかわらず，いずれの犯罪にも有罪判決を言い渡すことができないのは，国民の法感情に反するという批判がある。

イ　誤　り。

Ｉの見解は，刑事訴訟において重要なのは，特定の犯罪に当たる事実の証明がされたかどうかであるところ，「Ａ又はＢ」と択一的に認定することは，特定の犯罪に当たる事実の証明がされたとは言い難いとして，無罪判決を言い渡すべきであるとする。したがって，イの記述はＩの見解の根拠であり，Ｉの見解に対する批判ではない。

ウ　正しい。

Ⅱの見解は，「疑わしきは被告人の利益に」の原則（利益原則）の趣旨は，不十分な証明に基づいて有罪判決の言渡しを受けることから被告人を保護する点にあるところ，いずれかの犯罪が成立することについて合理的な疑いを超える証明があれば，軽い罪の刑を科しても不十分な証明に基づいて有罪判決を言い渡したことにはならず，利益原則には反しないとする。

エ　正しい。

Ⅱの見解に対しては，「Ａ又はＢ」と択一的に認定することは，「Ａ又はＢ」罪という新たな合成的な構成要件を設定して処罰することになり，罪刑法定主義に反するという批判がなされている。

オ　正しい。

Ⅲの見解に立つ上記札幌高判昭61.３.24（百選93事件）は，被害者は「生きていたか死んでいたかのいずれか以外にはないところ，重い罪に当たる生存事実が確定できないのであるから，軽い罪である死体遺棄罪の成否を判断するに際し死亡事実が存在するものとみることも合理的な事実認定として許されてよい」として，保護責任者遺棄致死罪又は死体遺棄罪のどちらかが成立することは疑いがない状況で，重い保護責任者遺棄致死罪の事実が認定できないのであれば，死体遺棄罪が疑いなく証明されたと考えるべきであるとしている。

以上により，誤っている記述はイの１個であり，したがって，正解は肢２となる。

【文献情報】リークエＰ.480～482。酒巻Ｐ.485～486。

一般教養

第1問 イングランドの議会政治		問題選択率
正解：〔No.1〕4	全　体	47%
	合格者全体	47%
	不合格者全体	48%

肢別解答率				
1	2	3	4	5
20%	9%	38%	23%	10%
19%	8%	36%	26%	10%
21%	11%	40%	19%	9%

（人文科学）世界史

1　明らかな誤りを含むとはいえない。

イングランドにおけるローマ・カトリック教会の影響の排除は，直接的には，ローマ教皇がヘンリー８世とスペイン出身のキャサリン王妃との離婚を認めない旨を決定したことを契機に問題化した。1529年に招集されていた宗教改革会議はヘンリー８世と共同して，1533年，ローマ教皇と絶縁し主権国家を宣言する「上訴禁止法（上告禁止法）」を制定し，翌1534年，イングランド国王を「イングランド国教会の地上における唯一最高の首長」と宣言する国王至上法を制定して，ローマ・カトリック教会からの分離独立を果たした。したがって，本記述は明らかな誤りを含むとはいえない。

2　明らかな誤りを含むとはいえない。

近代的な議会の始まりは，1265年，ヘンリー３世がマグナ＝カルタを無視して課税を強行しようとしたことに始まる。マグナ＝カルタは，貴族・教会・都市の有していた封建的特権を国王が承認し，国王が軍用金などを徴収するときは貴族・僧侶の評議会を経なければならないとの原則を国王に認めさせた1215年の文書であるが（その他に教会の自由，都市の自由，不当な逮捕の禁止等も），ヘンリー３世はこれを無視したわけである。これに対して，貴族側は反乱を起こし，王を捕虜にして議会を開催することを認めさせた（モンフォール議会）。このモンフォール議会で，従来の貴族・聖職者の代表者に加えて，各州から２名ずつの騎士と，各都市から２名ずつの代表を参加させた。これが実質的な議会の始まりである。その後，紆余曲折を経ながら，議会は，王権に対する従順な協力者として行動しつつ，次第に国会における主権の座を国王と争う力をつけるようになり，17世紀になると，国王と決定的に対立するようになった。ジェームズ１世は王権神授説を掲げて，イギリス国教会の立場からピューリタンを弾圧したため，ピューリタンのジェントリが多くを占める議会との対立が表面化した。次のチャールズ１世も国王大権で戦費調達のための課税をしようとしたため議会は反発し，1628年に権利の請願を提出し，議会の承認なしに課税しないこと，国民を法律によらず逮捕しないことなどを要請した。しかし国王はそれを無視して議会を解散，以後10年以上にわたって議会は開催されなかった。したがって，本記述は明らかな誤りを含むとはいえない。

3　明らかな誤りを含むとはいえない。

17世紀中葉のイングランド内戦は，清教徒革命におけるイングランドの王党派（騎士党）と議会派（円頂党）の軍事衝突である。両派は1642年から1651年までの９年間，３度にわたって争った。本記述は，1642年に始まったチャールズ１世が率いる国王軍と議会軍の第１次イングランド内戦（1642年～1646年）後の議会派内の対立に関する記述である。第１次イングランド内戦は，当初国王軍に有利に推移したが，議会派の組織改革などによって議会軍が勝利した。しかし，勝利した議会派内では深刻な対立を招き，その対立は次第に議会（長老派）と軍（独立派）の対立へと構図を変えていった。ところが，軍内部にもイングランドの政治の在り方をめぐって軍幹部（独立派）と兵士（平等派）との間に争いがあり，1647年のパトニー討論で両者の主張が激突した。独立派は，上院存続，軍統帥権・外交権を制限した上での王政存続，選挙区改正と財産に基づく選挙権の分配（制限選挙）を主張，平等派は，王政と上院廃止，自然権に基づく国民主権，選挙区改正と普通選挙実施などの急進的改革を主張した。したがって，本記述は明らかな誤りを含むとはいえない。

4　明らかな誤りを含む。

議会と軍，そして軍内部にも対立があることを見てとったチャールズ１世は，1648年，議会の一部の者と組んでイングランドでの主導権を取り戻そうとして決起，第２次イングランド内戦（1648年～1649年）に突入する。だが軍を統合したクロムウェルは，同年８月のプレストンの戦いでこれを鎮圧，さらに，「プライドのパージ」と呼ばれる軍事クーデターを敢行して長老派を議会から追放し，残った議員のみからなる議会を承認してイングランド共和国の樹立を宣言した。議会は翌年１月にチャールズ１世の処刑を執行した。共和国の指導者となったクロムウェルは，軍の平等派を弾圧し，軍事独裁体制を敷いた。しかし，1658年のクロムウェル死後，共和国は弱体化，無政府状態に陥った。オランダに亡命していたチャールズ２世は，1660年，ブレダ宣言を発し，革命中の言動への大赦，革命中の土地移動の承認，信仰の自由等を約束し，議会は国王チャールズ２世が1649年１月30日の国王チャールズ1世の処刑以来ずっと正当な君主であったと宣言してこれに応え，1661年チャールズ２世は，ウェストミンスター寺院で戴冠した。翌年新たに招集された議会は，1679年まで続いた。したがって，本記述は，「国王は，議会を尊重して毎年開催することに同意した」という誤った記述を含んでいる点で，明らかな誤りを含む。

5　明らかな誤りを含むとはいえない。

チャールズ２世の即位によって王政は復活したが，王は反動的な専制主義をとりはじめ，旧教の復興をはかった。これに対し，議会は，1673年に公職に就く者は国教会の信徒に限るとした審査法を成立させ，さらに1679年には王が人民を不法に逮捕・投獄しないことを規定した人身保護法を成立させた。ところが，チャールズ２世より王位を受け継いだジェームズ２世も専制支配を強行したので，議会は彼の追放宣言を発し，ジェームズ２世はフランスに亡命した。これを受けて議会派，ジェームズ２世の長女メアリの夫オレンジ公ウィリアムを招いた。メアリとウィリアムは議会の決定した「権利の宣言」を承認して王位についた。この「権利の宣言」をもとに，議会は「臣民の権利及び自由を宣言し，王位継承を定める法律」（「権利の章典」）を成立させた。こうしてイギリスの議会制度は確立し，立憲政治の基礎が定まった。したがって，本記述は明らかに誤りを含むとはいえない。

第2問	エルサレム		問題選択率	肢別解答率				
				1	2	3	4	5
正解：〔No.2〕5		全　体	60%	7%	21%	24%	7%	40%
		合格者全体	60%	5%	19%	26%	7%	42%
		不合格者全体	60%	10%	26%	21%	8%	36%

（人文科学）世界史

1　明らかな誤りを含むとはいえない。

エルサレムは世界最古の都市の１つであり，紀元前1000年頃古代イスラエル王国が成立すると，２代目のダビデ王によって首都と定められ，３代目のソロモン王によって，ユダヤ教の礼拝の中心となるエルサレム神殿（第一神殿）が建設された。したがって，本記述は明らかな誤りを含むとはいえない。

2　明らかな誤りを含むとはいえない。

ソロモン王の死後，王国は南北に分裂，エルサレムはユダ王国の首都となった。その後，エルサレムは300年以上ユダ王国の都として存続したが，紀元前586年，ユダ王国は，新バビロニア王国によって完全に滅ぼされた。エルサレムの神殿ならびに都市も破壊され，住民はすべてバビロンへと連行された（バビロン捕囚）。紀元前539年に新バビロニアがアケメネス朝ペルシアに滅ぼされると，ペルシア王キュロス２世はユダヤ人のエルサレムへの帰還を認め，エルサレムは再建された。その後はアレクサンドロス帝国，セレウコス朝シリアなどの支配を受ける。紀元前140年頃にはユダヤ人がハスモン朝を建てて自立したものの，共和政ローマの影響が強まり，紀元前37年にはローマの宗主権のもと，ヘロデ大王によってヘロデ朝が創始され，ローマの支配下におかれた。したがって，本記述は明らかな誤りを含むとはいえない。なお，新約聖書によれば，エルサレムはイエス・キリストが教えを述べ，そして処刑され，埋葬され，復活したとされる場所である。

3　明らかな誤りを含むとはいえない。

ムハンマド（マホメット）がエルサレムから昇天したとされる伝承は，ムハンマドの死（632年）後から早い時期にイスラム教徒の間では事実とみなされている。また，エルサレムがイスラム勢力の統治下に置かれたのは638年の正統カリフ時代（ムハンマドの後継者カリフが治めていた時代）である。したがって，本記述は明らかな誤りを含むとはいえない。

4　明らかな誤りを含むとはいえない。

第１回十字軍（1096年～1099年）は，1095年にローマ教皇ウルバヌス２世の呼びかけにより，シーア派のファーティマ朝の支配下に置かれた，キリスト教の聖地エルサレムの奪回のために始められた軍事行動である。したがって，本記述は明らかな誤りを含むとはいえない。

5　明らかな誤りを含む。

オスマン帝国がキリスト勢力からエルサレムを奪回し，同都市を支配したのは1517年，すなわち，16世紀のことであり，14世紀ではない。したがって，本記述前段は，オスマン帝国がエルサレムを奪回したのは「16世紀」とすべきところ，「14世紀」としている点で，明らかな誤りを含む。なお，イギリスは，1918年，オスマン帝国の支配下にあったエルサレムを占領し，1920年から高等弁務官による民政を開始して実質的に植民統治を開始していた。パレスチナをイギリスの委任統治領とする決議案は1922年７月24日に国際連盟理事会で公式に承認され，1923年９月26日に発効した。

第3問	江戸・東京		問題選択率	肢別解答率				
				1	2	3	4	5
正解：〔No.3〕4		全　体	83%	22%	9%	10%	58%	1%
		合格者全体	83%	18%	9%	10%	62%	1%
		不合格者全体	84%	26%	10%	11%	52%	1%

（人文科学）日本史

1　明らかな誤りを含むとはいえない。

関東管領・上杉氏の一族である扇谷上杉の家老であった太田道灌が江戸の地に入り江戸氏の居館跡に江戸城を築いたのは1456年頃とされる。道灌の死後，扇谷上杉氏が江戸城を引き継ぎ政務を執り行っていたが，1524年の高輪原の戦いで相模の後北条氏に敗れ，江戸城は後北条氏の支配下に入った。1590年，後北条氏が豊臣秀吉に滅ぼされると，後北条氏の旧領を封ぜられた徳川家康は，関東地方を治める中心となるべき地として江戸を選び，江戸城を修築し，城下町の建設を進めた。したがって，本記述は明らかな誤りを含むとはいえない。

2　明らかな誤りを含むとはいえない。

徳川家康が関が原の戦い（1600年）で勝利し天下統一を果たし，征夷大将軍に任ぜられると（1603年），幕府の所在地として江戸の重要性が高まり，江戸城は，幕府から諸大名に課せられた手伝普請によって整備され，巨大な堅城に生まれ変わった。しかし，明暦の大火（1657年）によって，江戸城や多数の大名屋敷，市街地の大半を焼失した。死者数については諸説あるが３万人から10万人と記録されている。したがって，本記述は明らかな誤りを含むとはいえない。

3　明らかな誤りを含むとはいえない。

江戸幕府の崩壊（1867年）後，明治政府は江戸を支配下に置き，江戸府を設置した（1868年）。江戸が東京に改称されると，江戸府も東京府と改称され，明治天皇が皇居（旧江戸城）に入ると，東京は事実上の首都となった。廃藩置県（1871年）後，首都周辺の地域が段階的に東京府に併合され，1878年の郡区町村編制法により東京府下の市街地に15区が，市街地に隣接する区域に６郡が編成された。1888年，内務省によって東京市区改正条例が公布され，東京市区改正委員会が設置されて市区改正事業が始まるも，財政難のため事業は遅々として進まなかったが，都市化の進展から事業の早期化が必要になり，1903年，計画を大幅に縮小，1914年に事業が完成した。路面電車を開通させるための道路拡幅，及び上下水道の整備がこのときの事業の主な内容であった。したがって，本記述は明らかな誤りを含むとはいえない。

4　明らかな誤りを含む。

東京府は，1889年の市制・町村制に基づき，同年，府下に東京市を設け，東京15区をもって市域として区部の財産管理を市に移した。東京市への人口流入が進み1920年には370万人都市となったが，1923年９月１日関東大震災が起き東京は甚大な被害を受けた。特に木造家屋が密集した市街地はほとんどの家屋が焼失したことから，不燃の鉄筋コンクリート造の住宅への関心が高まり（不燃の住宅の必要性は震災前から認識されていた），1924年，内務省によって設立された財団法人・同潤会が主体となって鉄筋コンクリート造の集合住宅（同潤会アパート）の供給を行った。したがって，本記述は，耐震建築への関心の高まり，公団住宅の造成という点で，明らかな誤りを含む。なお，公団住宅は，1955年に設立された日本住宅公団（現在の都市再生機構）が供給した住宅を指す。日本住宅公団は，同潤会の事業を引き継いだ住宅営団（1941年設立，1946年ポツダム宣言受託後の連合国最高司令官総司令部（GHQ）の指令により閉鎖）を参考に設立された公団である。

5　明らかな誤りを含むとはいえない。

1964年のオリンピック競技大会の開催地が東京に決まると，その開催に向けて，競技用施設から選手村，公共交通機関などの基盤整備や外国からの観戦客を受け入れるためのホテルに至るまで，日本各地において種々の建設・整備がなされた。東京を中心とする各種施設等の建設・整備をあげると，東海道新幹線の開業，東京モノレールの開業，東京国際空港のターミナルビルの増築・滑走路の拡張，首都高速道路の整備などがある。したがって，本記述は明らかな誤りを含むとはいえない。

第4問	朝鮮と日本		問題選択率
正解：〔No.4〕2		全　体	73%
		合格者全体	74%
		不合格者全体	72%

肢別解答率				
1	2	3	4	5
6%	39%	18%	20%	17%
5%	44%	14%	23%	14%
7%	32%	22%	16%	22%

（人文科学）日本史

A　1885（明治18）年

Aは，文末の「脱亜の二字あるのみ」から分かるように，福沢諭吉が書いたとされる評論「脱亜論」である。この評論文は，1885年３月16日の新聞『時事新報』の社説として掲載された。

B　1910（明治43）年

Bは，1910年の韓国併合を批判した石川啄木の歌で，同年に発表された詩集『一握の砂』に収載されている。

以上により，Aはイの期間に，Bはエの期間にそれぞれ当たり，したがって，正解は肢２となる。

第5問	農産物の生産量と輸出量		問題選択率
正解：〔No.5〕1		全　体	62%
		合格者全体	58%
		不合格者全体	67%

肢別解答率				
1	2	3	4	5
30%	13%	14%	22%	21%
29%	11%	14%	24%	21%
30%	16%	14%	20%	20%

（人文科学）地理

1　正しい。

FAO（国連食糧農業機関）の発行するいわゆる『世界食料農業白書』（2017年）によると，コーヒー豆の三大生産国は，ブラジル，ベトナム，コロンビアであり，本記述前段は正しい。また，コーヒー豆の三大輸出国も同様であり，本記述後段も正しい。したがって，本記述は正しい。

2　誤　り。

FAO（国連食糧農業機関）の発行するいわゆる『世界食料農業白書』（2017年）によると，バナナの三大生産国は，インド，中国，インドネシアであり，本記述前段は正しい。しかし，バナナの三大輸出国は，エクアドル，ベルギー，フィリピンであり，インドは入らないので，本記述後段は誤っている。したがって，本記述は誤っている。

3　誤　り。

FAO（国連食糧農業機関）の発行するいわゆる『世界食料農業白書』（2017年）によると，カカオ豆の三大生産国は，コートジボワール，ガーナ，インドネシアであり，アメリカ合衆国は入らないので，本記述前段は誤っている。しかし，カカオ豆の三大輸出国は，コードジボワール，ブラジル，インドネシアであり，本記述後段は正しい。したがって，本記述は誤っている。

4　誤　り。

FAO（国連食糧農業機関）の発行するいわゆる『世界食料農業白書』（2017年）によると，小麦の三大生産国は，中国，インド，ロシアであり，本記述前段は正しい。しかし，小麦の三大輸出国は，アメリカ合衆国，カナダ，フランスであり，中国は入らないので，本記述後段は誤っている。したがって，本記述は誤っている。

5　誤　り。

FAO（国連食糧農業機関）の発行するいわゆる『世界食料農業白書』（2017年）によると，米の三大生産国は，中国，インド，インドネシアであり，本記述前段は正しい。しかし，米の三大輸出国は，インド，タイ，ベトナムであり，アメリカ合衆国，中国は入らないので，本記述後段は誤っている。したがって，本記述は誤っている。

第6問	中東の国々		問題選択率	肢別解答率				
				1	2	3	4	5
正解：〔No.6〕4		全　体	67%	14%	13%	18%	45%	10%
		合格者全体	66%	14%	12%	18%	45%	11%
		不合格者全体	68%	15%	15%	19%	43%	8%

（人文科学）地理

ア　誤　り。

アラブ首長国連邦の国土の大部分は，地中海性気候ではなく砂漠気候に属している。石油資源が豊富で，日本の原油の主要な輸入先の一つであるが，近年の最大の輸入先はサウジアラビアである。また，国民のほぼ全てがイスラム教徒であるが，その過半数を占めているのは，シーア派ではなくスンニ派である。したがって，本記述は誤っている。

イ　正しい。

イラクは，国土の中央をティグリス・ユーフラテス川が流れる，古代メソポタミア文明の繁栄の地である。豊富な石油資源を有するが，イラク戦争など度重なる戦乱から経済活動の回復は遅れている。国民の多くはアラブ人であり，過半数はシーア派に属する。北部にはクルド人が居住しており，こちらは多くがスンニ派に属する。したがって，本記述は正しい。

ウ　誤　り。

イラン北部は黒海ではなくカスピ海に面している。また，国土は，西部を中心に高原が広がり，4000m級の山々も連なるなど，標高が高いため寒暖の差が激しい。また，人口の点では５つの国の中で最大であるが，国土面積は最大ではなく，１位のサウジアラビアに次ぐ。したがって，本記述は誤っている。

エ　正しい。

サウジアラビアは，国土の大部分が砂漠気候に属する。メッカ，メディナの二大聖地を擁するイスラム世界の中心的存在であり，国民の過半数がイスラム教スンニ派に属する。君主制国家であり，国会や成文憲法を持たないが，近年内政改革が進められており，2016年の地方議会選挙では初めて女性の選挙権・被選挙権が認められた。したがって，本記述は正しい。

オ　誤　り。

トルコの主な民族はトルコ人であり，アラブ人は少数派民族に留まる。また，国民の大多数はイスラム教徒であるが，その過半数を占めているのは，シーア派ではなくスンニ派である。したがって，本記述は誤っている。

以上により，正しい記述はイとエであり，したがって，正解は肢4となる。

第7問	地球温暖化とエネルギー		問題選択率
正解：〔No.7〕4		全　体	86%
		合格者全体	85%
		不合格者全体	87%

肢別解答率				
1	2	3	4	5
1%	35%	7%	17%	40%
0%	33%	6%	18%	43%
2%	38%	8%	15%	37%

（人文科学）地理

1　正しい。

ツバルは，オセアニアのエリス諸島に位置する立憲君主制国家で，４つの珊瑚礁に囲まれた島と５つの環礁からなる。ツバルはモルディブに次ぐ海抜の低い国で，海抜３ｍを超える土地はほとんどなく，海面上昇に対して極めて脆弱であるといわれ，地球温暖化に伴う海面上昇による被害が懸念されている。したがって，本記述は正しい。

2　正しい。

一般財団法人日本エネルギー経済研究所の『エネルギー・経済統計要覧』（2020年版）によると，2017年世界の二酸化炭素排出量は，１位中国（92億6000万トン），２位アメリカ合衆国（47億6000万トン），３位インド（21億6000万トン），４位ロシア（15億4000万トン），５位日本（11億3000万トン），そして10位メキシコ（4億5000万トン）となっている。したがって，本記述は正しい。

3　正しい。

2015年11月30日から12月13日までフランス（パリ）で開催された国連気候変動枠組条約締約国会議において，「パリ協定」（Paris Agreement）が採択され，2016年に発効した。パリ協定は，1997年に採択された「京都議定書」に代わる，2020年以降の温室効果ガス排出削減等のための新たな国際枠組みである。アメリカのトランプ政権は，2019年11月に「パリ協定」からの離脱を正式に国連に通告し，2020年11月に離脱することになった。したがって，本記述は正しい。

4　誤　り。

正式名称は「再生可能エネルギー優先に関する法律（Gesetz fuer den Vorrang der Erneuerbaren Energien）」。1990年の「再生可能エネルギーによる電力の公共電力網へのフィードインに関する法律」に始まり，2000年に「再生可能エネルギー法」として現在の制度に近い形が整えられた後，数次の改正を経ている。ドイツの研究機関であるFraunhofer ISEは2019年１月４日に，2018年における同国の総発電量のうち40％以上が再生可能エネルギー由来であったこと，太陽光の設備容量は2018年11月末現在，累計で45.5GWに達したことなどを明らかにした。よって，本記述前段は正しい。もっとも，2018年時点における太陽光発電設備容量（累計量）の世界第１位は中国で，147GWに達しているといわれている。よって，本記述後段は誤っている。したがって，本記述は誤っている。

5　正しい。

2016時点の日本の電源別発電電力量の構成比は，火力による発電が84％（石油等10％，石炭33％，天然ガス41％）と８割を超える構成比となっている。他方，フランスでは，原子力による発電が72％と７割を超え，またブラジルでは水力による発電は63％と６割以上となっている。したがって，本記述は正しい。

第８問 『朱子学と陽明学』		問題選択率
正解：〔No.８〕１	全　体	98%
	合格者全体	98%
	不合格者全体	97%

肢別解答率				
1	2	3	4	5
69%	1%	20%	2%	8%
73%	0%	17%	1%	8%
64%	2%	24%	3%	8%

（人文科学）国語

ア　「であるにもかかわらず」が入る。

（ア）に入る最も適切な語句は「であるにもかかわらず」である。

イ　「であったから」が入る。

（イ）に入る最も適切な語句は「であったから」である。

ウ　「虚像」が入る。

　（ウ）に入る最も適切な語句は「虚像」である。

エ　「志向を異にしていた」が入る。

　（エ）に入る最も適切な語句は「志向を異にしていた」である。

以上により，（ア）＝「であるにもかかわらず」，（イ）＝「であったから」，（ウ）＝「虚像」，（エ）＝「志向を異にしていた」が入り，したがって，正解は肢1となる。

第9問	『西鶴名残の友』		問題選択率	肢別解答率				
				1	2	3	4	5
正解：〔No.9〕4		全　体	91%	33%	28%	10%	21%	8%
		合格者全体	91%	32%	28%	11%	22%	8%
		不合格者全体	90%	36%	27%	9%	20%	7%

（人文科学）国語

1　明らかに誤っているとはいえない。

　本記述は，津田休甫の逸話の内容について述べたものとして，明らかに誤っているとはいえない。

2　明らかに誤っているとはいえない。

　本記述は，津田休甫の逸話の内容について述べたものとして，明らかに誤っているとはいえない。

3　明らかに誤っているとはいえない。

　本記述は，津田休甫の逸話の内容について述べたものとして，明らかに誤っているとはいえない。

4　明らかに誤っている。

　本記述は，津田休甫の逸話の内容について述べたものとして，明らかに誤っている。

5　明らかに誤っているとはいえない。

本記述は，津田休甫の逸話の内容について述べたものとして，明らかに誤っているとはいえない。

第10問	『宇治拾遺物語』		問題選択率
正解：〔No.10〕3		全　体	89%
		合格者全体	90%
		不合格者全体	88%

肢別解答率				
1	2	3	4	5
6%	35%	51%	7%	1%
5%	36%	53%	6%	0%
7%	35%	48%	8%	1%

（人文科学）国語

ア　「ぢざう」が入る。

（ア）に当てはまる最も適切な語句は「ぢざう」である。

イ　「ぢざう」が入る。

（イ）に当てはまる最も適切な語句は「ぢざう」である。

ウ　「地蔵」が入る。

（ウ）に当てはまる最も適切な語句は「地蔵」である。

エ　「ぢざう」が入る。

（エ）に当てはまる最も適切な語句は「ぢざう」である。

オ　「地蔵」が入る。

（オ）に当てはまる最も適切な語句は「地蔵」である。

以上により，（ア）＝「ぢざう」，（イ）＝「ぢざう」，（ウ）＝「地蔵」，（エ）＝「ぢざう」，（オ）＝「地蔵」が入り，したがって，正解は肢３となる。

第11問	大岡信『紀貫之』		問題選択率
正解：〔No.11〕3		全　体	80%
		合格者全体	81%
		不合格者全体	78%

肢別解答率				
1	2	3	4	5
4%	12%	57%	2%	25%
3%	12%	60%	2%	23%
4%	13%	51%	2%	29%

（人文科学）国語

1　最も適切であるとはいえない。
本記述は，紀貫之の和歌の内容について述べたものとして，最も適切であるとはいえない。

2　最も適切であるとはいえない。
本記述は，紀貫之の和歌の内容について述べたものとして，最も適切であるとはいえない。

3　最も適切である。
本記述は，紀貫之の和歌の内容について述べたものとして，最も適切である。

4　最も適切であるとはいえない。
本記述は，紀貫之の和歌の内容について述べたものとして，最も適切であるとはいえない。

5　最も適切であるとはいえない。
本記述は，紀貫之の和歌の内容について述べたものとして，最も適切であるとはいえない。

第12問	哲学用語		問題選択率	肢別解答率				
				1	2	3	4	5
正解：〔No.12〕3		全　体	47%	6%	13%	52%	19%	10%
		合格者全体	47%	6%	12%	58%	19%	6%
		不合格者全体	47%	7%	14%	43%	19%	16%

（人文科学）思想・哲学

1　誤りがあるとはいえない。

古代ギリシアの哲学者アリストテレス（前384～前322）によれば，個々の事物は，その素材である質料（ヒュレー）によってのみ成り立つのではなく，それに形を与え特定のものたらしめる本質である形相（エイドス）が必要だとした。例えば，アポロン像は無形の銅塊にアポロンの形が彫り込まれて生成するが，この場合，アポロンの形は基体としての銅塊がなければ成立しえず，銅塊の方もアポロンの形がなければアポロン像としては存立しえない。このように質料と形相は，互いに異質の独立的原理でありながら，相互依存の関係にある。もっとも，質料に形を与える形相こそがより優れた存在原理として実体の名に相応しく，この形相は，プラトン（前427～前347）の唱えるイデアに比することができるものとされる。プラトンは，イデアについて魂の目に映った事物の真の姿を意味するとして，個物を超えたところでその本質であるイデアを考える。これに対し，アリストテレスは個物を離れてその本質は存在しないとして，あくまでも個物に内在する本質として形相を捉える。したがって，本下線部の記述に誤りがあるとはいえない。

2　誤りがあるとはいえない。

ヘレニズム時代の哲学者エピクロス（前342頃～前271）は，快楽が最高の善であり，人生の目的であるという快楽主義を説いた。エピクロスは，苦痛よりも快楽を求めることが人間の本性であると唱えたが，その快楽主義は贅沢や快楽を無限に追及するというものでなく，飢えや渇きなどの最小限度の欲望を満たして肉体の苦痛を取り除き，死や神々などへの恐れや不安などへの恐れや不安から解放され，自らに満足して，心の平静な状態（アタラクシア）の境地を楽しむ精神的な快楽主義である。この快楽主義の立場においては，自然な欲求を適度に満たして肉体の苦痛を取り除き，また心を安らかにし，魂の平静さを実現することが求められる。それゆえ，絶えず生じてくる快楽に盲従することをよしとするのではなく，思慮による冷静な考量が求められるのであり，一時的に快であってものちに苦痛をもたらすような快は真の快楽ではなく，また，逆にそのときは苦痛であっても，のちに快となるものもある。それゆえ，われわれは，快楽や苦痛がどのようなものであるかを判断しなければならない。この判断力は思慮によっている。この思慮によって快を求めるとき，より大きな快楽を得るためにある程度の苦痛を引き受けることなども正当化される。したがって，本下線部の記述に誤りがあるとはいえない。

3　誤りがある。

本下線部は，ルターが，神の似像として造られた人間のうちには予め自由意志が刻印されているのだとする予定説の立場から，人間の自由意志の存在を肯定したとしている点で，誤りがある。ルネサンスの人文主義者エラスムス（1466～1536）は，宗教改革運動を批判し，その著作『自由意志論』において，もし人間に「自由意志」が認められないとしたら，人間の善行やその功績が無意味なものになってしまうとして，自由意志の存在を強調した。これに対して，プロテスタントの神学者マルティン・ルター（1483～1546）は，その著作『奴隷意志論』を著して反論し，自由意志の存在を否定して，奴隷意志を説いた。ルターによれば，人間の自由意志とは罪を犯させるだけのものであり，自由意志に基づく努力によって神の救済が得られるとするのは誤りである。罪深い人間はただ神の恩寵と憐みによって救済されるのであって，ただ神の恩寵を信じて生きて行かなくてはならないとされる。ルターの説いた予定説は，神は永遠の昔からその意志によってすべての人間の運命を決定しており，救われる者と救われない者とがあらかじめ定められているとする考えである。

4　誤りがあるとはいえない。

イギリス経験哲学のフランシス・ベーコン（1561～1626）は，伝統的なものの見方を言葉による無用な議論として徹底的に排除し，直接に自然を観察して知識を得るべきであると強調した。ベーコンは，ラテン語で「偶像」を意味する「イドラ」という言葉を，人間が物事を正しく認識するのを誤らせる偏見や先入観の意味で用い，それを①種族のイドラ（種としての人間に共通の先入見），②洞窟のイドラ（個人的な性質・習慣・教育によってできた判断の習性や傾向），③市場のイドラ（人間相互の接触や社会生活から生じる偏見や幻想），④劇場のイドラ（種々の学説から生じる先入見）に分類して，排除されるべき従来の見方を４つのイドラ（偶像）にまとめた。つまり，ベーコンは，観察や実験によって得られた事例を基にして一般的命題を導く帰納法こそ知識の拡大に寄与するとしたが，その前提として，あらかじめこれらのイドラを自覚し，除去することが必要だと考えた。したがって，本下線部の記述に誤りがあるとはいえない。

5　誤りがあるとはいえない。

ドイツの哲学者イマニュエル・カント（1724～1804）は，「認識が対象に従わなければならない」とする伝統的な捉え方に対して，「対象の方が認識に従わなければならない」とする認識把握の転換を行い，これを認識のコペルニクス的転回と呼んだ。カントがこのように考える以前，対象は主観とは無関係に存在し，それを主観が受け取ることが認識であると考えられていた。しかし，カントによれば，認識は，確かに対象から与えられる感覚的印象からはじまるが，それがアプリオリに存在する悟性の規則によって構成されることで，その対象の像が形成されるのである。つまり，認識の対象は認識する主観から独立に存在するのではなく，逆に主観の先天的な形式によって構成されているということである。この意味で，認識される対象は認識する主観によって規定され，可能となるのであり，対象がわれわれの認識に従わなければならないのである。したがって，本下線部の記述に誤りがあるとはいえない。

第13問	推論の前提	問題選択率	肢別解答率				
			1	2	3	4	5
正解：〔No.13〕5	全　体	86%	9%	30%	6%	10%	45%
	合格者全体	89%	6%	30%	5%	7%	52%
	不合格者全体	83%	15%	31%	8%	13%	33%

（人文科学）論理学

A　適切であるとはいえない。

本記述は，「フグには毒があり，素人料理で正しく調理していないと食中毒を起こす」ことを前提に，「フグの素人料理はやめた方が良い」という結論を導いている。この結論を導くには，「素人料理では正しく調理することはできない」旨の前提が必要である。しかし，イの「フグの食中毒はときに死に至ることがある」という文は，これにあたらず，必要な前提ではない。したがって，アに対してイの文が暗黙の前提としての役割を果たせているとはいえず，適切であるとはいえない。

B　適切である。

本記述は，「日本の出生率をこの先30年間で改善できる見込みはない」ことを前提に，「外国人労働者を大量に受け入れない限り，50年後の日本の労働力は不足してしまう」という結論を導いている。この結論を導くには，「労働力不足を改善するためには，日本の出生率を改善するか，外国人労働者を受け入れるかのどちらかの方法しかない」旨の前提が必要である。イの「50年後の日本の労働力が不足しないためには，日本の出生率をこの先30年間で改善するか，外国人労働者を大量に受け入れる以外に道はない」という文は，これにあたり，必要な前提である。したがって，アに対してイの文が暗黙の前提としての役割を果たしているといえ，適切である。

C　適切である。

自然数に関する命題P(n)がすべての自然数nに対して成り立っていることを証明するための方法として，数学的帰納法が使われることがある。数学的帰納法は，

前提①：n=1のときP(n)が成り立つことを示す
前提②：n=kのときP(n)が成り立つならば，n=k+1のときもP(n)が成り立つことを示す
結　論：以上から，任意の自然数nについてP(n)が成り立つことを結論づける

という証明方法をとる。本記述は，②から「すべてのnについて等式Eは成り立つ」という結論を導いており，これが妥当な推論となるためには，①の「n=1のとき，P(n)が成り立つ」との前提が必要である。イの「n=1のとき等式Eは成り立つ」という文は，これにあたり，必要な前提である。したがって，アに対してイの文が暗黙の前提としての役割を果たしているといえ，適切である。

以上により，アに対してイの文が暗黙の前提としての役割を果たせているのはBとCであり，したがって，正解は肢５となる。

第14問　議会制と立法過程

正解：〔No.14〕4

	問題選択率	肢別解答率 1	2	3	4	5
全　体	67%	7%	4%	8%	78%	3%
合格者全体	66%	6%	2%	6%	83%	2%
不合格者全体	68%	8%	6%	11%	71%	4%

（社会科学）政治学

1　誤　り。

ネルソン・ウルフ・ポルスビー（1934～2007）は，現代民主主義国家の議会制の特徴を説明する上で，変換機能の有無に着目した。変換機能とは，社会的な要求を法律に換えていく（変換する）働き，すなわち政策というアウトプットを生み出す機能を指す。ポルスビーは，この変換機能のある議会を変換型議会，そうでない議会をアリーナ型議会と分類した。変換型議会においては，議会は自律的に立法の役割を果たしていることになり，提出された法案が議会内でどれだけ修正されているか，また，政府提出法案に比べて議員提出法案がどれだけ多いかが重要とされる。ポルスビーによれば，変換型議会の典型はアメリカの議会である。アメリカ連邦議会は，常任委員会における審議の過程で法案に対する大幅な修正がしばしば加えられるほか，すべての法案が議員によって提出される。他方，与党の要求が通りやすく変換力の低いアリーナ型議会の典型はイギリスの議会である。アリーナ型の議会においては，法を作ることではなく，議場における討論によって，政治的争点を明示することが主な役割とされる。実質的な政策形成は議会の外で行われることが多いため，議会で法案が大幅に修正されることはほとんどなく，政府によって提出された法案がそのまま議会を通過し，成立することが多い。したがって，本記述は誤っている。

2　誤　り。

アメリカの連邦議会において，議会への法案提出権は大統領にはなく，（上院及び下院）議員にのみ法案提出権が与えられている。それゆえ，形式的には全ての法案は議員立法である。議員に対する党議拘束は弱く，個々の議員が自らの判断に従って立法活動に従事することが多い。法案の起草は，議員及び議員スタッフが議員法制局の助力を得て立案し，提出する。議員が法案を起草する場合もあれば，業界団体や一般市民が法案の作成を要請し，議員が起草を手伝う場合もある。法案を仕上げると起草した議員は，自分の主張に重みを加えるため，共同提出者となる議員を集める。したがって，本記述は誤っている。

3　誤　り。

イギリスでは，成立する法案の８割以上，また重要法案のほとんどが内閣提出法案であり，議員立法は全成立法案の２割弱である。このように立法を主導するのは内閣である。議会においては，提出された法案に対して野党が抵抗して，その成立を阻止することはほとんどない。そのため，議会は，法を形成するという役割よりも，野党による与党への徹底的な批判と代案の提出などを含む与野党間の論戦を通じて，国民に争点を明示するという役割を果たしている。したがって，本記述は誤っている。

4　正しい。

アメリカの議会における法案審議は委員会が中心となる。アメリカでは，政党による所属議員の拘束力がきわめて弱いため，政党間の討論によって政策が形成されるというよりは，個々の議員が自らの判断に従って立法活動に従事することが多い。そのため，多くの議員を構成員とする本会議では，事実上法案の審議が困難となる。これに対して，イギリスの議会では本会議が中心の読会制を採用している。読会制とは，法案の趣旨説明から採決までを，本会議を中心とした審議によって進める制度である。現在，日本はイギリスと同じく議院内閣制を採用するものの，法案審議についてはアメリカ議会が採用する委員会中心主義を採用している。したがって，本記述は正しい。

5　誤　り。

日本では，議員が提出する法案よりも内閣が提出する法案が多く，成立するのは議員提出法案よりも後者の内閣提出法案の方が圧倒的に多い。もっとも，2018年の公職選挙法の改正は，参議院選挙区選出議員の選挙について，選挙区間における議員一人当たりの人口の格差の縮小を図ることを目的として，参議院議員の定数を増やしたが，衆議院議員の定数は対象となっていない。したがって，本記述は誤っている。

第15問	世論とメディア		問題選択率
正解：〔No.15〕2		全　体	48%
		合格者全体	46%
		不合格者全体	50%

肢別解答率				
1	2	3	4	5
16%	27%	28%	19%	10%
18%	27%	28%	19%	7%
14%	26%	27%	18%	14%

（社会科学）政治学

1　誤　り。

本記述は，リップマンが著書『世論』の中で「コミュニケーションの二段階の流れ仮説」を提起したとしている点で，誤っている。

アメリカのジャーナリストであるウォルター・リップマン（1889～1974）は，その著書『世論』（1922年）の中で，メディアの提供する知識で「疑似環境」が構成され，「ステレオタイプ」で方向づけられた解釈によって世論が形成されると捉え，現代社会の中でのマス・メディアの報道の影響力の大きさを指摘した。政治に関するマス・メディアの報道が，様々な集団の中にいるオピニオン・リーダーによって媒介され，集団内の個人に影響を与えていくとする「コミュニケーションの二段階の流れ仮説」は，エリュー・カッツ（1926～）とポール・F・ラザースフェルド（1901～1976）の著書『パーソナル・インフルエンス』（1955年）において提起されたものである。

2　正しい。

ドイツのメディア研究学者エリザベート・ノエル＝ノイマン（1916～2010）は，著書『沈黙の螺旋理論』（1984年）において，人はマス・メディアなどを通じて自分の意見が少数派だと認知すると意見表明を控え，多数派だと認知すると表明しやすくなるとして，ある争点について流動的な世論状況の下では，多数派の意見が同調者の意見表明の増大によって実際よりも過大に社会に表出され，見かけ上の世論状況がさらに多数派の立場に有利な方向に変わる結果，少数派は沈黙を強いられるという「沈黙のらせん仮説」を提起した。したがって，本記述は正しい。

3　誤　り。

本記述は，マッコームスとショーが「プライミング効果仮説」を提起したとしている点で，誤っている。

1968年のアメリカ大統領選におけるマス・メディアの選挙報道の内容と有権者の意識を分析したアメリカのジャーナリズム研究学者マックスウェル・マッコームス（1938～）とドナルド・L・ショー（1936～）は，マス・メディアの強調する話題や争点を受け手である有権者が重要なニュースと捉える傾向があることに着目して，マス・メディアの議題設定機能を指摘した。他方，マス・メディアの報道するニュースが，議題設定の機能だけでなく，受け手である一般市民がどの政治的争点が重要であるかを判断する際の基準の形成にも影響を与えることを説いたのは，認知心理学の成果を取り入れたアメリカの政治学者シャント・アイエンガーらである。彼らの提起した「プライミング効果仮説」は，マス・メディアが特定の争点を重点的に取り上げることで，受け手が政治指導者の言動を評価する基準にも影響を及ぼすとする考えである。つまり，マス・メディアが政治争点などに関する報道の量や頻度，タイミングを決めることによって，読者や視聴者の考え方や意見に影響を与えるということができ，例えば，再選直前の大統領の愚かな行為が一斉に報道された結果，その問題領域のリーダーシップの欠如がプライミング（点火）され，票を失い敗北するというようなこともありうるとされる。

4　誤　り。

本記述は，メディアの報道する選挙結果の予測とは逆の選挙結果が出やすくなることを「バンドワゴン」効果としている点，また，日本では選挙期間中に世論調査の結果を公表することが公職選挙法で禁止されているとしている点で，誤っている。

メディアが選挙結果を予測する報道を行うと，その予測とは逆の選挙結果が出やすくなることを「判官びいき」効果という。「バンドワゴン」効果とは，メディアによって一方の候補者が有利だと報道されると，有権者が雪崩を打ったように，その勝利予測が報道された候補者に投票して，結果として大差の選挙結果となるという現象である。アメリカの大統領選挙や上院・下院議員選挙などの小選挙区制の選挙でよく起こるとされる。日本では，選挙期間中に新聞などが世論調査の結果を公表することについて，公職選挙法は禁止していない。

5　誤　り。

本記述は，2016年になされた公職選挙法の改正により，インターネットを使った政党・候補者・有権者による選挙運動や有料広告が全面解禁されたとしている点で，誤っている。

2016年の公職選挙法の一部改正は，(1)在外選挙人名簿の登録制度の見直し，(2)選挙人名簿制度の見直し，(3)都道府県選挙の選挙権に係る同一都道府県内移転時の取扱いの改善といった点についてなされたものである。インターネットを使った政党・候補者・有権者による選挙運動や有料広告を解禁したものとして，2013年度の公職選挙法の一部改正を挙げることができる。

第16問	貧困と格差		問題選択率
正解：〔No.16〕4		全　体	37%
		合格者全体	38%
		不合格者全体	37%

肢別解答率				
1	2	3	4	5
5%	6%	10%	56%	23%
6%	5%	9%	58%	23%
5%	8%	11%	52%	24%

（社会科学）社会学

1　明らかな誤りを含むとはいえない。

イギリスの国際政治学者エドワード・H・カー（1892～1982）は，著書『新しい社会』（1951年）において，18世紀・19世紀のイギリスでは，労働者に援助を与え過ぎ，その生活を豊かにし過ぎると，勤勉さと労働意欲が損なわれるとして，労働者に飢餓の恐怖を植え付けておくことが社会の幸福のために必要であると考えられていたと指摘し，労働奨励の制度が，その他の自由放任的な制度とともに19世紀末までそのまま維持されてきたと述べる。しかし，20世紀に入って状況は徐々に変化し，第一次世界大戦後の大恐慌による自由放任経済の没落・大量の失業を通じて，失業は必ずしも人々が怠惰や無能であったから生じたのではなく，就職していようと，失業していようと，人々に相当な生活を与えるのは公共の義務だという考え方が，イギリスで一般の承認を得るに至った。そして，その後の第二次世界大戦は福祉国家の機構の整備を促し，世の中は貧しい人々が飢餓の恐怖から解放されるようなものへと変化した。もっとも，新しい社会において人々を労働へと向かわせる積極的な刺激を作り出すのは容易ではない。最も難しいのは，飢餓という究極的な制裁，すなわち経済の鞭という古い方法の代わりに，究極的かつ最終的な制裁を作り出すということである。カーは，「私たちが今まで成し遂げたことは，過去一世紀間，産業の車を動かしてきた哲学と習慣と刺激とを破壊しただけで，それに代わるべきものを生み出してはいない。労働の新しい主観を刺激しかつ強化する新しい哲学を創造すること，これこそ私たちの当面する問題である」と述べ，飢餓の恐怖からの解放は人々に「何のために働くのか」という問いを突きつけると説いた。したがって，本記述は明らかな誤りを含むとはいえない。

2　明らかな誤りを含むとはいえない。

アメリカの経済学者ジョン・ケネス・ガルブレイス（1908～2006）は，著書『ゆたかな社会』（1958年）において，諸国民がゆたかな暮らしを経験した歴史はごく浅く，人類の歴史を通じて大部分の国民は貧困であったが，貧困状況を脱した「ゆたかな社会」にもそれぞれ固有の問題があることを指摘する。19世紀の初頭には，自分の欲しいものがなんであるかを広告屋に教えてもらう必要のある人はいなかったのに対して，ゆたかな社会では，人々のたくさんの欲望はもはやその人自身にもはっきり意識されないほどであり，広告やセールスマンによって，いわば合成され仕込まれて初めて欲望がはっきりする。つまり，近代的な宣伝と販売術は，生産と欲望とをいっそう直接的に結び付けているのであって，広告やセールスマンの目的は人々の欲望を作り出すこと，すなわち，それまで存在しなかった欲望を生じさせることである。そのような欲望は，自立的に決定された欲望という観念とは全く相容れないのであり，このため，広告やセールスマンの仕事は現代の職業として最も重要で手腕を要するものの一つとなっているのである。このように，ゆたかな社会では，消費者の欲望が生産者の広告によって新たに喚起され，欲望が生産に依存する事態が生じている（依存効果）のである。したがって，本記述は明らかな誤りを含むとはいえない。

3　明らかな誤りを含むとはいえない。

アメリカの社会学者ダニエル・ベル（1919～2011）は，著書『イデオロギーの終焉』（1960年）において，資本主義の修正や福祉国家の台頭といった社会変動にさらされている今日の欧米世界においては，社会の急進的な変化を考える者にとって，古いイデオロギーはその真理と説得力を喪失してしまったと説く。「青写真」を作成できるなら，あとは「社会工学」によって，社会的調和のとれた新しいユートピアをもたらすことができる，と真面目に信じる人はほとんどいないのであり，同時に「対抗信念」もまた，思想としての力を喪失している。また，国家が経済においていかなる役割も果たすべきでないと主張するような「古典的」自由主義者はほとんどいないし，福祉国家が「隷従への道」であると本気で信じている保守主義者もほとんどいない。つまり，政治的な争点をめぐって，おおまかな合意が知識人の間に存在するのであって，そのような合意は，福祉国家の容認，権力の分権化の望ましさ，混合経済体制ならびに多元的政治体制について認められるのである。この意味において，イデオロギーの時代は終わったのである。それゆえ，価値の多元性や権力の分権性に基盤を置く高度産業社会では，人々に革命的理想への絶対的帰依はもはや要求し得ない（マルクス主義的な階級闘争の理論のような古い19世紀のイデオロギーが普遍主義的・ヒューマニズム的で知識人によって形成されたのに対し，20世紀の産業化，近代化，汎アラブ主義，有色人種主義，ナショナリズムといったイデオロギーは，偏狭で道具的性格を持ち，政治的指導者によって創出される。古いイデオロギーの推進力が社会的平等と広義における自由であるのに対して，新しいイデオロギーの推進力は経済発展と国家権力である。古いイデオロギーが生気を失ったのに対し，アジアやアフリカの新興国家はそれぞれの民衆に対して独自の仕方で訴えかける新しいイデオロギーを作り出しており，そのような大衆イデオロギーによる民衆への訴えかけは，ソ連や中国がモデルとなっている。これらが発揮する魅力は自由社会という古くなってしまった思想ではなく，経済成長という新しい思想である)。したがって，本記述は明らかな誤りを含むとはいえない。

4　明らかな誤りを含む。

本記述は，第二次大戦後続いてきたブルジョアジーのプロレタリア化は，今やプロレタリアートのブルジョア化に転じつつあるとローティは言うとしている点で，明らかな誤りを含む。アメリカの哲学者リチャード・ローティ（1931～2007）は，著書『アメリカ・未完のプロジェクト』（1998年）において，1960年代以降，経済的不平等と経済的不安が着実に増加し，富める者と貧しい者との間に格差が広がっていったことを指摘する。ローティによれば，第二次大戦中に始まってベトナム戦争の間も継続していたアメリカ白人プロレタリアートの中産階級化は停止してしまい，今やその進行が逆方向に向いてしまった。すなわち，アメリカは中産階級のアメリカ人をプロレタリアート化するようになったのである。勤勉なアメリカ人夫婦はみな家を持つことができ，望むならば妻は家庭にいて育児に専念できるという前提は，1970年代の中盤に差しかかると不合理に思われるようになり，今では問題となるのは，平均的夫婦がともに常勤で働きながら，四人家族がその日暮らしをできる程度の年収があるかどうかである。そのような収入で何とかやっていこうとしている家族は，賃金の引き下げや人員削減の恐怖，短期間の病気でも陥ってしまう悲惨な状態の恐怖に絶えず悩まされ続けており，労働市場のグローバル化（限りなく加速していくことが十分予想される）に起因する経済への不安によって，多くのアメリカ人がこの一時解雇や失業がいつまでも続くであろうと考えているとされる。このように，ローティは，第二次大戦後続いてきたブルジョアジーのプロレタリア化が，今やプロレタリアートのブルジョア化に転じつつあるとは述べていない。

5　明らかな誤りを含むとはいえない。

フランスの経済学者トマ・ピケティ（1971～）は，著書『21世紀の資本』（2013年）において，これまでの研究者が使えたものよりもはるかに広範で長期的な比較が可能であるデータを利用したことにより，経済格差の根底にある仕組み（機制）について，新しい理論的枠組みに基づいたより深い理解を得ることができたと述べる。ピケティによれば，ほとんどの先進各国では1910年から1950年にかけて経済格差の低減が生じ，格差は縮小傾向にあったが，1970年代以来，所得の格差が大幅に増大した。それは特にアメリカにおいて顕著であり，2000年代における所得の集中は，1910年代の水準に戻ってしまったどころか，少し上回るほどになった。この格差拡大を推進する力は，市場の不完全性とは何ら関係ないどころか，むしろその反対であり，資本市場が完全になればなるほど，資本収益率が経済成長率を上回る可能性が高まる，つまり，過去に蓄積された富が産出や賃金よりも急成長するという結果を生み出す。ピケティは，資本収益率が経済成長率を上回ることで経済格差が拡大する仕組みを解明するとともに，1970年代から1980年代以降，先進各国で再興した経済格差は拡大する傾向にあると指摘し，それは今や世界規模に広がっていると説いた。したがって，本記述は明らかな誤りを含むとはいえない。

第17問 社会調査法		問題選択率	肢別解答率				
			1	2	3	4	5
正解：〔No.17〕4	全　体	66%	7%	5%	10%	66%	12%
	合格者全体	67%	5%	3%	8%	73%	11%
	不合格者全体	66%	11%	8%	13%	57%	12%

（社会科学）社会学

1　明らかに誤っているとはいえない。

無作為抽出法（ランダム・サンプリング）とは，母集団の一つ一つの要素を標本（サンプル）として抽出するか否かを，一定の確率法則に従う手段で選ぶ抽出方法である。この方法によって抽出された標本をランダム・サンプル（無作為標本）という。「単純無作為抽出法」とは，無作為抽出法の中でも最も原型的な抽出法であり，母集団（調査しようとする全対象）に属する個体を標本（サンプル）として抽出する際に，あらかじめ個体を何らかの層あるいは塊り（クラスター）に分けてから抽出するのではなく，すべての個体を直接等しい抽出確率を与えながら行う抽出方法である。つまり，大規模な対象集団から小規模な標本を取り出し，標本の統計量から対象集団の統計量を統計的に推測するための標本抽出方法だということができる。したがって，本記述は明らかに誤っているとはいえない。

2　明らかに誤っているとはいえない。

社会調査におけるデータ収集の方法は，調査対象に質問する方法と調査対象を観察する方法に大別することができる。対象を観察する場合に，調査者自身が調査対象となっている集団に融け込んで，その成員の一員として振る舞いながら観察する方法を「参与観察」法という。調査対象者が観察されていることをあまり意識しない，対象者の内面にまで観察が行き届く，事象を彼ら自身にとっての意味に即して理解できるという長所をもつ。つまり，「参与観察」とは，調査者が対象者の生活や活動に参加して，内側からその実態や実情を体験しながらつぶさに観察する調査方法のことをいう。したがって，本記述は明らかに誤っているとはいえない。

3　明らかに誤っているとはいえない。

「ライフ・ヒストリー」（生活史）とは，一個人の生活の歴史あるいは一つの集団の全過程を，個人的記録や生活記録を用いて，研究者が社会的文脈と関わらせて克明に記録したものをいう。「ライフ・ストーリー」を資料とした研究法のうち画期的だったものが，トマスとズナニエツキ『ヨーロッパとアメリカにおけるポーランド農民』（1918～1920）である。そこで資料とされたのが手紙と生活記録であった。社会学における「ライフ・ヒストリー」の研究方法－つまり，一人の人物の人生の履歴を詳細に聞き取り，それを再構成してその人の生きた社会の歴史まで描き出すというもの－は，統計調査法との対比で考えることができる。「ライフ・ヒストリー」を資料とする研究の特徴は，①個人がもつ主観的現実，内的経験を明らかにする，②「ライフ・ヒストリー」がもつ混乱・矛盾・曖昧さの発見に役に立つ，③個人をその経験総体の中に位置付け，次いで社会的・歴史的過程の中に位置付け，個人と社会の相互規定の関係，個人の状況の中での主体性と成長の理解に役立つ。したがって，本記述は明らかに誤っているとはいえない。

4　明らかに誤っている。

本記述は，「国勢調査」を，我が国は10年に一度行っているとしている点で，明らかに誤っている。

「国勢調査」（ナショナル・センサス）とは，国家が国土に居住する全人口の状態を一定時点で把握するために行う社会調査のことである。社会調査の中で最も基礎的なデータを提供する。センサスとは，本来，特定時点の人口，すなわち人口静態統計を得るための調査，特にその全数調査を意味する。我が国では，一国の人口状況を総合的に把握するために，国勢調査が1920年に始められ，以降原則として５年ごとに，10月１日午前零時現在の本邦に居住している者すべてを対象として全数調査を行うところから，単にセンサスといえば国勢調査を意味する（しかし，今日では，「全数」の側面が強調され，人口以外の全数調査一般にもこの呼称が用いられることがある）。よって，我が国では，「国勢調査」を，10年に一度ではなく，５年に一度行っている。

5　明らかに誤っているとはいえない。

「KJ法」とは，文化人類学者である川喜田二郎が考案した手法である。KJとは川喜田二郎の頭文字を並べたものである。KJ法は，①１枚のカードに１つのデータを記述し，②多くのカードの中から似通ったものをいくつかのグループに分け，それぞれのカードに見出しを付け，③図解化し，④文章化する（あるいは③文章化し，④図解化する）というものである。川喜多二郎は，文化人類学のフィールドワークを行った際に得られた大量のデータをまとめて，アイディアを創り出す方法として，KJ法を生み出した。つまり，フィールドワークなどで得られた多様なデータを多数のカードにまとめた上で分類・整理することを通して，データと対話しながら発想を練り上げていく研究方法が，KJ法である。したがって，本記述は明らかに誤っているとはいえない。

第18問	独　占		問題選択率	肢別解答率				
				1	2	3	4	5
正解：〔No.18〕4		全　体	49%	4%	16%	17%	58%	4%
		合格者全体	51%	4%	16%	16%	60%	3%
		不合格者全体	47%	5%	16%	19%	55%	5%

（社会科学）経済学

チケット価格をp（万円），販売数をq（枚）とする。

市場需要曲線は $p=10-\frac{1}{1000}q$

総収入 $TR=pq=\left(10-\frac{1}{1000}q\right)q$

qで微分して，限界収入 $MR=10-\frac{1}{500}q$

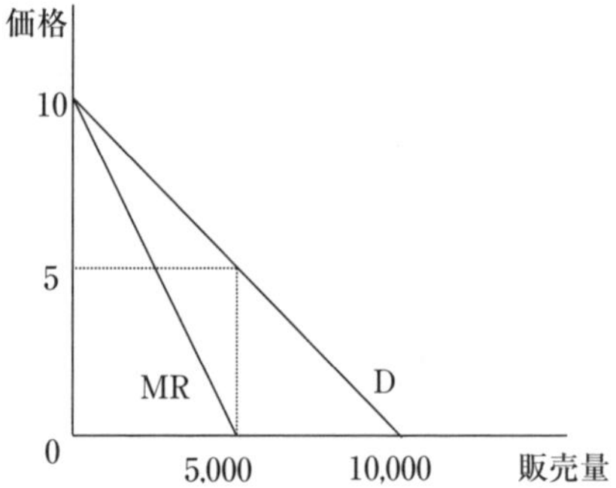

A　誤　り。

市場需要曲線は $p=10-\frac{1}{1000}q$ であるから，$p=5$ のとき $q=5{,}000$

すなわち，チケット価格が5万円のとき，チケットへの需要量は5,000枚となる。したがって，本記述は誤っている。

B　正しい。

チケット販売の利益が最大となるのは（限界収入）＝（限界費用）のときである。

限界収入 $MR=10-\frac{1}{500}q$，限界費用 $MC=0$ であるから，

$10-\frac{1}{500}q=0$より，$q=5{,}000$

すなわち，チケット販売の利益が最大となるのは5,000席を売りに出したときである。したがって，本記述は正しい。

C　誤　り。

社会的余剰は，右図のように，市場需要曲線の下の部分の面積として表され，売りに出される量が 10,000 枚より少ないほど社会的余剰は減少する。総座席数は 7,000 席であるから，社会的余剰が最大となるのは全ての座席を売りに出したときである。したがって，本記述は誤っている。

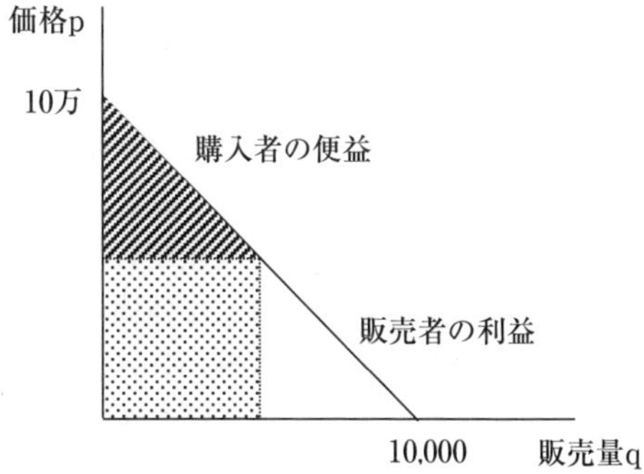

D　正しい。

配布された 2,000 席分のチケットは転売ができないのであるから，市場に供給されるチケットは 5,000 席分である。

市場需要曲線は $p=10-\frac{1}{1000}q$ であるから，$q=5{,}000$ のとき $p=5$

すなわち，チケット価格は５万円となる。したがって，本記述は正しい。

E　誤　り。

配布された 2,000 席分のチケットは転売が可能であるから，市場に供給されるチケットは 5,000 席分から 7,000 席分である。

市場需要曲線は $p=10-\frac{1}{1000}q$ であるから，$q=5{,}000$ のとき $p=5$，$q=7{,}000$ のとき

$p=3$

すなわち，チケット価格は３万円から５万円となる。したがって，本記述は誤っている。

以上により，誤っている記述はA，C，Eであり，したがって，正解は肢４となる。

第19問	負の外部性		問題選択率	肢別解答率				
				1	2	3	4	5
正解：〔No.19〕4		全　体	43%	8%	8%	38%	31%	15%
		合格者全体	43%	7%	7%	35%	36%	15%
		不合格者全体	43%	10%	11%	42%	24%	14%

（社会科学）経済学

1　経済学的に正しいとはいえない。

負の外部性とは，ある経済主体の活動が，市場取引を経ずに，他の経済主体にマイナスの影響を及ぼすことである。生産者が本来負担すべき社会的費用を負担しないため，過大な生産が行われ，経済的効率性が損なわれる。需要量の減少などは市場を通じた取引主体間の調整であり，市場の失敗に結びつくものではない。経済学的には，負の外部性により生じるものとはされていない。したがって，本記述は経済学的に正しいとはいえない。

2　経済学的に正しいとはいえない。

企業活動による二酸化炭素の排出量は，政府による排出規制などの方法だけではなく，排出権取引市場の創設などの市場主導型の方法によっても歯止めをかけることができると考えられている。市場において二酸化炭素の排出量が無限大になるわけではない。したがって，本記述は経済学的に正しいとはいえない。

3　経済学的に正しいとはいえない。

二酸化炭素の削減量に応じて補助金を出す仕組みでは，企業は生産量を１単位増加させると補助金を受け取る機会を失うのであるから，機会費用で考えると，課税の場合と同様に限界費用が上昇し，生産量は減少することになる。経済学的には，課税と補助金のどちらの方法でも二酸化炭素の排出削減効果に違いはない。したがって，本記述は経済学的に正しいとはいえない。

4　経済学的に正しい。

二酸化炭素の排出権を設定し，証書化した上で自由に取引できる市場が創設された場合，企業は排出権の費用を負担することとなり，二酸化炭素の社会的費用は私的費用として内部化される。これをキャップ・アンド・トレード制度とよび，外部性を解決するための市場主導型のアプローチの一つである。したがって，本記述は経済学的に正しい。

5　経済学的に正しいとはいえない。

二酸化炭素の社会的費用を内部化する方法として，私的限界費用と社会的限界費用の差額分を課税する方法がある。納税コスト等の観点から供給側の企業に課税されることが多いが，経済学的には，生産者に対する課税と需要者に対する課税の効果に違いはなく，需要者に対して課税すべきではないとはいえない。したがって，本記述は経済学的に正しいとはいえない。

第20問	物品税		問題選択率
正解：〔No.20〕5		全　体	18%
		合格者全体	19%
		不合格者全体	18%

肢別解答率				
1	2	3	4	5
11%	20%	34%	20%	15%
9%	20%	36%	20%	14%
14%	20%	30%	19%	16%

（社会科学）経済学

ア　適切である。

イ　不適切である。

物品税が課税されたときの買い手と売り手の負担割合は，需要曲線の傾き（の絶対値）と供給曲線の傾きの比として表される。需要の価格弾力性が大きいほど，買い手の負担割合は小さくなり，課税による消費者余剰の減少は小さくなる。他方，供給の価格弾力性が大きいほど，買い手の負担は大きくなり，課税による消費者余剰の減少は大きくなる。したがって，記述アは適切，記述イは不適切である。

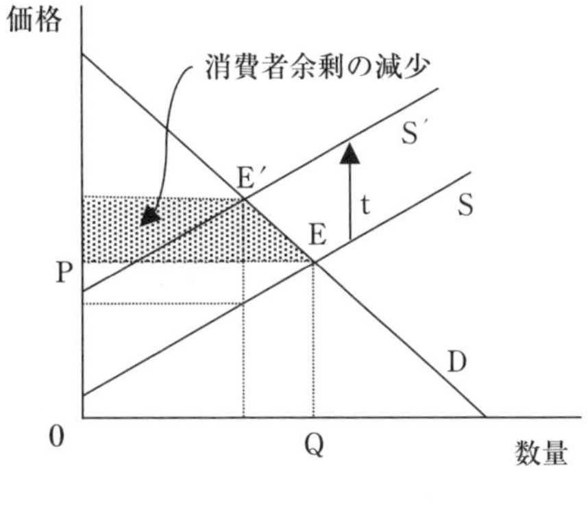

ウ　適切である。

エ　適切である。

需要や供給の価格弾力性が小さいほど，需給量は価格に反応せず，税が課されてもその影響は小さくなる。そのため，税収に比べて税の社会的コスト（超過負担，死荷重）は小さくなる。したがって，記述ウ，エはいずれも適切である。

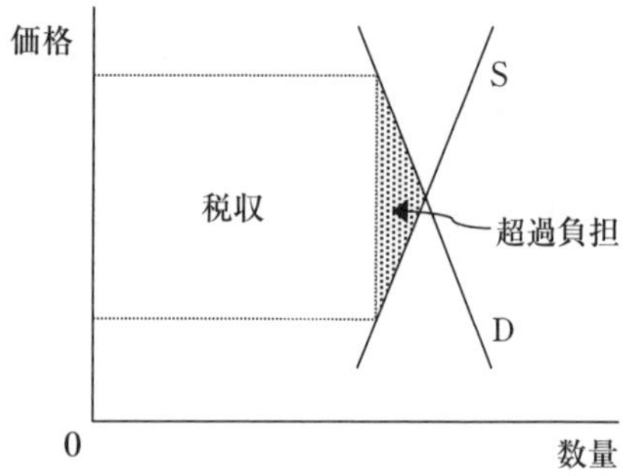

以上により，適切なものはア，ウ，エであり，したがって，正解は肢５となる。

第21問	貨幣錯覚		問題選択率
正解：〔No.21〕４		全　体	12%
		合格者全体	12%
		不合格者全体	12%

肢別解答率				
1	2	3	4	5
17%	9%	5%	52%	16%
12%	8%	5%	58%	17%
26%	11%	6%	43%	15%

（社会科学）経済学

ア　適切でない。

多くの場合，企業や労働者は一般物価水準の動きについて正確な情報を得ることができないため，インフレの一部を実物的要因によって引き起こされたものと錯覚する可能性がある。これが貨幣錯覚とよばれるものである。インフレ的な貨幣ショックが起きた場合，労働者に貨幣錯覚が生ずるならば，労働者はインフレによる名目賃金の上昇を実質賃金の上昇と錯覚する。これによって労働供給曲線が右方にシフトし，雇用が増大して失業率が下落する。したがって，本記述は，実質賃金の低下が起きたと錯覚するとしている点で，適切でない。

イ　適切である。

自然失業率仮説によれば，労働市場において需給が一致する状況でも依然として存在する失業率（自然失業率）があり，市場メカニズムによって一定の値に決まるとされる。貨幣量の変化により貨幣錯覚が生ずれば失業率は上下するが，その変化は一時的なものにとどまり，貨幣錯覚が無くなれば失業率は自然失業率の水準に戻ることになる。したがって，本記述は適切である。

ウ　適切である。

実際のインフレ率が期待インフレ率π^eと乖離したときに，貨幣錯覚が起き得る（右図A点）。この貨幣錯覚は次第に解消され，期待インフレ率が実際のインフレ率と一致する新たな均衡に移行する（E′点）。このように，短期のフィリップス曲線は期待インフレ率の変化によりシフトし，期待インフレ率が上昇すれば，短期のフィリップス曲線は上方にシフトする。したがって，本記述は適切である。

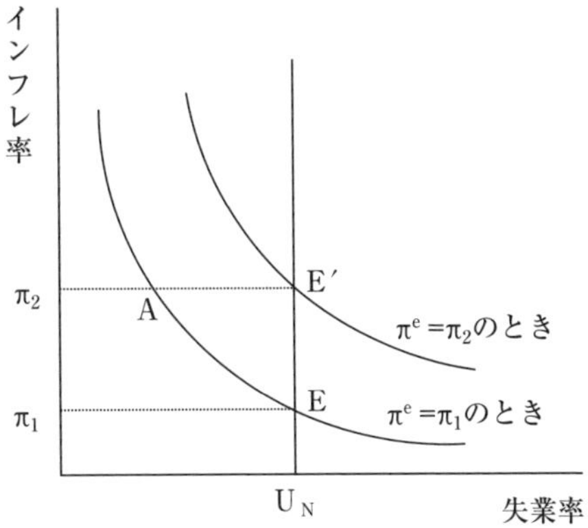

エ　適切でない。

「フリードマンのｋ％ルール」とは，貨幣の供給はあらかじめ定められた一定の増加率に従って行うべきであるとするものである。マネタリズムの指導的立場にあったミルトン・フリードマンによって提唱されたもので，政府による裁量的な政策よりもあらかじめ定められたルールに基づいた政策運営が望ましいとする考え方に基づくものである。失業率をｋ％に保つことを政策目標に掲げるものではない。したがって，本記述は，失業率をｋ％に保つことを政策目標に掲げるとしている点で，適切でない。

以上により，適切なものはイとウであり，したがって，正解は肢４となる。

第22問	剛体の運動		問題選択率
正解：〔No.22〕2		全　体	19%
		合格者全体	21%
		不合格者全体	17%

肢別解答率				
1	2	3	4	5
16%	43%	33%	5%	3%
16%	43%	33%	6%	2%
16%	42%	32%	5%	5%

（自然科学）物理

棒の質量をM，端点Pまわりの慣性モーメントをI，角速度をωとする。

鉛直から 30°傾けて静止させたときと，鉛直からθの角度まで倒れたときの力学的エネルギーは等しいから，

$$\mathrm{Mg}\cdot\frac{L}{2}\cdot\cos 30^\circ=\mathrm{Mg}\cdot\frac{L}{2}\cdot\cos\theta+\frac{1}{2}\mathrm{I}\omega^2$$

剛体棒の端点まわりの慣性モーメント $\mathrm{I}=\frac{1}{3}\mathrm{M}L^2$ であるから，

$$\frac{1}{2}\mathrm{Mg}L\cos 30^\circ=\frac{1}{2}\mathrm{Mg}L\cos\theta+\frac{1}{6}\mathrm{M}L^2\omega^2$$

$$\omega^2=\frac{3\mathrm{g}}{L}\left(\cos 30^\circ-\cos\theta\right)$$

よって，θまで倒れた時点の角速度ωは $\frac{1}{\sqrt{L}}$ に比例する。

角速度×時間＝移動した角度であるから，ある角度まで棒が倒れる時間は $\sqrt{L}$ に比例する。

以上により，時間 T の長さ L に対する依存性として正しい記述は「T は $\sqrt{L}$ に比例する。」であり，したがって，正解は肢２となる。

第23問	静電場中の導体	問題選択率	肢別解答率				
			1	2	3	4	5
正解：〔No.23〕5	全　体	10%	12%	8%	19%	27%	34%
	合格者全体	9%	12%	7%	17%	23%	42%
	不合格者全体	11%	11%	9%	23%	32%	25%

（自然科学）物理

1　正しい。

導体内部に電場があるならば，自由電子は電場から力を受けて導体内を移動する。これは，導体内で外部の電場が打ち消され，導体内部全体で電場がゼロになるまで続く。それゆえ，静的な状態（静電場）において導体内部における電場はゼロである。したがって，本記述は正しい。

2　正しい。

静電場中の導体内部における電場はゼロであるから，電位差は存在せず電位は一定である。したがって，本記述は正しい。

3　正しい。

電場は電荷によってつくられる空間であり，＋１Ｃの正電荷が受ける静電気力で表される。電荷が局在するところでは電場は不連続になる。これに対して電位は＋１Ｃの正電荷がもつ静電気力による位置エネルギーであり，一般に不連続とはならない。したがって，本記述は正しい。

4　正しい。

静電場中の導体内部における電場はゼロであるから，電気力線は存在せず，導体内部における電荷密度はゼロである。したがって，本記述は正しい。

5　誤　り。

導体内部に電場があるならば，自由電子は外部の電場が打ち消され，導体内部全体で電場がゼロになるまで導体内を移動する。静的な状態では電荷は導体表面にのみ現れ，内部には現れない。導体内部における電場はゼロとなり，導体表面の電場の方向は導体表面に垂直となる。導体表面における電場は常にゼロとなるわけではない。したがって，本記述は誤っている。

第24問	太陽の質量		問題選択率	肢別解答率				
				1	2	3	4	5
正解：〔No.24〕5		全　体	8%	10%	15%	12%	35%	28%
		合格者全体	8%	9%	9%	11%	36%	35%
		不合格者全体	8%	11%	24%	14%	32%	19%

（自然科学）物理

太陽の質量をM，地球の質量をm，軌道半径をr，角速度をω，回転周期をT，万有引力定数をGとする。

地球の公転軌道を円とであると近似して考えると，

向心力$F = m\ r\ \omega^2 = mr\left(\frac{2\pi}{T}\right)^2 = \frac{4\pi^2 mr}{T^2}$

また，万有引力の法則から，

引力$F = G \cdot \frac{Mm}{r^2}$

これは向心力に等しいから，

$$\frac{4\pi^2 mr}{T^2} = G \cdot \frac{Mm}{r^2}$$

$$M = \frac{4\pi^2 r^3}{GT^2}$$

$$= \frac{4 \times (3.14)^2 \times (1.5 \times 10^{11})^3}{6.7 \times 10^{-11} \times (3.2 \times 10^7)^2}$$

$$\fallingdotseq 1.94 \times 10^{30}$$

以上により，太陽の質量の値に最も近いものは $2 \times 10^{30} kg$ であり，したがって，正解は肢５となる。

第25問	ドップラー効果		問題選択率	肢別解答率				
				1	2	3	4	5
正解：〔No.25〕3		全　体	10%	14%	8%	59%	14%	5%
		合格者全体	11%	10%	8%	63%	14%	6%
		不合格者全体	8%	23%	8%	51%	13%	5%

（自然科学）物理

近づいてくる物体の受ける音の振動数は，

$$f' = \frac{c+v}{c}f$$

この振動数を持った物体が近づいてくるのであるから，

$$f'' = \frac{c}{c-v}f' = \frac{c+v}{c-v}f$$

以上により，求める振動数は $\frac{c+v}{c-v}f$ であり，したがって，正解は肢３となる。

第26問	細胞分裂		問題選択率	肢別解答率				
				1	2	3	4	5
正解：〔No.26〕2		全　体	12%	5%	70%	12%	9%	4%
		合格者全体	14%	5%	73%	10%	9%	2%
		不合格者全体	9%	5%	61%	17%	10%	7%

（自然科学）生物

分裂期の細胞 30 個＋分裂間期の細胞 330 個＝360 個

そのうち，相対的な DNA 量が 1 である細胞＝G 1 期（DNA 合成準備期）の細胞が 145 個

2 である細胞＝G 2 期（分裂準備期）と M 期（分裂期）の細胞が 95 個

1 と 2 の間にある細胞＝S 期（DNA 合成期）の細胞が 120 個

細胞周期は 30 時間であるから，

S 期の長さ＝30×（120 ／ 360）＝10（時間）

したがって，正解は肢２となる。

第27問　古細菌と細菌

正解：〔No.27〕4

	問題選択率	肢別解答率 1	2	3	4	5
全　体	14%	10%	9%	39%	38%	4%
合格者全体	13%	2%	10%	38%	46%	3%
不合格者全体	15%	20%	9%	39%	26%	6%

（自然科学）生物

1　正しい。

光合成細菌は，バクテリオクロロフィルという色素を持ち，光エネルギーを吸収して有機物を合成する。光合成細菌の中でも紅色硫黄細菌や緑色硫黄細菌は，有機物を合成するために必要な水素を硫化水素から得ており，光合成をする過程で硫化水素の分解により硫黄を生じる。したがって，本記述は正しい。

2　正しい。

古細菌の一種であるメタン菌は，沼や哺乳類の消化管内などの嫌気的環境に生育し，水素をエネルギー源とする特殊な代謝を行ってメタンを生成する。したがって，本記述は正しい。

3　正しい。

古細菌と細菌は，ともに核膜を持たない原核細胞からなる生物群であるが，系統的には異なる系統に属する。真核生物は，細胞壁の成分，イントロンの有無，DNAのヒストンとの結合の有無などの点で古細菌に近い特徴を持ち，細菌より古細菌に近縁であると考えられている。したがって，本記述は正しい。

4　誤　り。

無機物をもとに必要な有機物を自ら合成する生物を独立栄養生物，必要な物質を有機物に依存する生物を従属栄養生物という。シアノバクテリアは光合成色素を持ち，水を分解して酸素を発生する光合成を行うため，独立栄養生物に分類される。したがって，本記述は，シアノバクテリアが従属栄養生物であるとしている点で，誤っている。

5　正しい。

古細菌の一種である高度好塩菌の多くは，光合成をするために膜にバクテリオロドプシンという光合成色素を持っており，光エネルギーを吸収してATP産生に利用する。したがって，本記述は正しい。

第28問　遺伝情報

正解：〔No.28〕4

	問題選択率	肢別解答率 1	2	3	4	5
全　体	37%	5%	39%	10%	40%	7%
合格者全体	34%	5%	39%	8%	41%	7%
不合格者全体	41%	4%	39%	12%	38%	8%

（自然科学）生物

1　最も適切であるとはいえない。

通常，遺伝情報の流れはDNA→RNA→タンパク質の方向である（セントラルドグマ）。もっとも，RNAウイルスの一種であるレトロウイルスは，逆転写酵素によりウイルスゲノムをDNAに変え，宿主染色体DNAに入りこむ。このとき，DNAとRNAの間にセントラルドグマとは逆の流れがある。このように，遺伝情報はRNAからDNAへも伝達されうることが明らかになっている。したがって，本記述は，遺伝子情報の流れがDNA→RNA→タンパク質の方向のみとしている点で，最も適切であるとはいえない。

2　最も適切であるとはいえない。

転写では，DNAの遺伝情報はRNAポリメラーゼの働きにより，鋳型から鋳物がつくられるようにRNAに写し取られる。これを転写という。このRNAの情報をもとにタンパク質が合成される。これを翻訳という。したがって，本記述は，転写と翻訳が逆になっている点で，最も適切であるとはいえない。

3　最も適切であるとはいえない。

DNAは，アデニン（A），グアニン（G），シトシン（C），チミン（T）の４種類の塩基を持つポリヌクレオチドでできており，遺伝情報はこれらの配列によって記録されている。２本のDNA鎖は，塩基間の水素結合により結合しており，AはTと，GはCと必ず結合するため，ポジフィルムとネガフィルムのように相補的である。すなわち，遺伝情報は，２本鎖DNAの片方の鎖のみに記されているわけではない。また，すべての塩基配列が遺伝情報となるわけではなく，その領域はごくわずかであってゲノム上に点在している。連続して記されているわけではない。したがって，本記述は，遺伝情報が２本鎖DNAの片方の鎖に連続して記されているとしている点で，最も適切であるとはいえない。

4　最も適切である。

ゲノムとしてRNAを持つRNAウイルスの中には，ゲノムRNAがDNAを介さずにそのまま翻訳されてウイルスタンパク質が作られ，遺伝情報が発現するものもある。コロナウイルスなどがこれに該当する。したがって，本記述は最も適切である。

5　最も適切であるとはいえない。

遺伝情報は必ずしもDNAに記されているわけではなく，RNAウイルスのようにゲノムとしてRNAを持つものもある。相補的に修復可能な二本鎖構造のDNAウイルスと比べて，一本鎖構造のRNAウイルスは変異性が高く，様々な環境に対応していく傾向にある。したがって，本記述は，遺伝情報はDNAのみに記されているとしている点で，最も適切であるとはいえない。

第29問　細胞小器官		問題選択率	肢別解答率 1	2	3	4	5
正解：〔No.29〕3	全　体	48%	19%	20%	23%	3%	35%
	合格者全体	47%	18%	18%	26%	3%	36%
	不合格者全体	50%	21%	22%	20%	3%	34%

（自然科学）生物

細胞小器官とは，細胞内で一定の機能を果たす構造体の総称であり，DNAを持ち自己増殖するものと，DNAを持たないものに大別される。

細胞小器官のうち，核は，細胞の遺伝物質の大部分を含んでおり，DNAとヒストンなどのタンパク質が染色体を形成している。また，ミトコンドリアや葉緑体は，核とは別の独自のDNAやリボソームがあり，半自律的に分裂して増殖する。

すなわち，核，ミトコンドリア，葉緑体は，DNAを構成要素の１つとしている。

これに対して，小胞体はタンパク質などの物質の輸送路として働く構造体であり，ゴルジ体はタンパク質を濃縮して貯蔵したり細胞外に分泌したりする働きを行う構造体である。いずれもDNAを構成要素の１つとして持たない。

以上により，正しいものの組合せは「ミトコンドリア・葉緑体」であり，したがって，正解は肢３となる。

第30問	潜　熱		問題選択率	肢別解答率				
				1	2	3	4	5
正解：〔No.30〕5		全　体	10%	9%	17%	15%	25%	35%
		合格者全体	11%	8%	11%	11%	27%	44%
		不合格者全体	7%	12%	29%	24%	21%	15%

（自然科学）地学

半径 $100\text{km} = 1.0 \times 10^2 \times 10^3[m]$

1時間当たりの降水量 $20\text{mm} = 2.0 \times 10 \times 10^{-3}[m]$

1時間の雨量は$\pi \times \left(1.0 \times 10^5\right)^2 \times 2.0 \times 10^{-2} \times 1.0 \times 10^3 = \pi \times 2.0 \times 10^{11}[kg]$

蒸発潜熱は$\pi \times 2.0 \times 10^{11} \times 2.5 \times 10^6 = \pi \times 5.0 \times 10^{17}[J]$

他方，日本の1時間当たりの発電可能な電力量は$2.6 \times 10^{11} \times 3.6 \times 10^3[J]$

$$\frac{3.14 \times 5.0 \times 10^{17}}{2.6 \times 10^{11} \times 3.6 \times 10^3} \fallingdotseq 1.7 \times 10^3$$

以上により，発生するエネルギーは日本の発電設備容量のおよそ1700倍であり，したがって，正解は肢5となる。

第31問	成層圏		問題選択率	肢別解答率				
				1	2	3	4	5
正解：〔No.31〕1		全　体	26%	49%	14%	18%	6%	13%
		合格者全体	26%	57%	13%	14%	5%	11%
		不合格者全体	27%	37%	16%	24%	6%	16%

（自然科学）地学

1　誤　り。

大気中のオゾンの約90％が成層圏に存在しており，数密度が高いのは成層圏中部の高度約15～30kmの範囲である。紫外線を吸収することで大気を温める効果を持つ。温度が最も高くなるのは高度約50kmの成層圏と中間圏の境界付近であるが，これは，上部ほど紫外線を吸収しやすいこと，空気密度が低く温度の上昇率が大きいことなどによるものと考えられる。したがって，本記述は，高度約50kmの成層圏と中間圏の境界付近にオゾン層が存在するとしている点で，誤っている。

2　正しい。

上空ほど気温が高くなる成層圏では大気の上下運動が起こりにくく，積乱雲は成層圏に貫入できない。そのため，発達中の積乱雲は対流圏界面付近で雲頂が広がって平らになり，かなとこ雲を形成する。したがって，本記述は正しい。

3　正しい。

成層圏では，季節が夏の半球では太陽があたる時間が長い高緯度で高圧となり，低緯度に向けて気圧傾度力が生じる。逆に季節が冬の半球では低緯度から高緯度に向けて気圧傾度力が生じる。コリオリの力により夏半球では常に東風が卓越し，冬半球では常に西風が卓越することになる。赤道付近では西風と東風が約13か月おき，およそ２年の周期で交互に出現する準２年周期振動（QBO）という現象がみられる。したがって，本記述は正しい。

4　正しい。

極域の成層圏では，しばしば成層圏突然昇温という現象が起きる。これは，約１週間以内の間に高緯度成層圏の気温が25度以上も上昇する現象で，対流圏の地球規模の波が増幅し成層圏へ伝播することで引き起こされている。地球規模の波の形成にはヒマラヤなど大規模な山岳地形が関わっているため，成層圏突然昇温現象は北極の成層圏の方が起こりやすい。したがって，本記述は正しい。

5　正しい。

地上で放出されたフロン類は，上部成層圏で紫外線により分解されて塩素原子を生じ，これが触媒となって上部成層圏でオゾンを破壊するが，下部成層圏では塩化水素など安定な物質に変化するため，通常はオゾンを破壊することはない。しかし，南極上空では，著しく低温となる極夜ジェットの内側においてオゾンが分解され，オゾンホールが形成される。したがって，本記述は正しい。

第32問	ハザードマップ		問題選択率
正解：〔No.32〕4		全　体	71%
		合格者全体	70%
		不合格者全体	72%

肢別解答率				
1	2	3	4	5
11%	7%	11%	58%	13%
8%	5%	10%	64%	12%
14%	10%	12%	50%	14%

（自然科学）地学

ア　誤　り。

「土砂災害警戒区域」は，急傾斜地の崩壊等が発生した場合に住民等の生命又は身体に危害が生ずるおそれがあると認められる土地の区域で，当該区域における土砂災害を防止するために警戒避難体制を特に整備すべき土地の区域として政令で定める基準に該当する区域である（土砂災害防止法7条1項)。「土砂災害特別警戒区域」は，土砂災害警戒区域のうち，急傾斜地の崩壊等が発生した場合に建築物に損壊が生じ住民等の生命又は身体に著しい危害が生ずるおそれがあると認められる土地の区域で，一定の開発行為の制限及び居室を有する建築物の構造の規制をすべき土地の区域として政令で定める基準に該当する区域である（土砂災害防止法9条1項)。いずれも住民等の生命又は身体に危害が生ずるおそれがある地域であり，人家の有無を問わず地形条件のみで指定されるわけではない。したがって，本記述は誤っている。

イ　正しい。

平成27年の水防法改正により，国，都道府県又は市町村は想定し得る最大規模の降雨等に対応した浸水想定を実施し，市町村はこれに応じた避難方法を住民等に適切に周知するためにハザードマップを作成することが必要となった（水防法15条)。一般的なハザードマップには，浸水深や避難場所等が記載されている。したがって，本記述は正しい。

ウ　誤　り。

火山防災マップとは，火山ハザードマップに防災上必要な情報を付加して作成したものである。火山ハザードマップとは，各火山災害要因の影響が及ぶおそれのある範囲を地図上に特定して，視覚的に分かりやすく描画したものである。その作成は，当該火山の過去の災害実績を基に，発生し得る火山災害要因とその影響が及ぶ範囲を予測して行う。噴火の前後で地形が大きく変化することがあり，専門家の助言を受けながら，現在の地形等から影響が及ぶ範囲を決める。必ずしも過去に発生した火山噴火を全て反映させているわけではない。したがって，本記述は誤っている。

エ　正しい。

液状化は，地下水位よりも深いところにあるゆるく堆積している砂が強くゆすられたときに発生する。液状化ハザードマップの作成に当たっては，ボーリングデータ，地形・地質図，過去の地震で実際に液状化が発生したという液状化履歴などの情報に基づいて液状化の予測を行う。したがって，本記述は正しい。

以上により，正しい記述はイとエであり，したがって，正解は肢４となる。

第33問	沿岸部の地形の形成		問題選択率
正解：〔No.33〕1		全　体	63%
		合格者全体	63%
		不合格者全体	63%

肢別解答率				
1	2	3	4	5
34%	36%	14%	12%	5%
37%	34%	12%	12%	5%
28%	39%	16%	11%	5%

（自然科学）地学

ア　「最終氷期」が入る。

氷期とは，氷河時代のうち特に気候が寒冷となり，中緯度圏の非山岳地域にも氷河が発達した時期をいう。これに対して，氷期と氷期の間の比較的温暖な時期を間氷期という。およそ７万年前に始まって１万年前に終了した最も新しい氷期を最終氷期という。したがって，（ア）には「最終氷期」が入る。

イ　「大陸棚」が入る。

氷期には海水面が低下し，間氷期には氷が解けて海水面が上昇する。日本の沿岸部の地形は，氷河そのものよりも，氷河の消長による海水面の変動の影響を大きく受けている。大陸棚は海退時に形成された平坦面であり，ここを流れた河川は現在の低地地下の埋没谷に接続している。他方，大陸斜面とは，大陸棚と大洋底の間の急な斜面のことである。したがって，（イ）には「大陸棚」が入る。

ウ　「縄文時代」が入る。

最終氷期後の温暖化により氷河が後退すると海面は急激に上昇した。縄文時代の貝塚の分布などから，約7000年前には海面は現在よりも約４～５メートル高い水準に達し，内陸部まで海が侵入していたと考えられている。これを縄文海進という。したがって，（ウ）には「縄文時代」が入る。なお，旧石器時代は先土器時代ともよばれる縄文時代以前の年代である。

以上により，ア＝「最終氷期」，イ＝「大陸棚」，ウ＝「縄文時代」が入り，したがって，正解は肢1となる。

第34問	ルシャトリエの法則		問題選択率
正解：〔No.34〕1		全　体	12%
		合格者全体	12%
		不合格者全体	13%

肢別解答率				
1	2	3	4	5
34%	27%	6%	22%	11%
43%	22%	4%	21%	11%
21%	34%	9%	24%	12%

（自然科学）化学

ある反応が平衡状態にあるとき，温度・圧力などの条件を変化させると新たな平衡状態に移動する。このとき，平衡は条件の変化による影響を緩和する方向に移動する。これを，ルシャトリエの法則という。

1　正しい。

温度を一定に保ちながら圧力（全圧）を高くすると，平衡は分子数を少なくする方向に移動する。よって，平衡は正反応が進む方向へ移動することになる。したがって，本記述は正しい。

2　誤　り。

圧力を一定に保ちながら温度を高くすると，平衡は熱量を吸収しエンタルピーHが上がる方向に移動する。よって，平衡は逆反応が進む方向へ移動することになる。したがって，本記述は誤っている。

3　誤　り。

圧力と温度を一定に保ちながらアンモニアNH_3を加えると，平衡はNH_3を減らす方向に移動する。よって，平衡は逆反応が進む方向へ移動することになる。したがって，本記述は誤っている。

4　誤　り。

圧力（全圧）と温度を一定に保ちながらアルゴンを加えると，アルゴンは希ガス元素であり平衡物質とは反応しないが，その分圧の分だけ平衡物質の分圧は低下する。そのため，平衡は分子数を多くする方向に移動する。よって，平衡は逆反応が進む方向へ移動することになる。したがって，本記述は誤っている。

5　誤　り。

体積と温度を一定に保ちながらアルゴンを加えると，全圧は高くなるが，平衡物質の分圧や濃度は変化せず，平衡は移動しない。したがって，本記述は誤っている。

第35問　物質の燃焼		問題選択率	肢別解答率				
			1	2	3	4	5
正解：〔No.35〕3	全　体	12%	5%	11%	31%	46%	8%
	合格者全体	12%	6%	8%	31%	49%	6%
	不合格者全体	12%	4%	14%	30%	41%	11%

（自然科学）化学

1　2molの二酸化炭素が生じる。

$$2CO + O_2 \rightarrow 2CO_2$$

標準状態で44.8 Lの理想気体は2molであるから，完全燃焼により2molの二酸化炭素が生じる。

2　2molの二酸化炭素が生じる。

$$2C_2H_6 + 7O_2 \rightarrow 4CO_2 + 6H_2O$$

30gのエタン（分子量30）は1molであるから，完全燃焼により2molの二酸化炭素が生じる。

3　3molの二酸化炭素が生じる。

$$2C_3H_8O + 9O_2 \rightarrow 6CO_2 + 8H_2O$$

$75 \times 0.80 = 60$gの1-プロパノール（分子量60）は1molであるから，完全燃焼により3molの二酸化炭素が生じる。

4　2.5molの二酸化炭素が生じる。

$$C + O_2 \rightarrow CO_2$$

30 g のグラファイト（式量 12）は 2.5mol であるから，完全燃焼により 2.5mol の二酸化炭素が生じる。

5　2.4mol の二酸化炭素が生じる。

$$C_6H_{12}O_6 + 6O_2 \rightarrow 6CO_2 + 6H_2O$$

0.4mol のグルコースの完全燃焼により 2.4mol の二酸化炭素が生じる。

以上により，最も多くの二酸化炭素が生じるものは 75mL の 1-プロパノールであり，したがって，正解は肢３となる。

第36問	原子の電子配置	問題選択率	肢別解答率				
			1	2	3	4	5
正解：〔No.36〕2	全　体	9%	16%	17%	20%	10%	38%
	合格者全体	8%	15%	21%	23%	6%	35%
	不合格者全体	11%	16%	12%	16%	14%	41%

（自然科学）化学

電子は $1s^22s^22p^63s^23p^6$ の次は，3d 軌道でなく 4s 軌道に収容され，4s 軌道に２つの電子が収容された後，５つの 3d 軌道に１つずつ収容されていく。スカンジウム（原子番号 21）から銅（原子番号 29）までは，最外殻電子数は２つまたは１つのまま内殻の電子数が増えていくため似た化学的性質を持つ（第一遷移元素）。内殻に不対電子を持つことで典型元素とは異なる性質を持つ。

第一遷移元素の基底状態における電子配置と不対電子数は以下の通りである。クロムの電子配置は $3d^44s^2$ ではなく $3d^54s$ となる。これは，５つの 3d 軌道に電子が１つずつ収容された状態がより安定的であるからである。

原子番号	元素記号	元素名	電子配置	不対電子数
21	Sc	スカンジウム	$3d^14s^2$	1
22	Ti	チタン	$3d^24s^2$	2
23	V	バナジウム	$3d^34s^2$	3
24	Cr	クロム	$3d^54s^1$	6
25	Mn	マンガン	$3d^54s^2$	5

原子番号	元素記号	元素名	電子配置	不対電子数
26	Fe	鉄	$3d^6 4s^2$	4
27	Co	コバルト	$3d^7 4s^2$	3
28	Ni	ニッケル	$3d^8 4s^2$	2
29	Cu	銅	$3d^{10} 4s^1$	1

以上により，不対電子の数が最も多い元素はクロムであり，したがって，正解は肢2となる。

第37問	固体炭素材料		問題選択率
正解：〔No.37〕3		全　体	29%
		合格者全体	27%
		不合格者全体	32%

肢別解答率				
1	2	3	4	5
35%	9%	19%	6%	31%
33%	11%	21%	5%	30%
37%	6%	16%	8%	32%

（自然科学）化学

ダイヤモンドの結晶構造は正四面体形の三次元構造をしており，1個の炭素原子は4個の価電子すべてを使って4個の炭素原子と共有結合をして大きな分子となっている。そのため，硬く，高融点で電気伝導性が小さいという特徴がある。

1　ダイヤモンドと同じグループにならない。

グラファイト（黒鉛）は，平面正六角形の層状構造をしている。1個の炭素原子は3個の価電子を使って3個の炭素原子と共有結合をしており，残る1個の価電子により高い電気伝導性を有する。したがって，電気伝導性の有無でダイヤモンドと同じグループにならない。

2　ダイヤモンドと同じグループにならない。

カーボンナノチューブは，六角網目構造のグラフェンシートを円筒状にしたような構造の物質である。軽量でありながら鋼の数十倍の強度があり，銀よりも電気伝導性が高い。したがって，電気伝導性の有無でダイヤモンドと同じグループにならない。

3　ダイヤモンドと同じグループになる。

フラーレンは，数十個の炭素原子からなる球状構造を単位とする炭素の同素体である。C_{60}はその代表的なもので，五角形と六角形が相互に結合したサッカーボール状の中空球形体をしている。C_{60}分子同士の間では分子間力で結合しており，電気伝導性は小さい。したがって，電気伝導性の有無でダイヤモンドと同じグループになる。

4　ダイヤモンドと同じグループにならない。

グラフェンは，炭素原子が六角網目状に互いに強固に共有結合したシート状の物質である。グラフェンが三次元的に積層した結晶がグラファイトである。平面内ではダイヤモンドよりも強く，電気伝導性も高い。したがって，電気伝導性の有無でダイヤモンドと同じグループにならない。

5　ダイヤモンドと同じグループにならない。

カーボンファイバー（炭素繊維）は，規則正しい六角網目構造（グラファイト構造）を持ち，複数のグラファイト構造が何段も重なり絡み合っている。黒鉛の結晶構造を基本構造とする繊維であり，高い電気伝導性を有する。したがって，電気伝導性の有無でダイヤモンドと同じグループにならない。

第38問	3次正方行列		問題選択率
正解：〔No.38〕1		全　体	3%
		合格者全体	3%
		不合格者全体	4%

肢別解答率				
1	2	3	4	5
46%	14%	14%	11%	14%
47%	29%	6%	0%	18%
44%	0%	22%	22%	11%

（自然科学）数学

二項定理を用いると，

$(A+E)^5 = A^5 + 5A^4 + 10A^3 + 10A^2 + 5A + E$

$A^3 = E$ であるから，

$= A^2 + 5A + 10E + 10A^2 + 5A + E$

$= 11A^2 + 10A + 11E$

以上により，$q_5 = 10$ であり，したがって，正解は肢1となる。

第39問	数　列		問題選択率
正解：〔No.39〕5		全　体	20%
		合格者全体	25%
		不合格者全体	14%

肢別解答率				
1	2	3	4	5
5%	7%	4%	4%	80%
5%	6%	4%	3%	82%
3%	10%	6%	6%	75%

（自然科学）数学

$x_1 = 0.1$，$x_{n+1} = 2x_n - [2x_n]$（n=1,2,⋯）から，

$x_2 = 0.2$，$x_3 = 0.4$，$x_4 = 0.8$，$x_5 = 0.6$，$x_6 = 0.2$であり，以後循環する。

すなわち，$n \geqq 2$の場合，$x_n = x_{4k+n}$

よって，$x_{2020} = x_{4 \cdot 504+4} = x_4 = 0.8$

以上により，$x_{2020} = 0.8$ であり，したがって，正解は肢５となる。

第40問	文学作品に接する態度①		問題選択率
正解：〔No.40〕3		全　体	47%
		合格者全体	47%
		不合格者全体	47%

肢別解答率				
1	2	3	4	5
18%	21%	18%	7%	36%
19%	19%	21%	5%	37%
18%	24%	13%	11%	35%

（英語）

【大意】

議論の場では，「ドン・キホーテ的な」という言葉は，ほとんどの場合侮辱の意味で使われる。これには困惑させられる。というのも，私にとってはこれ以上ないほどの褒め言葉だからだ。たいていの人のドン・キホーテへの言及のしかたは，実際にその本を読んだことがあるのかどうか疑問に思わせるものだ。実際，ドン・キホーテが，そのキャラクターの普遍的な人気から通常考えられるほど今でも広く読まれているかどうかを調べてみるのも面白いだろう。しかし，このような調査はやりにくいかもしれない。とりわけ教育を受けた人々の間では，読んでおかなければならない本というものがあり，この文化的義務を果たしていないことを認めるのは

恥ずかしいことだというおかしな思い違いがしばしばあるからだ。個人的には，そのような態度には同意できない。告白すると，私は純粋に楽しいから読んでいるだけなのだ。

もちろん，私がここで話しているのは創作文学（小説や詩）のことであって，学者や専門家がそれぞれの分野で十分な仕事をするために習得しなければならない理論的な文献（情報や文書）のことではない。例えば，医師に対しては解剖学や病理学の専門書を読んでおくべきだと当然期待するだろうが，チェーホフの短編小説すべてに精通していることを要求することはできない（しかし，考えてみれば，医学的技能がそれ以外の点で同等である二人の医師の間ならば，私はチェーホフを読む方を信頼したいと思う。）。

【語彙】

compliment　賛辞，ほめ言葉
sheer　全くの，純然たる
competently　有能に，十分に
discipline　学科，学問分野
treatise　論文，専門書
anatomy　解剖学
pathology　病理学
conversant　精通している

A　「awkward」が入る。

（A）を含む文章は，「しかし，このような調査は（A）。とりわけ教育を受けた人々の間では，読んでおかなければならない本というものがあり，この文化的義務を果たしていないことを認めるのは恥ずかしいことだというおかしな思い違いがしばしばあるからだ。」という意味である。選択肢を見ると，「difficult（難しい）」，「inappropriate（不適切だ）」，「awkward（気まずい）」，「insulting（侮辱的だ）」，「impolite（失礼だ）」とあり，「awkward」が最も文意に合致する。したがって，（A）には「awkward」が入る。

B　「pleasure」が入る。

（B）を含む文章は，「個人的には，そのような態度には同意できない。告白すると，私は純粋に（B）のために読んでいるだけなのだ。」という意味である。選択肢を見ると，「duty（義務）」，「information（情報）」，「pleasure（喜び）」，「education（教育）」，「culture（文化，教養）」とあり，「pleasure」が最も文意に合致する。したがって，（B）には「pleasure」が入る。

C　「otherwise」が入る。

（C）を含む文章は，「しかし，考えてみれば，医学的技能が（C）同等である二人の医師の間ならば，私はチェーホフを読む方を信頼したいと思う。」という意味である。選択肢を見ると，「somewhat（多少）」，「considerably（かなり）」，「otherwise（その他の点では）」，「barely（かろうじて）」，「entirely（まったく）」とあり，「otherwise」が最も文意に合致する。したがって，（C）には「otherwise」が入る。

以上により，（A）＝「awkward」，（B）＝「pleasure」，（C）＝「otherwise」が入り，したがって，正解は肢３となる。

第41問　文学作品に接する態度②		問題選択率	肢別解答率 1	2	3	4	5
正解：〔No.41〕3	全　体	46%	4%	39%	43%	6%	9%
	合格者全体	46%	3%	36%	51%	4%	5%
	不合格者全体	45%	4%	42%	30%	8%	15%

（英語）

（a）から（d）までの各記述の意味は以下の通りである。

（a）実際に読みもせずにドン・キホーテをけなすような言い方をする人は，今日ではほとんどいない。
（b）教育を受けた人たちは，特定の有名な本を読んでいないことを認めることを好まないだろう。
（c）医師は長編小説を読むことに時間を浪費すべきではない。
（d）法律家が良い仕事をするために読んでおかなければならない本がある。

記述（a）は，「たいていの人のドン・キホーテへの言及のしかたは，実際にその本を読んだことがあるのかどうか疑問に思わせるものだ。」という本文の内容に即さない。

記述（c）は，「……私はチェーホフを読む方を信頼したいと思う。」という本文の内容に即さない。

以上により，内容に即さないものの組合せは（a）と（c）であり，したがって，正解は肢３となる。

第42問	古代国家の成立①		問題選択率
正解：〔No.42〕2		全　体	46%
		合格者全体	47%
		不合格者全体	45%

肢別解答率				
1	2	3	4	5
6%	45%	19%	23%	7%
5%	48%	18%	21%	9%
9%	41%	19%	26%	5%

（英語）

【大意】

国家内部の争いは，法律，司法，警察によりますます公式に解決されるようになっていった。法は多くの場合成文で書かれていた，なぜなら，メソポタミアとメソアメリカのどちらにおいても初期国家の形成と同時期には文字が発達しており，多くの国家では（インカのような顕著な例外はあるが）文字を扱うことができるエリートがいたからだ。対照的に，国家の形態から遠い初期の首長社会では文字が発達していなかった。

初期の国家には国家宗教と標準化された神殿があった。初期の王の多くは神的な存在とみなされており，あらゆる点で特別な扱いを受けていた。例えば，アステカとインカの皇帝はどちらもかごで運ばれていた。インカ皇帝のかごは下僕が先導し，地面を掃き清めていた。また，日本語には天皇に対してのみ用いられる特別な二人称代名詞がある。初期の王は自身が国家宗教の長であるか，あるいは別個の高位の聖職者を持っていた。メソポタミアの神殿は宗教の中心であっただけでなく，経済的な再分配，文学，工芸技術の中心でもあった。

国家のこれらの特徴はすべて，部族社会から首長社会への発展をさらに押し進めたものだ。しかし，付け加えると，国家はいくつかの新しい方向性において首長社会と異なっていた。最も根本的な違いは，国家は政治的・地域的な境界を基準として組織されており，血縁集団，部族社会，原始的な首長社会を定義していた血縁を基準としていないことだ。さらに，血縁集団や部族社会はすべて，首長社会も通常は，単一の民族・言語集団で構成されている。しかし，国家は，とりわけ国家の統合や征服によって形成されたいわゆる帝国は，通常，多民族・多言語である。国家の官僚は，首長社会のように主に血縁関係に基づいて選ばれるのではなく，少なくとも部分的には訓練と能力に基づいて選ばれたプロフェッショナルである。

【語彙】

conspicuous　顕著な
chiefdom　首長社会
innumerable　無数の
litter　（権力者などが乗る）かご
tribe　部族社会
kinship　親族関係
band　（血縁）集団
amalgamation　融合，合併，混血

ア　「literate」が入る。

（ア）を含む文章は，「法は多くの場合成文で書かれていた，なぜなら，メソポタミアとメソアメリカのどちらにおいても初期国家の形成と同時期には文字が発達しており，多くの国家では（インカのような顕著な例外はあるが）（ア）エリートがいたからだ。」という意味である。選択肢を見ると，「polite（礼儀正しい）」，「literate（読み書きができる）」，「learned（学識のある）」，「educated（教育を受けた）」，「uniformed（制服を着た，均一的な）」とあり，「literate」，「learned」，「educated」が文意に合致しそうである。他の選択肢から，最も適切な語句は「literate」であると分かる。したがって，（ア）には「literate」が入る。

イ　「divine」が入る。

（イ）を含む文章は，「初期の王の多くは（イ）な存在とみなされており，あらゆる点で特別な扱いを受けていた。」という意味である。選択肢を見ると，「prestigious（名声のある）」，「divine（神的な）」，「privileged（特権的な）」，「authoritarian（独裁的な，権威主義的な）」，「sacred（神聖な）」とあり，「divine」，「privileged」，「sacred」が文意に合致しそうである。他の選択肢から，最も適切な語句は「divine」であると分かる。したがって，（イ）には「divine」が入る。

ウ　「high」が入る。

（ウ）を含む文章は，「初期の王は自身が国家宗教の長であるか，あるいは別個の（ウ）の聖職者を持っていた。」という意味である。選択肢を見ると，「privileged（特権的な）」，「high（高位の）」，「native（現地の）」，「autonomous（自律的な，独立した）」，「superlative（最上の）」とあり，「privileged」，「high」，「superlative」が文意に合致しそうである。他の選択肢から，最も適切な語句は「high」であると分かる。したがって，（ウ）には「high」が入る。

エ　「economic」が入る。

（エ）を含む文章は，「メソポタミアの神殿は宗教の中心であっただけでなく，（エ）な再分配，文学，工芸技術の中心でもあった。」という意味である。選択肢を見ると，「fiscal（財政上の，国庫の）」，「economic（経済的な）」，「monetary（貨幣の，金銭的な）」，「tax（税の）」，「food（食料の）」とあり，いずれも文意に合致しないとまではいえない。他の選択肢から，最も適切な語句は「economic」であると分かる。したがって，（エ）には「economic」が入る。

以上により，（ア）＝「literate」，（イ）＝「divine」，（ウ）＝「high」，（エ）＝「economic」が入り，したがって，正解は肢2となる。

第43問	古代国家の成立②		問題選択率
正解：〔No.43〕3		全　体	48%
		合格者全体	48%
		不合格者全体	48%

肢別解答率				
1	2	3	4	5
13%	42%	17%	21%	7%
9%	46%	18%	20%	8%
18%	37%	17%	24%	4%

（英語）

A　「multiethnic and multilingual」が入る。

（A）を含む文章は，「さらに，血縁集団や部族社会はすべて，首長社会も通常は，単一の民族・言語集団で構成されている。しかし，国家は，とりわけ国家の統合や征服によって形成されたいわゆる帝国は，通常，（A）である。」という意味である。選択肢を見ると，「multicultural and multilingual（多文化・多言語）」，「chaotic and unruly（無秩序で統制されていない）」，「multiethnic and multilingual（他民族・多言語）」，「all-inclusive and cosmopolitan（包括的で世界主義的な）」，「multinational and bilingual（多国籍・複数言語）」とあり，「multiethnic and multilingual」，「all-inclusive and cosmopolitan」が文意に合致しそうである。他の選択肢から，最も適切な語句は「multiethnic and multilingual」であると分かる。したがって，（A）には「multiethnic and multilingual」が入る。

B　「training and ability」が入る。

（B）を含む文章は，「国家の官僚は，首長社会のように主に血縁関係に基づいて選ばれるのではなく，少なくとも部分的には（B）に基づいて選ばれたプロフェッショナルである。」という意味である。選択肢を見ると，「inheritance and connections（承継とつながり）」，「discipline and competence（規律と能力）」，「training and ability（訓練と能力）」，「exercise and adaptability（練習と適応力）」，「talent and capacity（才能と能力）」とあり，「discipline and competence」，「training and ability」，「talent and capacity」が文意に合致しそうである。他の選択肢から，最も適切な語句は「training and ability」であると分かる。したがって，（B）には「training and ability」が入る。

以上により，（A）＝「multiethnic and multilingual」，（B）＝「training and ability」が入り，したがって，正解は肢３となる。

第44問	デジタルプロダクト①		問題選択率
正解：〔No.44〕5		全　体	48%
		合格者全体	48%
		不合格者全体	48%

肢別解答率				
1	2	3	4	5
13%	42%	17%	21%	7%
9%	46%	18%	20%	8%
19%	37%	17%	23%	4%

（英語）

【大意】

デジタル製品には物理的なものと比べて多くの利点がある。輸送，保管，バックアップは容易であるし，盗難，劣化，破損のおそれも小さい。しかし，書籍やＤＶＤなどの物理的な商品の売り上げは伸び続けており，多くの製品カテゴリーにおいて，消費者はまだデジタル商品よりも物理的な商品を評価している。

この不可解な行動の説明をしようと，研究者たちは，映画，小説，教科書，写真を対象に，実世界とオンラインで多くの実験を行った。被験者に，同じ商品をデジタルで購入した場合と物理的な商品として購入した場合とでいくら支払うかを尋ね，最大でいくらまで支払おうと思うかを答えてもらい，同じ価格で提供されている物理的な商品とデジタルの商品のどちらを購入しようとするかを調べた。選択の背景にある思考過程を理解するために，研究者たちは製品価格，リセールバリュー，永続性について質問を行い，そして，それらを排除して別の要因を特定した。彼らによれば，「重要な違いは，デジタル商品は物理的な商品のような所有感をもたらなさいということだ。」「デジタル商品に特有の利点をもたらしている非物質性という特徴そのものが，デジタル商品に対する所有感を育むことを難しくもしている。デジタル商品は物理的な商品を扱うように触ったり，手に取ったり，コントロールしたりすることができないため，所有感を感じにくい。自分のものだと実感することができない。」

デジタル商品の価値を高めようとしているマーケターに対して，研究者たちは，この効果を和らげるための措置を講じることを提案している。例えば，企業は製品に物理性に似た特徴を与えたり（デジタル書籍を本棚に並べられた物理的な書籍のイメージとして表示することや，使用するためにデジタル表示にタッチするようにすることなど），利用者が製品をカスタマイズできるようにしたりすることで，コントロールしている感覚を高めることもできるだろう。

【語彙】

subject　被験者
facilitate　促進する
imbue　吹き込む，染まる
impair　弱める，損なう
attribute　属性，特質

ア　「vulnerable」が入る。

（ア）を含む文章は，「輸送，保管，バックアップは容易であるし，盗難，劣化，破損の（ア）も小さい。」という意味である。選択肢を見ると，「subject（影響されやすい）」，「exposed（さらされている）」，「subservient（追従している）」，「resilient（回復力がある）」，「vulnerable（傷つきやすい）」とあり，「subject」，「exposed」，「vulnerable」が文意に合致しそうである。他の選択肢から，最も適切な語句は「vulnerable」であると分かる。したがって，（ア）には「vulnerable」が入る。

イ　「puzzling」が入る。

（イ）を含む文章は，「この（イ）な行動の説明をしようと，研究者たちは，映画，小説，教科書，写真を対象に，実世界とオンラインで多くの実験を行った。」という意味である。選択肢を見ると，「interesting（興味深い）」，「curious（好奇心をそそる）」，「baffling（当惑させる）」，「surprising（驚くべき）」，「puzzling（不可解な）」とあり，いずれも文意に合致しないとまではいえない。他の選択肢から，最も適切な語句は「puzzling」であると分かる。したがって，（イ）には「puzzling」が入る。

ウ　「reasoning」が入る。

（ウ）を含む文章は，「選択の背景にある（ウ）を理解するために，研究者たちは製品価格，リセールバリュー，永続性について質問を行い，そして，それらを排除して別の要因を特定した。」という意味である。選択肢を見ると，「claim（要求）」，「perception（認知）」，「deduction（推論）」，「analysis（分析）」，「reasoning（論法）」とあり，「perception」，「deduction」，「reasoning」が文意に合致しそうである。他の選択肢から，最も適切な語句は「reasoning」であると分かる。したがって，（ウ）には「reasoning」が入る。

エ　「counteract」が入る。

（エ）を含む文章は，「……研究者たちは，この効果を（エ）ための措置を講じることを提案している。」という意味である。

選択肢を見ると，「increase（強める）」，「facilitate（促進する）」，「frustrate（失敗させる）」，「stabilize（安定させる）」，「counteract（和らげる）」とあり，「frustrate」，「counteract」が文意に合致しそうである。他の選択肢から，最も適切な語句は「counteract」であると分かる。したがって，（エ）には「counteract」が入る。

以上により，（ア）＝「vulnerable」，（イ）＝「puzzling」，（ウ）＝「reasoning」，（エ）＝「counteract」が入り，したがって，正解は肢5となる。

第45問	デジタル プロダクト②		問題選択率
正解：〔No.45〕1		全　体	55%
		合格者全体	57%
		不合格者全体	53%

肢別解答率				
1	2	3	4	5
35%	31%	13%	16%	5%
37%	32%	12%	14%	6%
32%	31%	14%	20%	4%

（英語）

A　「immateriality」が入る。

（A）を含む文章は，「デジタル商品に特有の利点をもたらしている（A）という特徴そのものが，デジタル商品に対する所有感を育むことを難しくもしている。」という意味である。選択肢を見ると，「immateriality（非物質性）」，「invisibility（不可視性）」，「corporeality（有形性）」，「objectivity（客観性）」，

「insubstantiality（脆弱性）」とあり，「immateriality」が最も文意に合致する。したがって，（A）には「immateriality」が入る。

B　「their sense of control」が入る。

（B）を含む文章は，「例えば，企業は製品に物理性に似た特徴を与えたり……，利用者が製品をカスタマイズできるようにしたりすることで，（B）を高めることもできるだろう。」という意味である。選択肢を見ると，「their sense of control（コントロールしている感覚）」，「their sense of responsibility（責任があるという感覚）」，「their pride of ownership（所有する満足感）」，「their power of control（コントロールする力）」，「their sense of influence（影響しているという感覚）」とあり，「their sense of control」が最も文意に合致する。したがって，（B）には「their sense of control」が入る。

以上により，（A）＝「immateriality」，（B）＝「their sense of control」が入り，したがって，正解は肢1となる。

辰已法律研究所（たつみほうりつけんきゅうじょ）

https://www.tatsumi.co.jp

司法試験，ロースクール入試，司法試験予備試験，司法書士試験，社会保険労務士試験，行政書士試験，公認心理師試験の受験指導機関。1973 年に誕生して以来，数え切れない司法試験合格者を法曹界に送り出している。モットーは，「あなたの熱意，辰已の誠意」。司法試験対策におけるシェアは業界トップであり，過去 15 年（2006 年～2020 年）の辰已全国模試には実に累計約 43000 名の参加を得ている。「スタンダード短答オープン」「スタンダード論文答練」等の講座群，「肢別本」「短答パーフェクト」「趣旨・規範ハンドブック」等の書籍群は，司法試験受験生，予備試験受験生から，合格のための必須アイテムとして圧倒的支持を受けている。

予備試験短答過去問パーフェクト　令和２年　単年度版

令和２年 11 月 10 日　　初版　第１刷発行

発行者　後藤　守男

発行所　辰已法律研究所

〒169-0075

東京都新宿区高田馬場 4-3-6

TEL. 03-3360-3371（代表）

印刷・製本　壮光舎印刷（株）

ISBN978－4－86466－481－3

問題

❶「短答の辰已」の名に恥じない問題を準備
❷全問・2021向けに完全新問を作成
❸ 問題は、傾向もレベルも、完全本試験仕様
❹週1回、年内は科目別に出題(憲法→行政法・・)、年明け中盤から試験仕様の法系出題(公法系→民事系・・)[勉強のしやすさを重視した出題の工夫]

解説

❺ 無駄を排し、簡にして要を得たレジュメを準備します。
❻ 解説講義は、短答指導に経験の豊富な辰已講師陣が担当します。
＊解説講義は通学部会場受験の方もWEB受講とさせていただきますが、WEB視聴は試験当日、試験終了直後から視聴可能なように配信しています。

受験生本位の工夫が一杯

独自の工夫1　出題ポイント制

❼ 辰已独自の「出題ポイント制」

各問題につき「正答率」だけではなく、その問題を正解するために要求される能力を以下の5つのポイントで分析して明示します。①条文知識②判例知識③学説理解④事務処理能力⑤論理的能力。この分析をポイント化して各人の個人成績表に反映し、自分の弱み・強みが分かるように工夫しています。これは「短答の辰已」オリジナルの短答問題分析システムです。

＊詳細はP18

出題ポイント　条文知識1　判例知識5　学説理解1　事務処理2　論理その他1

独自の工夫2　肢別正答率」にも一工夫

❽各問題の受験者「肢別正答率」にも一工夫

各肢毎に受験者の上位30%と下位30%の肢別の正答率を併記していますので、短答の苦手な人特有の「誤答分析」ができます。自分の誤答行動を端的に補足することが正答行動への早道です。

ここが不合格者特有のミス！

肢別正答率		肢1	肢2	肢3	肢4	肢5	肢6
No7	上位30%	1%	0%	0%	22%	65%	12%
	下記30%	10%	3%	9%	35%	29%	12%

独自の工夫3　全ての資料をWEB上にアップ

❾全ての資料がWEB上にアップされています。

本答練の受講生は全員WEB上に自分専用の「受講者特典マイページ」を持ち、そこには問題・解説書など全ての資料のPDFがアップロードされています(解説講義動画を含む)。しかも、便利なアプリケーション機能により、判例名や条文や論点名などのあらゆるワードでの検索が可能で、復習や整理にとても便利です。もちろんプリントアウトもOK。

さらに、もう一工夫

自分の間違えた問題だけファイリング、あるいは特定の論点に関する問題だけをファイリングしたい、というような個別のニーズに応えるために、WEB上にアップしてあるPDF仕様の解説書は全て[問題解説表裏一体方式]の版組にしてあります。該当問題の問題と解説だけをまとめてプリントアウトしてご利用下さい。なお、会場等で配付されるレジュメは、問題順の通常の解説書の体裁での簡便な印刷物となっていることをご了承下さい(印刷物としての問題解説表裏一体方式及び26穴空けはありません)。

■問題・解説書は、すべてクラウド上にファイルとして保存されています。種々機能が便利です。

①紙ベースのレジュメのように頁めくりができます。
②文字検索が簡単にできます。
③ふせんをつけることが可能。
④簡単にダウンロードできます。
⑤重要な箇所を、PDFからコピー&ペーストしてご自分のパソコンのファイルに 貼り付けることができます。
⑥もちろん一括して(あるいは指定頁を)紙に印刷出力することができます。

独自の工夫4　WEB解答入力方式が便利

WEB解答入力方式が便利　オンライン受験生だけでなく通学部・通信部生も、簡単な方法でスマホで解答を入力すれば、入力後直ちに(試験場でも)リアルに自己の得点や、問題の正答率が表示されます。オンラインならではの便利な辰已独自のシステムです。提出方法や全体の総合成績表などは受講者特典マイページ掲載します。

スケジュール・受講料等の詳細は
右記より資料をご請求ください。https://r-tatsumi.com/pamphlet/

辰已専任講師・弁護士　福田 俊彦先生
東京大学法学部卒。慶應義塾大学法科大学院（既修コース）修了。第3回新司法試験に受験1回で上位合格。旧司法試験の多くの失敗を踏まえ、司法試験に「すべらない」方法論を確立。「幅広い知識・深い理解」と「論文の方法論」の双方を兼ね備えた実力派講師。司法試験に合格するためには、「何をどのように書くか」を考えるのが大切というのが信条。辰已が誇る人気の実力派講師。

肢別正答率とは？

https://r-tatsumi.com/tanto_ashi2/search/

肢別正答率とは、本試験終了後に辰已法律研究所が毎年大規模に実施している、短答再現会で収集した2,000人近い受験生のDataを分析し、本試験問題の各肢についての受験生全体の解答率を肢別に掲載したものです。辰已法律研究所の肢別分析で他社とひと味違うのは、上位30%得点の人の解答率と下位30%の人の解答率を併記している点です。ここに大きなポイントがあります。このDATA比較を使うことで短答過去問の学習に革命的な時短を図ることができます。それを当講座で福田講師が端的に示します。

憲法　司試H28-16　/　予備H28-10

【司試受験生】								
分類	肢1	肢2	肢3	肢4	肢5	肢6	肢7	肢8
全体	20.5	69.8	1.1	1.5	3.0	3.9	0.1	0.0
上位30%	15.4	78.8	0.2	1.1	1.5	2.9	0.1	0.0
下位30%	27.4	50.9	3.2	4.6	6.6	6.8	0.2	0.2
【予備受験生】								
全体	肢1	肢2	肢3	肢4	肢5	肢6	肢7	肢8
全体	14.4	75.3	0.8	1.4	1.8	6.0	0.1	0.2
合格者	11.8	83.4	0.1	0.4	0.9	3.4	0.0	0.0
不合格者	17.1	67.2	1.5	2.3	2.8	8.5	0.2	0.4

この肢別正答率をアプリケーション化してありますので、スマホ持参でご参加下さい。なお、当講座の素材にしている問題についての肢別正答率は印刷物で配布しますのでガラケーの方でもOKです。

●上3科目編　憲法・民法・刑法編

●下4科目編　商法・民訴・刑訴・行政法編

	科目	時間	通学部会場受講 14:30−17:40	通信WEB配信	通信DVD発送
1	憲法	3h	9/23(水)	9/28(月)	10/3(土)
2	民法1	3h	9/30(水)	10/5(月)	10/10(土)
3	民法2	3h	10/7(水)	10/12(月)	10/17(土)
4	刑法	3h	10/14(水)	10/19(月)	10/24(土)
5	行政法	3h	10/21(水)	10/26(月)	10/31(土)
6	商法	3h	10/28(水)	11/2(月)	11/7(土)
7	民訟法	3h	11/4(水)	11/9(月)	11/14(土)
8	事訟法	3h	11/11(水)	11/16(月)	11/21(土)

※当講座にオンライン同時中継はありません。

WEBでのお申込み
はこちらから　→

受講料（税込）

短答合格講座	講座コード	通学部・通信部WEB共通		通信部 DVD※Webも視聴可	
		辰已価格	代理店価格	辰已価格	代理店価格
7科目一括	B0310＊	¥57,000	——	¥62,200	¥59,090
憲民刑一括	B0311＊	¥30,000	——	¥32,600	¥30,970
商訴行政一括	B0312＊	¥30,000	——	¥32,600	¥30,970

受講形態をお選びいただきます。講座コードの「＊」部分に右記の会場コード（アルファベット）をあてはめてください。　通学 東京本校はH/ 通信 WEBはE/通信 DVDはR
通学部については定員管理のため、通信WEBについてはWEB配信管理の為、 辰已WEBのみでのお申込みとなり、代理店での取扱いはありません。

参考Data　ここがあなたの戦いのフィールド

	受験者数	合格者数	合格率	合格点	合格得点率	合格者平均点	合格者平均得点率	全体平均点	全体得点率
R1	11,780	2,696	22.9%	162	60.0%	177.0	65.6%	113.8	42.1%
H30	11,136	2,661	23.9%	160	59.3%	177.7	65.8%	131.1	48.6%
H29	10,743	2,299	21.4%	160	59.3%	174.9	64.8%	130.0	48.1%
H28	10,442	2,426	23.2%	165	61.1%	181.5	67.2%	134.6	49.9%
H27	10,334	2,294	22.2%	170	63.0%	187.5	69.4%	138.7	51.4%
5年間平均	10,887	2,475	0	163	60.5%	179.7	66.6%	129.6	48.0%

短答知識の完璧化には

短答完璧講座

金沢幸彦講師が圧倒的な166時間で、あなたの短答知識を完璧にします。
短答法律科目で断固8割は獲る！

スケジュール・受講料等の詳細は
右記より資料をご請求ください。https://r-tatsumi.com/pamphlet/

問題

❶ スタンダードの名に相応しい21年向けの新作問題です。
＊第1クールでは20年8月実施の論文予想答練＋論文公開模試の問題も使用します。

❷ 傾向もレベルも、完全な本試験仕様

解説

❸ 毎年、本試験での的中を断固狙います。的中実績多数

❹ 簡にして要を得たレジュメ

講義

❺ 担当講師は、実務経験が豊富であり且つ受験指導のベテランの専任講師です。
これだけの講師の厚い層をもつことも辰已の特色

❻ 講義コンセプト　分かりやすさ＆答案スキルを高めることをコンセプトにします。

受講生の学習の便宜を徹底追求

答案添削

❼ ていねいな添削はもちろん答案の翌週返却は答練の基本であると辰已は考えます。会場日曜受験の方は翌週日曜に返却。受講生に好評です。
年明けの会場木曜受験の場合は10日後に返却

答案スキル重視

❽受験生の優秀答案を素材にした「優秀答案レクチャー」　＊詳細は下欄

❾直近合格者誕生後に実施する合格者講義「答案の書き方・私のノウハウ」

[勉強のしやすさを重視した出題の工夫]

第1クール
「科目別」に出題します（憲法の週→行政法の週→民法の週→商法の週・・・）。

第2クール
実戦性を重視し本試験通り「法系別」に出題します（公法系→民事系→刑事系・・・）。

スタ論は答案スキル重視[答案講義が圧倒的に充実]

辰已講師による受験生の答案を素材にした「優秀答案レクチャー」をWEB視聴
第1・第2クールとも実施

＋

直近予備合格者による「答案の書き方私のノウハウ」講義をWEB視聴
第2クールの直近合格者誕生後・随時

予備スタ論の受験形態は3つ

＊オンライン同時中継申込という申込形態はなく、通学部か通信部のいずれかに所属していただきます。

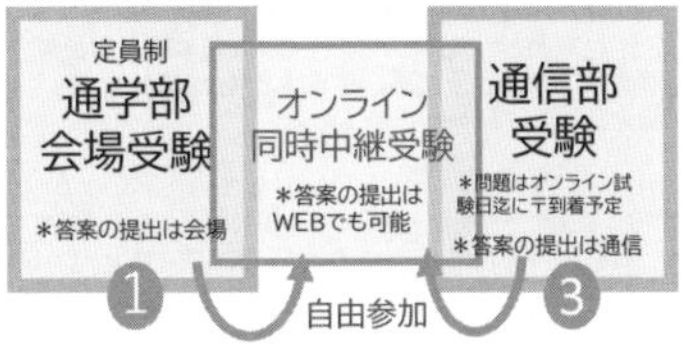

[受講に便利なシステム]

解説講義WEB受講
通学部生も、答案作成後、会場ではなく帰宅して自由な時間にWEB視聴して頂きます。
なお、WEB視聴は試験当日、試験終了直後から視聴可能なように配信しています。

本答練の受講生は全員WEB上に自分専用の受講者特典マイページを持ち、

そこには全ての資料のPDFがアップロードされています（含む動画）。
しかも、便利なアプリケーション機能により、判例名や条文や論点名などのあらゆるワードでの検索が可能で、復習や整理にとても便利です。もちろんプリントアウトもOK。

①紙ベースのレジュメのように頁めくりができます。
②文字検索が簡単にできます。
③ふせんをつけることが可能。④簡単にダウンロードできます。
⑤重要な箇所を、PDFからコピー＆ペーストしてご自分のパソコンのファイルに貼り付けることができます。

オンライン受験の場合
簡単な方法でのWEBオンライン答案提出も可能なので、手間も費用もかかりません。

＊優秀答案レクチャー　WEB視聴　一般教養はありません
各法系終了後、その法系全体の受験生の優秀答案の中から、受講生全体にとって参考となる答案を3～4通ピックアップしこれを素材として各法系90分の答案スキル講義を実施します（第1C4回・第2C4回）。

＊答案の書き方・私のノウハウ　WEB視聴
新合格者が誕生後に、受講生の参考となるノウハウを有すると辰已が判断した合格者3～4人を講師として実施します。

スケジュール・受講料等の詳細は
右記より資料をご請求ください。https://r-tatsumi.com/pamphlet/

2021年対策 予備試験 スタンダード論文答練 松永クラス

通学&オンライン同時中継
通信部WEB/DVD
好評受付中

2020年9月 2021年1月 2021年4月

予備スタ論松永クラス第1クール → 予備スタ論松永クラス第2クール

並行推奨講座（パックもあります）

論文ステップアップ松永塾 全60時間・論文100問 聴く答練

スタンダード短答オープン第1クール → スタンダード短答オープン第2クール

■受講料（税込）
第1クール+第2クールフルコース
通学部・通信部 WEB 共通¥287,700
通信部 DVD ¥313,700

実施期間

2020年9月～2021年3月

●対象
中級者（入門・基礎を終えた方）

●教材
【予習講義】
・『趣旨・規範ハンドブック1～3』（辰已法律研究所）の実施時における最新刊の該当部分を抜粋して配布
・『司法試験予備試験 法律実務基礎科目ハンドブック1及び2』（辰已法律研究所、第5版、2020）の該当部分を抜粋して配布
【答練解説講義】
予備試験スタンダード論文答練使用教材一式

基礎講座・入門修了生や学部在学生等にも最適！ 予備試験合格講師の指導で、「論文の壁」を突破！

基礎講座・入門修了生や学部在学生等にも最適！ 予備スタ論を素材にした予備試験合格・司法試験上位合格の講師による一貫指導

担当講師は、法科大学院在学中に予備試験に合格し、その後、司法試験に上位合格した松永健一先生です。単一講師一貫指導かつ基礎から実践という学習効果を最大限考慮した松永クラスで、2021年の予備試験合格を確実にして下さい。

1週間前に予習講義を実施（第1クールのみ）。次回答練での出題分野の基礎知識を再確認

受験指導校の基礎講座・入門講座を修了した、または、独学で標準的な基本書を一通り読み終えたなどの後に、予備試験の論文式試験に合格するには、習得した知識を答案に活かさなければなりません。もっとも、未だ答案作成の経験が浅い段階でハイレベルな予備試験論文答練の受講に躊躇するという方もいらっしゃるでしょう。そこで、松永クラスでは、基礎的な知識・理解の再確認のために、予習をしっかりやってから答案練習会に臨めるようにしました。
予習講義では、受験生に人気の『趣旨・規範ハンドブック1～3』の最新版（辰已法律研究所）と『司法試験予備試験 法律実務基礎科目ハンドブック1及び2』（辰已法律研究所、第5版、2020）の該当部分を抜粋したものを教材として配布致します。両書籍とも予備試験に合格するために必要な知識をまとめたものであり、次回答練での出題分野に関する基礎的な知識・理解を再確認するのに最適な教材です。

答案作成後は予備スタ論の解説講義。さらに前回の受講生答案を素材に答案作成術も伝授

次に、2021予備試験スタンダード論文答練奇数回の答案を作成して頂き、その解説講義を受講して頂きます。その際、講師は基礎的な知識・理解を如何に答案作成に結び付けるかに重点をおいて講義致します。また、解説講義2時間の内の30分程度を割いて、前回実施の受講生答案の分析を行い、合格答案作成技術を徹底的に伝授致します。
※第1クール及び第2クール最終回の受講生答案分析は後日WEBで配信する予定です。
※第1クールのすべての回と第2クールの奇数回は、松永クラスの解説のほか予備スタ論本体の解説講義もWEBで視聴可能です。但し予備スタ論本体の解説講義を松永講師が担当する場合は除く)。第2クールの偶数回と一般教養は、通常の予備スタ論をご受講ください。

※受講生答案について
松永クラスでは、同クラス東京通学部 受講生の方の答案の一部を松永先生が自ら添削し、これを受講生答案の分析に使用することがあり、その際は答案を書画カメラに映す場合があります。匿名性には十二分に配慮致しますので講座内容の充実の為どうぞご了解ください。

講師

辰已専任講師・弁護士
松永健一先生
東京大学法学部出身。法科大学院既修者コース在学中に予備試験合格、2015年司法試験合格（上位10%以内）。挫折と成功の双方を体験しているからこその、説得力ある指導ノウハウが好評を博している。

スケジュール・受講料等の詳細は右記より資料をご請求ください。https://r-tatsumi.com/pamphlet/